普通高等教育“十四五”规划教材
普通高等学校经济与管理类专业系列教材

农业经济管理

第3版

方天堃　主编

中国农业大学出版社
·北京·

内容简介

本教材从农业产业特点出发，紧密结合中国农业发展实际，系统阐述了农业经济管理的基本理论与实际运用，包括中国农业管理体制、管理主体与经营主体，农业市场运营管理，农产品物流管理，农业布局管理，农业土地、劳动力、资金等生产要素管理，农业投资项目管理，农产品安全与质量管理，农产品国际贸易，农业现代化，农业可持续发展等。在突出国家对农业经济宏观管理内容的同时，也涉及农业经营主体的微观管理，如农业经济预测与决策，农业经济核算，农业生产技术经济效果评价等。

图书在版编目(CIP)数据

农业经济管理/方天堃主编．—3版．—北京：中国农业大学出版社，2019.8(2023.2重印)
ISBN 978-7-5655-2246-8

Ⅰ.①农…　Ⅱ.①方…　Ⅲ.①农业经济管理-教材　Ⅳ.①F302

中国版本图书馆CIP数据核字(2019)第161548号

书　　名　农业经济管理　第3版
作　　者　方天堃　主编

策划编辑　张秀环　潘晓丽　　**责任编辑**　潘晓丽　刘彦龙
封面设计　郑　川
出版发行　中国农业大学出版社
社　　址　北京市海淀区学清路甲38号　　**邮政编码**　100083
电　　话　发行部 010-62733489，1190　　读者服务部 010-62732336
　　　　　　编辑部 010-62732617，2618　　出　版　部 010-62733440
网　　址　http://www.caupress.cn　　**E-mail** cbsszs@cau.edu.cn
经　　销　新华书店
印　　刷　北京鑫丰华彩印有限公司
版　　次　2019年9月第3版　　2023年2月第4次印刷
规　　格　787×1 092　　16开本　　22.25印张　　550千字
定　　价　58.00元

第3版编委会

主　编　方天堃

副主编　潘春玲　李　专　陈　娆　乔志霞

编　者　（按姓氏笔画排序）

方天堃（三亚学院）
乔志霞（北方民族大学）
苏国贤（山西农业大学）
李　专（沈阳农业大学）
李　龙（沈阳农业大学）
张成甦（三亚学院）
陈　娆（北京农学院）
高盈盈（三亚学院）
潘春玲（沈阳农业大学）

第2版编委会

主　编　方天堃（沈阳航空航天大学）

副主编　潘春玲（沈阳农业大学）
李　专（沈阳农业大学）
田艳丽（内蒙古农业大学）
陈　娆（北京农学院）

参　编　（按姓氏笔画排序）
马　琼（塔里木大学）
刘　艳（内蒙古民族大学）
乔志霞（甘肃农业大学）
孙葆春（青岛农业大学）
李　萍（东北农业大学）
宋淑丽（黑龙江八一农垦大学）
苏国贤（山西农业大学）

第1版编委会

主　编　方天堃　陈仙林

副主编　江占民　李　专　潘春玲

编　者　（按姓氏笔画排序）

方天堃（沈阳农业大学）
王雪坤（北京农学院）
田艳丽（内蒙古农业大学）
孙葆春（莱阳农学院）
江占民（北京农学院）
刘　艳（内蒙古哲里木畜牧学院）
李　专（沈阳农业大学）
苏国贤（山西农业大学）
陈仙林（内蒙古农业大学）
潘春玲（沈阳农业大学）

第 3 版前言

本教材自 2004 年出版第 1 版以来，得到了很多高校师生的认可，其间于 2012 年进行了一次修订，第 2 版教材已经多次重印。为了更好地满足农业经济管理教学的需要，并结合农业经济管理的实际变化，我们进行了这次修订。

第 3 版教材在保持第 2 版基本框架的基础上，对部分章节的内容进行了调整和更新。如第 1 章绪论的结构和内容作了较大调整，中国近代农业经济不再专列为一节，而并入“中国传统农业经济管理思想与实践”中，充实了中国古代农业经济宏观管理和农业经济微观管理的内容；增列“社会主义农业经济管理体制的建立和发展”一节，增加了农业经济管理主体等内容。第 2 章农业经济的微观组织，根据近几年的中央文件、《全国农村经济发展“十三五”规划》等，对农村集体经济组织的当前现状、未来发展要求等内容进行了修改；增加了有关家庭农场、专业大户的概念界定、划分标准、当前发展状况等内容；根据新修订的合作社法，对农民专业合作社的概念、性质等提法进行了修改；有关农业家庭经营，补充了当前农业农户经营的相关数据；修改了有关稳定农村土地承包关系的内容。第 6 章农业产业结构与布局，根据农业供给侧结构性改革的相关要求，依据《全国农村经济发展“十三五”规划》《全国种植业结构调整规划(2016—2020 年)》《全国农业现代化规划(2016—2020 年)》等，对我国农业产业结构调整的方向与重点进行了全面修改；对中国农业生产布局体系的 3 大分区、8 大农业综合分区、10 种特色农产品的区域特点、生产布局、发展方向及目标等内容进行了全面修改和补充。第 8 章农业生产要素组合与管理，增添了土地三权分置改革的内容。第 9 章农业投资项目评估中的“农业投资项目经济评价方法”，改为“农业投资项目的财务评估方法”。第 12 章农产品国际贸易与国际竞争力，增加了“WTO 框架下的农产品国际贸易规则”“提高农产品国际竞争力的对策”内容；第 15 章农业可持续发展，结合国家新编制的《全国农业可持续发展规划(2015—2030 年)》的内容，增加了“农业可持续发展的规划”一节，使读者能更清楚地了解和把握我国农业可持续发展的目标、任务及行动纲领。

本教材修订继续坚持以马克思主义、中国特色社会主义理论为指导，并运用现代市场经济理论、现代管理理论和方法，结合中国农业发展的实际情况，阐述社会主义市场经济条件下农业经济管理的基本规律和基本方法。力求充实本学科的新理论、新内容、新方法，反映本学科前沿的知识。

本教材第 3 版由方天堃任主编，潘春玲、李专、陈娆、乔志霞任副主编，苏国贤、李龙、高盈盈、张成甦参编，最后由方天堃统稿。具体编写分工如下：第 1、3、14、15 章由方天堃编写；第 2、6 章由乔志霞编写；第 4、5 章由陈娆编写；第 7 章由张成甦编写；第 8 章由高盈盈编写；第 9

章由潘春玲编写;第 10 章由李专编写;第 11、13 章由李龙编写;第 12 章由苏国贤编写。

由于各种原因,本教材第 1 版和第 2 版的部分编写人员未参加此次修订编写工作,但是他们曾经为本教材的建设付出了辛勤的劳动,做出了重要贡献,为本教材的进一步完善奠定了良好的基础。在教材第 3 版出版之际,特别向他们表示衷心的感谢!

由于编者的水平和能力所限,此次教材修订仍难免存在一些不尽如人意之处。在此,真诚欢迎专家学者和广大读者不吝赐教,以便在下一次修订中进一步改进和完善。

编　者

2019 年 5 月

第2版前言

7年前，我们组织编写了这本农业经济管理教材，得到了很多高校师生的认可，已经多次重印。教材使用过程中，承蒙众多同行学者的关心和支持，提出了一些宝贵的意见。这期间，随着我国工业化、城镇化的进程加快，农业现代化也呈快速推进的态势；同时随着市场经济改革的深入，农业的经营主体、市场环境、宏观政策等都发生了很大变化，农业发展中的新问题、新形势也不断出现。参考各位同仁的意见，并结合农业经济管理的实际需要，我们进行了这次修订。第2版教材在第1版基本框架的基础上对部分章节做了调整，并增添了一些新内容。如第1版的“农业经营预测”和“农业经营决策”分列为两章，此次合并为“农业经营预测与决策”一章；农产品质量安全、标准化与相关法律法规建设是当前农业的热点问题，应当在教材中体现，所以此次修订新增了“农业标准化与农产品质量安全管理”一章；在市场经济条件下实现农产品市场基本稳定和流通渠道畅通显得越来越重要，因此在“农产品市场”一章，除了原来的农产品市场体系内容之外，增加了农产品市场供给与需求的相关理论，阐述了农产品供求的基本特点和相关影响因素，同时对“农产品物流管理”一章也做了较大修改；原来的“农产品国际竞争力”一章改为“农产品国际贸易与国际竞争力”；在“农业产业结构与布局”一章，除了阐述相关的基本理论知识之外，还结合了农业部新编制的《全国优势农产品区域布局规划（2008—2015年）》的内容，使读者更清楚地了解和把握我国农业结构调整的方向和优势农产品布局的实际情况。

本教材修订继续坚持以马克思主义理论为指导，并运用现代西方经济理论、现代管理理论和方法，结合中国农业发展的实际情况，阐述了社会主义市场经济条件下，农业经济管理的基本规律和基本方法。力求充实本学科的新理论、新内容、新方法，反映本学科前沿的知识。

本教材第2版由方天堃任主编，潘春玲、李专、田艳丽、陈娆任副主编，马琼、刘艳、乔志霞、孙葆春、宋淑丽、苏国贤、李萍参编，最后由方天堃统稿。具体编写分工如下：第1,3,14章由方天堃编写；第2章由宋淑丽编写；第4章由陈娆编写；第5章由马琼编写；第6章由乔志霞编写；第7,8章由田艳丽编写；第9章由潘春玲编写；第10章由李专编写；第11章由刘艳编写；第12章由苏国贤编写；第13章由李萍编写；第15章由孙葆春编写。

由于各种原因，本教材第1版的部分编写人员未参加此次修订编写工作，但是他们曾经为本教材的建设付出了辛勤的劳动，做出了重要贡献，为本教材的进一步完善奠定了良好的基础，在第2版教材出版的时候，特别向他们表示衷心的感谢！

由于编者的水平和能力所限，此次教材修订难免还存在一些不尽如人意之处。比如农业经济核算一章，本教材主要介绍的是农业企业的经济核算，根据中国农业生产的特点，还应增加农户、专业合作社的经济核算内容。但是由于时间和精力所限，此次修订未能补充进来。其他方面也可能存在这样那样的问题，在此，真诚欢迎专家学者和广大读者不吝赐教，以便在下一次修订中改进和完善。

编　者

2011 年 12 月

第 1 版前言

农业是社会经济中一个古老的经济部门，在我国国民经济中占有极其重要的地位，可以说农业和农村经济能否持续稳定发展已成为制约我国经济体制转轨能否顺利进行的一个关键所在。马克思说："超过劳动者个人需要的农业劳动生产率，是一切社会的基础。"农业不仅是人们的衣食之源、生存之本，而且对我国国民经济发展做出了和仍将做出非常重要的贡献。农业是一个具有很强外部性的产业，除了具有经济职能和社会职能外，还具有生态职能，即净化空气、水，防风固沙，保持土壤和动植物种群平衡等职能。通过这些职能的发挥，给人们带来一个良好的生产和生活环境。

众所周知，如果不能实现农业富余劳动力的转移，就不能实现我国的城市化和现代化；如果不能实现农民收入的快速增长，就不能顺利推进小康社会的建设；如果不能实现我国的农业产业结构调整，就不能应对加入 WTO 带来的挑战；如果不能实现农业的可持续发展，就谈不上实现我国的可持续发展战略。所以，探讨如何促进我国农业持续、健康、快速发展，是当前和今后相当长时期内农业和农村经济发展的一项重要任务。为适应我国农业发展的需要，我们组织编写了符合中国国情的、有利于指导农业发展的《农业经济管理》教材。

农业经济管理是研究经济规律在农业中的具体表现形式和管理学原理在农业中具体应用的学科，它不仅要研究各种经济规律在农业部门和农业企业中的特殊表现形式，还要研究经济管理职能的具体运用和作用的发挥。也就是说，农业经济管理是研究农业部门和企业中的生产以及与此相联系的交换、分配和消费等经济活动和经济关系的学科，主要研究的是农业生产关系发展运动和农业中生产力诸要素的合理组织与开发利用的经济规律及其应用，即在农业生产各个环节上占用和消耗的人、财、物等方面，进行正确有效的决策、计划、组织、指挥、协调、核算和控制，通过决策和计划，确定出切实有效的经营目标；通过组织和指挥，维持正常的生产和营销秩序，以保证经营目标的实现；通过协调和控制，及时解决、修正生产和流通中出现的各种矛盾和问题，确保农业部门和企业沿着既定的目标轨道向前发展；通过核算和控制，检查计划的执行情况，从而保证农业部门和农业企业经营计划的执行和决策目的的最终实现。

本教材坚持以马克思主义理论为指导，并运用现代西方经济理论、现代管理理论和方法，结合中国农业发展的实际情况，阐述了社会主义市场经济条件下，农业经济管理的基本规律和基本方法。本教材在内容上力求创新，在继承过去已有教材成果的基础上，增添了新内容，调整了一些问题的侧重点，如"中国古代传统农业管理思想与实践""农业中的产权结构""农业产业化经营""农产品国际贸易"等，引进了新理论、新内容、新方法，反映了本学科前沿的知识。

为了方便教学和加强与具体实际情况的紧密联系，本教材根据教学内容插入了许多图表，列举了一些实例，并于每章后面设计了复习思考题，有利于培养学生理论联系实际，独立思考、分析现实问题的能力，也有利于对各章节内容的理解、消化和吸收，增强了本教材的针对性和实用性。

该教材的适用范围比较宽泛，既适用于高等农林院校经济管理类专业、农学专业、动物科学专业、植物保护专业、农村区域发展专业等各相关专业本科生用书，也可作为农村基层干部、农业技术人员、经营管理人员的学习和培训用书。

本教材由方天堃、陈仙林任主编，江占民和李专、潘春玲任副主编，最后由方天堃统稿。具体章节编写分工如下：第 1 章由方天堃编写；第 2、14 章由陈仙林编写；第 3、6 章由江占民编写；第 4、5 章由王雪坤编写；第 7、13 章由苏国贤编写；第 8、9 章由田艳丽编写；第 10 章由潘春玲编写；第 11 章由李专编写；第 12 章由刘艳编写；第 15 章由孙葆春编写。

尽管我国是世界上农业发生最早的国家之一，有着近万年的发展历史，但现代农业经济发展已经落在了发达国家的后面，而且在我国经济转轨的过程中，还有许多问题尚在研究探索之中。因此，要编写一部高质量的《农业经济管理》教材，确实还有着相当的难度，而且由于作者水平有限，加之时间比较紧张，书中难免有不足之处，敬请读者提出宝贵意见。

编　者

2004 年 12 月

目　　录

第1章 绪 论

本章学习要点

- 农业的起源与演进
- 农业的地位与作用
- 农业经济管理体制
- 农业经济管理学研究的对象、任务与方法

1.1 农业的起源与演进

1.1.1 农业的概念与内涵

农业是利用动植物的生长发育规律，通过人工培育来获得产品的产业。农业是人类社会与大自然关系最为密切的物质生产部门，也是最古老的物质生产部门，是人类衣食之源、生存之本，是一切生产的首要条件。农业是国民经济的基础，是农村经济的主要组成部分。

农业劳动对象主要是有生命的动植物，农业生产时间与劳动时间不一致，受自然条件影响大，有明显的区域性和季节性。农业生产离不开一定的环境条件并遵循客观规律。土地是农业中不可替代的基本生产资料。

根据古人类学家研究，地球上人类已有大约300万年的历史，而农业的产生仅有1万年左右。此前的数百万年漫长岁月，人类祖先主要以采集和渔猎为生。在长期的采集和狩猎实践中，人类学会了种植自己所需的植物和驯养所需的动物。通过野生动植物的驯化和大量生产，出现了种植业和畜牧业。种植业主要是利用绿色植物的光合作用生产植物产品，而畜牧业则利用动物的消化合成作用将植物产品进一步转化为动物产品。经过上万年的发展，农业的生产方式、生产水平有了飞跃的变化和巨大的提高，但是，直到今天，种植业和畜牧业仍然是农业的主体，在有的国家农业就是指种植业和畜牧业。

在种植业和畜牧业出现后，人类获取食物的方式发生了根本的改变。但是采集和捕捞的活动仍保持下来，在一些地方甚至仍是人们生活的主要来源。人们不仅依然从事这些活动，而且逐渐学会了有意识地控制这些活动的范围、方式和强度，以保持生存环境和持续地利用资源。为了更多地获取所需的产品，人们在捕捞鱼类的同时学会了水产养殖；在获取林木产品的同时开始了植树造林。因此，许多国家农业中不仅包括种植业、畜牧业，还包括水产捕捞和养

殖业(渔业),还有的国家将林业也列入农业的范围。

在我国,广义的农业概念,包括种植业、林业、畜牧业和渔业。狭义的农业是指种植业。我们通常讲的农业,一般是指广义的农业,本教材也是如此。

1.1.2 中国原始农业的形成

考古证实,早在170万年以前,中国的土地上就生活着原始人类。在旧石器时代的初期和中期,原始人的生产工具以打制的石器为主,在这一漫长的时期内,原始人类主要靠采集天然植物的果实、花、叶、根、茎为食。随着生活经验的积累,人们的生产工具越来越精细、锋利,猎取动物产品作为生活资料成为可能,且成为原始生产力发展的标志。大约距今1.5万年,人类发明了弓箭,并使用织网兜捕动物,捕获的动物大量增加,对捕获的活物进行饲养是当时条件下储存动物产品的可行方式。进入新石器时代,原始人类为了弥补渔猎和采集的不足,发明了种植业。而种植业是以定居为前提的,种植业的发展又推动了原始人类由流动渔猎和采集走向定居。定居也需要将猎获的野生动物加以驯服,以便作为生活资料。

我国是世界上农业发生最早的国家之一,有着近万年的发展历史。劳动人民在长期的农业生产斗争中,积累了丰富的经验,创造了灿烂的古代农业经济和科学技术,丰富了世界文化和科学技术的宝库。总结和研究我国农业的历史,了解农业经济产生和发展的过程,可以帮助我们认识农业发展的客观规律,增加对农业经济管理的纵向知识,扩展农业经济管理理论的知识深度。

1.1.3 中国农业历史发展阶段

一般认为,世界农业发展到今天,大致经历了原始农业、传统农业和现代农业3个发展阶段。在古代社会,中国先民创造了灿烂的农业文明,为人类做出了巨大贡献。特别是中国传统农业形成比较早,延续历史也很长。结合中国农业历史的特点,从原始农业产生到新中国成立,中国农业历史发展可分为以下5个阶段。

1.1.3.1 原始农业萌芽期

考古资料显示,我国农业产生于1万年以前的新石器时代。人们是在活动中逐渐学会种植作物和驯养动物的。最早种植的五谷有稻、粟、稷、麦、豆(菽),最早饲养的牲畜有猪、鸡、马、牛、羊、犬等。原始农业的萌芽,是远古文明进步的一次大飞跃。不过,那时候农业生产还只是一种附属性经济活动,人们的生活资料很大程度上还必须依靠原始采猎来获得。原始农业的基本特征是使用由石、骨、木等制作的简陋的生产工具,采用刀耕火种的耕作方法,实行以简单协作为主的集体劳动。原始农业生产力极低。

1.1.3.2 传统农业形成期

夏商周时期(公元前21世纪至公元前8世纪)。其主要标志是从石器时代过渡到金属时代,人们学会了冶炼青铜,出现了青铜农具。夏代大禹治水反映了这一时代的农业技术进步。农田水利的兴修增强了利用自然和改造自然的能力,由此也带动了农耕技术的进步,垄作、中耕、治虫、选种等农业技术相继发明。为适应农耕季节需要而创立了天文历——夏历，使农耕活动由物候经验上升到理性规范。商代出现了最早的文字——甲骨文，标志着新的文明时代的到来。这一时期农业已发展成为社会的主要产业，原始的采猎经济退出了主体地位。

1.1.3.3 传统农业发展期

春秋至两宋时期(公元前7世纪至公元12世纪)。这一时期农业进步的重要标志是铁制农具和畜力耕作技术的配套和完善，奠定了我国传统农业的技术体系和以小农家庭为生产单位的经济形式。这一阶段首先在黄河流域形成了以"耕—耙—耱"为技术特征的防旱保墒旱作技术。一批大型水利工程相继兴建，农业生产各部门都获得了长足进步。公元6世纪出现了《齐民要术》这样的综合性农书，传统农学登上了历史的舞台，成为总结生产经验和传播农业文明的新生力量。从南北朝(公元4世纪)开始，长江以南地区农业逐渐发展起来。至唐代中期(公元8世纪)，国家的经济重心移到南方，标志着中国封建农业经济发展的重大变化。以后，南方的水田耕作技术趋于成熟，确立了我国精耕细作的农耕体系。

1.1.3.4 传统农业深化期

元明清时期(公元13世纪至19世纪)。这一时期人口快速增长，人均农业资源日渐减少。明成祖元年(1403年)，中国人口达到6 660万。清朝是中国人口发展最快的时期之一，乾隆二年(1737年)，全国人口达到1.4亿；道光十四年(1834年)，全国人口已突破4亿。为解决这个日益尖锐的社会问题，人们更加注意边疆开发和边地利用，西北、西南、东北、台湾等边疆地区的移民开发和内地的山地、滩涂、沼泽地、盐碱地等荒闲土地的垦殖利用，都有了空前的发展。此外，多熟种植、间作套种，在人口稠密地区受到更多的重视，大大提高了土地利用率。特别是这一时期先后引进玉米、番薯、马铃薯等高产粮食作物和烟草、花生等经济作物，对我国的农业生产和作物结构产生了历史性影响。一方面，这些作物的丰产性和适应性缓解了人口增长的矛盾；另一方面，这些作物适合山区种植而造成过度垦殖引发生态破坏，水旱灾害增多。明清时期农业经济上另一个显著特点是，商品性农业有一定发展，有些地区已形成相对集中的经济作物产区。封建经济继续发展，并孕育了资本主义的萌芽。

1.1.3.5 近代传统农业发展期

鸦片战争到新中国成立前(1840—1949年)。在古代，我国的经济、科技、文化长期处于世界前列，大约在17世纪逐渐落后于欧洲先进国家，到19世纪中期已拉开较大距离。1840年爆发了鸦片战争，西方列强武力入侵中国。一些有识之士提出了"师夷之长技"的主张，开始向西方学习农工商知识和技术，近代农业科技也开始传入我国。一系列与农业科技教育有关的新生事物出现了，创办农业报刊，翻译外国农书，选派农学留学生，聘请农业专家，建立农业试验场，开办农业学校等，都在古老的国土上成为大开风气的时尚。西方的农机具、化肥农药、作物和畜禽良种也被引进了。虽然从总的方面说，近代农业科技的兴起并没有使我国传统农业得到根本的改造，但是作为一种科学体系的产生，其历史意义是重大的。

新中国诞生以后至今，中国农业进入从传统农业向现代农业转变的过渡时期。

1.2 农业在国民经济中的地位与作用

1.2.1 农业的本质与特点

1.2.1.1 农业生产的本质

农业的本质体现在其生产过程是经济再生产与自然再生产有机结合，不可分割。

(1)农业与其他生产部门共同的特点　与其他生产部门一样，农业生产也是一种经济再生产过程。生产者在特定的社会中结成一定的生产关系，借助一定的生产工具，对劳动对象施加影响，以获取需要的产品。农产品可以供生产者自己使用和消费，也可以通过交换换取生产者需要的其他的消费品和生产资料。经过交换的农产品一部分可能进入消费过程，而另一部分则可能进入下一个农业生产过程，或进入其他生产领域。农业生产者利用自己生产的农产品以及通过交换获得的其他生产资料和生活资料，不仅可以维持自身的生存，还可以不断进入下一个生产过程，保持农业生产周而复始地继续下去。

(2)农业与其他生产部门的区别　农业的生产对象是有生命活力的生物有机体，是利用生物生长发育过程进行的生产。其中种植业和林业，都是通过对绿色植物的栽培，使其从环境中吸收二氧化碳、水和矿物质，并接受太阳光照射进行光合作用转化为有机物质供自身生长、繁殖的过程；畜牧业和渔业则都是通过家畜、家禽和鱼类等动物养殖，以植物或动物产品为饲料，通过动物消化合成转化为自身所需的物质以维持自身生长、繁殖的过程。作为农业生产的动植物自然再生产过程有其自身的客观规律，即严格遵守自然界生命运动的规律。

(3)农业最根本的特征　农业生产是经济再生产与自然再生产有机地交织在一起的过程。动植物的自然再生产过程体现着经济再生产的要求；同时，农业经济再生产必须符合动植物自然再生产的规律。人们在劳动生产过程中，有意识地利用动植物自然再生产的规律和特点，通过科学的培育与人工饲养，防治各种病虫害，为动植物创造更好的生产条件，从而使其更好地生长、发育、繁殖，以达到为人们生产出更多更好的农产品的目的。从经济再生产的角度考察，动植物既能为人们生产各种生活资料，又不断为本身生产新的生产资料。

进行农业生产要想取得好的经济效果，就要按客观规律办事，既要遵循自然规律，又要根据各种经济规律的要求，进行科学的经济管理，保证种植业和养殖业之间及其内部保持经济合理的结构。

1.2.1.2 农业生产的特点

从经济再生产与自然再生产交织在一起这一基本特征出发，我们可以归纳出农业有别于其他生产部门的几个主要特征，如土地的特殊重要性，生产的周期性、季节性等。

(1)土地对农业生产具有特殊重要性　土地是农业生产中不可替代的最重要、最基本的生产资料。在其他部门的生产过程中，土地仅仅是劳动场所或空间载体。在农业生产中，土地却是提供植物生长发育所必需的水分和养料的主要来源，是动植物生长发育的重要环境条件。因此，土地的数量和质量都是农业生产的重要制约因素。

自然界中的土地数量是有限的，能够作为农业用的土地的数量更是有限的。农业用地包括耕地、林地、牧草地和水产养殖用地。全球农用土地面积约占土地总面积的2/3,而可耕地仅占土地总面积的10%。特别是中国,由于人口众多,人均耕地约0.1 hm^2,仅相当于世界人均耕地资源的40%。农业生产不仅受土地面积的制约,也与土地质量密切相关。农用土地的质量一方面取决于其所在的位置,另一方面取决于土壤长期演化过程中形成的理化性状以及人类劳动形成的土地肥力。虽然人们可以通过适当的工程措施和生物技术措施在一定程度上改变土地质量,并在土地位置不可改变情况下局部改变其温、光、水、热、气等条件,但这是极为有限的,而且所有这些措施都是要付出代价的。

正是因为土地在农业生产中的特殊重要性,很多国家都注意保护农用土地,特别是保护耕地。中国更是将"合理利用土地,切实保护耕地"作为一项基本国策。

(2)农业生产要受到自然环境和条件的较大影响和制约　现有动植物的生长发育特点主要是自然选择的结果,成功的人工选择也必须适应自然环境。自然环境对农业生产的影响首先表现为各地区不同的气候、地形、土壤、植被和物种等条件下,形成各地独特的农业生产类型、动植物品种、养殖和栽培技术,从而也就形成了农业生产的地域性。正确认识这种影响的客观存在,因地制宜进行农业生产布局,建立合理的农业生产区域结构,就可以充分合理地利用各地区的自然资源,加快农业发展速度,增加农产品有效供给。

自然环境对农业生产的影响会导致农业生产的波动性。由于气候的变化,尤其是灾害性天气,如旱、涝、风、冰雹、寡照、低温等,可能导致农产品产量年度间的剧烈变化。病虫害和动物疫病的爆发往往也与气候环境有关,由此可能导致农业严重减产。这就要求必须建立合理的农产品储备体系,同时应积极采取减灾措施,包括建设水利工程、培育抗逆性强的动植物品种、生产类型多样化、综合防治植物病虫害和动物疫病。认识、掌握各地区自然气候变化规律,适应自然,保护环境,趋利避害,扬长避短,是组织农业生产时一条重要的原则。

(3)农业生产具有周期性和季节性　农业生产周期长,生产时间和劳动时间不一致。农业生产的周期取决于动植物的生长发育周期,通常达数月。动植物的生长发育过程贯穿于整个生产过程,但农民劳动并不需要持续整个生产过程,即农民的劳动时间仅仅占动植物生长周期的一小部分。

农业生产同时具有比较强的季节性。由于动植物生长发育的周期受自然环境条件的影响,各种农业生产的适宜时间通常固定在一定月份,劳动时间也集中在某些日期。

农业生产的周期性和季节性决定了农业劳动力和其他生产资料利用的季节性、资金支出的不均衡性和产品收获的间断性。这就要求安排农业生产一定要不违农时,同时为了充分利用农业剩余劳动时间,增加农民收入,农户实行多种经营和兼业经营是十分必要的,尤其是中国的小规模经营农户更是如此。

解决农业生产的季节性和农产品消费的连续性的矛盾,需要发展农产品的贮藏保鲜和加工业。对于农业生产周期长带来的决策风险,政府应该健全农产品市场体系,建立市场信息发布和预测制度、农业保险制度以及农产品保护价收购制度等。

(4)农业生产中的动植物生产是生态循环系统中紧密联系的重要环节　对于农业生产来说,植物生产属于第一性生产,它吸收土壤中的养分、水分和空气中的二氧化碳,通过光合作用,形成植物能。它的生产实质是最大限度地提高作物对太阳能的利用率。养殖业生产主要是以植物产品为养料,通过动物的生理机能,将植物能转化为各种动物性产品,提高动物对植物能的利用率和能量转化率,是畜牧和水产养殖业生产的实质;同时再将一部分动物不能吸收利用的物质，加工成有机肥，返还给土地。植物生产和动物生产是整个生态循环中的两个重要环节。发展养殖业首先要建立巩固的饲料基地，不断扩大饲料来源，并根据各种动物生产和生活的需要，经济合理地配制饲料，保证动物在维持营养的基础上，能有更多的生产营养，用于产品生产。同时要注意维持和不断改善生态平衡，合理利用和保护各种饲料资源。要坚决防止和克服掠夺式地利用各种自然资源。如果没有第一性植物生产的充分发展为基础，发展第二性的养殖业生产就是一句空话。

(5)农业生产适合于家庭经营　家庭经营农业，灵活性强，节省监督成本，既适合于采用传统技术和经验，实行小规模家庭经营，精耕细作，较少资本投入，从而生产成本很低；也适合于较大规模的家庭经营，即采用先进的科学技术，实行规模经营，取得规模效益。家庭经营，可以集农牧结合之利，充分利用剩余劳动力和各种农副产品资源以及农民积累的各种传统经验，增加家庭收入。当然，从长远来讲，随着工业化、城镇化和农业现代化的推进，应逐渐减少农户的数量，适度扩大家庭经营规模。

正确地认识农业的上述特点，有助于我们按照自然规律和经济规律进行农业的生产经营活动，提高农业经济管理的水平。

1.2.2 农业在国民经济中的地位和作用

1.2.2.1 农业是国民经济的基础

农业是国民经济的重要组成部分，是社会经济中的一个最古老的经济部门，在国民经济中处于重要的基础地位。

(1)农业是人类赖以生存和发展的基础　农业是人们的衣食之源，生存之本。直到目前，维持人类生理机能所必需的糖类、蛋白质、脂肪和维生素等基本营养物质只能靠农产品。农业以动植物为劳动对象，利用农作物的光合作用吸收太阳能和自然界中的无机物质来生产谷物、豆类、油料、蔬菜、水果、棉花等植物性产品，再利用动物的消化合成功能将植物性饲料转化为肉、蛋、奶、皮、毛等动物性产品，解决了人们的吃饭、穿衣问题。尽管现代科学技术发展迅速，但是用无机物人工合成食物以满足人类需要，仍是十分遥远的事情。化学工业的发展使得合成纤维，合成革产量、质量都有很大提高，但无论在世界任何地方、任何时候，这些化学合成制品都未能完全取代棉、麻、毛、丝等天然纤维和天然皮革。

(2)农业是其他物质生产部门独立和发展的基础　农业曾经是人类社会的唯一生产部门。随着农业生产力的提高，人们生产的农产品在满足农业劳动者自身需要后出现了剩余，手工业逐渐从农业部门中分离出来成为独立的生产部门。随着农业和手工业的进一步发展和分离，商品交换范围和规模不断扩大，从而导致商业也形成独立的经济部门。随着社会分工的不断扩大，新的生产部门不断形成并独立出来。但是人类社会分工的任何发展，都依赖农业生产力的提高和剩余农产品的增加。

农业生产发展不仅为其他产业提供了工业原料，而且还提供了充足的劳动力。农业生产力的高低，农业所能提供剩余产品的多少，在很大程度上决定了非农产业部门的发展速度。

(3)农业是非物质生产部门存在和发展的基础　国民经济是由生产部门、流通部门和其他非物质生产部门构成的总体。随着人们生活水平的提高，对精神文化的追求也逐渐增长。与非农产业部门一样，这些非物质生产的社会部门的存在也离不开农业的发展。只有农业剩余产品不断增加，才能使越来越多的人不仅能够脱离农业，而且能够脱离物质生产部门，从而使科学、文化、教育、卫生和其他公共部门得以独立出来并获得进一步的发展。正如马克思所说："社会用来生产小麦和牲畜等所需要的时间愈少，用来进行其他生产——物质和精神的生产时间就愈多。"（《马克思、恩格斯、列宁、斯大林论共产主义社会》第67页）

1.2.2.2 农业在国民经济中的作用

一般来讲，农业的发展水平不仅是农业部门发展水平的重要标志，也是整个国民经济发展水平的重要标志，因为它在国民经济发展的过程中发挥着重要的作用。

（1）农业的经济作用 随着工业化发展，农业在国民经济中的份额已经大大下降。但是，农业在整个国民经济发展中仍然具有十分重要的作用。农业对发展中国家经济发展的贡献可归结为产品、市场、要素和外贸四个方面。产品贡献是指农业部门所生产的食物和工业原料；市场贡献是指农业部门对工业品的市场需求；要素贡献是指农业生产要素向其他部门的转移；外贸贡献则是指某种农产品的进出口在调整进出口结构、调剂余缺方面的作用。

农产品是我国历史上重要的出口物资，某些农产品在国际市场上具有一定的竞争力。根据国际市场的需要，增加优势农产品出口在国际市场的份额，对于调整国内产业结构、优化资源配置、调节国内市场供求、把握市场主动权等有着重要的战略意义。

发展农业可以吸纳大量劳动力。我国是世界人口第一大国，劳动力就业压力非常大，发展农业是一条缓解就业压力的有效途径。它可以充分利用丰富的劳动力资源，并与当地各种有利的其他资源相结合，发展农村社区经济。

（2）农业的生态环境作用 农业通过合理利用土地、植树造林、防风治沙等，不仅提供了更多的农产品，其本身也是改造自然生态环境。在治理污染方面，农业也具有相当重要的作用。粪便、生活垃圾可以作为农业的有机肥料，在生产农产品的同时减少对环境的污染；农作物和林木的光合作用，可以为减少温室效应发挥作用；绿色植被可以降低城市噪声、减少粉尘、净化空气；农业土壤和水中的微生物可以分解环境中的有害物质，起到净化作用。

（3）农业的文化作用 随着现代工业社会都市生活弊病的日益凸显，农业和农村社会文化方面的价值越来越得到人们的肯定和重视。植树造林、改造沙漠、建立自然保护区等，都不是单纯的生产和经济活动，对人类精神文化领域发展的作用也是不可低估的。即使是普通的农田作业，由于农业与自然界的密切关系，也具有这方面的文化作用。由于农村社区成员的相对稳定，民风淳朴，注重伦理亲情，遵循传统习俗和价值观念，世代相袭，因此，在现代市场经济背景下，农业和农村社区还具有保存和传承传统文化的功能。一些特色鲜明的乡村旅游、生态观光旅游日渐红火，已经彰显出农业的文化功能。

1.2.3 农业与国民经济其他部门的关系

1.2.3.1 国民经济的部门划分

现代国民经济是由若干相互独立又相互联系的部门组成的一个复杂的体系。按照不同目的，对国民经济的部门有很多划分方法，其中最基本的方法是根据社会生产活动历史发展顺序以及社会生产活动与自然界之间关系将国民经济部门结构划分为三次产业。国际上比较通用的产业结构划分方法是，将产品直接取自自然界的部门称为第一产业，对初级产品进行再加工的部门称为第二产业，为生产和消费提供各种服务的部门称为第三产业。各个国家在划分产业部门时采用的具体标准也有一些差异。中国对三次产业的划分标准为：

第一产业：农业。包括种植业、林业、畜牧业、渔业。

第二产业：工业、建筑业。其中工业包括采掘工业（采矿、晒盐、森林采伐等），制造业（对农产品、采掘品的加工、再加工），以及电力、自来水、煤气的生产和供应行业，对工业品的修理、翻新行业。建筑业包括房屋、构筑物建造和设备安装等。

第三产业：除第一、第二产业以外的其他各业，总体分为流通部门和服务部门。其中流通部门包括交通运输业、邮电通信业、商业、饮食业、物资供销和仓储业；服务部门包括为生产和生活服务的部门、为提高科学文化水平和居民素质服务的部门、为社会公共需要服务的部门等。

1.2.3.2 农业与第二产业的关系

（1）农业是第二产业的基础，为第二产业的发展提供原材料和基本的发展保障　食品加工、烟草、纺织、皮革、造纸、医药等行业相当多产品都要以农产品作为生产原料。

（2）第二产业是农业发展的重要动力，现代农业生产资料离不开机械设备和能源　农业部门为了生产和经营管理的需要，要从石油加工、化学原料及制品、金属冶炼、机械制造、电子、仪表等制造行业购买农业生产资料，从造纸、印刷、文体用品等行业购买用于日常管理的消耗品；电力、煤气和水生产供应等行业都可能直接或间接为农业部门提供生产资料，现代化的种植、养殖业工厂化生产更是离不开建筑业。

（3）农业与第二产业相互依赖　现代市场经济条件下，大量的农产品需要加工转化，如果没有充足的农产品原料供应，相关工业部门就无法正常生产；同时，如果没有农产品加工业的充分发展，农产品就会出现销路不畅、产能过剩，价值难以实现，最终会影响农业快速发展。

1.2.3.3 农业与第三产业的关系

（1）农业为第三产业的发展提供基础保障　比如餐饮服务业的有形产品要以农产品为主要原料。

（2）农业发展离不开第三产业　无论是购买农业生产资料，还是销售农产品，都需要交通运输业、邮电通信、商业和仓储业的服务；金融、保险、地质勘查、水利、气象等部门都可以直接为农业部门提供服务；文化、科技、教育部门有助于提高农业劳动者的素质和技能；社会公共服务部门通过维护社会经济、政治的安定和生产生活的正常秩序，因而，这些部门也都在直接或间接地为农业生产提供服务。

（3）农业与第三产业相互依赖　除了为餐饮业提供食品原料以外，农业还为新兴的生态旅游、乡村旅游、休闲观光等旅游业提供载体和服务；同时，服务业也为现代农业发展越来越发挥着重要支撑作用。

综上所述，农业在国民经济中具有重要的地位和发挥着其他经济部门所不能取代的作用，这是我们学习和研究这门课程首先要明确的。

1.3 中国传统农业经济管理思想与实践

中国古代农业经济管理思想大致包括农业宏观政策、农业微观管理策略和农业科学技术3个方面。

1.3.1 中国古代农业经济宏观管理

农业经济宏观管理思想，是从整个社会、国家的角度提出的。中国古代农业经济宏观管理思想十分丰富，早在原始社会的部落联盟时期就已产生了。古代农业经济宏观管理的实践内容也很丰富。

1.3.1.1 农政管理

农政的首要内容是设置农业管理官员和机构。中国古代就形成了农官制度，相传尧、舜、禹时代就设立了掌管治水、农耕、渔猎的职官。舜曾任命周的始祖弃为后稷，是管理农业生产的专门官员。夏、商均已设置官职管理农业。周朝时期的虢文公认为："夫民之大事在农……王者唯农是务。"意即农业管理是政事的主要甚至是唯一的内容，农政在古代行政中的地位由此可见一斑。周朝已建立一套比较严密的农业管理体系，周天子以下的中央两大官属卿士寮、太史寮的长官们都得过问农事，亲自参加耕作。秦建立统一的中央政权后，在中央政府设置了"治粟内史"，到汉代称"大司农"，是最高农业行政长官。而每个王朝地方官的职责，除了征收赋税、维持治安外，主要就是各种具体的农业行政管理。统治者为了促进官吏为农业生产提供优良的管理和服务，历朝都规定了农业官吏考核的法律制度。秦对官员的考核标准为"最、殿"二级，获"最"者得到奖励擢升，获"殿"者处以笞罚；汉时专门颁布了《上计律》对官员进行考核；元代则把地方官吏置于司农司、劝农司与户部、提刑按察司等政府机构的监察之下，形成了一套赏罚皆有中央机构参与的严密管理系统。这种制度以农业经济的发展与否作为地方官吏的考核依据，激发了地方官吏组织和指挥农业生产的热情，促使地方官吏传播农业知识，推行适合于当地的农业经济政策，力劝农桑，保证农业生产发展和繁荣。

对应农官和机构的设置，农政的主要内容包括：

(1)兴修水利　水利灌溉和农业生产关系密切。通过对农田的灌溉，不仅能保证按时耕作，还能保证农作物正常生长和收获。因此，在中国古代社会，历代统治者非常重视水利工程建设，不惜花费大量人力、物力去管理。

中国是以农业立国的文明古国，也是以治水闻名的文明古国。尧舜时代，人们已经懂得利用水利来发展农业，灌溉田园，《尚书》中便记载有鲧和禹治水。经过禹平水土之后，中国经济进入农业时代，其后历经治理，使全国各地均享河渠灌溉之利。《周礼·地官》记载说："夫间有遂，十夫有沟，百夫有洫，千夫有浍，万夫有川。遂注入沟，沟注入洫，洫注入浍，浍注入川。故田亩之水有所归焉。"这说明当时的灌溉排水系统发达，百姓得利。到了春秋战国时期，人们对水利与农业的关系有了更进一步的认识。

自宋代开始，国家将对水利建设的管理转向宏观控制，具体各县如何兴修水利，应当"各述所见，具为图籍，申送本州。本州看祥，如有不尽事理，即别委官复检各县利害，送主管官"。根据这一制度要求，县一级的水利主管部门，要对全县水利现状有全面了解，并且"审视境内合兴修堤防沟洫，以利害大小急缓为先后具图状"，使全县的水利有一个整体规划。与此同时，对上级机构也有要求，当上级接到县上报的图籍后，要认真审查，必须认真去考察这些水利工程是否应该修建或修复，开工时间是否恰当，征集劳役的方法是否合理，所需要的工程钱款是否属实，等等。这样既可以保证水利工程的成功，又能避免官员欺下瞒上，虚设工程，谎报成绩的现象。另外，对兴办水利的官员"议量功绩大小，比附优劣与改转，或升陟差遣，或循资家便，等第筹奖”。不仅如此,奖励的依据不但看兴办水利的次数或规模,而且还要看到功效,主要是根据受益田亩多少、扩大种植面积多少而定。对于那些失职者、虚冒者、扰民者进行惩罚。这样就提高了水利管理机构的效率,增强了农业防灾的能力,也有利于促进农业经济的发展。

(2)组织推广农业技术　农业的发展离不开技术的进步,在原始社会,人们已经开始用石木工具种植。尧时,姬弃因为善于农耕,懂技术,尧即“举弃为农师”,弃亲自教人们耕种技术。到舜时,命弃主管农业生产,官名“后稷”。后稷之兴,推动了古代农业技术的推广。商和西周时,中国农业耕作技术又向前发展了一步,石木工具明显改进,青铜工具开始用于农业。春秋战国时期,铁制农具已经开始使用并且得以推广,牛耕也普遍流行,大大提高了农业生产的效率。

(3)注重时政　《尚书·尧典》首先提出“食哉惟时”,即解决民食问题必须按照农事季节及时耕作。“时”在农政中占有相当重要地位。

①征调民力、发动战争应尽量安排在农闲季节。“罕兴力役,无夺农时”“使民夏不宛暍,冬不冻寒,急不伤力,缓不后时”。(《荀子·富国》)

②从大农业观出发,要求在动植物生长繁殖期间,禁止采伐、捕猎,保护生态。

③指导和劝解农民按季节及时生产。中国古代天文学发达,根本原因是由农业需求拉动的。《管子》反复指出“顺天之时”“四时事备,而民功百倍也”;《吕氏春秋》也说“得时之稼,兴;失时之稼,约。”

1.3.1.2　粮价管理

在自然经济条件下,气候对粮食产量影响极大,而粮食产量多寡又直接引起粮价大幅涨跌,这对农民、对国家、对所有人都有明显影响,因而设法稳定粮价,是古代农业经济管理的一项常抓不懈的工作。

(1)平粜学说　据《汉书·食货志上》记载,公元前5世纪,战国时魏国李悝提出平粜说,主张政府在丰年粮价低时收购农民的余粟(平籴),荒年粮价高时用平价出售积粟(平粜),吞吐粮食以稳定粮价和调剂供求。

(2)常平仓制度　汉武帝时,桑弘羊发展了李悝的平粜思想,创立平准法,依仗政府掌握的大量钱帛物资,在京师贱收贵卖以平抑物价。大司农中丞耿寿昌把平准法着重施之于粮食收贮,在一些地区设立了粮仓,收购价格过低的粮食入官,以“利百姓”。之后,又于边郡普遍设置粮仓,“以谷贱时增其贾而籴,以利农,谷贵时减贾而粜,名曰常平仓。民便之”。常平仓遂作为一项正式的制度推行于较大范围之内。

汉以后,常平仓置废不常。隋文帝开皇三年(583年),置常平监于京都,常平仓于陕州。同年,度支尚书长孙平奏令民间每秋成时,按贫富为差户出粟一石以下,储之闾里以备凶年赈给,名为义仓。开皇五年(585年),朝廷依其议诏立义仓。

唐太宗贞观二年(628年),命州县并置义仓,凡置地亩纳二升储之,凶年赈给或贷民为种,秋熟纳还。贞观十三年,令洛、相、幽、徐、齐、并、秦、蒲诸州置常平仓。唐高宗时,置京都东西市常平仓,并设常平署官。唐玄宗开元七年(719年),扩大了设置常平仓的地区。安史之乱,常平仓废。唐德宗即位(780年)始复京城东西市常平仓。宪宗元和元年(806年),规定诸州府于每年地亩税内十分取二以充常平仓及义仓,依例籴、粜或赈、贷。自此常平仓与义仓职能合一,并称常平义仓。文宗开成元年(836年),又命官民田土常赋外每亩另纳粟一升,于诸州所置常平仓逐年添储,会昌中停罢。

宋太宗淳化三年(992年),始置常平仓于京畿。真宗景德三年(1006年)后,除沿边州郡外,全国先后普遍设置。宋神宗熙宁二年(1069年),推行青苗法,常平仓法遂为青苗法取代。宋高宗绍兴九年(1139年)重建常平仓后,恢复籴粜散敛旧法。

金世宗大定十四年(1174年),曾定常平仓之制,丰年增市价十分之二以籴,俭年减市价十分之一以粜,命全国推行,但不久即废。金章宗明昌元年(1190年),复立。

元宪宗七年(1257年)初立常平仓,不久停废。世祖至元八年(1271年)复命各路立仓,由本处正官兼管,按户数收贮米粟,增时价十分之二经常收籴,不得摊派百姓。但因官吏多不尽责,实际上或存或亡。元末,常平仓的弊端更甚,行省所发籴本被各级官吏层层克扣,发到乡都已所剩几无,于是摊派民间领钞纳谷,胥吏与里正主首又从中作弊;或籴本被贪污挪用,官吏为应付上司检查,临时收籴劣谷充数,未久即腐变;或减价发粜时,被贪吏、奸商、权豪势要者抢购一空,贫民反不能受益。

明太祖洪武三年(1370年),命州县皆于四乡各置预备仓,出官钞籴粮贮之以备赈济,荒年借贷于民,秋成偿还,遂为一代定制,取代了常平仓。明末又在辽东、延绥一些边镇设立常平仓。清顺治时期,各府、州、县俱置常平及义、社仓,责成道员专管,每年造册报户部;顺治十七年(1660年),定仓谷籴粜之法,春夏出粜,秋冬籴还,平价出息,如遇灾荒,即以赈济。康熙年间,又定春借秋还,每石取息一斗;各地常平、义仓储粮永留本境备赈,并规定了大、中、小州县应储粮数。清中叶以后,弊端日甚,各地常平仓多数钱、谷两虚,徒有其名,起不到平抑粮价和备荒的作用。

历史上常平仓制度在中国置废不常,但至清朝时,其规置已经相当完整。美国20世纪30年代罗斯福执政时,国内发生了经济恐慌,闻知中国历史上有常平仓这样调节物价的方法,就将其引入了罗斯福新政,成为美国政府农业政策的重要理论基础。两千多年来,常平仓制度使中国人度过了无数自然的灾难和市场本身的风险。

1.3.1.3 生态环境保护

管理制度完善、农业硬件设施完备、技术先进等都是促进农业生产发展的外在因素,所有这些还必须有良好的生态环境作支撑。生态环境保护方面,中国古代思想家的生态伦理思想,在今天越来越显出独特的价值。

(1)关于水资源的保护 水是“万物之本源”,不单农业,甚至关系到国家民族之存亡。《史记·周本纪》说:“昔伊、洛竭而夏亡,河竭而商亡。”《管子》一书十分重视水的问题,“水者何也,万物之本原也,诸生之宗室也,美恶贤不肖愚俊之所产也。”“沟渎遂于隘,障水安其藏,国之富也。”由此可见水的重要性。儒家曾经提出通过加强对水利设施的管理从而合理农业用水。而古代司空管理水利的基本原则和措施,就是根据季节节律来决定蓄水和泄洪。因此在对水的问题上不仅要做到“开源”,还要“节流”。

(2)土地资源的保护 如果说水是农业的命脉,那么土地就是农业的基础。土地问题自古就是中国社会一个核心问题。古代中国是一个典型的小农经济社会,土地是最基本的生产资料,土地是“食之本”“国之宝”。《左传·成公六年》记载晋国韩献子看到了土地的重要,第一次提出了土地国宝论的主张。他说:“夫山、泽、林、盐,国之宝也。”《管子》一书更是反复强调了土地的重要:“地者,万物之本原,诸生之根菀也。”“夫民之所生,衣与食也;食之所生,水与土也。”

由于人民的衣食来源于土地，国家的财政来源于土地，国家的富强依靠于土地，怎么样来保护土地呢？《管子》认为应保持城市与乡村适当比例和人地平衡。如果城市规模过大，农村相对狭小，就会导致“其野不足以养其民”；缺乏必要的农产品供应，“其藏不足以共其费”“其民不足以守其城”。关于人地平衡，认为“地大而不为，命曰土满；人众而不理，命曰人满。”

(3)对林业资源的保护　先秦时期，人们就反对滥砍滥伐，履行“时禁”，以保证树木的正常生长。《荀子·王制》记载：“草木荣华滋硕之时，则斧斤不入山林，不夭其生，不绝其长也。”但是当时仅仅是禁止在二三月间草木生长季节砍伐树木，目的是为了“斩伐养长不失其时，故山林不童而百姓有余材也”。汉代以后，人们进一步认识到森林在水土保持方面的巨大作用，《汉书·贡禹传》记载，贡禹曾提出“斩伐树木亡有时禁，水旱之灾未必不繇(由)此也”，把对山林的滥垦乱伐与水旱灾害的发生直接联系起来，对保护森林的意义有了新的更深刻的认识。在民间则通常是通过设立“护林碑”和林(树)神崇拜等形式，对森林进行保护。

尽管随着时代的发展，当今农业经济已经发生了日新月异的变化，但是，作为传统文化的珍贵遗产，中国古代农业经济宏观管理思想不仅具有深远的历史作用，而且对现代农业经济管理具有重大的借鉴价值。

1.3.2 中国古代农业经济微观管理

在中国古代，家庭的经济活动称为“治生”。中国的农业经济微观管理理论古代称之为“治生之学”。也就是家庭经济的治理或管理，包括选择职业、家庭经营管理、相关人员的管理等。

1.3.2.1 中国古代农业治生学

北魏贾思勰所著《齐民要术》中涉及范围不止于农业生产技术，更探讨了农业经营管理方面的许多问题，包括对私人经营管理的一些原理和规律性的认识、微观经济管理的方法和措施，形成了一个理论体系。这些内容在中国古代都属于“治生之学”的范畴。

(1)农业治生的含义　所谓农业治生，是指地主作为土地所有者，在其拥有的土地上进行以获取农产品为主要目的的生产经营活动。地主获取农产品主要是为了获取其使用价值或为了其家庭消费。其生产经营所需的劳动力不是地主本人，而主要是雇佣无地或少地的农民，或者是其拥有的家奴。可见，农业治生实质上是地主家庭农业的经营管理。

(2)农业治生学产生的背景　中国古代最早的家庭经济学即“治生之学”开端于先秦的商家。秦汉以后，随着封建中央集权的建立和巩固，“重本抑末”思想居于统治地位，尤其是国家干预经济政策的普遍实施，民间工商业生存发展受到限制，商人“治生之学”逐渐向地主“治生之学”转化。贾思勰《齐民要术》的出现，就是地主“治生之学”确立的标志。此前历史上思想家们对私家治生之学是感到羞耻的。孔子为代表的儒家有“君子喻于义，小人喻于利”“君子谋道不谋食”的训诫；管子、商鞅、韩非子等法家有“国富民贫”说，认为富民难以管理和统治；道家则有“寡欲”论，以“少私寡欲”作为主要的道德规范。尽管《齐民要术》序中写有“故商贾之事，阙而不录”的话，反映作者受当时崇本抑末、非议经商的思想影响较深，但在全书中，如栽种蔬菜瓜果、植树营林、养鱼、酿造等篇，却详细描述了怎样进行多样经营，如何到市场售卖，怎样多层次利用农产品等有关经济效益的内容。

《齐民要术》中丰富的地主“治生之学”和家庭经济管理思想是如何产生的呢？

①贾思勰生活的时代特征。公元439年，北魏统一了北方，为巩固其统治和从黄河流域人

民那里得到更多的财富，“重农”便成为北魏的国策，在政治、经济等方面进行了一系列的改革。如以“三长制”代替“宗主督户制”，实行均田制、租调制；扶助小农经济，使大部分农民得到了长期、稳定的土地使用权；租、调的减轻，使农民负担减轻，有了更多的剩余产品支配权利，从而改进了生产的条件；另外，桑田作为世业，使他们有较大的能力和主动性来增加蚕织及其他工、副业生产，以改善家庭经济条件。这些措施，通过规定还授制度和对土地买卖的限制，一定程度上抑制了世家豪族对土地的无限度侵占，促进了农业恢复与发展，使一部分农民从豪强地主的依附中脱离出来，成为拥有土地、自立门户的“编户之民”，这在一定程度上刺激了他们的生产积极性，为他们的家庭经济的发展提供了空前有力的发展条件。这样，懂得农业生产的部分“编户之民”开始富裕起来，中、小地主的数量因此有所增加。这些没有权势地位的平民地主不仅关心“治家人生业”，而且也考虑充分利用土地，追求产量和收益的增加，重视地主家庭的经济管理问题，自觉总结“以农治生”的经验。

②贾思勰的三重身份。首先，贾思勰是个知识分子，在知识积累上有能力写出这样具有丰富的地主“治生之学”内容的农书；其次，贾思勰曾经任过高阳郡太守等官职，造就了他浓厚的重农主义的经济思想，而且把对农业发展的宏观指导和对家庭经济的微观管理结合起来；再次，贾思勰对农业生产的各个环节都比较熟悉，他中年还乡，应该是参加过农业生产经营的中下层地主中的一员，亲自经营过田庄，有很多直接观察农业生产的机会和一定的实践体会，积累了丰富的经营管理经验。如为了掌握养羊的经验，他买了两百头羊，自己亲自去养。对种地，他更是不辞辛苦，到田头虚心向老农求教。对如何提高土地的地力，使农作物不断从土地得到充足的养料，更有独到而精辟的见解。这是他能写出地主“治生之学”所具备的主观条件。

③对前代农业经营管理思想的继承和发展。从经营管理角度看，《齐民要术》吸收了前人经验，总结和提出了不少重要的管理思想和主张，并融会贯通为完整的理论体系。包括最早的先秦时期出现的商人的“治生之学”，主要就是范蠡和白圭的经济思想；西汉时期司马迁的《货殖列传》，是总结私人发家致富经验而完成的以私家货殖为内容的“治生之学”；东汉崔寔的《四民月令》，是对地主家庭（士、农、工、商于一体）的治生问题进行的首次探索，记述了封建地主家庭的生产经营之道。贾思勰的《齐民要术》最终完成了由商人“治生之学”向地主“治生之学”的转化任务，使地主“治生之学”得以确立。贾思勰还将农家治生问题深入到具体的经营方法、管理措施等细节当中，吸收并继承了前代的思想。

(3)强调农业治生之道的理由 贾思勰在《齐民要术》“序”中指明，学习古圣先贤的教导，其根本目的是“要在安民，富而教之”，即如何让民众生活安定，使他们富足和得到教养。对待历代的兴农主张和具体措施，他给予很高评价，称之为“益国利民，不朽之术”。经济史学家认为《齐民要术》是封建地主经济的经营指南，还有人提出应该称它为全世界最早、最完整的封建地主的家庭经济学。《齐民要术》确立的治生之学，后经历代流传，补充发展，至明末清初张履祥所著《张杨园先生全集》，其中的《赁耕末议》《补农书》《备忘》，以及清代张英所著《恒产琐言》等，都是阐述农业微观管理的治生学专著。之所以强调农业治生之道，他们的理由有以下几点。

①根据家国无二理的原则推论而知。既然国家“重本抑末”，那么“治生一事……只有务本节用而已”。在贾思勰以重农为核心的经济思想中，一个明显的特点就是把对农业发展的宏观指导和对家庭经济的微观管理结合起来。他认为两者的道理是相通的，“家犹国，国犹家，是以家贫思良妻，国乱思良相，其义一也”。家和国得不到很好的治理，都会陷入贫困。

②经营农业比做官风险小。西汉时期，司马迁的《货殖列传》，是总结私人发家致富经验而完成的以私家货殖为内容的"治生之学"，提出"以末致财，用本守之"的经营方略。贾思勰的《齐民要术》中阐述的地主"治生之学"包括家庭经营对象的选择，对私人经营管理的一些原理和规律性的认识以及微观经济管理的方法和措施，形成了一个理论体系。他将司马迁"富无经业"的治生观演变为"不仕则农"的治生观，他把治生活动的经营对象归结为做官和务农，明确将工商治生排除在外。他说："舍本逐末，贤哲所非，日富岁贫，饥寒之渐，故商贾之事，阙而不录。"而做官和务农二者中，做官是有风险的，务农则要安全得多。

③土地能保持长久。如清代张英所云："天下之物有新则必有故""独田之为物，虽百年而常新。"

④地租收入安全、正当。地租收入比起经商赚钱来，是"生息微而缓"，但"月计不足，岁计有余；岁计不足，世计有余"，是最少风险，最稳妥可靠的。靠贸易、典当取得商业利润是"取财于人"，容易"怨于心"，甚至招灾惹祸，而地租收入"取财于天地"，因而更正当、安全，不会引起怨恨。

⑤务农有助于提高道德修养。如明末清初的张履祥在《赁耕末议》中认为务农对读书知礼具有重要作用，"夫能稼穑，则无求于人，无求于人则能立廉耻；知稼穑之艰则不妄求于人，不妄求于人则兴礼让"。

对于家庭农业的经营管理，后来的农业治生家都十分重视，如张履祥、张英等。正是他们的潜心研究探索，才使中国产生了珍贵的农业经济微观管理思想。

1.3.2.2 农业治生学的经营管理策略

(1)精耕细作，重视农业生产技术　贾思勰认为农业科技水平的高低关系到国家是否富强。《齐民要术》是一部伟大的古代农书，内容极为丰富，成为指导农户家庭经营管理的指南。农史学家称颂其中旱地农耕作业的技艺和高度理论概括，使中国农学第一次形成精耕细作的完整体系。

(2)以粮食为中心，积极发展多种经营　贾思勰重农，首先是重视粮食生产。但他并不把农业生产归结为生产粮食，而是要多种经营。贾思勰认为，农副产品加工是农业生产的继续，是生产转向消费的必要环节。经过加工的农副产品，不但满足了消费的需要，而且价值提高了。《齐民要术》中就有酒、醋、酱、豉的制作，还有把粮食、蔬菜、果品、肉鱼加工成耐贮食品的方法。

(3)讲究经济效益，重视生产成本核算　《齐民要术》教导农民搞好农业生产，同时教导农民要节约生产成本。贾思勰在书中教导农民，要按市场条件来安排生产；要有适当的规模和合理的田间布局来生产；将经济核算的内容扩展至劳动力费用支出，即教导人们重视减少生产成本中的劳动力费用支出，要使用临时性雇工，简单轻松劳动甚至可使用童工，以降低成本。书中列举大量的实例，教农民如何计算成本和利润，甚至连运输、销售的费用都有计算。重视对农业生产、科学技术与经济效益进行综合分析，以便扩大盈利。

(4)加强家庭财务管理　首先，家庭收支应当精心计划；其次，为防止财务风险，应尽量避免借债。如清代张英看到当时社会上买卖田产现象十分普遍，其后果十分严重。而许多卖主之所以被迫卖田，是由于负债过度，到期无法偿还造成的。他进而认识到"债务之来，在于用度不经，不知量入为出"，因此谆谆告诫"凡有费用，尽从吝啬，千辛万苦，以保先业"。尤其强调除非特别富有，尽量不要居住在城市，这不仅节省开支，更能防止子弟“鲜花怒马，恒舞酣歌，一裘之费动辄数十金”的奢侈挥霍，从而陷入借债度日的陷阱。

1.3.3 中国古代农业科学技术

我国的传统农业是中华民族经历上万年的积累发展起来的。中国古代农书在世界古代农书中占有重要地位，中国古代农业科学技术从历代农书中可以得到充分体现。

1.3.3.1 中国古代农书中记载的农业科学技术

(1)先秦时代的农业技术　现存最早的农书，是成书于公元前239年的《吕氏春秋》中的《上农》《任地》《辩土》《审时》四篇，第一篇讲的是农业政策；后三篇讲的是农业技术，内容涉及土地利用、农田布局、土壤耕作、合理密植、中耕除草、掌握农时等，是先秦时代农业技术的总结。书中提出种庄稼要处理好天、地、人的关系，强调在掌握天时地利的基础上发挥人的作用，是中国精耕细作农学传统理论的重要发端。此外《尚书·禹贡》《管子·地员》也是水平较高的关于农业地理和土壤学方面的著作。

(2)秦汉至南北朝时期的农业技术　此时期农业重心在黄河流域，重要农书有《氾胜之书》《四民月令》和《齐民要术》等。从考古发掘看，汉代铁农具和牛耕技术已大范围推广，东北起辽东半岛，西北至甘肃、新疆，西南至云南、四川，南至广东，都有汉代铁农具的出土。农具从垦耕、播种、灌溉、加工和清洁等方面都有了很多改革和创造，如耦犁、耧车、翻车、水碓、风扇车等等。从文献当中我们可以看出当时政府比较重视农业的推广工作。北魏贾思勰所著《齐民要术》引崔实《政说》曰：“武帝以赵过为搜粟都尉，教民耕殖。”在推广的过程中，赵过还创造出一套农业技术的推广程序，并以代田法为例，用三个步骤将农业科技推广开来。赵过之后氾胜之又在关中一带推行区田法，区田法在耕作要求方面比代田法高，它是一种比较先进的农田丰产技术。《齐民要术》中比较系统地总结了黄河中、下游地区北魏和北魏以前的农业生产技术，初步建立了农业科学体系，是我国乃至世界上保存下来最早的一部农业科学著作。全书凡10卷92篇，11万多字，内容极为丰富，涉及农、林、牧、副、渔等农业范畴。主要内容有：土壤耕作和农作物栽培管理技术；园艺和植树技术，包括蔬菜和果树栽培技术；动物饲养技术和畜牧兽医技术；农副产品加工和烹饪技术等。经历约1 500年仍被人们奉作古农书的经典。

(3)隋唐宋元时期的农业技术　隋唐以后农业重心转移到长江以南，此时期中国各地农业生产发展不平衡。宋代的农技推广主要体现在种子方面。宋太宗时，何承矩主张在河北推广稻种，并亲自在雄莫、坝州、平戎、顺安等长达六百华里的地区内屯田种稻，使农民从种稻中获得增收，大获其利。宋代“占城稻”开始传入中国，并在中国大量种植。元朝经济大致上以农业为主，其整体生产力虽然不如宋朝，但在农业生产技术、垦田面积、粮食产量、水利兴修以及棉花广泛种植等方面都取得了较大发展。反映此时期农业技术的重要农书有唐韩鄂的《四时纂要》、南宋陈旉的《农书》、元代王祯的《农书》等。

(4)明清时期精耕细作的技术体系继续推广和提高　此时期农书的撰述空前繁盛，留传至今的有200多种。地方性小农书也显著增多，著名的有浙江的《沈氏农书》和《补农书》，四川的《三农记》，山东的《农圃便览》，陕西的《农言著实》等。

1.3.3.2 中国古代农业科学技术及管理的特点

农业生产具有特定的地域差异性和历史继承性，它与一个国家的资源环境以及社会、经济、文化甚至风俗习惯都有密切关系。其管理主要特点如下：

(1)提倡天时、地利、人和 “三才”是我国早期哲学中对于天、地、人三者关系的学说，最早见于《周易·系辞下》：“有天道焉，有人道焉，有地道焉。”意即天、地、人各有其运行规律。战国时代，人们用“三才”理论来指导战争和治国，提出“天时不如地利，地利不如人和”，特别强调人与人之间的团结协和关系。后来“三才”理论也应用于指导农业生产。战国《吕氏春秋·审时》说：“夫稼，为之者人也，生之者地也，养之者天也。”西汉《淮南子·主术训》说：“上因天时，下尽地财，中用人力，是以群生遂长，五谷蕃殖。”这里的“因”“尽”“用”3个字很简洁生动地概括了农业生产中“天”“地”“人”三者的关系，只有顺应自然规律(因天时)，发掘土地潜力(尽地财)，调动人的生产积极性(用人力)，才能够获得农业丰收(五谷善殖)。但是“天不一时，地不一利，人不一事”，也就是说，天、地、人都不是一成不变的，要做到“因天时，尽地财，用人力”，就必须讲究“时宜”“地宜”“物宜”。战国时代的《周礼·地官》就已提出要根据各地土壤类型来种植作物，指导生产。清代《浦柳农咨》说：“习天时、审土宜、辨物性，而后可以为良农。”就是说，只有具备气象、土壤、作物等多方面的知识，才能做称职的农民。

(2)提倡资源保护和用地养地 先秦时代，我国就已开始设官立法保护生物资源环境，有了许多很精辟的思想认识。战国《荀子》说：“修火宪、养山林、伐泽、草木、鱼鳖、百素，以时禁发，使国家足用而财物不屈，虞师之事也。”“虞师”是负责掌管野生资源的，“禁发”，禁就是保护，发就是利用，禁而不发则不“足用”，发而不禁则致“财屈”。《荀子》还说：“污池渊沼川泽，谨其时禁，放鱼鳖优多而百姓有余用也；斩伐养长不失其时，故山林不童(光秃)而百姓有余材也。”中国古代对耕地的保护也倍受国外学者称道。德国科学家、近代农业化学的奠基人李比希(Justus Von Liebig，1803—1873)在《化学在农业和生物学上的应用》一书中说：“中国长远地保持着土壤肥力，借以适应人口增长而不断提高其产量，创造了无与伦比的农业耕作法。”李比希说出了中国传统农业中最精华的部分，即一整套用地与养地相结合的技术措施。中国种植绿肥作物“养田”的历史已有2 000多年，施肥的历史更可追溯到甲骨文时代。在推进农业现代化过程中，如何使耕地长久不衰，仍然是当今世界各国面临的课题。

(3)提倡集约耕作与多种经营 一般认为，中国精耕细作农业形成于战国时代，那时候封建小农经济的确立，调动了农民的生产积极性，在自家耕种的土地上精心种植管理，以期获得较好的收成。战国《吕氏春秋》中甚至提出“五耕五耨，必审以尽”的要求。此外还采取轮作复种、间作套种等办法，实现“一岁再获”。汉代推行“宿麦”(即冬小麦)，粟麦轮作复种、两年三熟的种植制度一直延续至今。到唐宋时期，南方地区人口骤增，稻麦轮作、水稻一年两熟都出现了，虽然传统农业社会是贫穷的，但它对土地的利用效率是很高的。

中国农业经济还具有多种经营传统：一是耕织结合，农副并重；二是农桑并举，农牧结合；三是多熟种植，早晚搭配。这与自给自足的小农经济是相一致的。

1.3.4 中国近代农业经济管理

我国虽然是农业起源最早的国家之一，并且在以后有了相当可观的发展，但在近200多年来，特别是鸦片战争以来，由于帝国主义、封建主义和官僚资本主义的压迫与剥削，我国农业和其他各项事业一样，遭到了严重的摧残，农业经济发展被西方国家甩在后面。与此同时，资本主义国家的一些先进农业科学技术、优良品种及经营方法也通过多种渠道传入中国。

1.3.4.1 半殖民地半封建社会生产关系对农业发展的桎梏

(1)封建统治阶级的剥削 近代中国沦为半殖民地半封建社会,封建统治者对农民的剥削没有丝毫削弱。租佃农户交纳地租以后所剩无几,只能靠降低生活消费勉强维持简单再生产。自耕农经营也是极不稳定的,他们是赋税、徭役的主要承担者。一遇天灾人祸,就要面临破产,或陷入高利贷的罗网,或成为地主兼并土地的对象。

(2)帝国主义的剥削 鸦片战争后,帝国主义国家的商人纷纷进入中国,在大量倾销本国过剩产品的同时,通过当地的中间人深入农村廉价收购农畜产品,垄断农产品贸易,控制收购价格,转手之间就可获得巨额利润。日本帝国主义在侵华战争期间,一方面加强对原有农产品的直接掠夺,另一方面着手大肆进行开发性掠夺,强占大量土地,妄图建立为侵略战争服务的农产品基地。由于帝国主义剥削,强制掠夺中国农产资源,使中国近代农业遭到严重摧残。

(3)官僚资本主义的剥削 随着外国资本的进入,中国农业经济的资本主义因素逐渐萌芽、生长。统治者也采用各种手段积累大量的官僚资本,并与外国资本主义势力勾结起来,对各地区人民进行敲骨吸髓的剥削。他们在自己的势力范围内,开设官僚资本商业机构,既具有浓厚的封建性,又具有强烈的买办性和高度的垄断性。这些官商还设立私人农场,强迫当地农民无偿劳动,壮大自己的经济、政治势力,进一步压迫、剥削劳动人民。

在帝国主义和封建官僚资本主义剥削压榨下,中国近代农业经济陷入严重危机之中。

1.3.4.2 现代农业的萌芽

近代中国社会内忧外患日益严重,为了寻求强国富民良策,许多开明士绅积极提倡兴农强本,出现了仿照西方先进农业技术以改变中国农业落后状况的思想,并开始通过多种途径引进西方近代农业科技,创办农业学校和科研机构,开展农业科研活动。

(1)引进西方农业科技成果 中国出现西方近代的实验农学始于19世纪60年代。1862年,清政府在北京设立了培养外语人才的“同文馆”,不久就有了关于西方农业科技著作的翻译出版。1897年5月,上海创办了中国第一份农业学术刊物,名为《农学报》。该刊物办了10年,译介了大量的近代农业科技文章。此外还出版了一套《农学丛书》,收入农学译著149种。这些书刊的出版与传播,推动了中国近代农业科技的产生和发展。

中国近代也引进了新式农机具、化肥农药及农作物、家畜良种等。据1880年天津《益世报》报道,当时在天津附近出现了一家“批租荒地5万亩,概从西法,以机器从事”的新式农场。以后,各地购进和试用西方新式农机具的情况时见报端。不过,真正在当时的农业生产上起作用的还是抽水排灌一类机具,如浙江镇海有人集资3万元,设立了“灌田公司”,购买了大小各式抽水机10余台,分设乡邑各处,抽水灌田,一度降服旱魔,百姓称快。1904年,德国一些化肥公司开始在中国出售化肥,当时称为肥田粉,主要是硫酸铵类化肥。自此,化肥逐渐引进我国,逐渐为农民认识和接受。

中国近代引进农作物良种以美棉为最早,对我国农业生产的影响也最大。此外还从国外引进了不少麦、稻、花生、马铃薯、烟草等作物的新品种,经过我国的选育改良,多数都表现出良好的栽培适应性和丰产性,对于改变中国原有作物的品种构成,改进传统耕作技术,都起了一定的推进作用。对外国禽畜良种的引进,始自20世纪初。1904年,陕西高宪祖等集资20万元,设立“牧羊公社”,购入瑞士良种绵羊,改良当地绵羊品种;1917年,留美学生虞振庸将一批荷兰奶牛运往北京，创办了北京模范奶牛场；1918 年，广东岭南大学引进约克、盘克等良种猪；1924 年，留美学生陈宰均在青岛建立新型猪场、鸡场，引入巴克夏猪和来航鸡等。这些禽畜良种经过与我国本地品种杂交，培育出一批适合中国饲养的新品种，并以科学方法繁育推广，为中国的畜牧业改良做出了积极的贡献。

(2)创办农业教育科研机构　中国开始创办近代农业教育科研机构，可以追溯到 19 世纪末。如 1896 年成立的杭州蚕学馆和 1898 年成立的上海育蚕试验场等。1903 年，清朝政府制定“癸卯学制”，规定农业教育的学制分为四级，即大学农科、高等农业学堂、中等农业学堂、初等农业学堂等。

晚清时期开展的农业教育科研事业，起步艰难，当时国内没有通晓近代农业科技的专门人才，主要依靠聘请外国专家充当农业学堂的教习和农业科研机构的技师。晚清时期我国出现了公派农科留学生。到 1911 年，中国在国外学习农科的留学生大约有 300 人，其中在日本有 200 余人，在美国有 50 余人。

辛亥革命以后，我国的农业教育科研事业得到比较快的发展，先后成立了一批高等农业院校和农业科研试验场。1912 年民国政府颁布新学制，农科大学改组为农业专门学校。学校分为国立、公立、私立等几类。到 1927 年北伐结束时，全国共有国立、省立农科大学 9 所，私立(含教会)农科大学 5 所，此外还有公立农业专门学校 10 所。农科本专科毕业生超过 2 000 人。到 1937 年抗日战争爆发时，全国共有农科大学 21 所，各类农业专科学校 57 所。10 年累计毕业本专科学生 3 362 人。抗日战争爆发后，我国农业教育进入一个极为艰难的时期。

1912—1949 年，我国先后有 1 063 人在国外高等农业学校毕业，其中多数人学成回国服务，成为推进农业教育科研事业和农业现代化建设的骨干力量。

(3)开展农业科研活动　中国近代的农业科研活动发端于晚清的农事试验，但限于当时的社会历史条件，真正科学意义上的农业科研活动并未展开。辛亥革命后，经过一批在农业教育科研机构供职的爱国知识分子的辛勤耕耘和不断努力，中国的农业科研才初具规模，各项科研活动先后展开，取得了一些有影响的成果。

民国时期，中国的农业科研活动主要是由各地的农业高校开展的。中国近代农业科研进入正规化、科学化的起点，是在 1931 年国民政府实业部筹建中央农业实验所以后。该所于 1932 年建成，下设农艺、土壤、肥料、蚕桑、畜牧、兽医、森林、农经、植保 9 个系，此外还与上海商检局合办兽疫防治所、血清制造所、江西修水茶业改良场等。除中央农业实验所外，还有实业部所属的南京小九华山中央种畜场、河北正定棉业试验所以及全国经济委员会所属的南京棉产改进所、中央稻麦改进所、西北种畜场等。这一时期，各省农业主管部门普遍设立所属农业机构，有称试验场、改良场的，也有称农林局、农林署的。

日本发动侵华战争，给中国的农业科研事业带来了极大的灾难，致使一度发展起来的科研工作陷入瘫痪。除了少数机构移往西南大后方外，遍布各地的地方机构几乎被摧残殆尽。

中国近代的农业科研曾取得一些成果，其中少数成果还在当时产生过较大的影响。但由于当时的社会环境条件的限制，许多成果都不能发挥应有的作用。

1.3.4.3　孙中山的农业现代化思想

孙中山是中国资产阶级民主革命的卓越领袖，他所提出的农业发展思想，对近代中国产生了重大影响，是我国农业经济管理思想遗产的一个重要组成部分。1894 年，孙中山上书李鸿章，系统地阐述了他的改良主义经济发展理论。其中特别强调优先发展农业生产的重要性，指出“此农政之兴尤为今日之急务也”。他希望清政府兴办农政学堂以培养农业专门人才，设立农业博览会以推广农业技术，并表示他自己愿意为此“躬行实践”。

孙中山青年时期对农业现代化的理解，主要是开办农业学堂，学习西方农业新法，改造传统农业技术等。在旧民主主义革命过程中，孙中山的注意力逐渐转向土地制度问题，在其三民主义学说中，把土地问题摆在十分重要的位置。他在《三民主义之具体方法》中说：“民生主义，讲到归宿，不得不解决‘土地’和‘资本’两个问题。”可以说，平均地权和节制资本构成了孙中山民生主义的核心。到孙中山晚年，他进一步为其平均地权思想赋予“耕者有其田”的内容。他在《民生主义》第三讲中说：“农民之缺乏田地沦为佃农者，国家应当给以土地。”又说：“将来民生主义真是达到目的，农民问题真是完全解决，是要耕者有其田，那才算是我们对于农民问题的最终结果。”

按孙中山的设想，在解决“耕者有其田”之后，中国农业现代化的重点是机械化和科学化，应建立相应的农产品加工工业和支农产品工业，还要设立科学局、所，指导农民，中央应有掌管农业的领导机构。孙中山的国家经济现代化思想，是通过大力发展工农业大生产来解决民生问题，这本身就含有对封建小农生产方式的否定。他当时也提出利用外国的资金、人才、技术来加速现代化建设，认为这是赶上先进各国的捷径。此外，他还提出经济现代化既要“万端齐发”，又要有所侧重，要优先发展农业、工矿业及基础工业，指出“盖农矿工业，实为其他种种事业之母也”。这些思想都是具有时代进步意义的，是孙中山经济现代化思想的精髓。

孙中山是从国家经济现代化的总体和全局的高度来关注农业现代化问题的，而民国时期的一批具有改良主义思想的知识分子，则主要着眼于乡村建设的具体方法途径的探讨及实践。他们在“复兴农村”的口号下，提出了救治农村的种种办法，形成了好几个“乡建运动”的学派。

1.3.4.4 民国时期的乡村建设试验

(1)梁漱溟的乡村建设理论与实验　梁漱溟在《乡村建设理论提纲》一文中，系统地阐述了他的理论，认为乡村建设运动的任务就是要使无序的社会变成有序的社会，并以乡村建设理论为依据，设计了一个“政、教、富、卫”合一的乡村综合改造的模式，于1931年6月成立了“山东乡村建设研究院”。当时选了山东邹平和菏泽两县作为这个建设模式的试验点，后来只在邹平县做了一些实际的工作。重点是创办“乡农学校”，这是梁漱溟乡村建设实验的出发点。乡农学校的“学生”包括乡村社会的全部男女老少，只要是某乡农民，就被认为是某乡农学校的学生。乡农学校负有教育农民、促兴经济、陶冶精神三大任务。教育农民是乡村建设第一要务；促兴经济是乡村建设的中心内容，包括向农民传授农业技术，兴办各类经济合作社等，两者相连相需，农业即可发达。而农业兴起，工业相因而俱来；所谓陶冶精神实际上是对乡民进行礼俗伦理教育，以形成一个“伦理本位和职业分立的社会”。

(2)晏阳初的平民教育理论与实验　20世纪20年代初期，以晏阳初为代表的一批提倡平民教育的知识分子，在中国搞了颇有声势的“平民教育”运动。要通过识字来改造国民的素质，提出了“除文盲，作新民”的口号，立志在一个几亿人口的泱泱大国里“扫除文盲”。中国的大多数人是农民，而农民又多数不识字，因此，平民教育的重点实际上就是农民教育。

按晏阳初的观点，中国农村问题千头万绪，其中有4个基本问题，这就是农民的“愚、穷、弱、私”。针对4个基本问题提出开展“四大教育”：文化教育培养知识力以救其愚；生计教育培养生产力以救其穷；卫生教育培植强健力以救其弱；公民教育培植团结力以救其私。他深信这4种教育办好，社会有了基础，中国就得救了。

晏阳初等为实践他们的农民教育和农村建设理论，选择河北定县作为实验基地，进行了一番农村综合改良的社会试验。他们事先制订了一个庞大的10年工作计划（后改为6年计划），规定了一套“社会调查—研究—实验—示范—推广”的工作程序。当时的农民教育按“除文盲，做新民”的要求，重点放在识字教育和公民教育方面。农村建设则只是着眼于农业技术的推广应用，缺少梁漱溟那种农村经济全面发展的构想。对农村医疗保健事业，晏阳初的方案颇有新意，叫作“农村三级保健制”，即第一级为每村设一个“保健员”，负责村民的小伤小病的治疗；第二级为若干个村共设一个“保健所”，负责区内保健员不能处理的医疗保健事务；第三级为设施齐备的县级“保健院”，称作“平民医院”，负责县内重大伤病的住院治疗。这样一个由村、区、县组成的医疗保健系统，应当说是符合中国实际的可操作的构想。

（3）乡村建设协会的乡村试验　乡村建设协会是一个得到美国洛克菲勒基金会资助的乡建组织，由金陵大学农学院牵头，联合了清华大学（负责水利工程）、燕京大学（负责农民教育）、北平协和医学院（负责乡村公共卫生）、南开大学（负责农村社会经济）、齐鲁大学（负责农村社会组织）、金陵大学（负责农业技术改进）等有影响的大学参与，在当时算得上是一支阵容强大的乡村建设队伍。1935年，金陵大学农学院决定在济宁办一个乡村建设试验总场，在各县建立分场，全面实施乡村试验计划。首先选择山东的10个县进行农村综合改良和农产改进工作。但由于抗战爆发，该项计划未能完成即被迫内迁。抗战期间，改在贵州省定番设立乡政建设学院继续开展工作，但终未实现当初的宏大计划。

中国在20世纪20～30年代出现的乡村建设运动，实际上也可以看作是一次乡村现代化建设的尝试。它得到了当时的社会名流的大力提倡、支持。许多有志之士不辞辛劳，深入农村，确实做出了一定的成绩。但是这种改良主义的乡村建设没有触动封建土地所有制。加上日本帝国主义入侵，政局动荡，建设人才不足等原因，所以注定不能取得预期的结果。

在鸦片战争之后直到新中国成立前，中国农业经济一直停滞不前。尽管在西方资本主义侵入时，也带来了一些先进技术、优良品种和经营管理方法，但是在帝国主义、封建官僚的残酷掠夺下，中国的农业不可能得到正常的发展。在农产品贸易中不进行公平交易，甚至以杀鸡取卵的方式进行掠夺。中国农产品的出口也是根据帝国主义国家的国内经济发展或战争掠夺资源的需要，不能形成合理的农业结构。所以，在中国近代历时109年，农业未能摆脱衰落的局面。

1.4　社会主义农业经济管理体制的建立与发展

1.4.1　农业经济管理体制概述

经济管理体制是组织和管理经济的具体制度和方式、方法。它是在不同的发展阶段将经济生活各个方面、再生产各个环节联结成一个有机整体的具体组织形式，是管理经济的制度的总称，是生产关系具体表现形式之一。农业经济管理体制是国民经济管理体制的重要组成部分。

1.4.1.1 农业经济管理体制的概念

农业经济管理体制是指一个国家或地区农业经济管理的组织体系及相应的法律规章制度的总和。这里的组织体系是指由中央到地方、由政府到企业及其他生产经营单位，以及生产经营单位内部各管理层次的职能部门等所构成的组织系统。所谓制度是指处理整个农业经济管理系统中各层次、各经济主体之间相互关系的总体规则和行为规范，其核心是正确处理经济管理系统中上下级之间、各职能部门之间以及各级管理人员之间和与成员之间权利、责任、利益关系，以确保管理目标的实现。

农业经济管理体制的选择并不是随心所欲的，而是由具体的社会发展实际决定的。

新中国成立70年来，前30年我国基本上是实行计划经济体制，后40年则是处在从高度集中的计划经济体制向社会主义市场经济体制转变的过程中。那么，我国也先后实行与其相联系的两种完全不同的农业经济管理体制。

1.4.1.2 农业经济管理体制的内容

农业经济管理体制作为农业生产关系的具体表现，其内容反映着农业中的各种经济关系。具体包含以下几个部分。

①农业组织机构的设置。

②管理权限的划分。

③管理形式、管理方法、管理手段和制度规范。

以上3个方面相互依赖、相互影响，构成一个完整的体系。其中管理权限的划分是管理体制的核心内容，机构设置、管理形式、管理方法、管理手段和相应的制度规范是管理权限划分的组织保证和行为规范。

1.4.1.3 农业宏观经济管理体制

农业宏观经济管理体制是指国家领导、管理农业的组织体系及相应的规章制度。其主要内容包括：

①国家农业经济管理等级层次的权力、责任划分。

②国家农业经济管理组织体系的决策系统。

③国家农业经济管理制度框架的行为准则。

1.4.1.4 农业微观经济组织管理体系与制度建设

农业微观经济组织即直接或间接从事农业生产经营活动的单位，包括农业企、事业单位，农业合作社和各种农业集体经济组织。

(1)管理层次的划分　管理层次或管理机构的层次是企业或其他经济组织的组织机构在整个组织体系中所处的地位及其等级关系。划分管理层次的目的是为了有效地实施管理分工，建立层级节制、权力制衡的内部分工负责与约束机制。管理层次的层级数按照组织规模的大小设置，一般分为高层、中层和基层。

(2)各管理层职能部门的设置及人员配备　规模较大的农业经济组织应根据合理分工、各负其责、协作配合、提高绩效的原则，设置承担不同管理任务的职能部门和岗位。管理人员的选用和配备应遵循因事设岗、量才任用。

(3)职能部门和管理人员职责范围的确定和权限的划分　责任明确、权责对等是管理的基本原则。明确各职能部门和管理人员的职责范围,使管理者清晰地认识到自身在组织中的地位及工作任务的重要性,可以激发起责任感和成就感。一定的管理权限是管理人员履行岗位职责、正常开展工作的必要条件。

(4)农业微观经济组织制度建设　这既是实现层级节制、权力制衡、行为规范、有效管理的前提,又是提升管理现代化水平和组织凝聚力的重要保障。

1.4.2　我国社会主义农业经济管理体制的建立

中华人民共和国成立后,我国经济体制经历重大改变:从成立初到1978年前,由社会主义公有制经济为主体、多种经济成分并存的局面向单一的高度集中统一管理的计划经济体制转变;党的十一届三中全会后至1992年,由单一的公有制经济转变为公有制经济为主体的多种所有制经济成分并存的经济,从计划经济转变为计划经济为主,市场调节为辅的经济体制;1992年党的十四大以来,开始向社会主义市场经济体制转变,由粗放式经营向集约式经营转变。这期间,国家先后制定了一系列发展农业的方针、政策。

新中国的社会主义农业经济管理体制是经历了迂回曲折的道路,通过多次改革,逐渐建立和完善起来的。

1.4.2.1　土地改革实现"耕者有其田"

(1)土地改革的背景　消灭封建地主土地所有制,实行农民土地所有制,是我国新民主主义革命的基本内容。中国共产党从一诞生起,就开始探索推翻封建土地制度,并从第二次国内革命战争开始,逐渐在革命根据地、解放区进行土地革命和土地改革的尝试。中华人民共和国成立前,在约1.6亿人口的老解放区已经进行了土地改革。1947年9月中共中央召开全国土地会议,制定了以没收地主土地、废除封建土地所有制为主要内容的《中国土地法大纲》。1949年新中国成立时,农业生产力水平十分低下,商品生产不发达,农业经济处于极端低下的水平,迅速恢复农业生产是农业部门的首要任务。在总结已经完成土地改革地区的经验和新中国成立后面临的新形势、新任务的基础上,1950年6月28日中央人民政府制定并颁布了《中华人民共和国土地改革法》,从1950年秋季开始,在约3亿人口的新解放区有计划、有步骤、有秩序地开展了土地改革工作。土地改革的总路线是:依靠贫农、雇农,团结中农,中立富农,有步骤、有分别地消灭封建剥削制度,发展农业生产。到1952年底,全国范围内农区的土地改革基本完成。到1953年底,除西藏、新疆等少数民族聚居的地区外,其他牧区、渔区和林区也基本上完成了土地改革任务。又过了五六年,在新疆、西藏和彝族、傣族等少数民族地区,也按照不同民族、不同地区的条件和特点,因地制宜地分别完成了土地改革。

(2)土地改革的主要内容　一是明确土地改革的基本目的是"废除地主阶级封建剥削的土地所有制,实行农民的土地所有制,借以解放农村生产力,发展农业生产,为新中国的工业化开辟道路";二是规定没收地主土地;三是规定没收地主的耕畜、农具、多余的粮食及在农村多余的房屋,其兼营的工商业和其他财产不得没收;征收工商业资本家在农村中由农民居住的房屋,富农、中农的财产不得侵犯;四是规定对所有没收和征收得来的土地和其他生产资料,除依法收归国有外,均应"统一地、公平合理地分配给无地少地及缺乏其他生产资料的贫苦农民所有。对地主亦分给同样的一份,使地主也能依靠自己的劳动维持生活,并在劳动中改造自己。”

(3)分配土地的方法 以乡或行政村为单位,在原耕地基础上,按土地数量、质量及其位置远近,用抽补调整方法按人口统一分配。

(4)土地改革的结果 土地改革的完成,废除了封建剥削的土地所有制,从根本上摧毁了中国农村长期存在的封建剥削制度,约3亿无地和少地农民无偿地分得耕地4 700万 hm^2 和其他生产资料及耕畜300万头,免除了每年向地主缴纳大约3 000万 t 以上的粮食地租,改变了土地占有极不合理的状况,实现了耕者有其田,使劳动者与土地直接结合起来,大大地激发了农民的生产积极性。

土地改革,废除了长期束缚农业生产力的封建剥削制度,真正实现了“耕者有其田”,农民成为土地的主人,调动了农民生产积极性,使长期受到战争破坏的我国农业经济得到了较快的恢复和发展。农业的基本经营形式是个体农户家庭经营。

1.4.2.2 农业合作化

(1)农业合作化的背景 土地改革后的农业经济,基本上是个体农户为主体的农业经济。1952年我国国民经济恢复时期终结,党中央按照毛泽东建议,提出了过渡时期总路线:要在一个相当长时期内,逐步实现国家的社会主义工业化,并逐步实现国家对农业、对手工业、对资本主义工商业的社会主义改造。其实质是要逐步将生产资料私有制改变为社会主义公有制,发展生产力。按照社会主义原则改造小农经济,是我国过渡时期总路线的重要组成部分。根据我国国情和农民个体经济的特点,在我国农业的社会主义改造中,遵循自愿互利、典型示范和国家帮助的原则,从各种形式的农业生产互助组逐步过渡到农业生产合作社。因此,我国的农业社会主义改造早期多称为农业生产互助合作运动,以后又称为农业合作化。

(2)农业生产互助组 是劳动农民在党和政府领导下,自愿结合的生产互助形式,是引导农民走向社会主义的初级形式。参加互助组的农户没有改变原来的私有制和个体经营方式,基本上还是个体经济。但是,它在生产的某些环节上实行了劳动互助和其他生产资料合作,有的还开始积累了部分公共财产。

(3)农业生产合作社 在互助组的基础上进一步建立起初级农业生产合作社(简称初级社)。初级社是按照自愿互利原则建立的合作经济组织,它实行土地折股入社,统一经营;耕畜与大型农具等生产资料归社里统一使用;社员参加集体组织的生产劳动。初级社的总收入除扣留当年生产费用、缴纳一定数量的税金和提取一定数量的公积金、公益金以外,社员消费部分中主要实行按劳分配,另一部分支付社员的土地和其他生产资料的报酬。

(4)高级农业生产合作社 高级社多是在初级社基础上发展起来的,也有由互助组或个体农民直接组成的。入社农民私有的土地、耕畜与大型农具等生产资料转为社员集体所有,社员私有的生活资料和零星的树木、家禽、家畜、小农具等仍属社员私有,均不入社。组织社员共同劳动,统一分配劳动成果,实行“各尽所能、按劳分配”的制度。

(5)农业合作化的完成 到1956年底,参加农业生产合作社的农户达到1.2亿多户,占全国农户总数的96%,基本实现了由初级社向高级社的转化,农业社会主义改造任务基本完成。

农业合作化的后期,在党内“左”的思想指导下,频繁改变生产关系,在初级社还没有巩固的情况下,就急于过渡到高级社,给农业发展埋下了隐患。合作化完成以后,土地改革形成的农地所有权农户私有变为合作社公有，农业的基本经营形式由个体农户家庭经营转变为合作社集体经营。

1.4.2.3 农村人民公社化

(1)人民公社的由来 1957 年冬到 1958 年春，全国农村开展大规模的农田水利基本建设活动，需要土地连片和人员集中，以便于管理，为此，1958 年 3 月召开的成都会议根据毛泽东建议，通过了《中共中央关于把小型的农业合作社适当地合并为大社的意见》。1958 年 8 月 29 日，中央政治局在北戴河会议上作出《关于在农村建立人民公社问题的决议》，要求全国各地尽快地将小社并大社，转为人民公社。主要内容是：确定人民公社实行政社合一，工农兵学商相结合；强调小社并大社的方法，首先由原来的各小社联合选出大社的管理委员会，把人民公社的架子搭起来；在并社过程中，要以"共产主义精神"去对待各个小社的公共财产和债务方面的差别；人民公社目前是集体所有制，以后可以变为全民所有制，并为向共产主义过渡作准备。之后，仅几个月的时间就在全国实现了人民公社化。到 1958 年底，全国 74 万个高级农业生产合作社合并，升级为 26 578 个人民公社，参加人民公社的农户占总农户的 99.1%。

(2)人民公社的特点 实行"政社合一"，公社既是社会主义国家政权组织的基层单位，又是劳动农民的集体经济组织；"一大二公"，即公社规模大，平均每个公社 5 000 户左右，比高级社规模大了约 30 倍；公有化程度高，在全社实行统一经营、统一分配、自负盈亏。

(3)人民公社的调整 自 1960 年开始，中共中央纠正"左"的错误。1961 年，中共中央提出《农村人民公社工作条例(草案)》，决定将基本核算单位由公社下放到生产大队。1962 年 9 月，《农村人民公社工作条例修正草案》正式颁布，明确规定人民公社的基本核算单位是生产队，建立起"三级所有、队为基础"的农村经济管理体制。但是由于没有从根本上改变人民公社"政社合一""一大二公"的特点，尤其是否定了各种形式的承包责任制，实行高度集中统一的经营管理制度，农民的积极性得不到发挥，农业经济情况没有显著的改善。特别是"文化大革命"期间，农业经济再一次遭到极"左"路线的严重干扰和破坏，使中国农业处于停止徘徊的局面。

(4)人民公社管理体制的弊端 尽管国家通过调整下放了基本核算单位，期望对其完善巩固，但实践证明，人民公社的管理体制存在着严重的弊端。

①经营过于集中。生产队生产什么，生产多少，生产结构和布局如何安排等，都由上级决定，利用直接的指令性计划形式层层下达，生产队作为基层单位的自主权遭到严重破坏。这就不可避免地出现强迫命令、瞎指挥，挫伤农民群众的生产积极性。

②管理过于集中。在一个生产队范围内，几十个甚至上百个劳动力由生产队长统一指挥，社员集中劳动，统一出工，严重脱离了农业生产的特点，不可避免地出现生产劳动中"大帮哄"及出工不出力的现象，使劳动监管困难，造成人力资源的极大浪费。

③分配过于集中。生产队平时按出勤时间和工作量评工记分，年终统一核算，按工分支付劳动报酬，这种分配方式割断了个人劳动效果与年终收入的直接联系，不利于提高农活质量，增加农业产量，提高经济效益。这种农业管理体制下的分配方式抹杀了农业劳动者之间劳动能力、生产技术及综合素质的差异，以至出现多数社员对集体经济的离心倾向。

政社合一的人民公社的构建，意味着把农村各级经济组织变成各级行政机构的附属物，以党和行政组织的职能代替经济组织的职能，否定各级经济组织是独立自主的经济实体。这种管理体制的形成，为的是强化国家对农业生产、流通的行政干预。政社合一的人民公社，起着抑制价值规律和市场调节的作用，是确保农产品统购统销贯彻到底的基层组织制度形式。就其实质而言，是国家控制农民经济权利的一种制度形式。这集中表现在国家通过指令性生产计划、农产品统购统销、关闭农贸市场、限制农村人口向城市流动等，使国家实际上成为农村人民公社生产要素的第一决策者、支配者、受益者。与一般意义上的农民合作经济组织不同，农村人民公社从一开始就被置于国家的严格控制下。

1.4.3 农业经济管理体制改革

受新中国成立初期所选择的优先发展重工业的超前经济发展战略的制约，我国国民经济的运行机制必然是选择排斥市场机制的高度集中的计划经济体制。这种经济体制是由以下3个支柱来支撑的：一是政社合一的农村人民公社，二是带有国家垄断性质的农产品统购统销，三是城乡分割的二元社会结构。而在农业合作化基础上建立起来的农村人民公社体制，则是高度集中计划经济体制在农村的微观组织基础。作为“一穷二白”的中国，为了在尽可能短的时间内缩小与发达国家之间的差距，在其发展的起步阶段必然是选择暂时牺牲农村、农民、农业的利益，以便迅速动员一切可以动员的经济资源确保工业，尤其是重工业的优先发展。

1.4.3.1 农业宏观经济管理体制的改革

(1)传统农业宏观经济管理体制的弊端　从20世纪50年代中期到70年代末，我国一直实行以高度集中管理为主要特征的计划经济体制。国民经济和社会发展的各个方面，都在政府机构的直接控制之下。首先是由中央政府机构制定计划，然后由地方政府层层贯彻落实，各个经济实体只能无条件地执行。所谓传统计划经济体制，实际上就是政府机构运用行政手段直接管理经济活动的体制。这种体制排斥了市场机制的作用，抑制了经济实体自身的活力，对经济发展所产生的负面影响越来越严重。政府机构直接管理经济的弊端，同样也覆盖了与农业和农村经济相关的农业宏观管理体制的各个重要方面。比较突出的是：

①在农业生产方面，政府机构层层下达指令性的面积、产量指标，农民没有按照市场需求和效益高低进行选择的自主权。

②在农产品购销方面，政府机构通过指令性的统购派购指标，基本上割断了农民与市场之间的联系；在农村产业结构方面，政府机构严格限制多种经营等非农产业的发展，致使过多的农村劳动力集中在容量有限的粮食种植业上。

③在城乡关系方面，政府机构制定了严密的户籍、口粮控制制度，造成农村劳动力由于城乡分割、地区分割而不能合理流动。这种体制既延缓了我国由经济落后的传统农业大国转向现代工业化国家的历史进程，更阻碍了传统农业大国中更为落后的农村经济的发展。

对于存在种种严重弊端的原有农业宏观管理体制，必须从根本上进行改革，创立一种能够最大限度地推动农业和农村经济发展的新型农业宏观管理体制。

(2)农业宏观管理体制改革　经过自1978年底以来的改革开放，我国农业宏观管理体制改革取得了巨大进展。

①农业生产中的指令性计划全部取消,对部分重要农产品生产改为实行指导性计划,农民有权根据市场需求和效益高低自主安排生产。

②农产品收购中的统购派购任务已经陆续取消,除粮食、棉花等少数农产品实行国家定购外,大多数农产品都可以直接通过市场销售;对主要粮食作物实行保护价收购。

③农村产业政策已经由限制转变为支持农民发展多种经营和非农产业,为拓宽农民致富门路和加快剩余劳动力转移创造了较好的外部条件。

④基本取消农业税,并对种粮农民实行多种补贴。

⑤城乡之间的分割政策不断修正,小城镇建设得到普遍重视,沿袭了几十年的口粮管理制度被废弃,支持农民进城安家落户的新型户籍管理制度已经建立,农村劳动力跨区域流动已经成为解决农民就业的一条重要途径。

1.4.3.2 农业微观经济组织管理的改革

人民公社体制运行20年的实践,明显暴露出这种农业管理体制的低效率。1978年底确立改革开放的方针,对农业中的生产关系作了重大调整,在农村实行以家庭联产承包责任制为中心的经济体制改革,改革人民公社管理体制,实行政社分设,政企分开,1983年10月,中央决定废除人民公社,建立乡政府为农村基层行政单位,使中国农业微观经济组织形式发生了根本性变化。

(1)在所有制形式上　联产承包责任制在保留土地仍归集体公有的基础上,其他生产资料则作价到户,归农户所有和使用。农户根据自身发展的需要可以购置其他生产资料。

(2)在经营方式上　克服了生产队长及上级领导是生产经营决策者,劳动者只管出力劳动、不问经营的弊端。以家庭为单位承包经营集体土地,农户成为农业生产经营的主体,集体经济组织由原来农业生产的基本经营单位变成辅助性的服务组织。

(3)在分配方式上　改变了烦琐的评工记分、年终统一分配的形式。农户承包土地时,只需明确集体和承包农户之间的权利、义务,生产出来的农产品按承包合同规定上缴国家农业税(2005年以后取消)和集体提留(2003年以后取消),剩下的全部归自己所有和处置。

家庭联产承包责任制的普遍推行,使农户成了农业生产经营的细胞,农业经济的基本经营层次。原来的生产队或生产大队则成为农村土地公有和农户分散经营基础上的社区性集体经济组织,其主要职能就是对于不适合家庭承包经营的生产项目或农业生产经营过程中一家一户做不好、做不了的环节,继续实行统一经营,为农户的生产经营活动提供各种服务。这样,在广大农村就形成了以家庭承包经营为基础、统分结合的双层经营体制。

1.4.3.3 我国现行的农业经济管理主体及相关法律关系

(1)农业经济管理机关　我国农业经济管理机关是指国务院和地方各级人民政府为主管农业和农村经济发展工作而设立的工作部门,是国务院和地方各级人民政府的职能机构,负责农业和农村经济发展工作。

农业农村部职责:统筹研究和组织实施"三农"工作战略、规划和政策,监督管理种植业、畜牧业、渔业、农垦、农业机械化、农产品质量安全,负责农业投资管理等。

国家农业经济管理机关参加农业经济管理活动时,它的法律地位是管理者,行使的是农业经济管理的权利;而农业企业、事业单位则是处于被管理的地位,两者是隶属关系。国家农业经济管理机关和农业经济企业、事业单位共同参加农业经济协作关系的时候,他们的法律地位都是平等的。

(2)农业集体经济组织 集体经济组织与其成员(农户)之间存在既有管理又有协作性质的农业经济法律关系。农业承包合同的签订,合同主体双方的法律地位是平等的,但承包的农户在农业承包合同的履行过程中,又有接受农业集体经济组织管理监督的义务。农村实行家庭承包责任制以后,农户是现阶段农业生产、经营的重要主体。他们成为双层经营中的一个生产经营层次,也是一个经济实体,保护他们的合法权益、督促他们履行自己的义务是农业集体经济组织的重要职责。

(3)村民委员会 根据《中华人民共和国宪法》和《中华人民共和国村民委员会组织法》的规定,村民委员会是按照农村人口居住地区设立的村民自我管理、自我教育、自我服务的基层群众性自治组织。它还依法可代行农业集体经济组织的职能(指还没有村农业集体经济组织的地方)和代行行政机关的部分职能。

1.4.4 农业经济的大发展

党的十一届三中全会以后,我国进行了农业和农村经济体制改革,实行了一系列改革开放的方针、政策,使农业进入一个稳定、持续、协调发展的新时期,各种农产品产量和人均占有量大幅度增长,具体发展情况见表1.1、表1.2。

表1.1 我国主要农产品产量 万t

年份	粮食	棉花	油料	水果	肉类	禽蛋	牛奶	水产品
1949	11 318	44.4	256.4	120.0	220.0			45.0
1952	16 392	103.4	419.3	132.5	338.5			167.0
1962	16 000	75.0	200.3	271.2	194.0			228.0
1978	30 477	216.7	521.8	657.0	856.3		136.7	465.4
1985	37 911	414.7	1 578.4	1 163.9	1 926.5	534.7	289.4	705.2
1992	44 266	450.8	1 641.2	2 440.0	3 431.0	1 019.9	563.9	1 557.1
2000	46 218	442.0	2 955.0	6 225.0	6 125.0	2 243.0	827.0	4 279.0
2010	54 648	631.0	3 531.0	11 543.9	7 925.0	2 876.0	3 531.0	5 373.0
2018	65 789	610.0	3 439.0	25 241.9	8 517.0	3 128.0	3 075.0	6 469.0

注:①1978年及以前肉类产量为猪、牛、羊肉产量,1985年及以后则包括了禽、兔肉产量;②1978年及以前禽蛋、牛奶产量统计数据暂缺,表中1978年牛奶产量为1980年数。③2018年水果产量为2017年数据。

资料来源:根据历年《中国农村统计年鉴》及2019年统计公报整理。

从表1.1可以看出,与解放初期和改革开放前相比,我国的各种农产品产量均有大幅度的上升,产品产量的增长幅度比较大。目前我国粮食、棉花、油料、肉类、禽蛋、水产品、蔬菜、水果等主要农产品产量均居世界第一位。但我国是世界上人口最多的国家,因此计算人均农产品产量的增加情况更具有实际的重要意义。

表 1.2 我国人均农产品产量 kg/人

年份	粮食	棉花	油料	水果	肉类	牛奶	水产品
1949	288.13	2.29	7.37	4.29	5.95	1.35	2.94
1957	306.01	2.57	6.58	5.09	6.25		4.89
1962	240.32	1.13	3.01	4.07	2.91		3.42
1978	318.74	2.27	5.46	6.87	8.98	1.38	4.87
1985	360.70	3.95	15.02	11.07	16.75	2.36	6.71
1990	393.10	3.97	14.21	16.51	22.14	3.64	10.90
2000	365.12	3.33	23.34	49.18	37.60	7.30	29.40
2010	409.00	4.46	24.17	89.55	45.80	26.70	40.20
2018	471.48	4.37	24.65	180.90	61.04	22.04	46.36

注：①1978 年及以前人均肉类产量为猪、牛、羊肉产量；②1957—1962 年牛奶产量统计数据暂缺，表中 1978 年人均牛奶产量为 1980 年数。③2018 年人均水果产量是按 2017 年水果产量数据计算。

资料来源：根据历年《中国农村统计年鉴》及 2019 年统计公报整理。

从表 1.2 可以看出，在改革开放之前，我国的人均农产品产量很低。经过 40 年的时间，人均农产品产量有了很大的提高，尤其是水果、畜产品和水产品人均占有量比 1978 年以前增加了几倍、十几倍，甚至几十倍。这说明我国人民的生活水平有了较大提高，人们的生活质量和膳食营养结构也有了很大的改观。2019 年中国统计公报数据显示，2018 年我国粮食产量为 65 789 万 t，比 1978 年翻了一番，已连续 4 年达到了 6.5 亿 t，肉类、禽蛋、蔬菜、水果、鱼类等产量都居于世界第一位。

当然要养活每年的新增人口，并且要不断提高生活质量，近几年我国进口粮食持续增加。按照海关公开的数据，2018 年中国进口谷物达到 2 046.9 万 t，进口大豆达 8 803.1 万 t，合计进口粮食总量 10 850 万 t，成为全球最大的粮食进口国。中国每年还从 180 多个国家和地区进口大量油料、乳制品、肉类、水海产品、水果、坚果等各类食品。中国已经成为世界上主要的农产品进口国。

1.5 农业经济管理学的研究对象、任务与方法

农业经济管理学是经济学和管理学在农业领域的具体应用，是从经济与管理的角度研究农业问题的科学，又是农业领域研究经济与管理问题的一个重要分支。

1.5.1 农业经济管理学的性质

概括地讲，农业经济管理学是研究农业生产再生产过程中如何对农业资源和要素进行合理组织利用，以期实现最佳效益的科学。农业经济管理学以经济学和管理学作为理论基础。经济学中阐明的经济规律，对于整个社会生产，对国民经济一切部门都是共同的，但它不可能深入具体地研究这些经济规律在各部门中的具体表现形式。由于农业的经济特点和生产、技

术特点，经济规律在农业中具有其特殊表现形式，这也就是农业发展的客观规律性。

农业经济管理学是一门部门经济管理学，农业内部又包含具有不同经济特点的多种部门，如种植业、林业、畜牧业、渔业等，每个部门又都有自己的经济规律和经济特点。农业经济管理学只能反映各部门经济发展的共性，不可能逐一深入地、具体地研究这些经济规律在各个部门中的具体表现形式。

作为高等学校的一门课程，农业经济管理学既是农业经济管理学科课程体系中最重要的主干课程，也是高等农业院校其他专业的重要选修课程。

1.5.2 农业经济管理学的研究对象

农业经济管理学主要研究农业生产关系发展运动和农业中生产力诸要素的合理组织与开发利用，研究经济规律在农业中的具体表现形式和管理学原理在农业中的具体应用。它的研究对象要比经济学、管理学具体得多，不仅要研究各种经济规律在农业部门和企业的特殊表现形式，还要研究经济管理职能的具体运用和作用发挥。农业经济管理包括国家对农业的宏观管理，也包括农业生产经营组织的微观管理，农业经济管理学要研究农业部门、农业企业和其他农业经营单位在生产、交换、分配和消费等经济活动中，及其各个环节上占用和消耗的人力、财力、物力等方面，进行正确有效的决策、计划、组织、指挥、协调、核算和控制。即通过决策和计划，确定出切实有效的经营目标；通过组织和指挥，维持正常的生产和营销秩序，以保证经营目标的实现；通过协调，及时解决、修正生产和流通中出现的各种矛盾和问题，确保农业经营组织沿着既定的经营目标轨道向前发展；通过核算和控制，检查计划的执行情况，从而保证农业部门和企业经营计划的执行和决策目的的最终实现。

1.5.3 农业经济管理学的研究任务

农业经济管理学研究的中心任务就是提高农业经济效益，即在坚持市场机制配置资源的前提下，更好地发挥政府的宏观调控作用，充分合理地开发利用各种资源，以尽量少的资源消耗生产出尽量多的符合社会需要的农产品，在各种生产要素约束的范围内，达到经济效益的最大化。提高经济效益，反映了经济活动的根本目的和社会主义市场经济的基本要求，这始终是我国农业生产和建设的核心问题。从我国的实际情况出发，保证主要农产品供给安全前提下走出一条中国特色的农业现代化道路，稳定提高经济效益、逐步实现农民富裕。在注重提高经济效益的同时，还要重视社会效益和生态效益，实现农业的可持续发展。

农业经济管理学研究要从农业的实际经济活动出发，通过科学研究，使感性认识上升到理论，即从实践到理论；再把理论用以指导农业的经济活动实践，即从理论再到实践。只有坚持走实践—理论—再实践的道路，才能使该学科在指导我国农业生产和经济发展上更加具有指导意义，同时也使农业经济管理学的学科建设方向更加明确，学科的理论体系、内容和方法日臻完善，这也是研究农业经济管理学的一项重要任务。

1.5.4 农业经济管理学的研究方法

研究农业经济管理学，要运用唯物辩证法，特别是要掌握共性与个性的辩证关系，把经济学、管理学的一般原理运用到农业生产上。以马列主义、毛泽东思想和邓小平理论为指导，坚持解放思想，实事求是，理论联系实际，以实践作为检验真理的唯一标准。只有这样才能揭示出农业经济管理现象的本质，阐明现象发生和发展的客观规律性。这就要求深入实际，通过系统、周密的调查，掌握可靠的第一手材料，运用各种调查研究方法，进行分析，找出事物内在的联系及其规律性。

研究农业经济管理学不能脱离中国的具体国情，而要紧密结合中国特定历史形成的实际情况来进行研究。因为中国的国情不同于其他国家，解决问题的具体途径和方法也就不尽相同。所以，要具体问题具体分析。

农业经济管理学要引进数学方法，即定性分析和定量分析相结合，逐步运用必要的数学分析方法，加强理论分析的精确度，作为提高农业经济管理学的科学性和应用性的保证。

为了更好地理解和研究农业经济管理学，除了应该掌握经济学、管理学的知识外，还要了解农业技术科学的相关知识以及学会运用信息科学技术。

此外，研究农业经济管理学要重视借鉴国外的先进经验，利用已有的研究成果，吸取失败的教训，这样可以使我们少走弯路，加快发展我国农业生产的步伐，尽快缩小我国农业与发达国家农业发展水平的差距。

小　结

在这一章里我们简单回顾了我国农业经济的发展史，了解了农业经济的产生以及发展有其内在的规律性，总结了我国古代传统农业经济管理的经验。

为明确学习农业经济管理的必要性和意义，我们介绍了农业在国民经济中的地位和作用。农业是国民经济的重要组成部分，是社会经济中的一个最古老的经济部门，其经济再生产有着自己的特点和规律。

农业中包含的知识非常广泛，农业经济管理这门学科有自己的研究对象、研究任务和研究方法。农业经济管理学主要研究对象是农业生产关系发展和农业中生产力诸要素合理组织的经济规律及其应用；农业经济管理学研究的中心任务就是提高农业经济效益。

复习思考题

1. 农业发展在古代、现在以及未来有什么重大意义？
2. 中国古代农业经济管理思想和实践对现代农业经济管理有何借鉴意义？
3. 中国近代农业经济发展停滞的原因有哪些？
4. 如何认识社会主义农业经济体制的建立和改革？
5. 结合实际谈谈农业在我国国民经济中的地位。
6. 农业经济再生产的特点是什么？
7. 农业经济管理主要的研究对象和任务是什么？

参考文献

1. 岳琛. 中国农业经济史. 北京：中国人民大学出版社，1989.
2. 王靖轩，张法瑞.《齐民要术》中的地主"治生之学"产生背景研究. 古今农业，2008(1).
3. 孙金玲. 中国古代农业生产管理思想及当代启示. 经济研究导刊，2013(04).
4. 朱道华. 农业经济学. 北京：中国农业出版社，2000.
5. 郭玮. 我国农业宏观管理体制的形成和现状. 经济研究参考，1996(62).
6. 李炳坤. 农业宏观管理体制改革的回顾与深化. 中国农村经济，1998(11).

第 2 章　农业经济的微观组织

本章学习要点

- 农业中的产权结构与经济组织形式
- 农业家庭经营产生的原因、特点及类型
- 农业家庭承包经营制度的稳定与完善
- 农业合作经济组织的含义、基本原则及特征
- 农业产业化经营组织的内涵、特征、成因及组织形式

2.1　农业中的产权结构与经济组织形式

2.1.1　产权与产权结构

2.1.1.1　产权

产权是经济所有制关系的法律表现形式，是指财产主体（生产资料所有者和使用权拥有者）对财产（生产资料和经营收益）的权利。它包括财产的所有权、使用权、收益权和处置权。

（1）所有权　是指对财产独占性的支配权利。财产所有权主体依法对自己的财产享有占有、使用、收益和处置的权利，同时必须承担与其权利相对等的责任和义务。

（2）使用权　是指不改变财产的本质而依法加以利用的权利。通常由财产所有权主体行使，但也可依法律、政策或所有权主体之意愿而转移给他人。在现代经济社会中，所有权与使用权相分离的情形普遍存在。不给予财产以独立的使用权，就不能为使用者主体树立独立经营的地位。使用者在获得某一财产的使用权后，就有了对财产的收益权和处置权。使用者不但对所有者承担一定的责任和义务，而且也对整个社会承担一定的责任和义务，也就是说，使用权获得者是一个民事法律主体。与此同时，所有者也必须根据法律或契约规定，对使用者让渡其财产的一部分权利，并对使用者承担一定的责任和义务。

（3）收益权　是指财产投入经济活动后，所有者主体和使用者主体对财产产生的收益进行分割的权利。在一般情况下财产经过适当使用可带来收益，而正因为财产能够带来收益，无论是所有者还是经营者，都有权要求得到财产收益。收益权与所有权、使用权紧密联系在一起，并从属于所有权和使用权。

（4）处置权　是指对财产进行更新、转移、重组等处置性的权利。它和收益权一样同属于连带产权，只能由所有者和使用者掌握。在市场经济条件下，各种财产利益的实现一般都要通

过市场的商品交换来完成,并受到市场需求与市场供给的影响而产生变化,这对财产的更新、转移、重组等提出了处置的要求。

通常认为所有权、使用权是产权的主要权能,而收益权和处置权是一种连带产权权能,从属于所有权和使用权。产权的属性主要表现在3个方面:经济实体性、可分离性、产权流动的独立性。产权的功能包括激励功能、约束功能、资源配置功能、协调功能等。

2.1.1.2 产权结构

产权结构是指不同类型的产权所构成的产权框架及其比例。产权类型是以财产的所有权和使用权来划分的,其中所有权是最核心的内容。现阶段我国农业中的产权结构,按照所有权的不同划分为:

(1)国有产权 指生产资料归国家所有的一种产权类型,是社会主义公有制经济的重要组成部分。我国农业中的国有产权经济主要形式有:

①直接从事农业生产的国有农场、林场、牧场、渔场等。国有农场是最主要的内容和形式。国有农场的土地、资产归国家所有,接受国家政策指导,并按市场需求组织生产经营活动。国有农场一般规模较大,资源丰富,技术装备水平较高,有较高的劳动生产率和商品率。

②从某一方面为农业服务的各类农业企业和农业事业单位。如一些国有集团、公司、农业技术推广中心……

(2)集体产权 指生产资料归集体所有的一种产权类型,是社会主义公有制经济的组成部分。我国农村的集体产权主要包括社区性(村级)合作经济、专业性合作经济、乡镇集体企业等。

(3)个体产权 指生产资料归劳动者个人所有,以个体劳动为基础,劳动成果归劳动者个人占有和支配的一种产权类型。我国农村实行家庭联产承包责任制后,农业中的个体产权形式主要有三种类型:一是承包集体土地等生产资料形成的农户承包经济,这是农业个体产权的主要类型;二是农户利用自己的资本、劳动力从事家庭养殖、农副产品加工、商业等经济活动;三是从国有农场中分化出来的"职工家庭农场"。

(4)私营产权 是指生产资料归私人所有,以雇佣劳动为基础的产权类型。我国农业中的私营产权形式主要是一些农户租赁大规模土地或水面,尤其是大面积的荒山、荒坡、荒滩、荒水,进行农业生产经营活动。由于生产规模较大,常常需要雇用较多的劳动力从事农业生产。

(5)联营产权 指不同所有制性质的经济主体之间共同投资组成新的经济实体的一种产权类型。在现代农业中,联营产权主要采取公司制的组织形式,包括股份有限公司和有限责任公司等。

(6)其他产权 指以上几种产权类型之外的产权类型,如中外合资(合作)产权等。

2.1.2 现代农业产权结构的基本特征

随着现代农业生产力的迅速发展,现代农业产权结构发生了很大变化。与传统农业阶段相比,现代农业产权结构具有以下4个基本特征:

(1)产权主体多元化 在现代农业中,生产资料的所有者和使用者都是其产权主体。在生产资料所有者层面,包括国有、私有、集体所有、联合所有等多种形式;在生产资料使用者层面,包括自有自营者、向所有者租赁或承包经营的独立法人、隶属于所有者的组织或个人。产权主体的多元化，有利于产权关系的调整、重组和灵活运转。

(2)产权关系明晰化　在现代农业中，所有者与使用者之间，通常通过承包或租赁合同等形式，明确其权、责、利关系；在所有者之间，不仅不同的经济实体之间有明确的财产边界，即使是在集体或联合体内部，各所有者之间也要通过各种形式的财产所有权凭证（如地产证、股票、股权证），明确其财产边界。产权关系的明晰化，有利于生产资料的合理使用，也有利于财产的处置和经营成果的合理分配。

(3)收益权实现多样化　在传统农业阶段，土地等生产资料的所有权，是享有收益权的主要依据。在现代农业中，由于生产资料使用权与所有权的分离，不仅所有权享有收益权，使用权也成为参与收益分配的重要依据。同时，劳动、资本、技术和管理等要素，依据其在生产经营过程中的作用而享有相应份额的收益权。收益权实现的多样化是建立现代农业运行机制的基础和客观依据。

(4)产权交易市场化　在市场经济条件下，现代农业生产资料，无论是所有权的让渡，还是使用权的流转，均可以通过产权进行交易。通过产权市场公开、公平、公正的交易，不仅可以保证交易主体的正当权益，而且有利于生产资源的合理配置和有效利用。

2.1.3　农业经营组织的形式

农业经营组织指从事农业生产经营活动、具有独立经济实体地位的劳动组织。我国现行的农业经营组织包括农业集体经济组织、农业合作经济组织、农业企业和其他从事农业生产经营的组织。

2.1.3.1　农业集体经济组织

农业集体经济组织也称农村集体经济组织，它既不同于企业法人，又不同于社会团体，也不同于行政机关，自有其独特的政治性质和法律性质。由于农业集体经济组织是以社区农用土地为资产基础、以社区全体农户为天然成员组成的，所以也称为社区集体经济组织。它是一种政府主导型的合作经济组织，一般是以行政村或村民组为组织界限，在土地集体所有和农户家庭承包经营基础上，实行“统分结合、双层经营”方式的合作组织。作为农民联合与合作的一种组织形式，社区集体经济组织在发展中存在很多问题，主要是：社区集体经济组织一直具有较强的行政色彩，合作属性淡化；基层政府和经济自治组织的职能难以划清；较强的封闭性和排他性妨碍了它对市场配置资源和生产要素流动要求的适应性。这些弱点导致了它对农户的服务、协调能力不强，不能有效地组织农民发展生产和引导农民进入市场。

(1)农业集体经济组织的产生与演变　我国传统的农业集体经济组织最初产生于新中国成立后的合作化运动，当时的个体农户在政府引导下将自己的生产资料（土地、较大型农具、耕畜）交出来建成高级农业合作社。1958 年 8 月中共中央做出《关于在农村建立人民公社问题的决议》，号召将高级农业合作社合并转为人民公社，实行同乡基层政权相结合的“政社合一”体制，人民公社同时也是农村社会的基层单位，既是生产组织，也是基层政权。人民公社以“政社合一”和集体统一经营为特征，是当时计划经济体制下农村政治经济制度的主要特征。1958 年底，全国基本上实现了一乡一社。人民公社初建阶段，一般实行全社统一核算、分级管理。公社下设生产大队，生产大队下设生产队。1962 年 9 月，中共中央颁布《农村人民公社工作条例修正草案》，正式明确规定人民公社的基本核算单位是生产队，实行“三级所有，队为基础”，即生产资料分别归公社、生产大队和生产队三级所有，而以生产队所有制为基础。除公社和生产大队不同程度地拥有一些大型农业机械和水利设施，举办一些集体企业外，土地、耕畜和农具归生产队所有。生产队实行独立核算、自负盈亏，直接组织生产和收益的分配。按劳动工分计酬，保留社员自留地。

生产队是纯粹从事集体经济活动的经济组织，其所有的资产包括农村的绝大部分耕地、道路、河道、灌溉设施、办公室、晒场等资产。在人民公社、生产大队和生产队这三种集体从事农业经济活动的组织中，生产队是基础，拥有包括土地、耕畜和农具在内的大部分的而且是主要的生产资料，因此一般意义上的集体经济组织是指生产队。以生产队为单位的集体经济组织是后来农村承包地、林地以及其他生产资料的实际控制人或所有人。

(2)集体经济组织的现状　党的十一届三中全会之后，随着改革开放的深入，农村家庭联产承包责任制逐步建立，原交由集体统一生产经营的牲畜、大型农具、耕地等生产资料全部分配到以家庭为单位的农户，随之，农业生产经营形式转为一家一户模式，集体集中统一的生产经营基本不复存在。1982 年《中华人民共和国宪法》规定：将人民公社原来政经合一的体制改为政社分设体制，设立乡人民政府和乡农业合作经济联合组织；在生产大队的地理基础上，设立自然村，在村设立村民自治组织——村民委员会。但是到 1984 年底我国基本完成由社到乡转变时，由于全国绝大部分农村地区已不存在集体生产经营活动，乡农业合作经济联合组织一直没有建立。原从事集体经济的生产队、生产大队和公社的经济职能几乎全部失去。生产大队、生产队改称为村、村民组，集体经济组织演变为服务组织，成为农业统分结合的双层经营体制的一个经营层次——集体所有土地的发包方，其作用的发挥在不同地区差异很大。2013 年“中央一号文件”指出，应因地制宜探索集体经济多种有效实现形式，不断壮大集体经济实力。据此，实践中涌现了村办集体企业、村办股份合作企业、农民专业技术协会、“农户＋公司”联合体、社区股份合作社等多种集体经济组织形式，在盘活集体资产、创新农业经营组织形式方面发挥了重要作用。在此基础上，2015 年“一号文件”指出，发展农村集体经济，关键是要推进农村集体产权制度改革，探索赋予农民更多财产权利，在明晰产权归属的基础上，完善集体资产权能，激活农村各类生产要素潜能，建立符合市场经济要求的农村集体经济运营新机制。

(3)农户　改革开放前我国农户家庭成员进入劳动年龄自然成为人民公社的社员，在集体生产队统一指挥下从事农业生产劳动。目前实行以家庭经营为基础统分结合的双层经营体制下，农户既是构成农业集体经济组织内部的成员，同时农户家庭作为一个相对独立的经营单位，直接构成农业双层经营的基本层次和基本核算单位。

2.1.3.2　农业合作经济组织

农业合作经济组织是指农民家庭经营为主的农业小生产者，为了维护和改善各自的生产和生活条件，在自愿互助和平等互利的基础上，联合从事特定经济活动所组成的互助性组织形式。在农村家庭承包经营基础上，农产品的生产经营者或者农业生产经营服务的提供者、利用者，自愿联合、民主管理的互助性经济组织。

作为初级农产品生产者的农民群体是中国社会最大的弱势群体。提高农民的组织化程度，成立有效的农业合作经济组织，分担了政府与社会的职责，促进了农村社会的繁荣和稳定。现阶段我国农业合作经济组织主要有以下几种类型。

(1)社区性合作经济组织　是指农村集体经济组织是原来“三级所有，队为基础”的人民公社集体遗产基础上，经过推行家庭联产承包责任制一系列改革，以社区集体所有的土地为中心，以农业生产为主要内容，以原来的生产队自然村为单位设置的合作经济组织。实质上就是指农业集体经济的组织载体。

(2)农民专业合作组织　原来的农民专业合作组织是指新中国成立初期以农民入股为主组建的农村流通领域的供销合作社和农村金融领域的信用合作社。由于多次改革和历史变迁，这两种农民专业合作组织逐渐转变了性质，农民失去了两种合作社的社员身份。现在的农民专业合作组织主要是指农民专业合作社，即指在农村家庭承包经营基础上，农产品的生产经营者或者农业生产经营服务的提供者、利用者，自愿联合、民主管理的互助性经济组织。这类合作组织可以是跨地区的，一个农户也可以参加一个以上的专业合作组织。

(3)农村股份合作制企业　农村股份合作制是在农村原有合作制基础上，实行劳动者的资本联合，把合作制与股份制结合起来的具有中国特色的农业生产组织制度。股份合作制既不完全等同于股份制，也不完全等同于合作制，而是以劳动合作为基础，吸收了股份制的一些作法，使劳动合作与资本合作有机结合。

农业合作经济组织是带动农户进入市场的基本主体，是发展农村集体经济的新型实体，是创新农村社会管理的有效载体。

2.1.3.3　农业企业

农业企业是指经工商行政管理部门注册，实行独立经营、自负盈亏，建立的从事农业生产经营的经济组织，包括国有农业企业与其他所有制形式的农业企业。农业企业可以按以下标准进行分类：

(1)按企业组织形式　可以分为公司制企业、合伙企业、独资企业等，公司制的农业企业又可分为股份有限公司、有限责任公司等。

(2)按生产产品的类别　可以分为：种植业企业，是单纯从事种植业的生产经营实体；林业(园艺)企业，是从事林木营造和园艺产品生产经营的实体；畜牧业企业，是从事动物养殖的生产经营实体；水产企业，是从事水产捕捞和水产养殖的生产经营实体；农产品加工企业，是以农产品为原料，从事农、林、畜、水产品加工和制作的生产经营实体。

(3)按经营农业产业链的环节　可分为初级农产品生产企业、农产品加工企业、农产品流通企业、农业服务企业和农工商一体化企业。

随着我国经济体制改革的深化，农业企业的具体形式将呈现多样化、综合化、高级化的发展趋势。

2.1.3.4　国营农场

国营农场即国有农场，是由国家投资，在国有土地上建立起来的农业经济组织，为社会主义全民所有制的农业企业。中国早在革命根据地时期就已有类似的公营农业经济组织。新中国成立后，全国各地普遍建立起各种具有专业特点的国营农场。20 世纪 80 年代以后，在经济体制改革中，国营农场一般均趋向于一业为主、多种经营的方向发展；同时，借鉴集体经济实行家庭联产承包责任制的经验，在保持所有制不变的前提下，实行由户承包经营的组织形式。国营农场是我国农业生产经营中的一种非常重要的组织形式。

通常对国营农场主要有以下 4 种不同的分类方法：

(1)按照所承担的具体任务的性质　分为一般生产农场、良种繁育农场、教学实习农场和科学试验农场。

(2)按经营的项目　分为综合性农场和专业性农场。综合性农场一般以种植业为主,实行农、林、牧、渔等多种经营。专业性农场,一般经营比较单一,地域性较强,主要从事某一两种资源的开发和利用,如橡胶农场和园艺特产农场等。

(3)按照生产专业化的特点　分为以生产小麦、稻谷、大豆等为主的粮食作物农场,以生产棉花、甘蔗、甜菜等为主的经济作物农场,以饲养畜、禽为主的养畜(禽)农场,以生产水产品为主的水产养殖场,以种植茶叶、人参等为主的特种作物农场和园艺场,以良种繁育为主的良种繁育农场等。

(4)按隶属关系　分为农垦部门管理的国营农场、归侨务部门管理的华侨农场、归军队管理的部队农场、归司法部门管理的劳改农场以及归农业部门管理的良种场、园艺场和种畜场等。

各种不同类型的国营农场,大多都实行场部和作业区两级管理。有些规模较大的农场,在场部和作业区之间还设立分场,作为场部的派出机构,对若干作业区进行管理。除了上述各种不同类型的农场外,在我国还有一种特殊建制的兵团农场。这种农场基本是按照苏联模式和军队建制建立起来的混合型直线模式,编制和干部配备都按部队管理的方式进行。国营农场运行的主要特点在于其运行目标的多重性。由于国营农场建立和发展的特殊背景,它除了负有一定的生产建设任务之外,还负有示范农民、屯垦戍边、为国家经济建设积累资金的特殊使命,是农业领域的"国有企业"。与集体经济组织相比,国营农场的技术装备较好,机械化程度高,职工素质较高,生产率较高。国营农场主要为社会提供大宗商品农产品和特殊农产品。

2.1.3.5 其他农业经营组织

除上述几种农业生产经营组织之外,从事农业生产经营的组织,包括供销合作社、国有和其他组织和个人设立的从事农业科研、推广的经营性单位等。家庭承包经营重建了我国的农户经济后,分散经营的农户出于对社会化分工和协作的基本需求以及抗御农业风险的需要,开始以各种方式寻求联合与合作,涌现出了各类不同的新型农业经营组织。具体来看,我国现阶段农业经营组织的联合与合作形式主要有以下2种:

(1)农民专业协会　简称专业农协,是在《中华人民共和国农民专业合作社法》颁布之前,由政府部门引导或农民自发形成的一种市场导向型的合作组织,是适应市场经济发展而产生的农村各种专业技术协会、技术研究会等的统称。根据1994年农业部、科协的通知,专业农协是指由农民自愿、自发组织起来,以增加成员的收入为目的,在农户经营基础上,实行资金、技术、生产、供销等互助合作的民办技术经济合作组织。农民专业协会以从事专业生产的农民为主体,以经济利益为纽带,按照合作原则联合经营、自负盈亏、利益分享、风险共担。《中华人民共和国农民专业合作社法》颁布以后,有的农民专业协会重新注册为农民专业合作社。

(2)农业产业化经营组织　农业产业化经营可理解为从组织上把农业生产企业同与其关联的部门在供应、生产、销售等方面的活动结合为一个统一体的过程。农业产业化经营组织可理解为农业生产企业同与其关联的部门在供应、生产、销售等方面活动具体结合的形式。从农业产业化经营组织形式的构成来看,不管哪个国家的产业化经营组织,其主体和基础都是农户或农场。其实质是农户(农场)通过某种中介组织(如企业、公司、合作社等经济组织),把自己与市场连接起来,在从事农业生产的同时,通过贸工农一体化,参与农产品的加工和流通,从而使自己生产的农产品在市场上顺利卖出,不再为时而短缺、时而卖难的波动而苦恼。此外还能打破旧的不合理的利益分配格局,分享在流通、加工过程中增值的平均利润。因此,农业产业化经营组织的基本形式应该是"农户(农场)+中介组织+市场"。

2.2　农业家庭经营

农业家庭经营是指以农户家庭为单位,以使用家庭劳动力为主从事农业生产经营活动的基本组织形式,具有独立的或相对独立的经营自主权的生产经营单位。中国的农业家庭经营已经存在 2 000 多年,目前农户家庭仍是中国农业最基本经营主体。据农业农村部统计,2016 年我国农村家庭承包经营的耕地面积为 13.6 亿亩(1 亩=667 m^2),承包经营户 2.28 亿户,他们既是农村社区集体经济组织的成员,同时作为集体土地的承包户,又是相对独立的农业生产经营单位。

2.2.1　农业家庭经营大量广泛存在的原因

(1)农业生产的特性决定了农业生产与家庭经营必须密切结合　相对于现代化的工业生产来说,农业劳动对象生产发育的规律,决定了农业生产的季节性、周期性、时序性,决定了农业生产只能按自然界的时间,即受季节的变化过程依次进行各种作业。它一般固定在土地上,不宜移动,不能像工业生产那样把非常大量的生产条件进行集结,采取多种和大量作业同步并进的办法。这就决定了农业生产过程中,同一时期的作业比较单一,不同时期的不同作业多数又往往可以由同一劳动者连续完成。这样,农业生产过程中的协作多是简单协作。简单协作在许多人手同时共同完成同一不可分割的操作时优于独立劳动,但在管理水平不高的情况下,往往还低于单个劳动者力量的机械总和,因为这既要增加监督成本,又可能产生偷懒行为。农业生产的自然再生产和经济再生产的相交织,农业劳动过程显著的季节性和突击性,决定了农业的家庭经营成为一种较为合适的形式。

(2)农业环境的复杂性、不可控性及劳动成果的最后决定性使家庭经营更为合适　农业生产,地域辽阔,自然条件千差万别,其劳动很少有中间产品,成果大都表现在最终产品上,劳动者在生产过程各环节的劳动支出状况,只能在最终产品上表现出来。这决定了在农业劳动中,各个劳动者在每时每地的劳动支出时,对形成产品的有效作用程度是难以计量的。只有将农业生产者在生产过程中的各项劳动与最终的劳动成果及其分配直接挂起钩来,才能充分调动劳动者的生产积极性,而这只有在家庭经营的条件下才能更好地做到。农业自然环境的复杂多变性和不可控性,要求农业的经营管理要具有灵活性、及时性和具体性。种植计划、生产决策、经营决策都要因时、因地、因条件制宜,要准、要快、要活。要做到这一点,只有将农业生产经营管理的决策权分散到直接生产者,即将劳动者和经营管理者结合起来,才能取得好的效益。从某种意义上说,农业劳动和经营管理有分散性,其成果有很大的差异性。农民的劳动成果,在很大程度上要靠各个农民对生产进行合理安排,靠其对全过程细心地作业和管理,以及对市场的预测。这些特点决定了家庭经营是农业生产的一种较为合适的组织形式。

(3)农业家庭经营管理成本最小及劳动激励多样性　家庭成员具有利益目标的认同感,使得农业家庭经营的管理成本最小,劳动激励多样。家庭既不是单纯的经济组织,也不是单纯的文化或政治组织,维系家庭存在的,绝不限于经济利益这一纽带,而且还有血缘、情感、心理、伦理和文化等一系列超经济的纽带。这就使家庭其他成员可以从许多方面来对组织的整体目标和利益认同,即把家庭其他成员的要求、利益和价值取向,比较自愿地当成自己的要求、利益和价值取向。多半是由于这种互补机制的存在,家庭无须靠纯经济利益的激励就能保持对其自身的目标和利益的基本一致性。由于家庭的婚姻、血缘关系,使得家庭经营组织具有较持久的稳定性,上一代对下一代的多方面的寄托所形成的继承机制,使得家庭经营一般具有较长的预期,并能为实现这种预期而长时间地自愿协作。这使得农业家庭经营表现出其他经济组织都不具有的激励规则。家庭成员努力工作,无须以内部精密的劳动计量并同报酬相挂钩激发。因此,农业的家庭经营,一般无须监督,管理成本差不多总是最小的。

(4)家庭成员在性别、年龄、技能上的差别性可实现劳动力的充分利用　实行家庭经营,家庭劳动者及其全体成员可以进行家庭内部分工,使劳动力得到较充分利用。传统社会的"男耕女织"使家庭成为一个"小而全"的生产单位,在当代家庭分工协作的功能仍然存在。在劳动安排上,平时一人为主,忙时全家都上,必要时还可雇工,农闲时除照管人员以外,其他人均可以外出兼业。在劳动时间被分割得相当细碎的农业活动中,一些闲散和辅助劳动力也得到了充分利用。这在严格分工的组织中往往难以做到,而家庭的自然分工却能较好地满足这种要求。

基于上述各种原因,农业家庭经营可以适应不同的生产力水平、不同的所有制形式及不同的社会制度。但传统农业条件下的家庭经营与现代农业条件下的家庭经营却有着天壤之别。传统农业条件下的家庭经营是以自给自足、小而全、使用手工工具、物质和能源封闭性循环为基本特征的。现代农业条件下的家庭经营已经走向了商品化、企业化、规模化、社会化,把农业生产建立在现代科学的基础上,从农业以外投入大量的物质与能源。

2.2.2 中国农业家庭承包经营的特点

我国的农业家庭经营,大体经历了"个体农户"时期、"集体经济"时期和"双层经营"时期3个阶段。现行的农业家庭承包经营有其特有的属性和特点。

2.2.2.1 我国农业家庭承包经营的本质属性

家庭承包经营是中国农村土地的基本使用制度和农业的基本经营制度。集体经济组织将集体所有或国家所有归其使用的土地等生产资料发包给本组织的成员,承包经营者对所承包的生产资料享有占有权、使用权、收益权以及国家政策和本组织章程所允许的处分权,独立行使经营自主权,并按承包合同规定履行上缴承包金和其他义务,集体组织根据生产需要和实际可能,提供各种服务,进行必要的管理协调。我国农业家庭承包经营具有以下属性:

①农业家庭承包经营是集体经济内部的承包经营,不同于个体的或资本主义的农业家庭经营,而是社会主义经济的组成部分。

②农业家庭承包经营是集体经济内部的一个相对独立的经营单位,因而不同于集体经济内部的一般分工,它直接构成市场的经营主体。

③农业在家庭承包经营的最重要的生产资料——土地是公有的,农户是承包者,土地所有权与使用权是分离的,农户拥有承包土地使用权。

④农户享有家庭承包经营的收益分配权，除了依据法律和承包合同向国家和集体的缴纳外，家庭承包经营的收益均归农户所有。

⑤家庭承包经营是集体经济的一个基本经营层次，集体经济还有统一经营的层次，而且两个经营层次是密切结合在一起的。

2.2.2.2　我国农业家庭承包经营的特点

在中国农业从传统向现代化转化的进程中，农业家庭承包经营兼有以下特点。

(1)分散性与统一性　农业家庭经营始于自给自足的自然经济。目前农业双层经营体制下的家庭经营，一方面，农户家庭是集体经济的一个经营层次，属于新型的家庭经济，无论与过去的集体经济比较，还是与规模较大的国营农场经营比较，它都是一个相对独立的生产经营单位，实行自主经营，表现为“分散性”；另一方面，作为承包经营户，是社区集体经济组织的成员，依据承包合同，接受社区的统一规划指导、机械作业和各种信息服务等，从事生产经营活动，表现为“统一性”的特点。各地因经济发展水平和管理方式的不同，其统一的项目、手段与范围等也有所不同。随着农村社会生产力的发展，农户自主决策的分散经营与以合作、联合为特色的统一经营的联系将日益紧密。

(2)灵活性与计划性　与计划经济时期的集体经济相比较，市场经济条件下的农民家庭，拥有更多的经营自主权，其人员少，规模小，管理层次少，可以根据市场需求变化，及时调整生产方向，做出相应决策，其经营具有较强的灵活性；同时，一般农户虽然没有正规的书面计划，但大多能按照市场行情和自身消费需要，做出一定的计划安排。随着农户家庭经营规模的扩大，农民文化水平的提高，农户经营计划内容将不断丰富，作用也日益突出。

(3)自给性与商品化　由于各地农业生产水平和市场环境不同，农户自给性的生产和商品化生产的程度及其比例关系不尽相同。在交通不发达的边远地区，市场范围小，产品运销不便，常形成自给性生产为主与商品化生产为辅的结合经营形态；在交通方便的城市近郊、经济发达地区，市场区位优势突出，多发展适应市场需求的商品化生产，形成商品化生产为主和自给性生产为辅相结合的经营形态。随着市场经济体系的不断完善，农村工业化和农业现代化进程的加快，将极大地促进农业土地使用权的合理流转。随着社会分工的发展和社会生产力水平的提高，农业家庭经营的自给性将逐渐弱化，不断走向商品化、市场化是一种历史的必然。农户只有实现农业生产的商品化，才能打破“自给自足”和“小而全”的农业生产模式，使农业生产走上专业化的道路和获得专业化发展的好处；才能打破农业生产的自我封闭状态，获得外界各种生产要素的支援；才能促使农民在生产中讲求效率和节约成本，才能提高经济效益和增加收入。

(4)专业化与兼业化　农业家庭经营的专业化，即指农户从事某一项生产或劳务的经营，逐步摆脱“小而全”的生产结构，生产项目由多到少，由分散到集中，由自给自足转变为专门为市场生产某种(类)农产品。农业家庭经营的专业化有利于充分发挥各农户的自然经济条件的优势，可以最大限度地利用优势集中生产和经营。农业家庭经营的兼业化是指以户为单位实行主业与辅业相结合的经营，即依据劳动者的专长和有利的自然经济条件及市场需求状况，选择除耕种土地或畜禽养殖等某项生产为主业外，同时又利用剩余劳动时间和其他生产资源从事某些辅业。由于每个农户土地经营规模过小及生产机械化程度的提高，仅靠农业生产经营难以满足农户生活水平日益提高的需要，大量农村劳动力出现剩余，于是就出现了农户的兼业化现象。

农业家庭经营的专业化既给农户带来致富的机会，也使农户经营的风险加大。这不仅因为一旦遇到自然灾害他将遭到严重损害，更主要的是因为还要面对更大的市场风险。现在，农业家庭经营除经营农业外，还可从事工业、商业、运输、建筑、服务业等经营项目，不放弃承包的土地，在从事农业同时又兼营其他，这样一来，既可以分散经营风险，又可以获得更多的收入来源。

(5)企业化与社会化　农业家庭经营的企业化，是反映农户从自给自足、不进行经济核算的生产单位向提供商品农产品，追求利润最大化，实行自主经营和独立经济核算，具有法人资格的基本经济单位的转变过程。这个过程是一个长期的渐进过程，也是必须经历的过程。农业家庭经营的社会化，是指农户由孤立的、封闭型的自给性生产，转变为分工细密、协作广泛、开放型的社会化农业生产的过程。

农业家庭只有实现企业化的经营，根据市场的需要，生产适销对路的农产品商品，通过严格的经济核算，来优化配置本家庭的各种生产要素，提高农业生产的经济效益，最终才能够实现利润的最大化。农业家庭经营的社会化有利于充分发挥分工协作的优势，使各个农户、各个地区可以根据各自生产力要素的特点，发挥自身的优势，获得更多的经济效益。

现代农业家庭经营已与传统农业家庭经营有了质的区别，它保留了家庭经营的好处，又克服了传统经营的弱点，使其能与现代农业生产力相适应。

2.2.3　农业家庭经营的类型

农业家庭经营有多种分类方法，下面介绍几种主要分类经营形式。

2.2.3.1　按其在双层经营中的关系划分

(1)承包经营型　是在坚持土地等主生产资料公有制的基础上，在合作经济组织的统一管理下，将集体所有的土地发包给农户耕种，实行自主经营，包干分配。其责、权、利是依据《中华人民共和国农村土地承包法》和借助于土地承包合同来规定的。

(2)自有经营型　是农户使用集体所有、农户永久占用的住宅庭院，包括房前屋后及划归农户开发利用的街道路边和隙地，利用自有资产而独立进行的家庭开发经营。它以市场需求为导向，自行独立地进行生产经营活动。

(3)承包经营与自有经营结合型　随着农村经济体制改革的深入、市场经济发展与农户家庭经营自主权的扩大，自有经营型比重加大，多数农户是承包经营与自有经营相结合型，少数是自有经营型。

2.2.3.2　按从事农业生产劳动专业化程度划分

(1)专业农户经营　是指以农业收入作为家庭主要收入来源的农户，其从业收入(指工资性收入与家庭经营净收入之和)的 90%以上来源于家庭经营中的农业经营。全职农户可以分为两类，一类是规模经营农户，一类是小农户。根据全国第三次农业普查数据，至 2016 年底，我国共有 398 万户规模经营户，占农户总数的 1.9%；其中 67.7%从事种植业生产，约 269 万户，占农户总数的 1.3%。

(2)一兼农户经营　农户兼业指农户不仅从事农业生产，还从事非农业生产的现象，不同国家、不同地区对兼业农户的划分标准存在差异。以农业劳动力从业时间为准，一兼农户经营是指在家庭经营中以经营农业为主，兼营非农产业，且家庭必须有一个整劳动力从事农业生产，在一年内其从事农业劳动的时间要在 150 天以上。

(3)二兼农户经营　是以经营非农产业为主，以兼营农业为辅。这类兼业户，家庭成员中的主要劳动力全年从事农业生产活动的时间在 150 天以下。

2.2.3.3　按家庭经营的组织化程度划分

(1)单个经营型　即分散经营型。小规模分散经营是我国农户家庭经营基本特点之一。

(2)联合经营型　一般有：农户之间的相互联合；农户与村级社区合作组织联合；专业生产者协会的松散联合；农户参与农业产业化经营。

2.2.3.4　按家庭经营的商品化程度划分

(1)自给性经营　是一种自给自足的经营方式，生产的目的不是为了交换，而是为了直接获取使用价值，以满足家庭成员基本生活消费的需要。

(2)商品性经营　是指农户经营是为他人生产使用价值，为自己生产价值，即为交换而进行的生产。

(3)自给性与商品性结合经营　是一种半自给、半商品型农户的经营方式，它既从事自给性生产，直接为家庭成员提供生活消费资料，又从事商品性生产，用于市场交换以获取货币收入。

随着农村经济和现代农业发展，我国农业家庭经营收入、经营能力进入较快增长阶段，一些地方开始出现集约化、专业化、组织化、社会化程度较高，经济效益较好的家庭农场、专业大户等新型家庭经营组织，为我国家庭经营基础上的农业现代化增添了新的组织力量。

家庭农场是指以家庭成员为主要劳动力，经营面积达到规定规模，从事农业规模化、集约化、商品化生产经营，以农业收入为家庭主要收入来源的新型农业经营主体。家庭农场以追求效益最大化为目标，土地承包关系稳定，生产集约化、农产品商品化程度高，能为社会提供更多、更丰富的农产品，推进农业由保障功能向盈利功能转变。

专业大户指从事某一种农产品，具有一定生产规模和专业种养水平的农户。专业大户种养规模一般大于普通农户，规模化经营程度、专业化生产水平高，是推进农业市场经济、农业现代化建设的重要力量。

由于我国生产力水平和地区农业生产条件差异大，难以形成全国统一的家庭农场、专业大户的认定标准。从已颁布的地方标准看，有的地方规定从事粮食生产的家庭农场，小麦种植面积应在 3.33 hm^2 以上，玉米、杂粮种植面积在 6.67 hm^2 以上；从事养殖业的，生猪年出栏 500 头以上，禽年存栏 1 万只以上；以蔬菜、果业生产为主的，经营面积 1.33 hm^2 以上；从事花卉种植的，经营面积 0.67 hm^2 以上；以苗木生产为主的，经营面积 6.67 hm^2 以上。从发展状况看，至 2017 年，全国家庭农场数量超过 87.7 万户，其中纳入农业部门名录管理的家庭农场达到 44.5 万户；种粮大户 68.20 万户，生猪、肉鸡、奶牛规模养殖户数量占比均超过 50%。家庭农场、专业大户主要集中于种养业生产环节，是未来农业生产环节的主力军。

2.2.4 农业家庭承包经营制度的稳定与完善

2.2.4.1 家庭承包经营需要在发展中完善

以家庭经营为基础、统分结合的双层经营是我国农村基本经营制度。以家庭经营为基础、统分结合的双层经营打破了单一层次的传统集体经营，解决了广大农民农业生产积极性长期低落的问题，极大地促进了农业和农村生产力发展。然而，从统计数据看，1953 年我国有 16.3 亿亩耕地，约 1 亿农户，平均每个农户拥有耕地面积 16.3 亩；但至 2016 年，我国农村家庭承包经营的耕地面积为 13.6 亿亩，承包经营户 2.28 亿户，平均每户经营耕地面积不足 6 亩。随着我国农业规模化、产业化发展，当前家庭承包经营存在的以下弱点越来越凸显：

①经营规模狭小。

②商品化程度和对市场适应程度不高。

③大多缺乏现代技术装备。

④农民的文化、科技水平不高。

⑤家庭经营的社会化程度不高。

出现这些弱点，不是家庭承包经营制度的必然产物，而是由于我国农业现代化水平不高，家庭经营还处在与传统农业相结合的阶段。对此，2018 年“一号文件”指出，应统筹兼顾培育新型农业经营主体和扶持小农户，采取有针对性的措施，把小农生产引入现代农业发展轨道，通过培育各类专业化、市场化服务组织，推进农业生产全程社会化服务，帮助小农户节本增效；通过发展多样化的联合与合作，提升小农户组织化程度；通过注重发挥新型农业经营主体带动作用，打造区域公用品牌，开展农超对接、农社对接，帮助小农户对接市场；通过扶持小农户发展生态农业、设施农业、体验农业、定制农业，提高产品档次和附加值，拓展增收空间；通过改善小农户生产设施条件，提升小农户抗风险能力。促进小农户和现代农业发展有机衔接，为稳定和完善家庭承包经营提供了新动能。

2.2.4.2 稳定农村土地承包关系

“三农”问题在当前和今后一定时期仍是中国面临的重要问题，“三农”问题突出为土地问题。农村土地集体所有兼顾国家、集体、农民三者利益，既能保护农民正当权益，又能促进土地资源的优化配置，必须毫不动摇地坚持。

(1)巩固和完善农村基本经营制度　落实农村土地承包关系稳定并长久不变政策，衔接落实好第二轮土地承包到期后再延长 30 年的政策，让农民吃上长效“定心丸”。全面完成土地承包经营权确权登记颁证工作，实现承包土地信息联通共享。稳定农村土地承包关系，完善土地所有权、承包权、经营权分置办法，“三权分置”理论作为农村土地制度建设的又一次伟大创新，符合发展适度规模经营的时代要求，是中国经济社会发展到一定阶段的必然选择，为新形势下完善中国特色农村基本经营制度奠定了制度基础。

(2)加强土地承包经营权流转管理与服务　坚持依法、自愿、有偿的原则，引导农村土地承包经营权有序流转，鼓励和支持承包土地向专业大户、家庭农场、农民专业合作社流转，发展多种形式的适度规模经营。结合农田基本建设，鼓励农民采取互利互换方式，解决承包地块细碎化问题。农村承包土地经营权可以依法向金融机构融资担保、入股从事农业产业化经营。

(3)完善农村土地承包法和土地承包经营权纠纷调解仲裁体系　修改农村土地承包方面的法律,明确现有土地承包关系保持稳定并长久不变的具体实现形式,界定农村土地集体所有权、农户承包权、土地经营权之间的权利关系。保障农村妇女的土地承包权益,维护进城落户农民土地承包权、宅基地使用权、集体收益分配权,引导进城落户农民依法自愿有偿转让上述权益。建立健全乡村调解、县市仲裁、司法保障的农村土地承包经营纠纷调处机制。

2.2.4.3　大力发展农村集体经济

(1)多渠道发展壮大农村集体经济　从实际出发探索发展集体经济有效途径,鼓励地方开展资源变资产、资金变股金、农民变股东等改革,增强集体经济发展活力和实力。选择村组织健全、集体资金资产资源(简称"三资")家底清楚、具有一定经济实力的村组建社区性合作社,为村民提供耕种、植保、防疫、收获、销售等统一服务,在服务过程中不断壮大村集体经济实力。鼓励和引导集体经济组织利用资金、资产和资源,以入股、合作、租赁、专业承包等形式,发展与承包大户、技术能人、企业等联合与合作经营。鼓励和引导集体经济组织与农民专业合作社、农业产业化龙头企业以及其他社会化服务组织实现多元化、多层次、多形式联合。

(2)加强农村"三资"监督管理　加强农村集体资金、资产、资源管理,提高集体经济组织资产运营管理水平。全面开展农村集体资产清产核资、集体成员身份确认,加快推进集体经营性资产股份合作制改革。摸清村集体经济组织"三资"的家底,推行"三资"代理服务,加强"三资"运营指导,建立"三资"台账。切实加强农村集体经济组织审计监督,重点做好村干部任期和离任审计、土地补偿费以及农民负担专项审计。

(3)稳步推进农村集体经济组织产权制度改革　以城中村、城郊村、园中村和集体经济实力较强村为重点,确立村集体经济组织法人地位,建立归属清晰、权责明确、利益共享、保护严格、流转规范、监管有力的农村集体经济组织产权制度。在具备条件的村,指导村集体经济组织组建"三资"经营公司,通过市场化经营手段做大做强村集体经济。

(4)加强村级债务管理,逐步化解村级债务　以制止发生新的不良债务为首要目标,以建立控制债务长效机制为主要内容,将债务管理与发展村级集体经济、规范村级财务管理、健全民主监督机制相结合,逐步化解现有债务。

2.2.4.4　完善新型农业社会化服务体系

建设中国特色现代农业,必须建立完善的农业社会化服务体系。要坚持主体多元化、服务专业化、运行市场化的方向,充分发挥公共服务机构作用,加快构建公益性服务与经营性服务相结合、专项服务与综合服务相协调的新型农业社会化服务体系。

(1)加快健全农业公共服务机构　提升乡镇或区域性农业技术推广、动植物疫病防控、农产品质量监管等公共服务机构的服务能力。实施基层农技推广体系改革与建设项目,建立补助经费与服务绩效挂钩的激励机制。实施农业技术推广机构条件建设项目,不断改善推广条件。鼓励和支持高等学校、职业院校、科研院所面向农村开展农业技术推广。加强乡镇或小流域水利、基层林业公共服务机构和抗旱服务组织、防汛机动抢险队伍建设。充分发挥供销合作社在农业社会化服务中的重要作用。加快推进农村气象信息服务和人工影响天气工作体系与能力建设,提高农业气象服务和农村气象灾害防御水平。

(2)积极培育农业专业化社会化服务组织　适应现代农业发展和农民分工分业的要求,积极培育多元化、多形式、多层次的各类农业服务组织，重点支持为农户提供代耕代收、统防统治、烘干贮藏等服务，发挥对农业生产经营的支撑作用。支持多种类型的新型农业服务主体创新服务模式，鼓励开展农业生产全程社会化服务。推动供销合作社由流通服务向全程农业社会化服务延伸、向全方位城乡社区服务拓展，把供销合作社打造成为与农民利益联结更紧密、服务功能更完备、市场化运作更高效的合作经济组织体系。

（3）推进农业服务机制创新　积极探索以政府公益性服务为支撑、以农民专业合作社为平台、以专业化服务为载体的高产创建新机制，全面实行农业技术推广"科技人员直接到户、良种良法直接到田、技术要领直接到人"的服务责任制。大力推广种子种苗统供、病虫害统防统治、农村沼气统一维护管理等服务方式。积极推动农机跨区作业、订单作业、承包作业、一条龙作业，探索建立示范、推广、服务一体化的农机服务新模式。建立健全以产量质量和经济效益以及农民群众服务满意度为主要内容的为农服务考评制度和激励机制。

（4）改革创新农业生产资料供应方式　构建新型农业生产资料物流机制。加强县乡农资配送中心和中心库建设，发展农资专卖店、连锁店，实行看样订货、预约订货、电话订货，实行送货上门。开通农业生产资料下乡的"快车道"和"直达车"，减少中间环节，尽可能地降低农村商品的进货成本。各配送中心送货至农资连锁网点可扩大经营范围，参与农产品收购、加工、包装，向集贸市场、超市配送，完成双向流通。

2.3 农业合作经济组织

2.3.1 农业合作经济组织的含义

农业合作经济组织也称作农业合作社，是指农业小生产者为了维护和改善各自的生产和生活条件，在自愿互助和平等互利的基础上，联合从事特定经济活动所组成的经济组织形式。中国目前农业合作经济组织的主要形式为农民专业合作社。根据《中华人民共和国农民专业合作社法》规定，农民专业合作社是指在农村家庭承包经营基础上，农产品的生产经营者或者农业生产经营服务的提供者、利用者，自愿联合、民主管理的互助性经济组织。

2.3.2 农民专业合作社产生的原因

（1）社会分工与生产专业化需要农民专业合作社　社会分工是商品生产存在的基本前提之一，农业生产越专业化、商品化，就越要求进行各种形式的合作与联合。在自给自足的自然经济基础上，农户的农业生产出现了剩余，为农户之间进行合作提出了需求。同时，在农业生产发展过程中，也只有在各个农户之间出现了相当的社会分工和专业化，生产的各个不同环节、阶段由不同的生产组织去完成的情况下，彼此之间的合作才尤显必要。

（2）市场风险和自然风险需要农民专业合作社　农业生产的商品化，把众多的农户推向了市场，随着市场经济的发展，资源的配置由市场价值规律调节来实现，从而进一步引导生产。分散的农户对市场风险的抵御能力不足，同时还要受自然灾害的影响，彼此合作是抵御和避免市场风险和自然风险最有效的办法。

（3）农业生产规模化经营需要农民专业合作社　通常，农户的经营规模较小，单独采购生产资料难以获得价格优惠，单独出售农产品也难以卖出个好价格，在生产中单独使用某种大型的机械或采用某项先进的生产技术措施也可能变得不经济。因此，为了享受买与卖环节的价格优势及降低生产成本，分散农户需要通过合作社联合起来，借助外部交易规模，实现交易成本的节约，实现规模经济。

(4)市场经济的快速发展需要农民专业合作社　市场经济的发展是农业合作社发展的基础和社会条件，市场经济的扩张是农业合作社不断地发展的土壤，并为它的进一步协调发展起推动作用。

2.3.3　农民专业合作社运行的基本原则

对于合作社的运行，当前大多数合作社组织及合作学者们仍信奉传统原则，即在 1860 年英国罗奇代尔公平先锋社提出的“行为规则与组织要点”的基础上，1966 年国际合作社联盟所提出的六项基本原则，其中最重要的有 4 项。

(1)入社自由原则　任何人只要能从合作社的服务中获益并履行社员的义务、承担社员的责任都可入社，不得有任何人为的限制及社会、政治和宗教上的歧视。

(2)民主管理原则　管理人员由社员选举产生或以社员同意的方式指派，管理人员对社员负责。基层合作社的社员有平等的投票权——每人一票，并参与决策。其他层次的合作社应在民主的基础上以适当方式进行管理。

(3)公平原则　主要指在合作经济组织的分配中，应当是公平合理的。合作社成员是为了合作收益走到一起来的，因此，他们对合作收益的分配，会给予最大的关注。

(4)互利原则　包括两层含义：一是每个社员都必须对合作社、对他人做出基本限额以上的贡献；二是每个社员都能从合作社得到自己所需要的帮助。“我为人人，人人为我”，就是互利原则的具体表现。

2.3.4　农民专业合作社的经济行为特征

农业是一个弱质产业，个体的农民在市场竞争中经常处于不利的地位，因此农业经济主体的合作对于农业的发展和农民市场地位的提高具有极其重要意义。农民专业合作社具有合作社的一般特征，即成员自由加入和退出、民主平等管理、互助共赢和利益共享等。但作为一种特殊的合作组织，它还具有以下 3 个基本特征。

(1)农民专业合作社是家庭经营基础上的协作经营　农业是特殊的行业，经营模式是以家庭经营为主，从而农业经营的个体经济就是家庭经营经济，这一特征使得农业合作经济组织在发展时期，尤其是在传统农业向现代农业过渡的时期更带有社区性和综合性。

(2)农民专业合作社的启动有一定难度　农业经营是一种典型的分散经营，尤其是传统农业，在商品化率低，小规模、半自给性经营条件下农民的合作意识很低，这说明合作社的发展与市场竞争有着密切的关系。

(3)农民专业合作社发展需要政府的大力支持　农民专业合作社对于壮大农业经营主体的力量有着极其重要的作用，从而有利于促进农业的发展。但由于农民的合作意识较差，管理能力不高，政府应该在教育、培训和提供信息方面予以支持。

2.3.5　推进农民专业合作社发展

根据合作社的基本原则，农民专业合作社的建立应该采取诱致性制度变迁路径。但完全靠农民自身的力量自发地把分散的个体组织成有凝聚力的团体，难度非常大。因此很有必要由政府出面，扶持并引导农民组建农民专业合作社。

(1)政府引导，加快发展各种形式的农民专业合作社　作为一种具有准企业性质的农业合作经济组织必须具有独立的法人资格，其经济活动应与其他企业法人具有同等的权利和义务。由全国人民代表大会常务委员会于2006年10月31日通过，并于2007年7月1日起施行的《中华人民共和国农民专业合作社法》，明确了农民专业合作社的原则、设立和登记，成员、组织机构、财务管理、扶持措施、法律责任等。自此，合作社作为一种不同于公司的组织形式在中国被迅速推广。截至2017年4月底，全国依法登记农民专业合作社有188.8万家，是2007年底农民专业合作社法颁布施行初期的73倍，平均每个行政村有近3家合作社。入社农户占全国农户总数的46.1%，社均成员60户。产业分布广泛，涵盖粮棉油、肉蛋奶、果蔬茶等主要农产品生产，并扩展到农机、植保、民间工艺、旅游休闲农业、电子商务等多领域多业态。服务领域拓宽，在专业合作的基础上探索出股份合作、信用合作、专业合作社再联合等。农民专业合作社在农业农村经济社会发展中发挥了重要作用。同时，一些专业合作社存在管理不民主、财务制度不健全等问题，甚至出现许多"空壳社""挂牌社""家庭社"，影响和制约了合作社的健康发展。为此，2017年12月27日全国人民代表大会常务委员会对该法进行修订，于2018年7月1日施行。修订后的农民专业合作社法取消了有关"同类"农产品或者"同类"农业生产经营服务中"同类"限制，扩大法律调整范围；扩大农民专业合作社的服务类型，将农村民间工艺及制品、休闲农业和乡村旅游资源的开发经营等新型农民专业合作社，以及农机、植保、水利等专业合作社纳入调整范围；允许农民专业合作社内部开展信用合作；增设农民专业合作社联合社专章；为规范农民专业合作社的健康发展，规定农民专业合作社连续两年未从事经营活动，或者连续3年未报送年度报告的，吊销其营业执照。还就成员新入社和除名、盈余分配，以及法律责任等内容的有关条款做了修改完善。

(2)认真落实扶持政策，为农民专业合作社发展提供政府援助　加大对农民专业合作社的扶持力度，政府可以为农民专业合作社的成立提供一定的启动资金，提供一定额度的贴息贷款；扩大财政支持规模，落实税收优惠政策措施；允许和支持有条件的农民专业合作社开展信用合作和兴办资金互助社，把农民专业合作社纳入各级政府扶持的信用担保机构涉农担保业务的服务范围；支持有条件的合作社承担国家涉农项目，新增农资综合补贴资金向农民专业合作社倾斜；扶持专业合作社自办农产品加工企业。促进农村信用合作社和供销合作社为农民专业合作社提供资金、技术、物质支持。认真组织开展农民专业合作社示范社建设，大力推进"农超对接"，提升合作社市场竞争能力。

(3)加强农民专业合作社人才队伍建设　各级农业部门要加强对农民专业合作社负责人的培训。扩大"民生工程"培训范围，把农民专业合作社经营管理人员、财务会计人员、信息人员、辅导人员和专业技术人员培训作为重要实施内容，积极培养农民专业合作社经营管理、技术服务和信息辅导等专业人才队伍，不断提高农民专业合作社生产经营能力。

(4)加强农民培训　合作社的教育是国际合作社联盟提出的合作社运动指南的7条原则之一。为引导农民走农业合作的道路，对他们进行农业合作社方面知识的教育是十分必要的。各级政府应利用各种可利用的手段和力量，对农民、农业院校的学生以及政府有关部门的工作人员进行合作社运动的教育和培训，向他们介绍国外合作社运动的发展情况，讲解中国农民专业合作社的内涵，明确农民专业合作社的自愿、自治、民主管理的组织原则，了解政府的各项扶持政策，从而提高他们对农民专业合作社的认识水平。

2.4　农业产业化经营组织

2.4.1　农业产业化经营的内涵、特征与成因

2.4.1.1　农业产业化经营的内涵

中国的农业产业化经营,缘起于20世纪90年代初,是中国的一种独特叫法。对于农业产业化经营的定义,目前达成的基本共识是:农业产业化经营是以市场为导向,以农户经营为基础,以“龙头”组织为依托,以经济效益为中心,以系列化服务为手段,通过实行种养加、产供销、农工商一体化经营,将农业再生产过程的产前、产中、产后诸环节连接为一个完整的产业系统,是引导分散的农户小生产转变为社会化的大生产的组织形式,是多方参与主体自愿结成的经济利益共同体,是市场农业的基本经营方式。在中国,农业产业化经营的基本组织形式有3种:“农产品市场＋农户”“农业龙头企业＋农户”和完全一体化经营。

2.4.1.2　农业产业化经营的特征

(1)生产专业化　围绕主导产品或支柱产业进行专业化生产,把农业生产的产前、产中、产后作为一个系统来运行,做到每个环节的专业化与产业一体化协同相结合,使每一种产品都体现为原料、初级产品、中间产品、最终产品的制作过程,并以商品品牌的形式进入市场。

(2)企业规模化　农业生产专业化的效率是通过大生产的优越性表现出来的,因为农业生产经营规模的扩大,有利于采用先进的农业科学技术,降低农业生产成本,为农产品的生产、加工、销售奠定条件。企业规模化虽然有生产经营规模扩大的意思,但更重要的是指农产品生产、加工和运销的农户和企业生产要素的组成比例要匹配,要避免或减少某种生产要素的不足或浪费,为农业产业化经营的高效运行奠定基础。

(3)布局区域化　每个支柱产业或生产系列,按照区域比较优势原则,设立专业化小区,按小区进行资源要素配置,按商品生产基地要求进行布局,以充分发挥区域化生产效应。

(4)经营一体化　通过多种形式的联合与合作,形成市场牵龙头、龙头带基地、基地连农户的贸工农一体化经营体制,使外部经济内部化,从而降低交易过程的不确定性,降低交易成本,提高农业的纵向规模和组织效益。

(5)管理企业化　通过“公司＋基地＋农户”等联结方式,构成一体化联合体,采取合同契约制度、参股分红制度、全面经济核算制度,互补互利、自负盈亏、讲求效益,对全系统的营运和成本效益实行企业化管理。

(6)服务社会化　通过一体化组织,农户既可以利用“龙头”企业资金、技术和管理优势,又可以利用有关科研机构,对其提供产前、产中、产后的信息、技术、经营、管理等方面的服务,促进各种要素直接、紧密、有效地结合。

2.4.1.3　农业产业化经营的成因

(1)适应消费者对食品消费需求变化的需要　随着人们生活节奏的加快,人们对方便食品和已加工食品的需求不断提高,这使得食品加工业得到了更快的发展。而食品加工企业一般

经营规模较大，为了保证农产品等加工原料的稳定供应，就需要与农产品的生产者建立稳定的联系。同时，随着收入水平的提高，人们对食品质量提出了更高的要求，消费者越来越关注食品的品质和质量安全，要求食品加工企业必须有专门的农产品原料生产基地，并能对农产品整个生产过程中的质量进行有效的控制。要做到这一点，必须提高农业的组织化程度，整合农业的相关产业链条。这是农业产业经营水平不断提高的外部推动力。

(2)缓解农产品生产季节性和消费常年性矛盾的需要　农产品生产周期长，不仅具有明显的季节性，而且具有鲜活易腐性。但农产品的消费却具有常年性，并呈现出一定的刚性，需求价格弹性较小。要解决农产品生产季节性和消费常年性的矛盾，就必须通过农产品的贮藏、加工、运销等措施，延长农产品的保质期，使其更容易远距离运输。农产品生产和消费者的这一根本性矛盾是农业产业化经营产生和发展的内在原因。

(3)降低经营风险的需要　随着农户经营规模的扩大和专业化水平的提高，不仅要面临自然风险，而且要面临更大的市场风险。在农户和涉农企业都面临着风险，降低经营风险的共同愿望促使他们有可能结成更为稳定的交易和合作关系，产业化是更好的选择。

(4)降低市场交易费用的需要　从流通环节或农户与市场的关系来看，无论是产前的生产资料购买，还是产后的产品销售，单靠农户自己去完成，交易费用相当高。在农用生产资料购买和农产品销售两个方面农户都处于不利地位，农户为此要支付大量的交易费用，使得这种交易费用过高。对农业龙头企业来说，交易费用的节约主要是节约了在种子、原料销售和农产品购买等方面寻找、评价、质量检测和签订契约等方面的费用。建立农业产业化经营组织以后，农户和农业龙头企业都可以节约交易费用。

(5)解决农产品质量信息不对称的需要　在农产品加工过程中，由于农产品的提供者和加工者对农产品的质量存在信息不对称，即农产品的生产者对农产品的质量如何有充分的信息，而加工者很难全面了解其质量信息，要想清楚地掌握需要付出很高的检测成本。如果农产品的生产者或提供者与加工者仅在市场发生交易关系，那么加工者就很难保证获得符合质量要求的农产品。通过合同或一体化方式，可以在一定程度上实现对农产品及其生产过程的监督和控制，从而有利于以较低的成本获得符合加工质量要求的农产品。

2.4.2　农业产业化经营的组织模式

(1)"龙头"企业带动型　是由一个或几个农产品加工企业或营销性公司作为龙头，与农户通过契约关系，建立起相对稳定的经济联系，结成产加销一体化经营组织。其基本形式是"龙头企业＋农户"，其衍生形式有"龙头企业＋基地＋农户""龙头企业＋合作社＋农户""龙头企业＋专业协会＋农户"等。其特点是：龙头企业与农产品生产基地和农户结成贸工农一体化经营系统；利益联结方式是根据产销合同订购或实行保护价收购；农户按合同规定，定时定量向企业交售优质产品等。

(2)市场带动型　是指以专业市场或专业交易中心为依托，拓宽商品流通渠道，带动区域专业化生产，实行产加销一体经营。其运行基本原则，一是因地制宜的原则，二是建管并重的原则，三是宏观调控原则。

(3)主导产业带动型　即从利用当地资源、发展传统产品着手，形成区域性主导产业。从利用当地资源优势，培育特色产业，逐步扩大经营规模，提高产品档次，组织产业群，延伸产业链，形成区域性主导产业，经其连带效应带动区域经济发展。

(4)中介组织带动型　以各类中介组织为载体,将分散经营的农户组织起来,共同进入市场,参与竞争,让农民参与贸工农一体经营,并通过中介组织维护农民的合法权益,使农民的大部分生产经营活动通过中介组织得以实现。中介服务组织带动农业产业化经营发展也是一种比较常见的模式,它在我国农村改革和市场化发展中产生与发展,并在分散的农户与统一大市场之间架起了一座桥梁。

2.4.3　我国农业产业化经营的组织实施

(1)扶持农业产业化龙头企业,全面提升农业产业化水平　创新农业产业化投入机制,拓展投资渠道,建立以政府投入为引导,企业和农民投入为主体,银行信贷、社会筹资和外商投资为支撑的多元化投融资体系。落实农业产业化扶持措施,在龙头企业贷款担保、建立风险基金、税费减免、建立鲜活农产品流通绿色通道等方面拿出切实有效的办法,为龙头企业发展创造良好环境。积极扶持规模大、附加值高、有辐射带动能力的龙头企业。

(2)大力发展农产品精深加工　以项目为支撑,主攻大宗农产品和区域特色农产品的精深加工,延长农产品加工产业链条。加大农产品品牌创建力度,以主导产业为基础,瞄准国内同行业领先企业和知名品牌,利用政府资源,集中培育、扶持、推介一批知名品牌,提升本地农产品在国内外市场的竞争力。

(3)推进农业产业化示范区建设　以促进农业发展方式转变、推进产业优化升级、增加农民收入为目标,择优建设一批龙头企业相对集中、农产品加工水平较高、集群优势明显的农业产业化示范区。

(4)强化农业产业化利益联结机制　规范履约行为,帮助龙头企业和农户规范合同内容,明确权利责任,协调解决龙头企业与农户利益关系,逐步实行合同可追溯管理,引导龙头企业与农户形成相对稳定的购销关系。大力推行"龙头企业+合作组织+农户"的组织形式,充分发挥合作社在联结龙头企业与农户之间的桥梁纽带作用。

小　　结

产权是经济所有制关系的法律表现形式,是指财产主体对财产的权利,包括财产的所有权、使用权、收益权和处置权。现代农业产权结构的基本特征为:产权主体多元化、产权关系明晰化、收益权实现多样化、产权交易市场化。我国现行的农业经营组织包括农业集体经济组织、农户、国营农场、农业企业及新型农业经营组织。

农业家庭经营是指以农户家庭为单位,以使用家庭劳动力为主,从事农业生产经营活动的基本组织形式,具有独立的或相对独立的经营自主权的生产经营单位。农业家庭经营兼有分散性与统一性、灵活性与计划性、自给性与商品化、专业化与兼业化、企业化与社会化的特点。农业家庭承包经营制度必须坚持长期稳定,同时要在坚持中不断完善。

农业合作经济组织也称作农民专业合作社,是指在农村家庭承包经营基础上,农产品的生产经营者或者农业生产经营服务的提供者、利用者,自愿联合、民主管理的互助性经济组织。农业合作经济组织运行的基本原则为:入社自由原则、民主管理原则、公平原则、互利原则。

农业产业化经营是以市场为导向,以农户经营为基础,以"龙头"企业为依托,以经济效益为中心,以系列化服务为手段,通过实行种养加、产供销、农工商一体化经营,将农业再生产过程的产前、产中、产后诸环节联结为一个完整的产业系统，是引导分散的农户小生产转变为社会化大生产的组织形式，是多方参与主体自愿结成的经济利益共同体，是市场农业的基本经营方式。其特征是生产专业化、企业规模化、布局区域化、经营一体化、管理企业化、服务社会化。

复习思考题

1. 农业中的产权结构与经济组织形式有哪些？现代农业产权结构的基本特征是什么？
2. 简述农业家庭经营大量广泛存在的原因。
3. 农业家庭经营的特点及类型有哪些？
4. 农业合作经济组织的含义及经济行为特征有哪些？
5. 简述农业合作经济组织运行的基本原则。
6. 农业产业化经营的内涵、特征与成因是什么？
7. 农业产业化经营的组织形式有哪些？

参考文献

1. 朱道华. 农业经济学. 北京：中国农业出版社，2000.
2. 郭翔宇. 农业经济管理学. 2 版. 北京：中国农业出版社，2017.
3. 王钊. 农业企业经营管理. 北京：中国农业出版社，2004.
4. 蔡根女. 农业企业经营管理学. 北京：高等教育出版社，2003.
5. 李秉龙，薛兴利. 农业经济学. 北京：中国农业出版社，2009.

第 3 章　农产品市场

本章学习要点

- 农产品市场供给与需求
- 农产品供求平衡
- 农产品市场体系及构成
- 农产品集贸市场与零售市场
- 农产品批发市场的功能与完善
- 农产品期货市场的功能与作用

3.1　农产品市场供给与需求

3.1.1　农产品市场供给

3.1.1.1　农产品供给的概念

经济学中把在一定时空条件下，对应着一定价格水平上的生产者愿意并且能够提供出售的商品数量称为商品的市场供给，也简称为商品供给。

在一定时空条件下，某商品的供给量与决定供给量的各种因素之间的关系用数学函数表示就称为供给函数。比较常用的供给函数为：

$$S_a = f(P_a, P_1, \cdots, P_m, R_n, \cdots, R_y, T, E, O, B, u)$$

式中：S_a 为商品 a 的供给量；P_a 为商品 a 的价格；$P_1, \cdots, P_m$ 为所有竞争品（如果不生产 a 而生产其他产品）的价格；$R_n, \cdots, R_y$ 为各种用于生产商品 a 的生产要素的价格；T 为技术水平；E 为各种环境条件；O 为生产者所追求的目标；B 为生产者的市场反应方式；u 为其他因素的综合作用。

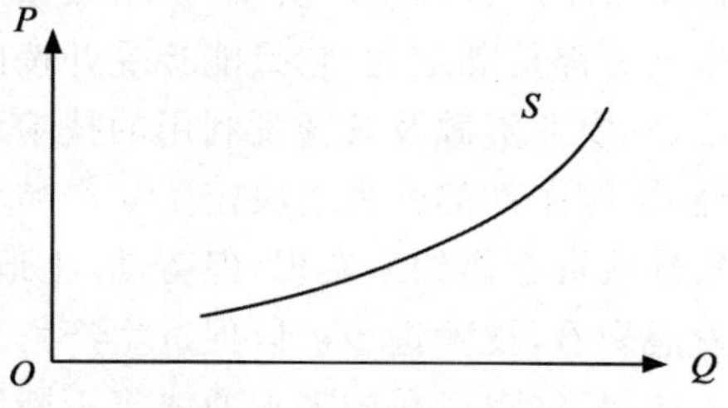

图 3.1　一般的供给曲线

如果假定其他影响供给的因素保持不变，只有商品本身的价格发生变化，则商品的供给与价格之间的关系可以用供给曲线来表示。供给曲线一般是一条自左下方向右上方倾斜的曲线，如图 3.1 所示，一般供给曲线的斜率为正值，因为供给量与价格呈正相关关系。

农产品市场供给，简称农产品供给，是指农产品生产经营者在一定时间内、在一定价格条件下愿意并可能出售的某种商品农产品的数量。农产品供给的形成必须同时具备两个条件：一是生产经营者有出售农产品的愿望；二是生产经营者有供应能力。当只有出售农产品的愿望而没有供应农产品的能力，或虽然有供应农产品的能力但并没有出售农产品的愿望，都不能形成农产品市场的有效供给。农产品供给来自生产，但其市场供给量并不等于生产量，因为一部分农产品由生产者自己消费；此外，在一定时期内，农产品的供给量除本期生产的产品外，还应包括以前的存货。

3.1.1.2 农产品供给的特殊性

农产品供给的特殊性主要表现在以下几个方面。

(1)农产品供给总量有限　因为土地是农产品生产不可替代的基本生产资料，而土地又是有限的稀缺资源，所以，在一定地域和一定技术条件下，农产品的可能供给总量是有限的，不会随价格的提高呈现无限增长趋势。价格的提高只能在一定范围内促进农产品供给量的增加，而这个范围又是十分有限的。

(2)农产品生产周期比一般商品生产周期长　农产品的生产过程是经济再生产和自然再生产交织在一起的过程，这一过程是不能间断的，而且也是不能违背自然规律的。如果农产品突然供给不足，无论价格多高，都无法在短期内刺激供给的增长。

(3)农产品供给受自然环境的影响较大　农产品生产是有生命的动植物的再生产过程。所以，与动植物再生产相关的众多因素，如土地、温度、光照、降水等都对农产品的生产产生影响，自然条件的较大变化增加了农产品生产的机遇，也增加了农产品生产的风险，直接影响农产品的供给量，给农产品的供给带来了较多的不稳定性和不可控性。

(4)农产品供给的政府调控程度较大　由于农产品的供给涉及国计民生，政府对农产品的生产和供给进行调控是必要的。否则，农产品供给的不稳定可能造成社会的不稳定。因此，农产品供给不仅受到自然因素和经济因素的影响，也受到政治和社会因素的影响。

3.1.1.3 影响农产品供给的因素

在市场经济条件下，影响农产品供给的因素主要体现在以下几个方面。

(1)农业生产者目标与市场反应行为　农业生产者进行生产经营决策时以利润最大化为目标，即其生产目标并不在于获得最大的实物量，而是最大的利润量。由于单个生产者的生产数量仅仅是市场总供给量的很小部分，生产者的市场行为具有“被动的数量适应者”的特征。任何单个生产者的生产决策(供给数量的多少)都对市场价格没有影响，市场价格对任意单一的生产者都是既定的，它只能接受并按照该价格来调整生产规模和供给数量。

(2)农业资源及其开发利用的技术水平　农业资源从基础条件上决定了农产品生产的可能性，资源条件的优劣也决定了农产品生产的多与少。农产品的增长，可以通过劳动集约、土地集约或资金集约来实现，但劳动、土地、资金集约相对于农产品产量的增加是有限的。从长期发展来看，技术进步可以促进生产力水平不断提高。就农产品市场来说，随着人口的增加和收入的提高，农产品的需求曲线将不断向右移动，如果供给曲线保持不变，则市场价格将不断升高。但现实情况表明，由于不断有新的技术进步成果被应用于农业生产实践，使得农产品供给曲线也不断向右移动，从而部分地抵消了需求曲线移动对价格的影响。因此，农业技术水平高低直接影响农产品的供给能力。随着生产力的发展，科学技术的影响力将越来越大，使农业资源发挥更大的效用。

(3)农产品自身价格和相关品的价格　当影响农产品供给的其他因素保持不变，因农产品本身价格变动所引起的供给变动将遵循供给规律：农产品的供给量随价格的上升而增加，随价格的下降而减少；相关品的价格也会影响生产者的经营决策。在农业生产中，同样的耕地既可种粮食，也可种蔬菜、油料等，这样，农民在进行生产经营决策时，不仅要考虑粮食的成本和价格，还要考虑其他农产品的成本和价格。如果相关品的价格能带来丰厚的利润，农民就会减少种粮，而增加种菜、油料等，从而减少粮食的总供给量。

(4)生产要素价格　当投入品的价格降低，生产成本也相应降低，在同等的产品价格条件下，生产者愿意生产出更多的农产品，使供给曲线发生右移；反之，如果生产要素的价格升高，生产成本也相应升高，在同等的产品价格条件下，生产者所愿意提供的产品量减少，使供给曲线发生左移。许多国家实行对农业生产资料补贴的政策就是依据上述原理。通过对生产资料的补贴来降低生产资料的价格，从而降低生产成本且使供给曲线右移，使农民在产品价格不变的情况下，提高生产积极性，最终达到提高生产和供给总量的政策目标。

(5)政府政策和市场预期　农产品供给与政府的农业产业政策有关，主要是农产品结构调整政策和农产品供给平衡调控政策。市场经济为农产品生产创造了一个公平竞争的经济环境，但在某些领域市场失效。如果市场失效，只有靠政府通过施行一系列的宏观调控政策来消除。政府的产业政策、价格政策、税收政策、贸易政策等都对产品供给量的增加或减少发挥重要的导向作用。农产品生产者对市场的未来预期，不仅会影响生产者扩大还是缩小进行某种农产品生产的决策，也会影响已有产品的市场供给状况。

影响农产品供给的因素是复杂的，在不同条件下，应把各种影响因素综合起来考虑。

3.1.2　农产品市场需求

3.1.2.1　农产品需求的概念

在经济学中，需求是指消费者在某一特定时期内，在一定价格水平下，愿意并能够购买得起该种商品的数量。消费者为了获得一定数量的商品所愿意支付的购买价格称为需求价格，它取决于商品对于消费者的需求边际效用。按照微观经济学的理论，边际效用决定价值，并存在边际效用递减规律，即消费商品的数量越大，边际效用越小。

市场上对某种商品的需求源于最终消费者和中间消费者。由于中间消费者的需求是由最终消费者的需求派生而来的，商品的需求主要是由最终消费者所决定的。制约消费者对商品需求的因素很多，其中最主要的因素有 4 个：消费者的需求结构（需要的优先次序和消费偏好次序）、消费者的收入水平、商品本身的价格和相关商品（替代品或互补品）的价格，用数学函数表示就称为需求函数：

$$D_x = f(M, P_x, P_1, \cdots, P_n, S)$$

式中：D_x 为对商品 x 的需求；M 为收入；P_x 为商品 x 本身的价格；$P_1, \cdots, P_n$ 为相关商品的价格；S 为需求结构（消费偏好）。

农产品市场需求简称农产品需求，是指在某一特定时期内，在一定价格水平上消费者对某种农产品愿意并且能够购买的某种农产品的数量。需求是购买愿望和购买能力的统一，缺少任何一个条件都不是有效需求。

对于消费者来说，不同类别的农产品所满足的需要是不同的。例如，粮食、蔬菜、肉、蛋、奶等食品所满足的主要是消费者生理方面的需要，而花卉等所满足的主要是精神方面的需要；棉、麻、皮、毛等工业原料等所满足的不是最终消费者的直接需要，而是派生出来的中间需要——生产方面的需要。消费者对农产品的需求不仅可以具体到某类或某种产品，而且可以并应该具体分解到对该产品的各种质量价值特性成分的需求。对于食用农产品来说，其基本的质量特征是各种营养成分的含量。但除了营养特征之外，各类食品还有许多其他质量特征：包括一些感官享受价值(如颜色鲜艳、味道鲜美等)，技术性价值(如耐贮藏、易于加工等)，还包括一些主观心理价值(如产地、名贵程度、生产方式等)。当然，在食品质量安全缺乏保障的情况下，消费者特别关心产品的安全性。

3.1.2.2 农产品的需求弹性

需求弹性是指某商品需求量的变动幅度对引起需求量发生变化的因素的变动幅度之比值，即当价格、收入等因素的数量发生一个百分比的变动时所引起的某商品需求量变动的百分比。常用的需求弹性有需求价格弹性、需求收入弹性和需求交叉弹性。

(1)需求价格弹性　当一种商品本身的价格发生变化时，会引起该商品需求量的变化。这种由商品本身价格变动所引起的需求量的变动，称之为需求价格弹性或简称为价格弹性。需求价格弹性的一般计算公式为：

$$\text{需求价格弹性}=\frac{\text{商品需求量变动的百分比}}{\text{商品自身价格变动的百分比}}$$

需求价格弹性系数反映的是农产品价格每变动1%农产品需求量变动的百分比。一般情况下，某种商品支出在家庭消费开支总支出中的比例越小，价格弹性就越小。

价格弹性的倒数称为价格灵敏性。其所表达的含义是当供给量发生1%的变化时所引起的价格变化的百分比。价格灵敏性的概念对农产品的需求价格弹性有特别重要的意义。因为农产品的需求价格弹性一般较小，即价格灵敏性较大，从而在供给量发生一个较小的波动时，农产品的价格就会发生一个较大的变动。

弹性理论的分析证明，市场营销中试图通过降低商品价格来增加销售量，从而达到增加销售额的销售策略并非在所有情况下都适用，只有在商品的需求价格弹性$|e|>1$的情况下才能达到降价增加销售总额的目的。当需求价格弹性$|e|\leqslant 1$时，降价不能增加销售额。

影响某种商品需求价格弹性的直接相关因素有：该种商品有没有很好的替代品、是否有其他许多可供选择的用途、是不是消费者总支出中很重要的项目。一种商品如果有比较多的替代品，或具有多种多样的用途，或在消费者的支出预算中比较重要，该种商品的需求价格弹性往往就比较大，反之则需求价格弹性就小。

(2)需求收入弹性　是指收入变动一个百分点时商品需求量变动的百分率。需求收入弹性简称为收入弹性，它用来测定当其他因素保持不变时收入变动引起的相应的需求变动的程度。需求收入弹性的一般计算公式为：

$$需求收入弹性=\frac{商品需求量变动的百分比}{收入变动的百分比}$$

常见的需求收入弹性曲线有3种类型:当收入增加时商品的消费量将减少,这类商品为低档品;随着收入增加消费量基本不变或缓慢增加,这类商品为生活必需品;消费量增长快于收入增长,这类商品属于高档品。

19世纪的德国统计学家恩格尔(E. Engel)根据经验统计资料对消费结构进行研究提出:一个家庭的收入越少,家庭总收入中或总支出中食物支出所占的比例就越大,随着家庭收入的增加,食物支出的比例逐渐降低;一个国家越穷,每个国民的平均收入或平均支出中用于购买食物的费用所占的比例就越大,随着人均国民收入的增长,食物支出比例逐渐降低。这一规律被称为恩格尔定律,并可用公式表示如下:

$$食物支出对总收入或总支出的比率=\frac{食物支出变动百分比}{总收入或总支出变动百分比}$$

根据恩格尔定律可以计算出恩格尔系数为:

$$恩格尔系数=\frac{用于食物的支出金额}{总支出金额}$$

一般来说,某个家庭或某个国家的恩格尔系数越大,说明该家庭或该国家越贫穷。如果将恩格尔定律用图来表示,由此就能得到恩格尔曲线,如图3.2所示。

一般来说,在同一条恩格尔曲线上收入弹性是不同的,如图3.3所示。宏观而言,用于食品的最大支出限度是用完全部总收入,因此,我们从原点引一条45°角的分角线,该分角线与恩格尔曲线的切点(A)的需求收入弹性为1。A点左侧的需求收入弹性大于1,A点右侧至B点的需求收入弹性小于1,B点右侧的需求收入弹性为负值。从图中可以看出,随着收入的增加,食品的需求收入弹性在逐步减小。因此,恩格尔定律也可以表达为:长期食品消费的需求收入弹性小于1。

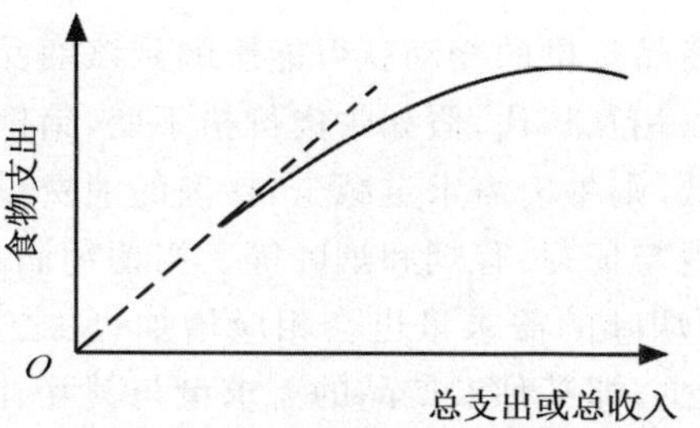

图3.2 恩格尔曲线图

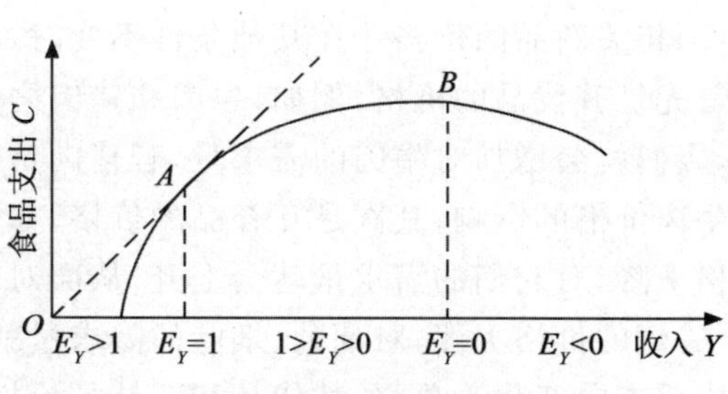

图3.3 需求收入弹性与恩格尔曲线

(3)需求交叉弹性 是指某商品(A)的价格变动会影响到相关的另一种商品(B)的需求状况,主要用来衡量某商品需求变动对另一种相关商品价格变动的反应程度。需求交叉弹性的计算公式为:

$$需求交叉弹性=\frac{\text{A}商品需求量变动的百分比}{\text{B}商品价格变动的百分比}$$

通常需求交叉弹性越大，表明两种商品的相关性越大。如果两商品间的需求交叉弹性大于零，表明这两种商品是可以互相替代的，如猪肉与牛肉；如果两种商品间的需求交叉弹性等于零，表明这两种商品之间不存在关系，如稻米与棉花；如果两种商品间的需求交叉弹性小于零，表明这两种商品是可以互补的，如食糖与咖啡。

农产品的需求弹性通常是指需求的价格弹性。许多发达国家都对农业实行较为优惠的收入政策、价格政策、补贴政策等，其理论依据之一就是农产品需求是缺乏弹性的。

3.1.2.3 影响农产品需求的因素

不同的农产品有不同的用途，同一种农产品也有多种用途，农产品市场需求量即是所有购买者和使用者对某一种农产品的每一项用途的需求总和。因此，农产品需求受诸多因素影响，主要表现在以下几个方面：

(1)消费者的收入水平　消费者的实际购买行为多是以收入为前提的，消费者的收入水平直接制约其对商品的需求。由于农产品主要是人们的生活必需品，消费量增长极其有限。随着人们收入水平的提高，农产品的消费结构会发生一些相应变化。

①对营养丰富的鲜活产品、高档消费品需求量增加，并且需求量增加的幅度大于收入的增加幅度。

②对生活必需品需求量的增加幅度很小或基本不变。

③对低质量的农产品、低档消费品需求量减少。在现实生活中，对哪些农产品是属于高档消费品还是低档消费品都是相对的。同一种商品，对高收入的人来说可能已是低档消费品，而对低收入的贫困人口则可能还是高档消费品；对同一个消费者而言，同一种商品在其收入增长的不同阶段的地位可能很不相同，随着消费者收入水平的不断提高，一些原来的高档消费品将依次变为生活必需品乃至低档消费品。

(2)农产品的价格　当某种农产品的销售价格升高时，需求量就会减少；销售价格降低时，需求量就会增加。这种销售价格与需求量反方向变动的现象，经济学中称之为“一般需求规律”，大部分农产品符合一般需求规律。

(3)相关商品的价格　在其他条件不变时，相关商品价格的变动就可能影响到该商品的需求。首先是替代品的价格，例如，牛肉和猪肉之间可以相互替代，假如牛肉价格不变，猪肉价格上涨，人们就会增加对牛肉的需求量，若猪肉价格降低，则牛肉需求量减少，猪肉的消费量相应也受牛肉价格的影响；其次是互补品的价格，如葡萄酒与葡萄、香烟和烟叶等。当葡萄酒、香烟的价格下降，对它们的需求量就会上升，从而对葡萄、烟叶的需求量也会相应增加；反之，当葡萄酒、香烟的价格上涨，对葡萄、烟叶的需求量就会减少，即某种农产品的需求量与其互补品的价格成反方向变化。总之，替代品和互补品价格的高低及其变化都会对商品农产品的需求量发生影响，只是影响方式不同。

(4)中间需求的变化　农产品中间需求是指农产品加工业、以农产品为原料的轻工业以及相关产业对农产品用作生产资料的市场需求。随着国民经济的发展和农业现代化的进程，用作饲料、食品、纺织、化工、商业等农产品日益增加，日益成为农产品市场需求的重要组成部分。如农产品加工业的规模越大，发展速度越快，对初级农产品的需求也越多；轻工业的发展规模越大，对棉花、粮食及葡萄等农产品的需求量也就越多。

(5)人口的数量与结构　人口数量的增减，必然会直接影响农产品的需求数量。农产品需求的增加与人口数量的增长成正比例。此外，人口结构的变动也会影响对农产品的需求，主要表现在对农产品需求构成的变化上。例如，城乡人口结构对农产品需求的影响就很大，又如人口的年龄结构对农产品需求也有影响。婴幼儿对牛奶、食糖的消费特别高，而脑力劳动者对蛋白质的需求量较大。

(6)消费者的消费偏好　一般来说，短期内消费者的需求结构(消费偏好)比较稳定，不易发生显著的变化，但并不排除有时也在一定程度上受外界因素的影响而发生变化。不同的家庭、不同的消费者有不同的兴趣和偏好。例如，有的消费者喜爱吃肉，而不喜欢奶制品或鸡蛋；有的喜爱吃素菜，而不喜欢吃荤菜等。不同地区、不同民族有不同的文化传统、宗教信仰和风俗习惯，这些都会对消费者的消费方式和农产品需求的选择产生影响。如果消费者对某一种商品农产品的偏好和消费观念发生变化，则对这种商品农产品的需求量也会随之发生相应变化。

(7)消费者对农产品未来价格的预期　若消费者预计未来农产品的价格上升，将增加对此类农产品的现实需求，相反，若预计未来农产品的价格要下降，将减少对农产品的现实需求。可见，对未来农产品价格的预期影响到消费者对农产品的需求。

总之，影响农产品需求的因素多种多样，既有经济因素，又有非经济因素，这些因素共同作用决定了农产品的需求量。

3.1.3　农产品供求平衡

3.1.3.1　供求规律

农产品市场供求既受一般供求规律支配，又具有自身的特殊性规律。

(1)供给规律　在生产某商品的成本一定的情况下，当商品的价格越高时，意味着生产者的单位利润越多，所以生产者就会积极向市场提供更多商品；然而，当商品价格较高时，生产成本较高的生产者也有了参与生产的机会，从而使该商品的市场总供给量增大。反之，当某商品的价格越低时，意味着生产者的单位利润减少，甚至无利可图，生产者就会转而生产其他商品，从而使该商品的市场总供给量减少。这种在其他条件不变情况下，商品的供给量随价格的上升而增加，随价格的下降而减少的普遍现象，被称之为一般供给规律。当影响农产品供给的其他一切条件保持不变的情况下，农产品的供给随着其本身的价格变动而做出供给反应，这时的供给反应是价格和供给量的组合点在同一条供给曲线上发生移动，即价格低供给量则相应减少，价格高则供给量相应增加。

但是，由于农业自身的特点，农产品市场供给又具有自身的特殊性规律。

①农产品供给总量受土地资源的制约。由于土地资源的有限和稀缺，在一定地域和一定技术条件下，农产品的可能供给总量是有限的，不会随价格的提高呈现无限增长趋势。价格的提高只能在一定范围内促进农产品供给量的增加。

②农产品供给对市场价格反应具有一定的滞后性。农产品生产须完成一个自然周期才能实现，农产品具有周期性供应规律，所以市场价格对农产品供给的调节具有一定的时滞性。

③产品的供给的稳定性和可控性较差。自然条件的较大变化增加了农产品生产的机遇，也增加了农产品生产的风险，直接影响农产品的供给量，给农产品的供给带来了较多的不稳定性和不可控性。

④农业投入品价格和农业科技进步也影响农产品供给。一方面,如果生产要素价格降低,则生产成本也相应降低,从而在产品价格不变的条件下,生产者愿意生产出更多的产品,使供给曲线向右移动;反之,如果生产要素价格升高,则生产成本也相应升高,从而在产品价格不变的条件下,生产者愿意提供的产品数量减少,使供给曲线向左移动。另一方面,由于技术的不同,同样的物质投入得到的产出是不一样的。先进的技术能提高生产率,从而获得较高的产量。也就是说,将同样的成本分摊到较多的产品单位中去就降低了单位产品成本,这必将刺激生产者的积极性,从而使供给曲线向右平移。

(2)需求规律　当某种农产品的销售价格升高时,需求量就会减少,销售价格降低时,需求量就会增加。这种销售价格与需求量反方向变动的现象,经济学中称之为"一般需求规律",大部分农产品符合一般需求规律。

但是,也有一些农产品的价格与需求量的关系不符合一般需求规律。19世纪英国经济学家吉芬(R. Giffen)在研究爱尔兰的土豆销售情况时发现:土豆价格上升时,其需求量也上升;土豆价格下降时,需求量也下降。这种不符合一般需求规律的商品被称为"吉芬商品"。吉芬商品的需求量之所以同价格变动成正比关系,是因为:穷人的实际收入减少时,不得不减少较高档的肉类产品的消费,增加消费价格便宜的土豆,从而扩大对土豆的需求,导致土豆价格上升;而土豆价格的上涨,相当于进一步减少了穷人的实际收入,迫使穷人不得不进一步减少肉类食品的消费量,增加消费价格相对便宜的土豆,由此形成一种恶性循环。反之,如果穷人的实际收入增加,就可以多消费一些肉类,少消费一些土豆,导致土豆价格降低,但因为人们的实际收入增加了,尽管土豆价格降低,对它的需求也在下降。

此外,农产品需求还具有其他不同于一般商品的需求特性。

①农产品需求的派生性,即消费者对最终农产品的需求会引起加工业者和各级流通主体对中间农产品的需求。

②农产品多属于必需品,多数农产品需求价格弹性小于1,因此,农产品的价格灵敏性较大,在需求量发生一个较小的波动时,农产品的价格就会发生一个较大的变动。

③就同一销售阶段而言,各种农产品的需求价格弹性比各类农产品的需求价格弹性大,如稻米的需求价格弹性,要大于粮食的价格弹性,猪肉的需求价格弹性,要大于肉类产品的价格弹性。

④同种农产品在不同销售阶段需求价格弹性不同,一般农产品在平时短期阶段内需求价格弹性要大于常年该种产品的需求价格弹性,但在特殊节日某种农产品需求价格弹性要小于常年该种产品的需求价格弹性。

⑤农产品需求具有多样性,具有很大的季节性和地域性,农产品需求与其品质有很大的相关性。

3.1.3.2　均衡价格

合理的农产品价格应是供求达到平衡时的价格,即均衡价格。

在不同的经济体制下价格形成的方式是不同的。在自由竞争的市场经济体制下,商品的交换价格由商品在市场上的供给和需求关系所决定,如此形成的商品价格被称为市场价格。但也有许多价格并不是由市场力量作用自发形成,而是由政府根据某种标准或出于某种需要所制定的,如支持价格、限制价格、浮动价格等,这类价格被称为政策价格。因此,农产品价格形成的方式至少有两种：市场力量作用下自发形成的市场价格和政府直接干预下形成的政策价格。

（1）市场价格的形成　商品的销售者总希望商品价格越高越好，而购买者则希望商品的价格越低越好。显然这两种愿望不可能同时满足，只有一方放弃自己的目标或双方让步妥协才能完成商品交换行为。所以，当商品卖不出去时卖者就会降价销售；当需求不能被满足时买者就会愿意接受较高的价格。

在自由竞争的市场中，存在着大量的商品生产者，也存在着大量的商品消费者。当对某种商品的需求大于供给时，该商品就变得紧俏起来，市场价格将随着紧俏程度的加强而上升；随着价格逐步上升，有些消费者就开始退出购买者行列，该商品的紧俏程度得到缓和。反之，当某种商品的需求小于供给时，该商品就开始滞销，该商品的市场价格随着滞销的严重程度而下降，随着价格的逐步下降，会吸引某些消费者加入购买者行列，该商品就可能逐渐摆脱滞销局面。当供给和需求相等时供求关系处于均衡状态，处于均衡状态时的价格称为均衡价格，供给等于需求时的数量称为均衡数量，这一供求关系的运动被称为供求规律。

在供求规律作用下，市场上的供求通过自发调节达到均衡状态的过程可以用表 3.1 来说明。从表中可以看出，当价格等于 7 时，消费者认为价格太高，所以需求量为 0，而生产者愿意提供的供给量很大，因此出现供大于求情况。根据供求规律，价格将不断下降，一直降到 4 时供给和需求相等，达到均衡。反之，如果开始是价格为 1，则需求量很大，而生产者认为此价格太低不足以弥补生产成本，所以供给量为 0，因此出现供不应求情况。根据供求规律，价格将不断上升，一直升到 4 时供给与需求相等，达到均衡。

表 3.1　均衡状态的形成

价格	7	6	5	4	3	2	1
需求量	0	1	2	3	4	5	6
供给量	6	5	4	3	2	1	0

供求规律的作用过程也可以用图 3.4 来说明。当价格为 P_1 时，供给量为 Q_{s1}，需求量为 Q_{d1}，市场上会有 AF 量的商品销售不出去，于是卖者就会降价出售商品；随着商品价格降低，需求量就会逐渐增加，当价格不断降低时需求量就不断增加。到 E 点时供给量和需求量相等，价格被买卖双方接受。如果价格为 P_2 时，供给量为 Q_{s2}，需求量为 Q_{d2}，市场上就会出现 BC 量的商品短缺，价格就会逐渐上升，直到 E 点位置。图中 E 点的状态就是均衡状态，图中的 P_e 就是均衡价格，图中的 Q_e 就是均衡数量。

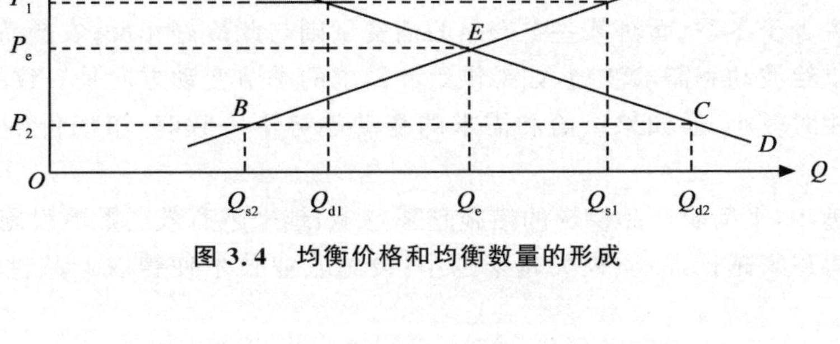

图 3.4　均衡价格和均衡数量的形成

(2)政策价格的形成　政策价格是由政府主管部门根据某种标准或者出于某种需要所制定的价格，故又称为国家定价。它既不通过市场竞争自发形成，也不随着供求变动而自由涨落。政策价格是根据一定的政策目标需要和某些标准确定的，其主要依据有以下几条。

①成本标准。理论上讲，农产品价格水平至少应达到足以弥补其生产成本的高度，但实际操作中难度较大。因为农产品成本不仅地区差异很大，同一地区不同农户的成本也可能相差很大，并且有些成本项目(例如地租和劳动报酬等)较难计算。尽管实践中成本的绝对高低不是一个标准，但其相对变动却是经常调整政策价格的一个重要参数。

②供求标准。均衡价格是生产者和消费者欲望相平衡时的价格表现。运用均衡价格所形成的政策价格与市场上自发形成的均衡价格的主要区别在于，前者是根据政策目标的要求主动形成的，一般会成为长期性的均衡价格；后者是在市场力量的作用下被动形成的，通常是某一时刻的即期均衡价格，处于动态平衡当中。正确的政策价格能减少市场自动调整过程中的社会成本。

③收入标准。农产品价格应达到的水平，应该使农产品生产者的收入水平与其他产业就业者的收入水平大致相等。在欧盟等发达国家，农产品价格被抬高并保持在长期均衡价格(以及世界市场价格)之上，其基本依据和出发点就是这种收入标准。现实中这种政策价格一般被工业化富国(农业人口小于10%，恩格尔系数小于30%)所采用。

消费者的承受能力和国家财政的负担能力标准：保障生产者利益的过程，同时也是损害消费者(或纳税人)利益的过程，生产者价格的提高必然需要直接的购买者或间接的纳税人等来承担。因此，政策价格必须考虑承受者的情况，有时甚至是主要的考虑因素。

由于各国的政策目标不同，制定政策价格的标准和依据常常不同，在经济发展的不同阶段，制定政策价格的标准和依据也可能不同。在实践中还有其他制定价格的标准或依据，但重要的是根据一定时期的政策目标需要和某些标准来制定合理的农产品政策价格。

3.1.3.3　农产品市场波动

在市场经济条件下市场波动是不可避免的，几乎每日每时都可能发生。如果依据市场波动是否有规律可循进行分类，则可将市场波动分为两类：一些有规律可循的市场波动(如季节性波动、周期性波动等)和一些无规律可循的市场波动(如随机性波动或偶然性波动)。

(1)季节性波动　农产品季节差价是因为农产品供给或者需求在季节上的不均衡造成的，如果这种市场波动具有季节规律性，则可称其为季节性波动。农产品供给的季节性波动是因为农产品生产是与生物的生长发育规律、环境因素密切相关。某些农产品只能或最好在特定的季节生产出来，然后加以贮藏，贮藏费用造成了季节差价，另一些农产品虽然能够在不同的季节生产出来，但生产成本可能相差较大，这些特性使得农产品供给存在着明显的季节性波动；农产品在需求方面，例如在炎热的夏季，消费者普遍希望饮食清淡，所以对肉蛋等农产品的消费量相对来说少于冬季，而对某些农产品的消费量则与此恰好相反；农产品的季节性价格波动取决于季节供给波动和需求波动，如果供给和需求的季节变动方向是一致的，那么价格的季节变动幅度就相对较小，但如果供给和需求的变动趋势不一致时，市场价格就会出现很大的波动。

随着科技进步，平衡农产品供求的措施越来越多、越来越有效。贮藏设施和技术的发展使得贮藏时间变得越来越长，品质损失越来越小；设施农业技术使得农产品供给的季节波动减弱;交通设施的改善使得世界在日益变小,市场半径在不断扩大,地区间的商品调剂能力大大增强,有利于协调供求关系,不断减少供给和价格的季节性波动幅度。

(2)周期性波动 在农产品市场上,由于供给的反应时滞性和同一性,产生了一种周期性的价格和数量的波动。这种波动的轨迹如果用图像法表示出来,与蛛网很相似,因此通常被称为蛛网波动。概括这种波动现象的理论被称为“蛛网理论”。

农业生产者通常数量众多,规模较小,产品又具有高度的同一性。在某一时期,当市场上某种产品的价格由于某种原因而偏离原来的市场均衡价格显著上升时,千千万万个农户都会倾向于扩大该产品的生产。虽然这种扩大生产的意愿要经过一个生产周期之后才能成为现实,但是,农民在生产反应上的同一性常常造成反应过度,使得下一期的供给量太高,超过了市场需求,从而引起市场价格下跌,以至于跌到原来的均衡价格之下。在这种情况下,农民在安排生产时又会作出缩减生产的反应,从而又会使再下一期市场供给大大减少,远远低于市场需求,又会把价格抬高到原来的均衡价格之上。由于农产品市场上这种供给反应的同一性和时滞性,农民的上述反应行为也周而复始,使得市场上出现周期性的供给量和价格波动。

这种周期性的波动分为收敛型波动、发散型波动和循环型波动3种情况。

如果波动幅度随着时间的推进而变得越来越小的周期波动被称为收敛型波动。收敛型波动的最终结果是达到均衡,收敛型波动出现的条件是供给曲线比需求曲线陡峭,用数学公式表示的条件是$|E_s|<|E_d|$,如图3.5a所示。

如果波动幅度随时间的推进而变得越来越大的周期型波动成为发散型波动。发散型波动的最终结果是永远不能达到均衡,发散型波动出现的条件是供给曲线比需求曲线平坦,用数学公式表示的条件是$|E_s|>|E_d|$,如图3.5b所示。

如果随着时间的推进波动幅度不发生变化的周期波动被称为循环型波动。循环型波动的最终结果也是永远不能达到均衡,但也不扩大波动幅度,循环型波动出现的条件是供给曲线与需求曲线的陡峭度相同,用数学公式表示的条件是$|E_s|=|E_d|$,如图3.5c所示。

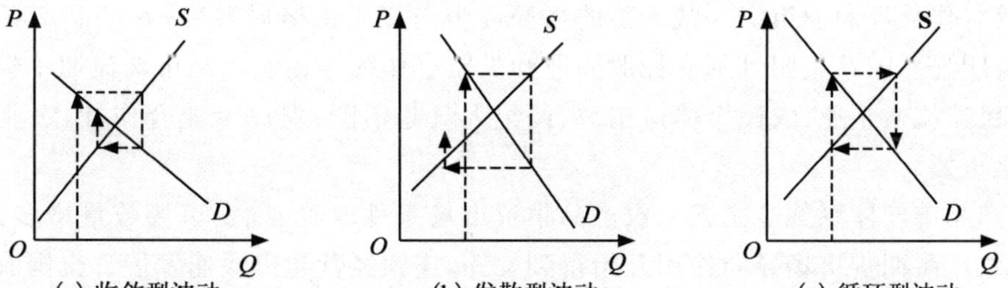

(a) 收敛型波动 (b) 发散型波动 (c) 循环型波动

图3.5 蛛网波动

蛛网型波动在生猪市场上表现得极为典型,其周期性波动过程如下:如果某个时期猪肉价格上涨,则将带动仔猪价格也上涨;仔猪价格的上涨将引起母猪头数的增加;母猪头数的增加将引起仔猪头数的增加;仔猪头数的增加将引起育肥猪头数的增加;育肥猪头数的增加将引起猪肉市场供给量的增加,从而导致猪肉价格的下降;猪肉价格下降,则将引起仔猪价格下降;仔猪价格下降将引起母猪头数减少;母猪头数减少将引起仔猪头数减少;仔猪头数减少将引起育肥猪头数减少;育肥猪头数减少将引起猪肉市场供给量的减少,重新导致猪肉价格的上升。这一波动周期需要3～4年。

价格发生周期性波动是由于生产者为了增加盈利或减少亏损，随着市场价格的变动而调整生产计划所造成的。在完全受市场机制调节的市场上，许多农产品都有这种周期波动。

(3)偶然性波动　无论季节性波动还是周期性波动，都是有一定的规律可循的。市场上还有另外一种波动，它是由偶然性因素所引起的。引起农业生产波动的偶然性因素包括气候反常、疫情发生、某些特殊政策的实施、突发战争等。例如，2008年初中国南方的冰雪灾害，马上引起了蔬菜价格的上涨；"三鹿奶粉"事件披露后，也立刻引起中国乳品市场需求的变化。

3.2 农产品市场体系

3.2.1 我国农产品市场体系概况

3.2.1.1 农产品市场体系的概念

农产品市场从狭义上讲，是指农产品交易的场所，从广义上讲是指实现农产品价值和使用价值的各种交换关系的总和。

农产品市场体系是指由市场主体、市场客体、市场机制、市场组织和市场类型等构成的综合体，是流通领域内农产品经营、交易、管理、服务等组织系统与结构形式的总和，是沟通农产品生产与消费的桥梁与纽带，是现代农业发展的重要支撑体系之一。

3.2.1.2 我国农产品市场体系建设进展

改革开放40年来，我国农产品市场体系得到了较快的培育和发展。

(1)农产品市场主体多元化格局已经形成　农产品市场主体由过去计划经济体制下国营商业和供销合作社等商业组织一统天下的格局逐步向多元化格局转变，农产品市场主体多元化趋势日益明显。中粮集团等国有控股商业和供销合作社等在农产品市场流通中仍然发挥着重要作用；民营流通企业、农民个体运销户、经纪人日趋活跃；农民专业合作社、农业产业化龙头企业愈显重要。

(2)农产品市场体系逐步完善　农产品集贸市场条件改善，批发市场数量增多，零售市场逐步规范，农产品期货市场导向作用开始得到发挥，连锁经营超市快速发展。全国农产品交易额亿元以上的批发市场有近2 000家，市场年成交额不断提高；露天的马路市场和简易市场逐渐被具有固定场所和设施的规范市场取代。成立于1993年2月的大连商品交易所目前已有棉花、玉米、大豆、豆油、豆粕、菜籽油、棕榈油、食糖、天然橡胶等重要农产品期货交易品种和豆粕期权上市交易。

(3)农产品交易方式逐步多样化　已由传统的集市贸易扩大到专业批发、跨区域贸易、订单购销、期货交易和拍卖交易等方式，流通配送、连锁经营、经纪人代理、电子商务、网上交易等营销方式发展迅速。一些大城市超市农产品销售量已占到当地农产品零售总量的1/2。2016年，大连商品交易所年成交量和成交额分别达到15.37亿手和61.41万亿元，目前是全球最大的油脂、塑料、煤炭、铁矿石和农产品期货市场。

(4)市场基础设施建设逐步完善 在政府部门的引导和鼓励下,企业和社会资本也开始积极涉足农产品市场建设和管理,市场机制的作用在农产品市场建设中得到充分体现,企业办市场、企业管市场的农产品市场投资模式极大地改善了农产品市场基础设施,使农产品市场基础设施获得了稳定的、可持续的投资来源。

(5)市场服务体系全面加强 农产品运销"绿色通道"逐步建立,农产品市场信息体系日趋完善,农业信息组织机构体系逐步建立,农业信息采集系统初步形成。

(6)农产品市场开放程度不断提高 我国农产品市场与世界农产品市场逐步接轨,关联程度日益增强,农业贸易依存度逐年增加。

以农产品集贸市场为基础、以批发市场为骨干、以农民经纪人队伍和流通组织为中介的农产品市场体系基本形成。

3.2.1.3 我国农产品市场体系建设存在的问题

由于我国农产品市场尚处于市场体系发展的初级阶段,仍然存在诸多的问题。

(1)农产品市场建设缺乏统一规划,布局不尽合理 有的地方"有场无市",而一些经济不发达的农产品产地又存在"有市无场"的情况。

(2)市场基础建设落后于市场发展的需要 由于缺乏与市场发展相应的资金投入,市场流通基础设施不完备,售后服务网络不健全,软硬件建设都相对滞后。信息传递、价格形成、运输、保管、包装、加工、配送等各种辅助性功能很薄弱,加工、仓储及批发市场数量不足,普遍缺乏贮藏保鲜设施、农产品质量检测设施等。

(3)市场规则不完善,交易行为不规范 目前全国还没有统一的农村市场管理的法律法规,如粮棉油等大宗农产品流通还未完全按照市场机制运行。

(4)市场主体规模偏小,组织化程度低 在农产品市场上,农民不仅缺乏可以依托的大型流通组织和农业产业化龙头企业,自我服务组织的发育也受到阻碍,各种专业合作组织规模过小,难以真正带领农民进入市场。

3.2.2 农产品市场体系的构成

这里主要是指农产品市场的组织和类型构成。目前我国农产品市场体系主要由农产品批发市场、农产品集贸市场、农产品零售市场和农产品期货市场构成。其中农产品集贸市场和农产品零售市场是比较传统的市场形式。

3.2.2.1 农产品集贸市场

(1)农产品集贸市场的含义 农产品集贸市场是在一定的历史条件下,在特定的地区形成的主要进行农副产品交易的场所,是农民直接进入流通,销售农产品的传统的主要渠道。农产品集贸市场多集中在城市郊区、县城、乡镇、中心村等交通便利,具有一定辐射面的地区。在不同时期、不同地区、农产品集贸市场呈现着不同特点。它处于社会结构的基层,最具有农村社会的代表性,其变化发展影响着社会的变迁。在商品经济不发达的漫长历史中,集贸市场多是按照约定的固定日期进行交易,农产品基本是生产者直接在市场销售。农产品集贸市场是广大农民进行交换的主要场所,体现着农民与其他各个方面的经济关系,对农村中的生产、社会分工、农民生活具有极其重要的影响。集贸市场规模的大小，网点分布的疏密，与各种地理条件有着密不可分的联系。

(2)农产品集贸市场的作用　集贸市场作为市场调节的一种有效形式，对促进商品生产起着重要作用。

①能有利地推动商品经济的发展。农户所生产的农产品，有相当大的份额是通过农产品集贸市场销售的。

②扩大农产品流通渠道，促进农业生产。集贸市场为农民提供信息，是引导农民进行生产的"指示器"和"晴雨表"。农民的主要生产经营活动是依据集贸市场提供的价格、供求等信息，自行抉择，调节生产经营活动。

③带动第三产业的发展。集贸市场兴办起来的地方，有大批劳动力围绕着市场从事加工业、各种修理服务行业、饮食业以及文化娱乐业等，吸收了大量社会就业人员。

④增强农民的市场观念，造就一大批务工经商人才。集贸市场使农民扩大了同外界的接触，价值观念、竞争观念、信息观念逐步被农民所接受。集贸市场就像一所大学校，使商品生产者和经营者不断增长生产、经营的知识，锻炼了一大批发展商品经济的能人，从而带动更多的人从事商品生产。

⑤方便群众生活，丰富城市居民的"菜篮子"。每年城市居民所需要的主、副食品，有相当大的份额是在集贸市场上购买的，农产品集贸市场已成为人们离不开的购物场所。

⑥加快城镇建设。农产品集贸市场的发展，特别是专业市场的发展，不仅促进了当地经济的发展，而且使市场所在地逐步成为商品集散中心，发挥了集散、中转、贮存、加工的多种功能。聚集了第三产业及其从业者，其中不少已发展成为新的城镇。

⑦增加政府财税收入，农民得到实惠。农产品集贸市场的发展，既为国家培植了税源，又增加了农民收入。

3.2.2.2　农产品零售市场

(1)农产品零售市场的含义　农产品零售市场又称农产品消费市场，包括专门经营农产品的商场、门市、超市等。它是农产品的最终交易场所，反映着农产品的生产者、加工者、经营者和消费者的多方面经济关系。多集中在城市、工矿区等人口密集地区，许多消费市场往往同中心集散市场结合在一起。

(2)农产品零售市场的主要特点　概括起来主要有以下几点。

①市场辐射范围较小，多限于周围的消费并与中心集散市场接近。

②交易方式主要是现货交易，交易数量小。

③在零售市场上，小批发商业和小零售商业是这类市场的主要供应者，部分农产品是生产者直接在市场销售，这类农产品主要是鲜活农产品。

④在超市中，农产品及食品的连锁、配送是其供货的基本形式，市场上出售已加工的农产品为主，也有部分鲜活农产品。

⑤农产品销售价格高于产地市场和中心批发市场。

这种市场的主要作用是把农产品分销给消费者，最终完成农产品由生产者向消费者的转移。

3.3 农产品批发市场

3.3.1 农产品批发市场的含义

农产品批发市场又称中心集散市场，是“有形市场”的一种较高级的市场形式。它是指将来自各产地市场的农产品进一步集中起来，经过加工、贮藏与包装，通过销售商分散销往全国各地。该类市场多设在交通便利的地方，如公路、铁路交会处。一般规模比较大，建有较大的交易场所和仓储设施等配套服务设施。

农产品批发市场一般从农产品贸易的两个发展层次上理解：一是指进行农产品批量集中交易的场所；二是指为农产品进行批量交易提供的一种服务组织。从其发展过程来看，先有场所，后形成组织。当然，农产品交易服务组织的建立又会促进农产品批发市场的发展。这两者结成不可分割的有机统一体，从而构成了现代的农产品批发市场。

3.3.2 农产品批发市场的类型

3.3.2.1 根据农产品批发市场的交易规模和规范化程度划分

(1)中央批发市场　又称国家级批发市场，是由政府有关部门进行规范设计而建立起来的，是全国性的农产品批发市场，是规范化程度最高、交易规模最大的一种农产品批发贸易组织形式。这类市场一般位于农产品集中产区、集散中心、加工区和交通运转中心或消费者密集的大城市；一般为官办组织，既可由一个地方政府独立创办，也可由中央政府有关机构和地方政府联合创办，当然也有民间合作团体兴建和管理的中央批发市场；市场中进行买卖的交易者人数不多，但交易批量大；普遍采取会员制度，非会员单位不得进场交易，主要实行拍卖的市场公开竞价方式，有系统规范的管理条例。

(2)地方批发市场　又称区域性批发市场，是指中央批发市场以外能达到法定规模的批发市场。地方批发市场一般设在产地，有露天市场，也可设在建筑物内，并配有一定量的仓储设备。地方批发市场的兴办者可以是当地政府，也可以是各种经济合作组织；其交易批量和规范化程度须达到一定水平；其交易者一般有产品收购商、购销代理商、批发商、地方零售商及部分生产企业。

(3)自由批发市场　是指除中央和地方批发市场以外的农产品批发市场的统称。其规范性较差；申办较简单，不需特别批准，只要登记注册领取执照便可开办；交易规模较小，甚至进行少量的零售交易。但是，作为一种经济组织，其开设者和入场交易者必须参照有关条例约束自己的行为，因此，也表现出其交易的组织性。中国大部分蔬菜、水果等生、鲜、活农产品批发市场就属于此类。它们大多经地方政府批准，采取官办民办结合或民间独资兴建的方式开设；不实行会员制，交易者自由出入；交易以讨价还价为主。

中央批发市场、地方批发市场和自由批发市场是农产品批量交易规范化程度由高到低、辐射范围由大到小的农产品批发市场的 3 个层次。它们分别适应不同程度和不同范围内供求矛盾需要而存在。

3.3.2.2 根据农产品批发市场的交易产品种类划分

(1)综合性批发市场　是指经营多类或多种农产品的批发市场。

(2)专业性批发市场　是指经营一类或一种农产品及其系列连带产品的批发市场。

3.3.2.3 根据农产品批发市场的地域特点划分

(1)产地批发市场　是指位于某些农产品集中产区的批发市场,主要作用是向外分解、辐射扩散。进入市场的主要是专业大户、长途贩运者和批发商等。

(2)中转地批发市场　是指处于交通枢纽地或传统集散中心的批发市场,主要作用是连接产地和销地。进入市场的主要是长途贩运者和产地、销地批发商等。

(3)销地批发市场　是指在城市农贸市场基础上发展起来的农产品批发市场,它与消费者距离最接近。进入市场的主要是长途贩运者、批发商和零售商等。

3.3.2.4 根据农产品批发市场的交易时间划分

(1)常年性批发市场　即常年开市的批发市场,综合性批发市场通常属于此类。

(2)季节性批发市场　是指因产品上市存在明显的季节性,在集中产区形成的临时性农产品批发市场。如某些瓜果、蔬菜专业批发市场。

3.3.3 农产品批发市场的功能

(1)商品集散功能　农产品批发市场可以吸引和汇集各地的农产品,在较短的时间内完成其交易过程,然后再把农产品发散到各地。农业生产实行家庭经营,规模小,一家一户生产出来的农产品需要迅速销售出去,以实现其价值;农产品消费也主要是以家庭为单位,规模小而且分散。如果没有农产品批发市场这一中间环节,就会出现交易次数极多,批量极小,交易成本极高,效率极低的情况,从而使农产品的"卖难"和"买难"交替出现,造成严重的社会和经济问题。如山东寿光蔬菜批发市场建立以前,当地蔬菜生产产量很高,但是流通不畅,"卖菜难"使农民生产的蔬菜滞销、腐烂。农产品批发市场建成后,不仅解决了当地蔬菜的销售问题,还与全国20多个省、市、自治区建立了经常性的业务联系,在更大范围内实现了农产品的集散。

(2)价格形成功能　改革开放以前,农产品购销价格都由国家统一规定,既不反映产品的质量和品种差价,也不反映供求关系。改革之初,农产品纷纷进入各地集贸市场,而集贸市场交易规模小、辐射力不强,因此其形成价格也就难以反映出更大范围内供求关系的真实情况。而且这种不真实的价格在传播当中还会出现误差,这就难免对生产者产生错误导向。由于批发市场在较大范围内集散农产品,来自全国各地的商品同场竞争,同一种农产品就可以通过比较按质论价,从而形成一种能比较真实地反映农产品价值的市场均衡价格。

(3)信息中心功能　信息对于农产品生产者和经营者都极为重要。如果信息使用者收集到的信息是错误的,将会对生产、经营活动产生不良影响。由于批发市场连接着产需两头,信息来源比较多,加之批发市场拥有多样化的信息传递手段,因此它是一个良好的收集、整理、发布信息的场所,因而可以起到信息中心的作用。

(4)调节供求功能　由于农产品受自然条件影响大,它的生产和供给比其他商品具有更多的不确定性,而农产品消费则是比较均衡的。因此,保持农产品供求平衡是一件非常困难的事情。人们能够努力做到的是尽量避免供求的严重失衡和剧烈波动,而农产品批发市场正是一个可以调节市场供求的良好场所。批发市场的大批量、大规模集散农产品的特点将能很好地调节农产品的供求关系;同时,还可以通过市场均衡价格等信息来平衡生产与消费。

(5)综合服务功能　批发市场通过自身的运营于交易过程为交易者提供各种方便。交易者进入批发市场后,需要批发市场能提供交易场地、通信、邮电、结算、信息、装卸搬运、包装、加工、分级、贮藏等各项服务。批发市场能否提供全面、周到的服务,是批发市场能否兴旺发达的关键因素。批发市场的各项服务可以由批发市场本身提供,也可以吸纳一些企业单位进场提供。

上述农产品批发市场功能的充分发挥,在促进农产品生产发展、改善城乡人民生活、推动农产品流通体制改革和流通组织创新等方面都能起到重要作用。

3.3.4　农产品批发市场的建设与完善

3.3.4.1　中国农产品批发市场存在的主要问题

从总体上看,中国农产品批发市场在全国基本形成了以销地型农产品批发市场为主,产地型、集散型农产品批发市场为辅的农产品市场网络,使农业生产和流通有机结合,推动了农业产业化进程,市场面貌有了明显改变。但由于中国农产品批发市场发展历史短,仍处在初级阶段,与农业和农村经济发展的形势不相适应,存在着一些亟待解决的问题。

(1)从布局上看,批发市场盲目建设,缺乏整体统一布局和统筹规划　有的农产品批发市场建成以来,几乎没有发挥作用,或只是旺季有一定的成交量,淡季则几乎没有,成了“空壳”市场。有的缺乏长远发展意识,市场虽很兴旺,但由于布局不合理,规模难以扩大,“龙头”作用得不到有效发挥。如一个城市相距不远的范围内,多头管理的批发市场达七八个,出现有场无市的现象;而有些地方则数量明显不足,呈现有市无场的问题。

(2)从形式上看,重销地市场建设,轻产地市场建设　长期以来,中国产地批发市场基础设施条件、经济效益较差,与销地市场相比,已处于严重滞后状态;与农业生产发展的需要相比,更显得市场的支撑、引导作用严重不足,使得产地市场已成为当前农产品市场体系建设中最薄弱的环节。

(3)从管理上看,市场专业化程度不高,管理制度不健全　近几年来,农产品区域化生产、专业化分工的发展虽然促进了农产品跨区域流通,但农产品长途运输中的乱收费、物流成本升高等阻碍了农产品的正常流通。不仅如此,政府对农产品批发市场的管理制度和市场内部管理制度仍不健全,有些地方采用粗放式管理,缺乏专业的设施和管理,违法现象时有发生。

(4)从网络建设上看,信息传递滞后,网络利用率低,对外辐射能力弱　提供市场信息的各种渠道,如“全国农产品批发市场信息网”等发挥了较好的作用,但从总体上看,不少农产品批发市场基本上处于单兵作战状况,部门、地区分割依然存在,不成体系,缺乏层次性、网络性和整体性。对于全国大市场来说,信息量远远不够,信息渠道不畅通,许多地区的农业生产还不能得到信息的指导;众多的龙头企业、种植户、运销大户对农业信息网不甚了解;信息质量不高，信息包含的要素不全、不准确；信息滞后，即时信息十分短缺，不能适应日益扩大的商品流通的需要。

3.3.4.2 中国农产品批发市场的建设与完善

以批发市场为中心的农产品市场体系，既是农产品价格形成的依托，也是国家进行宏观调控的依托。因此，应根据经济区域和农产品流向的要求，建立若干中央级的大型农产品批发市场，并通过现代信息系统与农产品集贸市场、零售市场以及大型批发市场、期货市场连接起来，形成开放式和运行高效有序的市场网络，充分发挥批发市场在全国农产品流通中的决定作用。重点从以下几个方面做起。

(1)继续加强有形市场建设，统筹规划，优化布局结构，构建完善的市场体系　要加强对农产品批发市场建设的立项管理，严格论证，科学选址，避免重复建设，无序竞争。产区批发市场应建在农产品的集中地，既要考虑交通条件，又要顺应原来的农产品集散规律。销区批发市场应纳入城市建设总体规划，根据可能的辐射范围布局。市场建设要注重质的提高，坚持以改建和扩建为主，盘活存量资产，注重与经济、环境、城市建设协调发展。要根据区域特点、人口状况、经济水平、产业结构、购销习惯及消费流向等因素，做好市场规模、设施和档次的定位，逐步在全国建立结构合理、流通快捷的农产品批发市场体系。

(2)着力培育市场内有活力的经营主体，激活农产品批发市场　日本、美国等国家和欧盟的销售合作社对批发市场发展的重要作用已得到充分体现，但在中国，真正代表农民利益的合作社发展仍很薄弱，严重制约了农产品批发市场的发展。要创造条件使经营者进入有稳定预期的无形市场。包括：纵向一体化，以贸工农一体化的组织形式，将农产品生产者和加工者、营销者之间的市场关系内部化，实现风险共担、利益共享；横向一体化，发展销售合作组织，提高农民参与流通的组织化程度，已成为解决小生产与大市场之间矛盾的当务之急，也是完善批发市场、优化价格形成机制的实际要求。

(3)鼓励交易方式的变革和创新　积极稳妥地推行拍卖制、销售代理制、配送制和电子商务等，健全农产品价格形成机制。拍卖制是国际上规范批发市场价格机制的较为普遍的方式，其好处是集中竞买，避免了一对一的讨价还价，大幅度提高了交易的效率；买者均公开报价，高度透明，公平竞争，使得强买强卖、回扣、贿赂等扰乱流通秩序的行为没有了可乘之机；价格完全在供求的作用下形成，公平合理；明显提高信息的集散传播效率，有利于理性的交易决策。所以，我国生鲜农产品批发市场的交易方式要逐步实行拍卖制，这也是提高营运效率的有效手段。因此，要鼓励发育大型的批发商组织，以扩大交易规模，同时要促进委托代理批发贸易的发展，提高交易的组织化、专业化程度，从而为拍卖制的发展提供良好的条件。此外，要充分利用现代信息技术和物流体系发展农产品配送制和电子商务。

(4)强化软件建设，提高市场管理水平　一是坚持建设标准化。不同类型的市场，要找准自己的位置，按照对应的层次和性质，设计确定自身的建设规模和结构。二是坚持交易规范化。凡有条件的农副产品批发市场应积极探索发展会员制、拍卖制等交易方式，要积极引入代理制，通过竞争，使批发市场真正成为产销指导中心。三是坚持品种和包装标准化。要选择部分以销地产品为主要方式的农产品专业批发市场，引入分选、包装设备和冷藏设施，通过品种包装标准化，达到方便成交，方便运销和延长销售季节。四是坚持管理法制化。健全各项规章制度，争取各项税费依法征收，保障交易公开、公平、公正和有序。

(5)健全农产品质量标准体系和农产品市场信息网络，提高市场交易效率　商流与物流的分离是现代营销制度的重要特征之一，其前提条件是要建立健全农产品质量标准体系。质量标准化也是国际国内两个市场接轨的需要。高效率的市场体系要有高度发达的信息网络支撑。信息网络的发达程度是农产品市场发育程度的一个标尺。

(6)逐步完善市场监测体系　建立有权威的农产品供给、需求、市场价格变动的预测预报系统和信息发布制度。发挥和完善农产品市场机制对农业生产、农产品流通起主要调节作用，客观上要求农民主要根据市场上农产品价格信号进行安排生产和经营。但由于中国农户经营规模小、组织化程度低、对市场的参与度不高，取得市场信息的渠道有限，从而使农民不能很好地及时从市场获得准确的信息，来按照市场需求组织生产、经营。因此，在建立农产品市场体系的过程中，要建立农产品供给、需求、市场价格变动的预测预报系统和信息发布制度，满足农民对市场组织生产的需要。为此要建立和完善一个反应灵敏、高效的农产品市场监测体系，来监督、检测农产品批发市场的运行，发布重要农产品市场交易、市场地位、农产品质量和价格动态等监测结果，设立重要农产品市场档案，这是市场经济体制下农产品市场制度建设的一项重要内容。

(7)加强农产品市场的法制化建设　国外特别是日本有比较健全的批发市场法规，对不同级别的批发市场建设的基本方针、开设的条件、交易者、交易办法、监督等作出了一系列的法律规定，这对日本批发市场的规范运行和健康发展都起了重大作用。我国应尽快制定一部批发市场法，使市场开办者、管理者、交易者、政府都依法办事，避免市场建设中的重复浪费，减少市场运行中的不规范现象。要制定禁止搞地区封锁、市场分割等法律，约束地方政府在发展市场经济中的不规范行为，加快全国农产品统一市场的形成；通过立法、明晰市场目标，分清政府、管理者和经营者的职权与关系，保证广泛的社会参与度；保护公平有效竞争，禁止垄断、反对不正当竞争，打击强买强卖欺行霸市的不法行为；加快建立市场内部制度规章，规范交易各方的市场行为，最终形成市场内部有效的自律机制；加强监督，建立监督管理机构，加强和规范市场中介组织，严格资格认定，发挥好服务、沟通、公正、监督作用，保证农产品市场放而有度，活而有序，繁荣稳定。

3.4　农产品期货市场

3.4.1　期货交易的内涵

期货交易是与现货交易相对应的一种交易方式，是商品交换的一种特殊方式，其最早始于农产品期货合约，这是由农业的重要性及特殊性所决定的。期货交易是指按照一定的条件和程序，由买卖双方在交易所内预先签订产品买卖合同，而货款的支付与货物的交割则要在约定远期进行的一种贸易形式，属于信用交易范畴。由于期货合约的买进和卖出是在期货交易所的交易场内进行的，人们也把期货交易所称作期货市场。期货市场是指期货交易交换关系的总和。期货市场是随期货交易的发展而发展的，反过来，期货市场尤其是期货交易所的健全和发展也促进了期货交易的发展。

农产品期货市场的期货交易是在远期合约交易的基础上发展起来的，但又与远期合约交易不同的特殊的商品交换方式，有其独特的运行特征。

3.4.2 期货交易的运行特征

(1)期货交易是“买空卖空”的交易行为　在期货交易中，对买方来说，期货合约只是一种到了交易日期能得到商品的凭证；对卖方来说，期货合约是到了规定的日期应交售商品的凭证。买卖双方进行期货交易的动机是利用市场上价格的上下波动进行套期保值或投机获利。在期货市场上，购买期货合约称为“买空”，出售期货合约称为“卖空”。

(2)期货交易是一种委托性质的交易行为　期货交易的买卖双方必须委托经纪人，由经纪人在交易所办理买卖和结算手续，买卖双方不直接接触。按照有关规定，能够进入交易所进行直接交易的人，可以是交易所的会员，也可以是持有执照的经纪人，其他客商或投机者只能按照既定的程序委托会员或经纪人代买或代卖。期货价格是场内经纪人通过公开、充分竞争后达成的竞争价格。由此可见，期货交易实属委托性质的交易。

(3)期货交易是以期货合约自由转让为前提的交易行为　期货交易不但内含预买和预卖行为，更主要的是，这种预期买卖活动是以自由转让期货合约为中心内容。在期货交易过程中，交易人不必等到合约到期才进行实物交割，而通常是在期货合约到期前而将交易冲销或称平仓、清盘、结算。

(4)期货交易是在交易所进行的交易行为　期货交易一般不允许进行场外交易。期货交易所不仅为期货交易提供了一个固定的场所，提供了交易必需的各种设备，而且还为期货交易制定了许多精密的规章制度，使期货交易所成为一个组织化、规范化程度很高的市场。

3.4.3 农产品期货市场的作用

(1)调节市场供求，减缓价格波动　从宏观上看，开展农产品期货交易，有利于防止市场价格过度波动，避免社会资源的浪费。农产品期货价格是由供需双方根据各自对将来某一时点市场供求状况的预测，既能预先反映未来市场供求状况，也能对未来各个时间的供求进行超前调节。从而在宏观上起到防止盲目扩大生产规模、平抑物价的作用。从微观上看，农产品生产、加工、贸易企业能通过期货交易方式转嫁价格风险，减少生产损失。一般来讲，现货与期货市场的价格涨落方向一致，如估计到以后的粮食价格要下降，生产有一定的价格风险，他可以在期货市场卖出一份未来某一时期的粮食期货合约。在期货交割前，现货价格如果真下降，他的现货损失可用期货交易的利润弥补，减少或避免价格下降使利益受损的风险。当期货价格发生变动时，生产者可以根据期货市场提供的关于下一生产周期市场供求情况和价格变化趋势的预测，决定下一生产周期的生产规模和产品结构。通过增加或减少市场供给量，使市场供求基本平衡，抑制市场价格剧烈波动。

(2)增强企业经营的计划性，提高管理水平　期货合约的签订，使商品的供应或销售有了保障，也稳定了产品价格和利润水平。因此，企业通过期货市场可以有计划地安排生产和经营，而国家也因此可以通过期货市场实现对微观经济的宏观调控。企业通过期货市场的公平竞争，可促使其提高生产经营管理水平。因为参加期货交易的当事人都具有平等的资格，站在平等的地位，通过公平竞争来决定价格。在信息公开、地位平等、公平竞争的市场环境中取胜，企业就必须不断改善生产经营管理水平，要合理地安排好生产、销售计划，并努力降低成本费用，提高企业经济效益。

(3)节约社会劳动和资金占用　期货交易所涉及的主要是期货合约的买卖，一般并不发生实际的商品流转，从而实现了物流和商流的合理分离。因此，期货交易这种特殊的交易方式，能使生产企业方便地、快捷地以竞争性的价格在期货市场获取其所需要的原材料，从而大量减少商品生产出来以后所固有的大量实物的运输、贮藏活动，因而能够大幅度降低资金占用水平，节约费用开支，提高社会经济效益。

（4）提高市场的交易效率　农产品期货交易是按标准的期货合约进行的，每张合约的交易数量、质量标准一致，交易人不必考虑对方的商业信誉，可以根据需要（套期保值、保本或获取差额利润），在合约规定的实物交割之前进行合约转让。这就扩大了交易的空间范围，促进物质流的流转，使交易效率大大提高。加上投机商的广泛参与，更进一步提高了市场的流动性，促进了整个市场的有效运行。

（5）有助于政府对宏观经济运行的调控　期货市场波动与现货市场既有密切联系又有很大区别。从某种意义上讲，期货市场的波动更是对某种经济形势的一种预示，这种波动所预示的问题如被政府及时发现并采取适当措施加以解决，那么它对现货市场运行的不利影响就可以避免。农产品是人们的基本生活资料，事关国民经济的稳定和社会的安全。因此，各国政府对参加期货交易的农产品都保留有一定数量的国家商品储备，因而国家作为期货市场最大的潜在交易者，其农产品储备量的数量变化乃至国家各项经济政策规定的变化，都会影响期货交易者对未来供求的预测，从而改变期货市场价格波动的幅度和方向，使其符合国家宏观经济发展的需要。从这个意义上讲，期货市场价格比现货市场价格更易受国家宏观政策的影响，而且也更具有宏观经济可调控性。

（6）有利于促进农产品市场向国际化发展　期货交易已经跨越了国界。从交易人员看，发达国家的交易所一般都不限制境外会员的发展；从交易所之间的联系看，交易所跨国界、跨地区的联网已经实现；从交易对象看，由于期货合约是标准化的，为期货交易方式成为全球性的无差别交易方式提供了最基本条件；从交易规则看，期货交易所具有的公开性和公平性使市场透明度大大提高，同一性和竞争性又使市场交易高度集中，消除了地域对信息传播的阻碍。因此，期货市场汇集了反映供求的各种信息，同时又将有关交易的信息反馈到世界各地。期货市场所形成的价格已经成为国际贸易领域里的基准价格。

（7）完善农产品市场体系　农产品期货市场的建立，使农产品市场体系更趋完善。现货交易一般进行的是短期交易，缺乏预测性、长期性，市场可控性差。而期货市场作为高级形式的市场制度，它具有风险回避功能和价格发现功能，从而能够弥补现货市场的功能性缺陷，为农产品生产和经营创造了更为良好的市场条件。

当前，“小生产面对大市场”是我国农业发展困境中的核心问题，面对风险大、标准高、竞争性强的国际大市场，只有实行农业市场化、产业化、集约化经营，才能促进农业生产与市场有效对接。期货市场作为市场经济的高级形态，能够在价格发现、风险转移、促进农业市场化方面发挥重要的促进作用。

3.4.4　农产品期货市场的规范与完善

（1）完善期货品种上市机制　继续推出适合我国农产品市场发展的农产品期货品种。

（2）改善农产品期货市场投资经营结构　以最终形成投资主体多元化、经营范围多样化、资金来源多渠道的格局，增强农产品期货市场发展的活力、动力和稳定性。

（3）规范期货交易行为　要加强期货市场法规建设，不断规范期货交易所、期货经纪公司、套期保值与投机人的市场行为，为农产品期货市场发展创造良好的发展环境。

随着我国市场经济的进一步发展，各项法规的完善及各种交易行为的规范，农产品流通理所当然将成为农业发展的有力保证。因此，政府要利用好农产品批发市场、专业市场、拍卖市场和期货市场这个宏观调控的支点，采取经济手段、法律手段，辅之以行政手段，在充分发挥市场机制的前提下，加强农产品流通市场的宏观调控，确保农产品市场的稳定，促进我国农业的稳步发展。

小　结

本章介绍了农产品市场供给与需求的基本理论，包括供给与需求的基本概念，供给价格弹性和需求弹性；农产品供给与需求的特殊性，影响农产品供给与需求的因素；市场波动的主要类型，农产品市场均衡，农产品市场体系的建设与完善等。

农产品供给是指在一定的时空条件下，在一定价格水平上农产品生产者愿意并能够提供出售的农产品数量。影响商品供给的因素主要包括自然的、经济的和社会的因素等许多方面。农产品需求是指消费者在某一特定时期内，在一定价格水平下愿意并能够购买农产品的数量。影响农产品需求的因素包括：消费者的需要结构、收入水平，商品本身的价格，以及相关商品的价格等。常用的需求弹性有需求的自身价格弹性、收入需求弹性和交叉价格弹性。农产品价格形成的方式有市场力量作用下自发形成的市场价格和政府直接干预下形成的政策价格。市场波动可区分为有规律可循的市场波动和无规律可循的市场波动。

农产品市场体系是指由市场主体、市场客体、市场机制、市场组织和市场类型等构成的综合体，是流通领域内农产品经营、交易、管理、服务等组织系统与结构形式的总和。目前我国农产品市场体系主要由农产品批发市场、农产品集贸市场、农产品连锁经营店、农产品期货市场等构成。以批发市场为中心的农产品市场体系，既是农产品价格形成的依托，也是国家进行宏观调控的依托。期货市场作为高级形式的市场制度，它具有风险回避功能和价格发现功能，从而能够弥补现货市场的功能性缺陷，为农产品生产和经营创造了更为良好的市场条件。因此，政府要利用好农产品批发市场、专业市场、拍卖市场和期货市场这个宏观调控的支点，采取经济手段和法律手段，辅之以行政手段，在充分发挥市场机制的前提下，加强市场的宏观调控，确保农产品市场的稳定，促进我国农业的稳步发展。

复习思考题

1. 什么是农产品供给？
2. 影响农产品供给的因素有哪些？
3. 什么是需求和需求价格？农产品需求有哪些主要类别？
4. 什么是需求价格弹性、交叉价格弹性和收入需求弹性？
5. 市场波动有哪些主要类型？季节性波动、周期性波动和偶然性波动是如何发生的？
6. 可采取怎样的措施来防止或减弱各种市场波动对农业发展造成的不利影响？
7. 简述我国农产品市场体系的构成。

参考文献

1. R·普拉特，E·贝肯霍夫. 农业市场政策基本原理. 倪丽泓，柯炳生，译. 北京：北京农业大学出版社，1989.

2. 高鸿业. 西方经济学(上册 微观部分). 北京：中国经济出版社，1997.

3. 王方. 美国经验对中国农产品市场体系建设的启示. 当代经济研究，2008(03).

4. 胡俞越，黄剑. 从战略高度认识中国期货市场的地位. 中国证券报，2008-11-20.

第4章　农产品物流管理

本章学习要点

- 农产品物流的概念及分类
- 农产品物流系统的构成要素及目标
- 农产品物流系统评价指标体系
- 农产品物流供需管理
- 农产品运输与配送管理

4.1　农产品物流的概念及分类

4.1.1　物流与农产品物流的概念

4.1.1.1　物流的概念

(1)物流的产生　19世纪末汽车的发明和使用,使得运输业更加发达,从自货自运走向专业运输,产生了除生产和销售的第三方——专业运输者。20世纪初,西方一些国家出现生产大量过剩、需求不足的经济危机,企业因此提出销售和物流问题,最早称为 Physical Distribution,简称 PD,主要指销售过程中的物流。第二次世界大战美国在军队后勤保障供应系统中成功地运用了"物流"技术,将战时物资生产、采购、运输、配给等活动作为一个整体进行统一布置,以求战略物资补给的费用更低、速度更快、服务更好。后来后勤一词在企业中广泛采用,又有商业后勤、流通后勤的提法,这时的后勤包含了生产过程的物流和流通过程的物流。美军后勤保障的英文为 Logistic,战后西方发达国家将后勤保障一词用于工业,作为工业生产和销售的"物流"管理,Logistic 替代 PD 成了物流的代名词,并延续和流传于世界各国。

随着工业化进程及社会化分工协作,生产厂家和商家是物流第一方,消费者是物流第二方,运输、仓储起家的服务企业作为物流的第三方,成为专业性的物流企业,为生产、销售企业和消费者提供服务,又称为第三方物流(Third-Party Logistic),简称 3PL。现代工业企业为提高经济效益,生产中进行技术创新、加强管理,将产品生产成本压得很低,从工业生产上降低成本的难度越来越大,余地越来越小,在流通过程中降低物流成本成为人们关注的课题,物流成本降低就可以提高产品的竞争力。因此,发达国家工业界竞相研究物流,成立专门的研究机构,开发物流技术,推动了物流的发展。20世纪80年代是物流发展的高峰时期,电子技术及计算机的使用,信息、通信网络技术在物流中的应用,现代物流逐步展现在人们眼前。近年来现代物流发展速度迅猛，引起了人们的高度重视。

(2)物流的概念内涵　不同国家、不同地区的人们由于各种原因对物流的认识不尽相同。美国是物流认识和实践的发源地，1901 年，约翰·F·格鲁维尔在《农产品流通产业委员会报告》中第一次论述了影响农产品配送成本的各因素，从此揭开了认识物流的序幕。美国的物流管理协会的最新定义指出：物流是供应链流程的一部分，它通过有效率和有效力的计划，执行实施和控制商品的储存、流动、服务和相关信息，以满足从原产地到消费地的过程中消费者的需要。主要强调物流的管理功能。

日本从美国引入物流概念是在 1956 年，日通综合研究所出版的《物流手册》中指出：物流是将货物由供应者向需求者的物理移动，是创造时间价值和场所价值的经济活动，包括包装、搬运、保管、库存管理、流通加工、运输、配送等活动领域。日本学者在定义中强调，物流中的物品不仅仅指商品，还包括废弃物。

1962 年美国著名管理学家德鲁克在《财富》杂志上发表了《经济的黑暗大陆》一文，强调应当高度重视流通以及流通过程中的物流，对理论界和实业界产生了巨大的推动作用。欧洲物流协会认为：物流是指在一个系统内对人员和商品的运输、安排及与此相关的支持活动进行计划、执行和控制，以达到特定的目的，欧洲的定义更加强调物流的系统性特点。

我国引入物流概念是在 20 世纪 80 年代初。2001 年 8 月 1 日实施的《中华人民共和国国家标准　物流术语》中将物流定义为：物品从供应地向接受地的实体流动过程中，根据实际需要，将运输、储存、装卸、搬运、包装、流通加工、配送、信息处理等基本功能实施有机结合。著名物流学家王之泰认为“物流是物质资料从供给者到需求者的物理运动，是创造时间价值、场所价值和一定的加工价值的活动”，这是目前国内普遍接受的定义。

物流活动的具体内容包括以下几个方面：用户服务、需求预测、订单处理、配送、存货控制、运输、仓库管理、工厂和仓库的布局与选址、搬运装卸、采购、包装、情报信息。

4.1.1.2　农产品物流的概念

农产品物流是物流业的一个分支，指的是为了满足消费者需求而进行的农产品物质实体及相关信息从生产者到消费者之间的物理性流动。它是以农业产出物为对象，通过农产品产后收购、运输、贮存、装卸、搬运、包装、配送、流通加工、分销、信息活动等一系列环节，做到农产品保值增值，最终送到消费者手中。农产品物流的发展目标是增加农产品附加值，节约流通费用，提高流通效率，降低不必要的损耗，从某种程度上规避市场风险。

现代农产品物流涵盖了与农产品相关的生产、流通和消费领域，连接了供给主体和需求主体。它是一种服务产业，是一种追加的生产过程，它克服时间和空间的阻碍，提供有效的、快速的农产品的输送和保管等服务来创造农产品的效用，主要包括实物流和信息流。

我国是一个农业大国，农产品的有效流通涉及整个国民经济运行效率及质量，涉及农业现代化，涉及农民的根本利益。在市场竞争日益激烈的今天，随着消费者对产品个性化、多样化的需求，传统的农产品流通销售模式不能适应市场需求。因此，构建高效的农产品物流体系，不仅能使农民生产的产品实现其价值与使用价值，还可以使农产品在流通过程中增值，通过有效的控制与管理，降低农产品流通的成本，提高农业生产的整体效益，从某种程度上规避市场风险。

4.1.1.3　农产品物流的特点

农产品物流是物流中特殊的一部分，既包含了物流的普遍特点，也有其独特性。概括而言，主要特点有以下几个方面。

(1)农产品物流涉及面广、量大　我国居民生活消费农产品主要以鲜货鲜销形式为主，在分散的产销之间要满足消费者在不同时空上的要求，使得我国农产品物流面临着时间、空间、数量和质量的巨大挑战，加上轻工、纺织和化工所用原料农产品，我国农产品物流流量之大、流向之广在世界各国中名列前茅。

(2)农产品物流具有季节性和周期性　农产品成熟时，出现短时、较大的物流量，而季节过后，物流量迅速减小，呈现较大的周期性和波动性。由于农产品生产的地域分散性和季节性同农产品需求的全年性和普遍性发生矛盾，使农产品供给与消费之间产生了矛盾，以致准确掌握供求信息相当困难，无法及时进行调整，造成经营农产品流通具有较大的风险。

(3)农产品物流具有预期性　预期是指对与当前决策有关经济变量未来值的预测，是决策者对那些与其决策相关的不确定的经济变量所作的预测。农产品的生产者都是根据当年农产品的价格来决定下一年农产品的种植数量，这将导致农产品的供给数量与农产品价格年复一年地大幅反向波动。在某些条件下波动将收敛于均衡值，在其他条件下，波动是不收敛的。

(4)农产品物流具有易耗性　“鲜活”是农产品的生命和价值所在，但由于鲜活农产品的含水量高，保鲜期短，极易腐烂变质，因而农产品物流特别要求绿色物流。由于农产品的各种生物属性，使得对农产品流通过程中的贮存、保鲜、加工等环节有很高的技术要求。需采取低温、防潮、烘干、防虫害等一系列技术措施，它要求有配套的硬件设施，包括专门设立的仓库、输送设备、专用码头、专用运输工具、装卸设备等。

(5)农产品物流具有专业性　由于农产品所具有的生化品质特性，使得农产品物流具有很强的专业性。如大部分农产品在流通过程中需要采取各种措施以达到保鲜的目的，一些鲜活动物产品进入流通领域后，还必须进行饲养、防疫等，这些都需要专门的知识和设备，要求农产品物流的设施、包装方式、储运条件、运输工具和技术手段等具有专用性。

(6)加工增值是农产品物流的重要内容　农产品加工增值和副产品的综合利用是减少农产品损失、延长其保存期限、提高农产品附加值、丰富人民生活、使农产品资源得以充分利用的重要途径。因此，农产品加工是农产品物流中一个不可缺少的重要组成部分。比如粮食深加工和精加工、畜牧产品加工、水果加工和水产品加工等，具体包括研磨、抛光、色选、细分、干燥、规格化等生产加工、单元化和商品组合等促销加工作业，以使农产品流通能顺利进行。加工是农产品物流的关键环节。

4.1.2　农产品物流的分类

根据农产品物流在农产品供应链中的作用不同，把农产品物流的全过程分成生产物流、销售物流、废弃物物流 3 种不同类型。

(1)农产品生产物流　农产品生产物流是指从农作物耕作、田间管理到农作物收获的整个过程中，由于配置、操作和回收各种劳动要素所形成的物流。生产物流是生产农产品的农户或农场所特有的，与工业生产物流相比，一方面，农产品生产物流受自然条件制约性大，具有不稳定性，在物流过程中要充分考虑生产的布局、季节性生产、分散性生产等因素的影响，物流要与当地的生产条件相结合;另一方面,农产品生产物流内容较单纯,活动范围小,主要是农业生产要素从仓库到田地和田地之间的往复运动。在我国农产品生产物流除少量企业化生产,物流量较大外,大多由个体农户生产或从事,每户承包土地不多,耕种或养殖物流量小。

农产品生产物流按照生产环节可以分为3种形式:一是产前物流,包括耕种、养殖物流及相关的信息物流,即为耕种、养殖配置生产要素的物流,如农业拖拉机等农业机械设备及生产工具的调配和运作,种子、化肥、地膜等的下种和布施;二是产中物流,即为了培育农作物生长的田间物流管理活动和养殖畜禽、渔类等的管理活动,包括育苗、插秧、锄田、除耪、整枝、杀虫、追肥、浇水等作业所形成的物流;三是产后物流,即为了收获农作物形成的物流,其中包括农作物收割、回运、脱粒、晾晒、筛选、处理、包装、入库作业或动物捕捞和处理等作业所形成的物流。

(2)农产品销售物流　农产品销售物流就是通过包装、贮存、长途运输和短程配送等物流实现农产品销售,完善物流服务功能,其中主要包括根据物流合理化原则确定运输路线、农产品储备系统和包装水平、农产品加工作业水平以及送货方式等相关内容。若销售物流不畅,会影响销售方利益,造成农产品积压甚至丧失价值的不良后果。再加上农产品销售物流的方向是从广大的农村到城镇,大部分物流是先通过收购,从分散的农产品生产者手中把农产品集中起来,再销售到各个城镇,因此销售物流的空间范围很大。

(3)农产品废弃物物流　在农产品生产、销售及消费过程中,必然导致大量废弃物、无用物,对它们的运输、装卸和处理的物流活动构成了农产品废弃物物流。据有关资料显示,蔬菜中毛菜和净菜销售的结果比较,100 t毛菜可以产生20 t垃圾,由此可以推算出毛菜进城到农贸市场上销售时存在着一个数量惊人的无效物流成本。为此,应当建立起生产、流通、消费的循环往复系统,即废弃物的回收利用系统,实现资源的再利用,构建农产品绿色物流。

4.2　农产品物流系统

4.2.1　农产品物流系统的构成要素

物流系统是由人、财、物、设备、信息和任务目标等要素构成的有机整体。农产品物流系统的构成要素包括一般要素、功能要素、支撑要素和物质基础要素。

4.2.1.1　农产品物流系统的一般要素

农产品物流系统的一般要素主要是指人、财、物方面。人是物流的主要因素,是物流系统的主体,是保证物流得以顺利进行和提高管理水平的关键的因素。提高人的素质,是建立一个合理化的物流系统并使之有效运转的根本,为此需要合理确定物流从业人员的选拔和录用,加强物流专业人才的培养,使其既了解农产品的相关知识,又掌握物流专业技能。财是指物流活动中不可缺少的资金,物流运作的过程实际也是资金运动过程,同时物流服务本身也需要以货币为媒介,物流系统建设是资本投入的大领域,离开了资金这一要素,物流不可能实现。物是物流中的原材料、产品、能源、动力、专用设备等物质条件,包括物流系统的劳动对象和劳动手段,没有物,物流系统便成为无本之木。一般要素对物流产生的作用和影响,构成物流系统的“输入”。

4.2.1.2 农产品物流系统的功能要素

农产品物流系统的功能要素指农产品物流系统所具有的基本能力，这些基本能力有效地组合、联结在一起便成了农产品物流的总功能，便能合理、有效地实现物流系统的总目的。物流系统的功能要素一般认为有以下7项具体实际工作环节来构成。

(1)包装功能要素 包括农产品的采收包装，物流过程中换装、分装、再包装等活动。对包装活动的管理，根据物流方式和销售要求来确定。要全面考虑包装对产品的保护作用、促进销售作用、提高装运率的作用、包拆装的便利性以及废包装的回收及处理等因素。包装管理还要根据全物流过程的经济效果，具体决定包装材料、强度、尺寸及包装方式。

(2)运输功能要素 包括农产品供应及销售物流中的车、船、飞机等方式的运输；生产物流中的管道、传送带等方式的运输。对运输活动的管理，要求选择技术经济效果最好的运输方式及联运方式，合理确定运输路线，以实现安全、迅速、准时、价廉的要求。

(3)装卸功能要素 包括对输送、保管、包装、流通加工等农产品物流活动进行衔接活动，以及在保管等活动中为进行检验、维护、保养所进行的装卸活动。在全物流活动中，装卸活动是频繁发生的，因而是农产品损耗的重要原因。对装卸活动的管理，主要是确定最恰当的装卸方式，力求减少装卸次数，合理配置及使用装卸机具，以做到节能、省力、减少损失、加快速度，获得较好的经济效果。

(4)保管功能要素 包括堆存、保管、保养、维护等活动。对保管活动的管理，要求正确确定库存数量，明确仓库以流通为主还是以储备为主，合理确定保管制度和流程，对库存农产品采取有区别的管理方式，力求提高保管效率，降低损耗，加速物资和资金的周转。

(5)配送功能要素 是农产品物流进入最终阶段，以配送、送货形式完成社会物流并最终实现资源配置的活动。配送活动过去一直被看成运输活动中的组成部分，未将其独立作为物流系统实现的功能。但是，配送作为一种现代流通方式，集经营、服务、社会集中库存、分拣、装卸搬运于一身，已不是单单一种送货运输能包含的，所以应将其作为独立功能要素。

(6)流通加工功能要素 又称流通过程的辅助加工活动。这种加工活动不仅存在于社会流通过程，也存在于企业内部的流通过程中，实际上是在物流过程中进行的辅助加工活动。企业、物资部门、商业部门为了弥补生产过程中加工程度的不足，更有效地满足农户或农业企业的需求，更好地衔接产需，往往需要进行这种加工活动。

(7)物流情报功能要素 包括进行与上述各项活动有关的计划、预测、动态(运量、收、发、存数)的情报及有关的费用情报、生产情报、市场情报活动。对农产品物流情报活动的管理，要求建立情报系统和渠道，正确选定情报科目和情报的收集、汇总、统计、使用方式，以保证其可靠性和及时性。

上述功能要素中，运输及保管分别解决了供给者及需要者之间场所和时间的分离，是物流创造“场所效用”及“时间效用”的主要功能要素，因而在物流系统中处于主要功能要素的地位。

4.2.1.3 农产品物流系统的支撑要素

农产品物流系统的建立需要有许多支撑要素，尤其是处于复杂的社会经济系统中，要确定物流系统的地位，要协调与其他系统的关系，这些要素必不可少。主要包括：农业体制、农业管理制度；农业法律、规章；行政命令和标准化系统等。

4.2.1.4 农产品物流系统的物质基础要素

农产品物流系统的建立和运行，需要有大量技术装备手段，这些手段的有机联系对物流系统的运行有决定意义。这些要素对实现物流和某一方面的功能也是必不可少的。要素主要包括：农产品物流设施、农产品物流装备、农产品物流工具、农业信息技术及网络、农业经济的组织及管理。

4.2.2 农产品物流系统的目标

农产品物流系统的总目标是获得宏观和微观效益，建立和运行物流系统时要以两个效益为基本目的。现代物流系统目标包括“5S”目标和“7R”目标，同样也适用于农产品物流。

4.2.2.1 农产品物流系统的“5S”目标

(1)服务目标(service) 农产品物流系统是“桥梁”“纽带”，具体地联系着农业生产与再生产、生产与消费，因此要求有很强的服务性。物流系统采取送货、配送等形式，就是其服务性的体现；在技术方面，近年来出现的“准时供货方式”“柔性供货方式”等，也是其服务性的体现。农产品物流系统必须以用户为中心。

(2)快速、及时目标(speed) 及时性不但是服务性的延伸，也是流通对物流提出的要求。快捷、及时既是一个传统目标更是一个现代目标，随着社会化大生产的发展，这一要求更加强烈了，在物流领域采取的诸如直达物流、联合一贯运输、高速公路、时间表系统等管理和技术就是这一目标的体现。

(3)节约目标(space saving) 物流过程作为“第三个利润源泉”，利润的挖掘主要依靠节约，在物流领域中除降低投入和流通时间的节约外，通过集约化方式降低物流成本，是提高相对产出的重要手段。

(4)规模化目标(scale optimization) 以规模化作为物流系统的目标，并以此来追求规模效益。生产领域的规模生产是早已为社会所承认的，由于物流系统比生产系统的稳定性差，难于形成标准的规模化模式。在农产品物流领域，以分散或集中等不同形式建立农产品物流系统，研究物流集约化的程度，就是规模化这一目标的体现。

(5)库存调节目标(stock control) 在农产品物流领域，满足物流低成本、高效率要求的最优库存方式、库存数量、库存结构、库存分布，是服务性的延伸也是宏观调控的要求，当然，也涉及物流系统本身的效益。

4.2.2.2 农产品物流系统的“7R”目标

“7R”目标可以概括为：将适当数量(right quantity)的适当产品(right product)，在适当的时间(right time)和适当的地点(right place)，以适当的条件(right condition)、适当的质量(right quality)和适当的成本(right cost)提供给客户。

4.2.3　农产品物流系统评价指标体系

4.2.3.1　构建农产品物流评价指标体系的意义

（1）构建农产品物流评价指标体系是经济发展的客观需要　我国关于农产品物流的统计，现存指标在内涵和外延都与现代农产品物流的概念相差甚远，缺乏系统、综合地反映农产品物流活动运行和整体优化状况。政府统计部门还未建立起与我国农产品物流业发展同步或相适应的农产品物流统计体系。长期以来，农产品物流相关统计数据缺失严重，使得研究和建立农产品物流评价指标的分析框架、指标体系和跟踪监测体系都存在相当大的困难。由于缺乏量化依据，很多思路建立在定性认识水平上，很难在促进农产品物流业发展政策的形成上产生实质性影响。农产品物流企业在经营中因不掌握市场需求而存在盲目性。

（2）构建农产品流物评价指标体系是加强各部门协调能力的需要　农产品物流活动必须以信息为先导，只有信息流畅通，才能带动商流与物流齐头并进。但我国目前统计信息的各自为政，加剧了农产品物流业的条块分割，削弱了部门之间、企业之间的协调和整合能力，最终成为农产品物流业发展的瓶颈。

（3）构建农产品流物评价指标体系为农产品物流业和宏观调控提供必要的依据　为了及时、准确、科学地提供农产品物流统计信息，应加强农产品物流统计和调查，以全面及时地反映农产品物流业状况和变动情况，准确掌握物流业的规模和水平，为政府部门制定物流政策和发展规划服务，为企业提供投资决策依据服务，为正在蓬勃发展的农产品物流业和宏观经济调控提供依据，建立农产品物流运作的综合评价体系十分必要。

4.2.3.2　构建农产品物流评价指标体系的原则

根据我国现阶段农产品物流发展水平，设计农产品物流统计指标体系要遵循以下原则。

（1）综合性原则　农产品物流指标体系应是一个涵盖多因素、多目标的复杂系统，其指标的评价应力求从社会、经济和科技的不同层面、不同层次反映农产品物流的综合情况，以保证全面性和可靠性。

（2）针对性原则　由于农产品的种类繁多及生产的季节性和区域性，使农产品物流具有广泛性、专业性、复杂性、严格性以及明显的时间和空间的特定性等特点。因此，农产品物流统计指标的评价应针对性地结合我国农产品物流的特点及发展的现状。

（3）科学性原则　农产品物流统计指标的选取应该有一个科学的理论依据，能真实地反映农产品物流发展的基本状况和运行规律，为农产品物流的发展规划提供可靠的依据。

（4）真实性原则　农产品物流评价指标体系的构建对我国农业乃至国家的经济发展至关重要，所以在构建的过程中各个指标、数据以及实践的过程要实事求是，真实可靠。

4.2.3.3　农产品物流评价指标体系的构成

农产品物流评价指标体系不仅应考虑到单个物流组织的成本最小化，同时也应考虑到农产品物流活动全行业所带来社会总物流成本最小化，在考虑整体利益的基础上，谋求农产品配送成本的最优化。根据我国物流业发展现状及现阶段关注重点，农产品物流统计指标体系共包括 14 个一级指标、88 个二级指标，见表 4.1。

表 4.1 农产品物流评价指标体系构成表

一级指标(Y)	二级指标(X)	
农产品物流基础设施(Y_1)	农村公路网络密度(X_1)	通公路的村占该地区村总数的比例(X_2)
	农村机动力运输量占总运输量的比重(X_3)	该地区高速公路长度占公路总长度比(X_4)
	该地区高等级公路长度占公路总长度比(X_5)	农产品"绿色通道"数量(X_6)
	农产品专用运输工具占比(X_7)	物流中心或流通中心网络密度(X_8)
农产品物流装备状况(Y_2)	农产品物流设施老化程度(X_9)	农产品物流设备的标准化程度(X_{10})
	农产品物流设备的机械化程度(X_{11})	农产品物流设备的自动化程度(X_{12})
	箱式货车数量占比(X_{13})	箱式冷藏车数量占比(X_{14})
	冷冻库占仓库总数量比(X_{15})	农产品冷藏运量占农产品运输量比(X_{16})
	保鲜库、冷藏库占仓库总数量比(X_{17})	
农产品物流技术水平(Y_3)	农产品加工转化率(X_{18})	采摘技术水平(X_{19})
	冷冻保鲜技术水平(X_{20})	包装技术水平(X_{21})
	自动装卸技术水平(X_{22})	仓储技术水平(X_{23})
	检测技术水平(X_{24})	物流中心技术的综合化水平(X_{25})
农产品交易方式(Y_4)	农产品期货交易量占农产品交易总量比(X_{26})	公开的竞拍交易量占农产品交易总量比(X_{27})
	订单交易量占农产品交易总量比例(X_{28})	电子商务交易量占农产品交易总量比(X_{29})
农产品物流企业组织化程度(Y_5)	农产品物流企业竞争力(X_{30})	农产品物流联盟的稳定性(X_{31})
	农产品物流企业的专业性(X_{32})	农产品物流企业协作化程度(X_{33})
	农产品供应链一体化水平(X_{34})	
农产品物流供给能力(Y_6)	农产品年运力(X_{35})	农产品集装箱运力(X_{36})
	农产品收购网点密度(X_{37})	农产品批发交易网点密度(X_{38})
农产品物流需求(Y_7)	农产品货运量(X_{39})	农产品周转量(X_{40})
	农产品商品和物资库存量(X_{41})	农产品市场交易总量(X_{42})
农产品物流成本(Y_8)	农产品物流成本高低(X_{43})	农产品物流成本稳定性(X_{44})
	农产品市场交易费用(X_{45})	农产品物流成本占整个农产品成本比(X_{46})
	农产品交易的成功率(X_{47})	

续表 4.1

一级指标(Y)	二级指标(X)	
农产品物流效益(Y_9)	农产品加工增值率(X_{48})	农产品加工产值占农产品产值比(X_{49})
	农产品产品库存率(X_{50})	农产品物流环节上的损失率(X_{51})
农产品物流效率(Y_{10})	农产品物流周转速度(X_{52})	往返载货率(X_{53})
	各种运输工具的装载率(X_{54})	物流设施利用率(X_{55})
	物流中心配送效率(X_{56})	
农产品物流服务质量(Y_{11})	准时交货率(X_{57})	商品完好率(X_{58})
	交货合格率(X_{59})	订单满足率(X_{60})
	采购计划完成率(X_{61})	供货计划完成率(X_{62})
	交货农产品新鲜度(X_{63})	客户满意度(X_{64})
农产品物流信息化(Y_{12})	农产品信息共享率(X_{65})	农产品信息集中度(X_{66})
	农产品信息传递的通畅性(X_{67})	农产品信息传递准确性(X_{68})
	农产品信息传递及时性(X_{69})	农产品信息利用价值率(X_{70})
	网上订单率(X_{71})	
农产品物流绿色(Y_{13})	绿色加工配送中心占配送中心比例(X_{72})	原材料综合利用率(X_{73})
	再生资源利用率(X_{74})	包装废弃物的回收再生利用率(X_{75})
	产品退回再生率(X_{76})	可替代资源的利用率(X_{77})
	废弃物集中处理比例(X_{78})	集装箱使用率(X_{79})
	车辆尾气平均排放达标率(X_{80})	
农产品物流软环境(Y_{14})	农产品跨地区销售受限程度(X_{81})	市场交易规范化程度(X_{82})
	经营环境竞争公平性(X_{83})	法律制度的完善性(X_{84})
	政府服务的高效性(X_{85})	物流各方遵守交易契约的信用度(X_{86})
	道路运输行业发生重特大事故概率(X_{87})	农产品物流综合服务组织的协作性(X_{88})

4.2.3.4 农产品物流综合评价方法的筛选

对农产品物流的绩效评价可以采取下面几种方法:综合评判法、多元统计分析法(主成分法、因子评估法、判别分析、聚类分析)、模糊聚类法、能系数法、平衡计分法、效用理论法、AHP法、数据包络分析法、灰色关联度评估法、两阶段物流系统综合评价法等。下面就主要方法加以简单介绍。

(1)综合评判法　该方法是对多种属性的事物,或总体优劣受多种因素影响的事物,做出一个能合理地综合这些属性或因素的总体评判。而模糊逻辑是通过使用模糊集合来工作的,是一种精确解决不精确不完全信息的方法,其最大特点就是用它可以比较自然地处理人类思维的主动性和模糊性。因此,对诸多因素进行综合,才能做出合理的评价,在多数情况下,评判涉及模糊因素,用模糊数学的方法进行评判是一条可行的也是一条较好的途径。

(2)平衡计分法　是绩效管理中的一种新思路,适用于对部门的团队考核。平衡计分法是1992年由哈佛大学商学院教授罗伯特·S·卡普兰和复兴国际方案总裁戴维·P·诺顿设计的,是一种全方位的、包括财务指标和非财务指标相结合的策略性评价指标体系。平衡计分法最突出的特点是,将企业的远景、使命和发展战略与企业的业绩评价系统联系起来,它把企业的使命和战略转变为具体的目标和评测指标,以实现战略和绩效的有机结合。

(3)AHP法　即层次分析法,是美国运筹学家匹茨堡大学教授萨蒂(T. L. Saaty)于20世纪70年代初,为美国国防部研究“根据各个工业部门对国家福利的贡献大小而进行电力分配”课题时,应用网络系统理论和多目标综合评价方法,提出的一种层次权重决策分析方法。这种方法的特点是在对复杂的决策问题的本质、影响因素及其内在关系等进行深入分析的基础上,利用较少的定量信息使决策的思维过程数学化,从而为多目标、多准则或无结构特性的复杂决策问题提供简便的决策方法,是对难以完全定量的复杂系统做出决策的模型和方法。

4.3 农产品物流供需管理

4.3.1 农产品物流需求与供给

4.3.1.1 农产品物流需求

(1)农产品物流需求的概念　从农产品物流需求的主体角度看,农产品物流需求可定义为,一定时期内由社会经济活动引起的对生产、流通、消费等领域的农产品配置而产生的对农产品在空间、时间和费用等方面的要求。农产品物流需求涉及包括运输、存储、包装、装卸搬运、流通加工、价值增值、物流信息等诸多方面。

(2)物流需求的特性　农产品物流是物流体系中的一个部分,而物流需求与其他商品需求相比是有其特殊性的,这些特性是相互关联、相互影响的。

①派生性。人们日常生活中的衣服、食物、住房等是一种本源性需求,而物流需求绝大多数情形下是一种派生性需求。社会之所以有物流需求,并非是因物流本身的缘故;人们对物流的追求并不是纯粹为了让“物”在空间上运动或储存。相反,物流的目的是为了满足人们生产、生活或其他目的的需要。显然,物流需求的主体提出空间位移或时间变化要求的目的往往不

是位移和时间本身，而是为实现其生产、生活中的其他需求，完成空间位移和时间变化只是中间一个必不可少的环节，这是物流需求的本质所在。

②广泛性。人类克服时间和空间的障碍是一项无时无刻、无处不在的经常性活动，而这种努力是以人员、物资、资金、信息等交流为标志的，由此形成了物流普遍存在的客观基础。从区域角度分析，一个区域无论是大还是小，其空间经济组织如何完备，都不可能是一个完全封闭独立的空间，必然要与其他区域有物资、信息等方面的交流，只不过在空间范围和联系程度大小上有所不同。任何一个区域既可以是输出中心，又可以是输入中心。正是由于国民经济各区域间的相互制约、相互作用，使得物流在具有广泛性的同时，又日趋复杂。

③多样性。物流需求的多样性是基于主体的多样化和对象的多样化。不同类型的物流需求主体提出的物流需求在形式、内容方面均会有差异，而物流的对象“原材料、零部件和产成品”由于在重量、容积、形状、性质上等各有不同，对运输、仓储、包装、流通加工等条件的要求也各不相同，从而使得物流需求呈现多样性。

④不平衡性。物流需求在时间和空间上有一定的不平衡性，时间上不平衡性是指不同的经济发展阶段对物流需求量的影响是不一样的。例如，经济繁荣时期的物流活动与经济萧条时期的物流活动在强度上肯定是有差别的；物流需求的空间上不平衡性是指在同一时间内，不同区域物流需求的空间分布存在差异，主要是因为自然资源、地理位置、生产力布局等因素的差异造成的。

⑤部分可替代性。不同的物流需求之间一般是不能互相替代的。例如，水泥物流需求不能替代水果物流需求。但是在另一些情况下，人们却可以对某些不同的物流活动做出替代性的安排。例如，煤炭的物流需求可以被长距离高压输电线路替代；在工业生产方面，当原料产地和产品市场分离时，人们可以通过生产位置的确定，在运送原料还是运送产成品或半成品之间做出选择。

⑥空间特定性和时间特定性。市场经济条件下，物流呈现一种灵活性和易变性，但在一定时期内，还具备空间特定性，具体表现为在某一空间范围内的特定流向，如煤炭企业的煤从产地向电力企业的所在地流动。而在企业内部，物流空间的特定性就更明显了，具体表现为企业内物流发生于内部各部门、各单位、各工序、各岗位之间，物流活动相对狭小和固定。时间特定性则表现为在一定范围内的定时运输、配送等。

⑦层次性。物流需求的层次可分为基本物流需求和增值物流需求等。基本物流需求主要包括对运输、仓储、配送、装卸搬运和包装等物流基本环节的需求；增值物流需求主要对包括库存规划和管理、流通加工、采购、订单处理和信息系统、系统设计、设施选址和规划等具有增值活动的需求。基本物流需求一般是标准化服务需求，而增值物流需求则是过程化、系统化、个性化服务需求。发达国家除了基本物流需求旺盛外，对增值物流服务也有很大的需求，如对库存管理、物流系统设计需求。发展中国家则主要集中于基本物流服务，集中在对基本常规项目的需求上，如干线运输、市内配送、储存保管等服务。

(3)农产品物流需求的特征　除了以上一般的物流需求的特殊性以外，农产品物流需求又有其突出的特征。

①农产品物流需求范围广、规模大。农业不仅包括种植业，而且还包括林业、畜牧业、渔业等。因此，农产品包括谷物、油料作物、蔬菜、林产品、畜产品、水产品等。在现实生活中大量的农产品，不仅可直接转化成消费品、原材料(种子、饲料)，而且部分农产品需要先行转换为轻工

业的原材料，而后再转换成消费品。这使得农产品物流需求不仅涉及农业部门，而且涉及工业部门、流通部门、消费者，涉及的范围更广、规模更大。

②农产品物流需求复杂。农产品种类繁多，农产品物流需求不仅涉及农产品生产者自身，而且涉及工业品生产者和消费者，所以，农产品物流需求十分复杂。

③农产品物流需求相对独立。农产品生产具有特殊性，它包括自然再生产与社会再生产。它不仅受人为因素影响，还受自然因素影响。农产品生产的特殊性决定了农产品生产在基础设施、仓储、运输等多方面具有相对独立性。

(4)影响农产品物流需求的因素　影响物流需求的因素有很多，具体包括以下几方面。

①价格。价格是影响微观主体物流需求量的一个重要因素。二者之间存在一种此消彼长的关系：物流服务价格上涨，物流需求量减少；物流服务价格下降，物流需求量上升。

②经济发展水平。一般而言，物流需求总量受社会经济发展的影响，不同社会经济增长的时期决定了物流需求的不同特点。社会经济发展水平相对发达的地区，其物流需求水平相对也高一些，像一些进入后工业化时期的国家，对于多功能集成或一体化的物流需求就比较旺盛；社会经济发展水平相对落后的地区，其物流需求水平相对也低一些，分散、非系统化的物流需求相对比较流行。

③市场环境。市场的统一和市场范围的扩大可以促进物流活动范围的扩大，像经济全球化、区域一体化等市场环境的变化，使得物流需求的空间范围日益扩大。贸易的自由化和产品的地理分工推动着物流、资金流、信息流的迅速增长。此外，同业水平和市场内的竞争程度也对物流需求有着直接的影响：竞争越激烈，企业越要加强物流服务能力建设，相应地物流需求越旺盛。

④物流供给。物流供给对于物流需求有实质性的影响。物流供给能力大的地区，其物流需求相应较物流供给能力较低地区为高，主要是因为物流供给能力大的地区除了可以满足现有的物流需求，还可以使更多潜在的物流需求得到释放。

⑤空间经济布局。空间经济布局的不平衡（如自然资源禀赋、产业布局、生产力和消费群体分离等）导致“物”在空间和时间上发生状态改变，从而引起物流需求的变化。空间经济布局造成的产业间联系，会诱致出相应的空间物流需求。

⑥地理因素。地理因素是影响物流需求的外生变量。很多地理因素是人类无法控制的，如可通航的水域等。不同地理的物流需求是有很大不同的，城市内物流、城际间物流就有很大区别；城市和农村的物流也有很大不同。例如，城市物流需求强度和物流需求水平远高于农村物流需求的强度和水平。

⑦专业化分工。社会分工越细，对物流需求越大。地区间专业化分工将会造成地区间的贸易，从而影响地区间的物流需求。即使所有地方的气候条件、土壤肥力、物种资源及人口密度等各方面的情况都没有差别，从长期看，也仍会有地区之间物流需求。这主要是由于生产的专业化可以获得更高的效率，这就使得每一个地区并不是生产所有自己需要的产品都合理，而是低成本地集中生产某些产品，并用自己具有成本优势的产品去交换其他自己需要的产品。这样，地区之间的贸易和物流活动就是不可避免的了。

⑧技术因素。技术进步能够使物流需求量增加或使潜在的物流需求得到释放，而技术落后则会抑制物流需求。例如，在欧美发达国家，集装箱的使用大大地推动了集装箱多式联运的发展，其快速、安全、低成本很快吸引了诸多客户的物流需求。又如，现代通信和信息技术的发

展，加快了订货需求的传输速度、生产进度、装运进度以及海关清关速度等，使国际物流作业周期大为缩短，提高了国际物流作业的准确性，大大刺激了全球范围的物流需求。

⑨制度因素。物流需求受到诸如一些非经济和非技术因素的影响，比如制度方面的因素对物流需求的影响很大，如某些国家由于贸易壁垒，会使人们降低对物流需求的预期。又如，计划经济体制和市场经济条件下的物流需求无论从形式、内涵、质量等方面都有很大区别。

⑩居民收入水平和消费结构。居民收入水平很大程度上决定了物品的购买种类和数量，居民的消费结构很大程度上决定着产品结构，从而决定了物流中“物”的数量和质量要求。可支配收入高的居民，对农产品的质量和时效性要求也高。

4.3.1.2　农产品物流供给

(1)农产品物流供给概念　农产品物流供给是与农产品物流需求相对应的一个重要概念。从微观经济主体看，农产品物流供给主要是指在一定价格水平下，企业愿意提供的各种物流服务的数量。物流供给的实质就是物流服务的提供。

(2)农产品物流供给的特征　农产品物流供给与一般的物流供给都有以下一些特性。

①个性化。物流供给的个性化并不排斥标准化，相反，它是标准化基础上的个性化，即物流供给是整合运输、仓储、包装等标准活动基础之上的个性化。具体表现为：物流服务供给主体能够根据不同的需求主体提供“量身定做”的服务，既可以提供从供应地到消费地的全程一体化服务，也可以提供环节性服务。

②完整性。物流供给是由一系列不同的功能活动（运输、仓储、包装、流通加工等）有机协调，才能有效地满足客户真正需要的服务。如果只是完成其中某一环节的功能，那么这种不完整的服务，也不是完整意义的物流供给。

③节约性。表现为通过现代管理和各种技术手段，实现物品在时间和空间变化方面的合理化，达到对空间和时间的节约，寻求把正确的物品以正确方式送到正确地点的正确客户的手中。物流活动是一种降低总成本的活动，这种成本降低活动包括的内容是广泛的，即时间成本的降低、空间成本的降低而且还包括交易成本的降低等。

④网络性。一次完整的物流过程是由许多运动过程和许多相对停顿过程组成的。一般情况下，两种不同形式运动过程或相同形式的两次运动过程中都要有暂时的停顿，而一次暂时停顿也往往联结两次不同的运动。物流过程便是这种多次的运动—停顿—运动—停顿所组成。与这种运动形式相呼应，物流网络结构也是由执行运动使命的线路和执行停顿使命的结点两种基本元素所组成。

(3)影响农产品物流供给的因素　影响农产品物流供给的因素很多，具体表现在以下几点。

①社会经济发展水平。农产品物流供给受经济社会发展水平的制约。经济发展水平很低，社会生产力低下的情况下，就不存在完整意义的物流服务供给。随着经济社会发展，贸易范围的扩大，分工的进一步深化，现代农产品物流供给才有可能大规模地发生和发展。

②价格。价格是影响市场上农产品物流服务供给量的重要因素。在一定时期内，价格高，物流服务供给总量就会增加，价格低，物流服务供给总量就会下降。合适的农产品物流服务价格是一个健康物流市场的前提条件。

③技术。物流技术和基础设施是物流供给的基础性条件。物流技术与装备水平的提高，

能对物流供给能力产生革命性的影响。蒸汽机的发明使得机械动力代替自然动力,人类扩展空间范围的能力迅速提高。进入20世纪中期,计算机的发明、信息技术的应用,使得人们能够以更加精确、迅捷的方式实现空间位移。

④物流需求。物流需求规模的大小和变化方向决定了物流供给的可能空间和发展方向。缺乏物流需求,则会使物流供给缺乏动力。物流需求旺盛,物流供给相对就会增加。如果存在潜在巨大的物流需求,则对未来的物流供给有很强的诱导作用。

⑤工农业布局。工农业生产的布局对物流基础设施网络的形成和发展有决定性的影响。例如,我国的东北是全国老工业基地,也是重要的商品粮生产基地,因此该地区就较早形成了密集的铁路、高速公路网络,辽宁沿海地区的港口建设和吞吐能力也发展迅速。

⑥制度和政策。例如,市场准入的条件决定了物流企业进入市场的难易程度,严格的市场准入条件将会提高企业从事物流服务的门槛,从而影响市场物流供给的总量。而消除一些制度壁垒,如近年来全球范围内放松运输管制,对全球贸易和全球物流产生了重大影响。

⑦管理、知识和人力资源。为了实现对各种分散物流功能、环节和资源的有效整合,管理者需要提高自己的知识水平,学习和掌握现代物流系统最优化设计的知识。要提升整体物流效能,最重要的是要拥有现代物流人才,不管物流设备、系统如何先进,物流结点和物流网络如何发达,没有好的物流人才加以经营、管理、统筹、计划,就不会有好的物流效率。

4.3.2 国内农产品物流需求分析

农产品的初级产品与最终的消费品之间存在较大的差异,这从本质上决定了要实现农产品从生产到消费的转移和价值的最终实现就需要存在以下各环节的需求。

4.3.2.1 农产品包装加工的需求

农产品包装是指为了在流通过程中保护农产品数量和质量,方便储存和运输,满足消费需要而对农产品采取的保护措施。农产品的加工是指以农产品为劳动对象,进行劳动再投入,保持或提高其原有的使用价值。按加工方式可分为简单加工和复杂加工两大类;按加工程度可分为初级加工和深度加工。

农产品在包装与流通加工环节的物流特点有:

(1)初级加工和简易包装为主　由于农产品多属于生鲜食品,包装加工都以简单方便为主。

(2)包装加工环节是农产品增值环节　通过包装和加工改变农产品的外观和形态,从而实现产品本身价值的增值,也是物流实现产品价值的必要环节。农产品加工是用物理、化学和生物的方法对农产品进行再生产的活动,是农产品从生产领域进入消费领域的重要环节。一方面,农产品的生产和需求的特点要求农产品产供销密切结合,流通渠道畅通,产品采摘收获后及时送至加工企业,再把加工品及时运达销售地,送到消费者手中;另一方面,长期以来我国农产品主要是以销售初级产品为主,尽管已逐步认识到加工增值的重要性,但由于加工技术落后导致加工深度不够,农产品附加值较低,品种、质量、品级等不能满足目前较高消费的需求,最终导致农业比较利益低。因此,现代农业经济迫切需要农产品加工业的发展与农业生产同步。

4.3.2.2 农产品储存的需求

农产品储存的基本任务是发挥好“蓄水池”的作用。搞好农产品储存过程中的保存和养护，提高仓储经营管理水平，实现产品从生产领域到消费领域的转移，满足消费者的需要，促进生产的发展，保证社会再生产连续不断地进行。农产品的储存量受到客观经济因素的影响和制约，这些因素主要有：农产品生产周期，有效储存期，销售量，产销地距离和交通条件，仓储设施状况和仓储水平，农产品本身对国计民生的影响程度等。

农产品储存可以分很多种类型，一般可分为如下几种。

(1)一般储存　用于储存没有特殊要求的一般农产品，如小麦、玉米、大豆等。

(2)冷冻储存　用于较长期储存容易腐败变质的动物产品，如肉类、鱼类等。

(3)恒温储存　主要用于储存一些对温度和湿度有要求的农产品，如水果、蔬菜等，这类产品对储藏库要求温度既不能过高，也不能过低，还要保持合理的湿度。

农产品储存环节的物流特点主要是：

(1)储存数量大，品种多。

(2)储存技术要求高　对农产品必须妥善保管和养护，科学堆码和安排铺垫，加强仓库湿度控制，防止农产品腐烂变质，防治储存中的虫害、鼠害。

(3)具有一定的风险性　一方面是自然风险，如火灾等；另一方面是市场风险，即农产品市场价格波动对农产品储存者带来经济损失。

因此，要合理确定农产品的储存数量和结构。各类农产品储存的比重要和各类农产品销售额相适应，农产品储存者必须经常地分析农产品需求构成、变化和各类农产品销售动态，在此基础上引导生产部门生产适销对路的农产品。

4.3.2.3 农产品运输的需求

农产品地区之间的流通与运输，主要是由生产区域性决定的。一方面，各地生产有不同的特色产品，需要互通有无，同类农产品的生产有集中或分散，多余或匮乏，需要长短互补。另方面，农业生产专业化和商品化程度的提高，势必冲破地方性市场，要求农产品进行地区之间或全国性的流通；城乡居民生活水平的提高，要求农产品必须满足不同需要和提高经营效益。因此，就要求农产品运输环节依农产品产区供应的可能和销区实际的需要来合理组织农产品运输。

农产品运输是农产品流通环节中的重要组成部分。根据农产品的特点，合理地组织运输，做到减少流通环节，缩短流通距离，降低运输费用，减少运输损失，以最快的速度把农产品从产地运到销地，加快农产品流通，保证市场供应。

由于农产品和工业品相比有自己的特点，就决定了农产品的运输也有自己的特点。

(1)农产品多属季节性运输　收获季节运输量大，其他季节运输量很小，运输需求不均衡。

(2)农产品多属轻浮物品运输　一般体积大，单位价值低，运输成本高。

(3)农产品多属鲜活商品的运输　对运输过程中的保鲜技术有很高要求，也限制了运输的半径和范围。

(4)一些农产品运输前需要加工处理　比如小麦，必须经过烘干、装袋才方便运输。

(5)农产品短途运输量大　由于农产品具有易腐特性，限制其运输半径，多以本地消费、加工为主。

4.3.2.4 农产品市场信息的需求

传统农产品流通过程中，由于信息网络技术应用水平较低，出现了农户“卖难”和消费者“买难”的信息不对称矛盾。

由于农产品物流是包含着存储、加工、包装、运输、销售以及伴随着信息的收集与管理等一系列环节的这样一个系统，使其能在以上各需求基础上，以方便快捷的方式满足各消费者的不同需求为目标，完成生产者与消费者的有机结合，达到生产者生产出产品能及时运到所需要的消费地点，而消费者在其所需要的时间、地点能方便地获取自己所需要的消费品。也正是由于它不仅满足这些不同需求，而且可以对这一系列环节进行了有效的连接和整合，缩短流动中间消耗，降低流动成本，减少不必要的农产品损失等这些优越性，促使农产品物流成为当前的热点问题。

另外，从目前我国农产品现状看，中国是一个农业大国，农产品物流必将成为中国物流业的主要组成部分。中国粮、棉、油、糖、菜、果、鱼、肉、蛋、奶等主要农产品年产量达到 10 多亿吨。这些农产品除农民自用之外，大部分都要变成商品，形成巨大的农产品物流。因此，发展农产品物流具有较强的紧迫性。

4.3.3 国内农产品物流供给分析

4.3.3.1 农产品物流供给现状

近年来，在国家鼓励和市场调节下，大规模的农产品常温物流或自然物流正在逐步形成。但区域内农产品综合物流配送体系尚未成型，网络分布不够均衡，农产品大宗物流与连锁超市生鲜区之间不能有效衔接，农产品的冷链物流还不健全等一系列问题还没有得到更好的解决，具体表现在以下方面。

(1)流通渠道单一，不能满足当前农产品的需要　由于农产品未经加工的鲜销产品占了绝大部分，在现有农产品物流状况下，无论是时间和流通效率上，现有的保鲜手段都无法适应农产品的鲜销形式，因此相当一部分生鲜农产品由于运价、运力、交通基础状况和产品保鲜技术原因而损失巨大。

(2)物流成本偏高，致使农产品市场价格居高不下，农产品物流优越性难以体现　一是由于我国道路设施较差，收费路段较多；二是农产品物流在各环节协调上存在较大欠缺，造成物流不畅通、成本过高，致使跨地区农产品销售价格居高不下，难以体现农产品物流的优越性。

(3)物流技术落后，难以承担起农产品对其较高的要求　由于鲜活农产品的含水量高，保鲜期短，极易腐烂变质，会大大限制运输半径和交易时间，因此对运输效率和流通保鲜条件提出了很高要求。而目前我国农产品物流一般是以常温物流或自然物流形式为主，加之运输成本、运输能力、交通基础状况和产品保鲜技术等原因导致农产品损失巨大。据有关数据统计，我国水果蔬菜等农副产品在采摘、运输、储存等物流环节上的损失率在 25%～30%，也就是说大约有 1/4 的果蔬产品在物流环节中被损耗掉了。而发达国家的果蔬损失率则控制在 5%以下，美国蔬菜水果物流则更为典型，产品可以一直处于采后生理需要的低温状态并形成一条冷链：田间采后预冷—冷库—冷藏车运输—批发站冷库—超市冷柜—消费者冰箱，水果蔬菜在物流环节的损耗率仅有1%～2%。另外，由于我国农产品加工技术水平低，大量农产品增值部分被一些国外企业拿走。

(4)投资结构不尽合理　长期以来，在农业资金短缺的情况下，投入集中在农业增产上，保鲜技术和物流等农产品后续处理加工方面却显得投入不足。农产品绝大多数是以产地-原始产品(采摘后的初级状态)的形式销售，而农产品附加价值的真正实现是在脱离产地到最终消费的实体运动过程之中，农产品鲜销方式限制了农产品的增值。从农业产业链的整体来看，如果能够更多地关注生产、流通、加工一条龙的产业链经营，开发采用保鲜技术使果蔬损耗率减少一半，则可以增加农产品供应和提高农产品效益。

4.3.3.2 农产品物流供给滞后的原因

(1)对农产品物流的认识不足　我国物流业与西方国家相比发展较晚，尽管时下成为热点问题，但多数物流研讨会、高层论坛、物流讲座等多在“务虚”，且很少涉及农产品物流的话题；在各地物流园区、物流基地、物流中心、配送中心的规划建设中，以农产品冠名的很少；在诸多物流解决方案中，也罕见农产品物流的案例；新闻媒体关于农产品物流的宣传也很少，究其根本就是人们还未认识到农产品物流的重要性。

(2)市场分割严重　不仅省与省、县与县之间，就连城乡两个市场之间也存在一定的分离，这阻碍了市场信息和商品的自由流动，从而影响了农产品物流过程中各相关环节的协调统一，使农产品物流处于十分落后的状况，农产品不能做到货畅其流，不能做到加工增值，最终使农民利益受到损害。

(3)农村基础设施相当薄弱，交通通信滞后，物流信息服务落后　目前农村无论是运输还是仓储业基础设施还都不完善，而且有的地方没有实现“三通”，未配备信息设备，致使市场信息不能实现双向流通，情报功能未能充分发挥。一些市场采用传统广播、板报等方式发布少量品种、价格信息，而有的市场根本没有信息服务，更谈不上为农户生产、产品流通、产品加工提供全面、持续的信息。信息是物流的生命和灵魂，信息资源不能共享，即便县级以上政府的信息网络较为健全，但缺乏把政府、市场、客户和生产者有效连接起来的网络，市场供求信息不能快速传递，农民获取市场信息的成本较高，严重制约了农产品物流的发展。

(4)物流专业人员缺乏，严重制约了农产品物流业发展　农产品物流的发展主要是为增加农产品附加值，节约农产品流通费用，提高农产品的流动效率，降低不必要的损耗，从一定程度上规避一些市场风险，而要解决这些问题就要对农产品物流进行合理规划、设计、管理和有效控制以及成本核算，这些工作的实现最终还是由专业的物流人员运用自身必备的专业知识和一定的物流实践经验来完成。而我国目前物流业发展较为落后，农产品物流更是处于发展之中，专业人员还未成长起来，严重制约了农产品物流业发展。

4.4 农产品运输与配送管理

农产品运输与配送管理的整个过程包括农产品运输管理、仓储管理、配送作业管理、供应链信息决策管理几个方面，一套完整的运输配送流程离不开这些方面的管理。

4.4.1 农产品运输管理

"新鲜"是农产品的生命和价值所在，但由于鲜活农产品的含水量高，保鲜期短，极易腐烂变质，会大大缩短运输半径和运输时间，因此要求更高的运输效率和流通保险条件。农产品本身的这些特点，决定了要采用不同的车辆对不同的农产品进行运输，要对不同的车辆及运输任务进行合理的搭配。

农产品的运输管理需要运用运输子系统，包括GPS和GIS等技术及时跟踪农产品的运输状况并得到反馈信息，通过对农产品运输成本和时间要求的分析比较，优化农产品运输路线以便控制运输成本和时间。

农产品运输管理主要有运输计划、配载管理、运输结算、车辆信息维护4个模块方面的内容。运输计划是根据门店调拨和批发销售商品的体积、重量和货物去向自动进行运输调度管理，生成运输作业单；配载管理是根据运单进行车辆运载确认，对实配重量、体积进行管理，记录出车时间，考核实际出车量、运行里程等，并进行道路流量分析，以辅助运输计划；运费结算是根据运单对内和对外结算配送运费；车辆信息维护包括车辆基本信息、购车年限、维修情况、事故记录、油耗情况及根据出车行驶里程、安全驾驶等情况对驾驶员业绩进行考核。

4.4.2 农产品仓储管理

农产品生产季节性较强，而且有地域性特点。所以库存能力既要有伸缩性，又要避免资源的浪费，仓储管理系统不仅要满足现有的仓储能力，还要有"预见"能力，从而为即将到来的农产品仓储高峰做好准备。

仓储管理包括农产品入库信息管理、出库信息管理、库位资源管理、堆存费用及其他费用管理、流程监控管理费、报表管理、档案维护等，并提供计算机辅助决策，对即将达到或超过上下限库存量范围的不同程度进行分级预警。

利用农产品供应链管理信息系统进行仓储管理时应注意：一是农产品进出库信息的及时、准确录入，这是仓储管理乃至整个农业供应链信息管理的至关重要的部分；二是农产品库位管理的精细化。库位管理可以使得农产品有序的存储，便于寻找和分拣，仓储管理的水平在很大程度上取决于管理的精细化程度。

4.4.3 农产品配送作业管理

农产品配送作业管理主要包括门店订货管理、物价管理、批发销售、退货管理、销售分析、应收账款管理等模块。

订单管理是门店通过电话访问配送中心库存情况，并实时形成订货清单，经业务部门汇总形成内部调拨单；物价管理包括调拨商品在门店的售价(指导性)管理和配送中心对外批发价格的管理，分为新商品核价及一般商品的调价和折扣等；批发销售包括向社会客户批发销售或配送及向部门门店调拨形成销售，对门店销售从门店订货单内自动转入信息；退货管理是指门店配送或批发商品的退货；退货后形成销货退货单并进行结算，增减实际库存；销售分析包括销售排行、销售情况查询、成本毛利生成及其分析查询等；应收账款管理是向门店调拨销售的内部结算和对外批发引起的应收账款的管理。

4.4.4 农产品供应链信息决策管理

在农产品供应链管理中，所有的客户订单、农产品库存变化、车辆调配情况、人员使用情况、成本费用支出情况等，因为需要以单据的形式落实，而被强制在系统中随时更新。因此系统中存储着相当完整的业务相关数据。

农产品供应链信息决策管理系统提供了一些分析方法，如滑动平均分析法、多元回归分析法、线性规划法、多目标规划法等，而且还可以用可视化技术实现数据作图，包括柱状图、饼状图、线形图等形象化手段，以不同的视图进行资源信息的比较分析，以便分析结果直观、明了。

小　　结

本章讲解了农产品物流的产生、概念、特点，农产品物流系统的构成要素和目标，农产品物流系统评价指标体系，农产品物流供需管理，农产品运输与配送流程管理的内容。

农产品物流是物流业的一个分支，指的是为了满足消费者需求而进行的农产品物质实体及相关信息从生产者到消费者之间的物理性流动。农产品物流既包含物流的普遍特点，又有其独特性：农产品物流涉及面广、量大，具有季节性和周期性，具有预期性、易耗性、专业性的特点，加工增值是农产品物流的重要内容。农产品物流系统的功能要素由包装、运输、装卸、保管、配送、流通加工、物流情报7项具体实际工作环节构成。现代物流系统目标包括“5S”目标和“7R”目标，同样也适用于农产品物流。根据我国物流业发展现状及现阶段关注重点，农产品物流业发展评价指标体系共包括14个一级指标和88个二级指标。对农产品物流的绩效评价可以采取综合评判法、平衡计分法、AHP法等。农产品物流的市场需求和供给有其突出的特征。农产品的初级产品与最终形成的消费品之间存在较大的差异，这从本质上决定了要实现农产品从生产到消费的转移和价值的最终实现，存在农产品在包装、加工、运输、储藏等各环节的需求。农产品运输与配送管理的整个过程包括农产品运输管理、仓储管理、配送作业管理、供应链信息决策管理几个方面，一套完整的运输配送流程离不开这些方面的管理。

复习思考题

1. 试述农产品物流的概念及特点。
2. 试述农产品物流系统评价指标体系如何构建。
3. 农产品物流系统的基本要素有哪些？
4. 简述农产品物流需求和物流供给的影响因素。
5. 一套完整的农产品物流运输配送流程包括哪些环节？

参考文献

1. 吴庆军，李学工，关英华. 论区域农产品物流综合评价体系的构建. 消费导刊，2007(09).
2. 蒋祖星. 物流管理实务. 北京：机械工业出版社，2005.
3. 张清. 国际物流与货运代理. 北京：中国物资出版社，2004.

4. 李红启. 宏观物流指标体系研究. 北京交通大学学报,2005(03).

5. 贾卫丽,王成艳,赵瑞莹. 关于农产品物流的供求状况分析及对策. 安徽农业大学学报,2004(05).

6. 郑东. 浅谈农产品物流的分类及特点. 北京电力高等专科学校学报,2010(11).

7. 于洁. 浅谈我国农产品电子商务发展存在的问题及对策研究. 中外企业家,2018(35):55-56.

8. 朱明. 农产品冷链物流建设及电商销售成本构成分析. 商业经济研究,2019(04):129-132.

第5章　农业的宏观调控

本章学习要点

- 农业宏观调控的概念与必要性
- 农业宏观调控的地位与作用
- 农业宏观调控的对象与内容
- 农业宏观调控的原则与手段

5.1　农业宏观调控的概念及其必要性

5.1.1　农业宏观调控的概念

从一般意义上说,宏观调控是指在市场经济条件下,以中央政府为主的国家各级政府为实现经济总量和结构的平衡,保证整个国民经济持续、快速、健康地发展,并取得较好的宏观效益,从宏观经济运行的全局出发,运用经济、法律、行政等手段,对国民经济需求和供给总量、结构等进行的管理、调节和控制的一种管理方式。

在这一概念中,以中央政府为主的国家各级政府是宏观调控的主体;国民经济需求和供给总量、结构等国民经济总体是宏观调控的客体;实现经济总量和结构的平衡,保证整个国民经济持续、快速、健康地发展并取得较好的宏观效益,是宏观调控的目的;从宏观经济运行的全局出发是宏观调控的立足点与出发点。宏观调控主要是运用经济、法律、行政等手段。农业宏观调控的对象是农业经济运行总体,调控主要解决的问题是农业本身的发展以及农业与国民经济其他部门之间的关系。

农业宏观调控是一般意义上的宏观调控在农业部门和领域中的特殊体现。因此,农业宏观调控是以政府为主体,着眼于经济运行的全局,运用经济、法律和必要的行政手段,从宏观层次上对农业资源的配置进行调节与控制,以促使农业经济总量均衡、结构优化、要素合理流动,保证农业持续、稳定、协调地发展。实质上,农业宏观调控是在市场经济条件下政府干预农业的一种表现形式,可以从以下几个方面理解农业宏观调控。

(1)农业宏观调控是与一定的市场经济阶段相适应　发达、成熟的市场经济与不发达、不成熟的市场经济相比较,农业宏观调控的内容和手段不可能完全相同,应当允许有一个从不完善、不健全到比较完善、比较健全的演进过程。但农业宏观调控的本质属性是不会变的,开放经营后政府撒手不管,或者出现波动后纯粹运用旧体制下已经习惯了的行政手段进行干预绝不是宏观调控。

(2)农业宏观调控手段总是与一定的经济体制相联系　在市场经济体制下,农业宏观调控是市场经济下的政府行为,其调节手段以经济手段为主,辅之以法律手段和必要的行政手段,充分尊重和运用市场配置资源的方式。

(3)政府作为宏观调控的主体,在农业发展中起"引导、支持、保护、调节"作用　即引导农村经济结构和农业生产结构调整,帮助农民进入社会主义市场经济轨道;加强对农业的支持,改善农业和农村经济发展的外部环境;完善对农业的保护,促进农业生产持续稳定发展;改革宏观调控方式,确保农业经济的正常运行。其中,"调控"只是政府对农业经济运行发挥作用的一部分,更多地强调利用经济手段调节农产品供求,降低市场波动。

搞好农业宏观调控,对于有效利用农业资源,保持社会对农产品总供求的基本平衡,实现农业和整个国民经济持续稳定协调发展,具有重要意义。

5.1.2 农业宏观调控的特征

尽管我国农业已经由自给农业向商品农业和市场农业、由传统农业向现代化农业转变,但农业依然是一个开放性的弱质产业,农业宏观调控具有自身的特点。

(1)农业宏观调控目标是农产品需求与供给总量的平衡　政府作为调控的主体,重点调控的是关系国计民生的战略性农产品(如粮、棉、油等)的总量以及满足人民日益多样化需求的优质农产品的均衡供应,而不是农产品生产经营者的微观市场主体的个别经济行为。

(2)农业宏观调控具有较大的弹性和灵活性　农业经济受自然环境和市场行情影响较大,我国农业生产经营的主体是2亿多农户,农村实行以家庭承包经营为基础,统分结合的经营制度,经营决策分散性强,这就使农业宏观调控的难度较大。国家对农产品生产经营目标和计划主要依靠经济手段输入农户并通过合同形式纳入农户经营决策之中,同时受科技水平的限制,经营规模小、经营空间分散,在辽阔的空间自然条件差别又很大,生产成本不稳定。因此,农业宏观调控的作用和力度也必然留有较大的余地,调控的空间较大,路径较长,变数多。

(3)农业宏观调控以间接调控为主　现在的农业经营者主要是自主经营、自负盈亏的独立农户,农民既要承受自然灾害的风险,又要承受来自市场的经济风险。绝大部分农产品是由市场机制起基础性作用,农业宏观调控的重点是保持战略性农产品的供需平衡以平抑物价,调动农民的生产积极性。

(4)调控手段是以经济利益机制为主　追求经济利益,增加收入是市场经济通行法则,也是农民发展农业经济的直接动力。政府对农业进行宏观调控的核心是尊重农民的自主权,保证农民增收以调动其生产积极性,并作为使用调控手段的首要出发点。比如减轻农民负担,以保护价收购农民粮食等都是提高农业经济效益,把农民积极性引向更高阶段的调控措施。

5.1.3 农业宏观调控的必要性

从市场经济理论与实践来看,市场机制的缺陷是政府在市场经济中进行宏观调控的基本原因。单纯的市场调节不能完全保持农业生产的持续稳定发展,农业发展中出现的一些问题,如农民利益的保护问题就是市场调节本身无法解决的。政府实施农业宏观调控,能够优化农业资源配置,弥补市场机制不足,抑制通货膨胀,减缓经济波动,协调工农利益,增进农村社会福利。因此,在充分发挥市场机制对农业调节作用的同时,加强农业宏观调控,对保证农业的持续、稳定、健康发展具有重大意义。对农业进行宏观调控,主要基于以下理由。

(1)市场机制的局限性　市场机制有效配置资源的前提是要有一个具备完全竞争的市场,没有价格扭曲,要素价格能够充分反映要素的稀缺程度,产品价格能够充分体现产品的供求关系。但是,现实中的市场都具有一定程度的不完全性,使得市场机制对资源配置的调节作用受到制约。只有借助政府的宏观调控,才能使这种竞争的不完全性控制在最小限度内。而且,市场机制的调节是一种事后调节,这种调节容易引起经济起伏,需要政府进行事前调节以预警,防止产生大的经济波动。

(2)农业的弱质性　在与其他产业的竞争中,农业处于相对不利的地位。随着经济的发展,城市和非农业用地不断增加,地价不断上涨,土地用于非农产业的报酬远远高于农业,使农地的流失不断增加;由于农业的比较利益低下,使得农业中的资金和较高素质的劳动力流向非农产业,造成农业的资金短缺和高素质劳动力缺乏,农业发展后劲不足;相对于新兴的非农产业来说,农业生产周期较长,技术进步相对较慢,农业剩余劳动力的转移又相对滞后于非农产业产值份额的增加,使得农业劳动生产率比较低;农产品的需求弹性比较小,恩格尔定律的作用,农产品不耐贮运等特点,使得农业的贸易条件不断地恶化,农民收入增长乏力,农民与非农民就业者的收入差距拉大。这就说明农业具有先天的弱质性,要解决这些问题必须依靠政府的宏观调控。

(3)农业发展进入新阶段的要求　改革开放 40 多年来,我国农业实现了由生产力水平低下、农产品短缺到综合生产能力提升,农产品总量供求基本平衡到丰年有余的历史性飞跃。人们的温饱问题解决以后,对农产品的质量、营养、安全等提出了更高的要求。可见,农业的发展不仅受到资源的约束,还会不断地受到需求的约束。如果不能适应这种新的变化,就可能出现增产不增收的状况。由于我国步入市场经济时间短,市场运行机制还不健全,农产品的流通体制、价格机制、市场信息反馈机制等都有待健全和完善。要解决这些矛盾和问题,就有必要对农业进行宏观调控。

5.2　农业宏观调控的地位与作用

5.2.1　农业宏观调控的理论依据

从理论上讲,在市场经济条件下,政府对农业进行宏观调控的依据是由市场机制的缺陷与农业本身的产业特征决定的。农业本身具有的特征所引发的一系列问题,需要政府在市场配置资源的基础上,采取一定的政策手段加以宏观调控。导致市场在农业中失灵的主要原因是农业的外部性、公共产品性和不稳定性。

5.2.1.1　农业的外部性

农业的外部性有正有负,涉及许多方面。正的外部性,从农业对生态环境的外部性来看,包括形成农业景观、生物多样性保持、二氧化碳吸收、保持水土等;从农业对经济的外部性来看,包括经济缓冲作用、国土空间上平衡发展、确保农村活力等;从农业对社会的外部性看,包括社会的稳定作用、确保劳动力就业和社会福利替代等。负的外部性包括水土流失、水资源消耗、地表水和地下水污染、野生动物栖息地丧失等。在没有特定政策干预和特殊制度安排的情况下,经济活动主体既没有获得来自正外部性的经济补偿,也没有负担所应承担的相关费用,即市场及价格机制没有反映或没有全面反映这一经济活动的全部成本或收益;从整个社会来看,资源配置无法达到最佳状态,从而引起社会福利的下降。

农业外部性的出现取决于多种因素,特别是农业的生态环境外部性取决于农业生产活动的类型、使用的农业技术、作物品种、集约水平、农业资源状况以及产权制度等多种因素。农业对于经济缓冲、扶贫、农业劳动力就业以及社会福利替代所具有的外部性,在很大程度上取决于经济发展水平。一般而言,发展中国家经济发展水平较低,农业人口比重大,农村社会保障体系缺乏,农村贫困问题较严重,农业对于经济缓冲、扶贫、农业劳动力就业以及社会保障替代具有较大的正的外部效应。

5.2.1.2 农业的公共物品性

农业多功能所提供的许多非商品产出具有不同程度的非排他性和非竞争性,即具有公共产品或准公共产品的部分特性。因为农业的非商品产出很难对其进行产权界定,作为农业的溢出效应对生产者以外的其他人发生影响,使其受益,难以排除特定的人不支付报酬就不让他消费,因而在其作用范围内具有非排他性。由于其影响或受益范围因非商品产出的不同而不同,农业非商品产出在不同的范围内具有不同程度的非排他性。农业非商品产出的特点也决定了其具有不同程度的非竞争性,如粮食安全带来的社会稳定,良好环境所带来的高生活质量,生物多样性所带来的选择价值和存在价值等。在一定程度上,一个人对这些非商品产出的消费不会影响其他人对他们的消费,即具有不同程度的非竞争性,因而社会不应该排除任何人消费该商品的权利。

5.2.1.3 农业的不稳定性

(1)农业受自然条件影响,调整难度大　由于农业的自然再生产与经济再生产交织在一起,使得农业受自然条件影响很大。而自然条件是变化无常的,因此农业生产相对不稳定。农业生产本身具有周期性,且生产周期长,生产不易调整,也会导致农业的波动。

(2)开放条件下,农业更易受市场冲击　由于宏观经济环境的变化或不景气,对农业造成冲击。如加入世贸组织以后,农产品贸易趋于自由化,国内农业受到国际市场的冲击而出现较大的波动;经济不景气时,劳动力市场受到冲击,农业剩余劳动力转移困难,农民收入减少;而在经济景气时,又出现大量劳动力涌向非农产业,由于比较利益的驱使可能会出现耕地的荒废。

(3)农产品的市场供需均衡实现困难　由于土地等自然条件的限制和动植物本身生物学特性的制约,使得农产品短期供给的弹性比较小。但由于人们对农产品的需求刚性,价格对供给量的反应非常敏感,难以实现农产品的市场供需均衡。当某些因素导致价格和产量一定程度的波动时,会产生蛛网效应。另外,农产品价格与供给间的互动关系还受动植物生理机能的影响,由于农业的生产周期较长,许多农民对价格的反应又具有滞后性,市场的自行调节难以使农产品的供给及时追随市场价格的变化,会造成农产品的短缺和过剩效应的放大,使农业生产产生较大的波动。

(4)农产品生产者很难在市场波动中受益　农产品大多具有易腐性,不耐贮存,且贮存费用高,所以收获后生产者会立即出售,即使市场价格低廉也必须出清。反之,产品稀少时,虽然市场价格高,但在短期内无多余的库存立即供应市场,无法满足市场需求。因此,农产品一经产出,其供给即已固定。

由于农业存在多方面的外部性、公共物品性和不稳定性，必然造成这一产业的私人投资不足，发展不充分，这就要求政府必须建立农业保障机制和农业市场调控机制。

5.2.2 农业宏观调控的地位

确立社会主义市场经济体制就是要使市场对资源配置起基础性作用，实现资源配置的优化。但是市场并不是万能的，需要政府从宏观上进行正确地调控。农业宏观调控是国民经济宏观调控中最基本的调控，或者说，农业宏观调控是国民经济宏观调控的基础。主要有以下几个方面的原因。

(1)农业在国民经济中的基础地位，决定了农业宏观调控的地位　农业是直接从自然界取得物质资料的部门，因此称为第一次产业。农业是人类社会的衣食之源和生存之本，在世界上所有国家国民经济的发展中处基础性的地位，在满足本国人民生活需要和在对外贸易方面具有举足轻重的作用。在社会主义市场经济体制下，市场机制对资源配置起基础性的决定作用。然而，农业宏观调控却关系到保持农业和农村经济的持续稳定发展、改革开放及现代化等全局问题。加强农业宏观调控，是保持农业增产、农民增收和农村稳定的需要，也是实现全国稳定，推进整个国民经济现代化的需要。如果政府实施了有效的农业宏观调控，就保持了农业与农村的稳定，也就稳住了国民经济的“大头”，全国性的宏观调控就有了基础，就可以掌握全国宏观调控的主动权。因此，从总体上看来，有效的农业宏观调控不仅可以促进农业持续发展，提高农业经济效益，而且还可以确保农业劳动力就业，保障农村社会的稳定，进而有利于整个社会的稳定。

(2)农业宏观调控可以为国民经济其他部门的发展创造有利条件　有效的农业宏观调控，可以正确地引导农业生产、保障农民的利益，大大调动农民的积极性，提高农业劳动生产率，创造更多的农业剩余产品，从而为社会分工创造有利的条件，为国民经济其他部门的独立和进一步发展创造有利的条件。

(3)农业宏观调控间接地促进了国民经济其他部门的发展　农业剩余产品和剩余劳动力为国民经济其他部门的发展创造了条件。马克思说：“超过劳动者个人需要的农业劳动生产率是一切社会的基础。”农业生产力发展水平和农业劳动生产率高低，决定了农业能为其他产业提供多少的农产品数量和剩余劳动力，也决定和制约了其他部门发展规模和速度。因此，对农业实施有效的宏观调控，直接促进农业发展，进而间接地影响着其他产业的发展。

5.2.3 农业宏观调控的作用

农业宏观调控的作用主要是强调宏观调控对农业本身发展以及农民增收、农产品市场供给与需求等方面的作用。农业宏观调控是在充分发挥市场机制的基本调节作用的基础上，政府从全局出发，运用经济、法律、行政等手段，对农产品的供给总量、农业结构、农民收入等进行管理。农业宏观调控对于推动农业农村经济全面发展起到巨大的促进作用。

(1)有利于保持农产品在市场上供给和需求的大体平衡　实践证明，发展农业生产，保证农产品特别是粮食的有效供给是实现国民经济高增长、低通货膨胀的重要基础。农产品尤其是粮食的充分供应，对稳定物价总水平、保持良好的宏观经济形势有着重要的支持作用。

政府对农业宏观调控主要是通过以下两个方面的措施来实现的：一是不断加大财政支出，加大农业基本设施建设的力度，建设旱涝保收，稳产高产农田，降低不良自然条件对粮食生产的影响力,力求最大限度地减小粮食产量的波动幅度。二是健全国有粮食等重要农产品储备体系,不断提高应付重要农产品产量波动期对宏观经济形势产生负面影响的能力。

(2)有利于增加农民的收入,提高农村消费能力　我国人口中,农民占多数,农民收入水平在很大程度上影响着整个国民经济运行的质量和速度。据有关方面的专家分析和测算,农村居民收入每增加1%,农村消费品零售额将增长11%。全国居民中50%以上生活在农村地区,因此,农民收入增加,对国内市场的发展和提高农村消费能力都至关重要。由此可见,对农业实施有效的宏观调控,是发展农业生产、增加农民收入、开拓农村市场、扩大内需的重要途径之一。

(3)有利于优化农业产业结构,进而优化农村产业结构　涉农部门经济结构以及整个国民经济结构的调整和优化,有赖于农业经济结构的调整和优化的支持。这是因为,随着农业产业化进程的发展,必将促进农村其他产业经济的发展,同时,农业也是农村建筑业、采掘业、工业以及其他服务业发展的基础,实施农业宏观调控可提升产业和农产品结构层次,从而为农村剩余劳动力转移,发展第二、第三产业创造有利的条件。农业宏观调控将使大农业结构发生较大变化,比如在保证粮食等植物性农产品供给的同时,通过农、科、教一体化等形式,促进畜牧业、林业和渔业的发展;通过调整经济政策,加快乡镇企业发展的进程,促进农村加工业、运输业、服务业的发展,从而优化农村产业结构。

(4)有利于加强农业基础设施建设,改善农业生产环境,促进农业的可持续发展　农业宏观调控的重要手段是加速农业基础设施的财政投入,这是改善农业生产环境,促进农业可持续发展的重要保证。比如"退耕还林""退耕还牧""退耕还湖"等农业宏观调控措施的实施,防护林工程、大江大河大湖的治理以及对妨碍环境保持良好状态的工业发展的规划和调控等,都有力地协调了粮食生产与其他各产业之间的关系,营造了良好的生态环境,为农业可持续发展创造了有利条件。农业抵御自然灾害的能力十分薄弱,只有改善农业生产环境,提高农产品质量,才能解决好农产品供需矛盾,为解决其他社会问题提供物质保证。农产品丰富了可以平抑物价,发展农产品加工业。进行农产品综合开发、专业化生产和农产品加工,既可以吸纳农村剩余劳动力,又可以吸引城市资金、技术向农村延伸转移,为城市企业跨行业经营、职工分流、解决下岗职工分流创造条件。因此,农业宏观调控,使农业承担一定的因改革和产业结构调整必须支付的社会成本,对维护社会稳定起到重要作用。

5.3 农业宏观调控的手段及功能

5.3.1 农业宏观调控的对象

农业宏观调控主要是调控农业市场,政府通过市场作为中介,引导和协调农业生产经营活动。由于农业是弱质产业,农业宏观调控以间接调控手段为主,主要是调控农产品总量和结构平衡,以保持农业内部以及农业和国民经济总体之间的协调和平衡,促进农业经济结构的优化,引导农业经济持续、快速、健康地发展,推动农业和农村的全面进步。

(1)农业市场是农业宏观调控的直接对象　在社会主义市场经济条件下,要发挥市场机制在资源配置中的基础和决定性作用。政府通过市场作为中介,引导和协调农业生产经营,使农业生产经营者的微观经济活动符合党和国家制定的农村经济发展战略目标的要求,所以农村市场的繁荣，在整个宏观调控中发挥着极其重要的作用。

因此，农村市场是农业宏观调控的直接对象，政府对农业进行宏观调控时主要保证市场机制按照其内在运行规律运行，通过经济杠杆或经济参数来调节农业市场，即政府向农业市场输入保证农业经济发展战略目标实现的经济参数，使其在市场运行中发生内部机理的转换，最终输出符合农业宏观调控要求的市场信号来达到对农产品生产经营决策引导的目的。而农业市场通过经济规律的作用，自发调节市场供给和需求，也就是调节生产者和经营者之间的利益关系。

(2)农业市场的范围及其发展趋势　农业市场，有狭义和广义之分。狭义的农业市场主要是指农产品的流通市场。广义的农业市场包括：与农业生产相关的生产资料和服务性市场，如农药、化肥等农业生产资料市场；与养殖业有关的饲料、医药、防疫等市场；种子、种苗、科技服务和生产服务市场；农产品贮藏和加工市场等。

农业宏观调控的农业市场，主要是指调控产品流通市场，也包括农业生产资料和农业科技、生产等服务市场。随着生产力水平的提高和农业科技的快速发展，农业市场呈进一步深化和扩展的趋势。一方面，农业科学技术的发展，使得农业市场有深化的可能，比如农业科技园市场、生物科技市场；另一方面，现代农业观使农业市场有扩展的趋势，比如农业功能的扩展，农业要为人类提供良好的生活环境，绿化、美化、净化生态环境等，而农业功能的扩展使农业市场进一步扩大，比如荒山使用权的拍卖等。

除了以上从经济学的角度分析农业宏观调控外，根据政治经济学的观点，农业的宏观调控还包括农业中农业生产关系的调整和结构优化。

5.3.2　农业宏观调控的内容

政府进行农业宏观调控，目的是要通过各种直接和间接的干预措施，消除农业的弱质性，保持农业持续、健康、稳定的发展，其主要内容包括以下几方面。

(1)保护农业，提高农民收入　农业是整个国民经济的基础，在工业化初期，农业要为工业的发展提供资本积累，但由此所转移的农业经济利益绝不能超过农业剩余，要保护农业具有进一步扩大再生产、为社会提供更多农业剩余的能力。农业是天生的弱质产业，农业技术进步相对较缓慢，资源调整较难；随着经济不断发展，产业不断分化，产业结构不断升级，农产品的需求弹性越来越小；农产品是典型的“同质产品”，不易创新，内部不像第二、第三产业那样容易分化，造成农业的贸易条件不断恶化，比较利益下降。因此，在工业化后期，对农业实行真正意义上的保护政策，从而使经济利益向农业净流入，缩小农业与非农产业就业人员的收入差距，成为政府对农业宏观调控的重要目标。

市场经济的运行不断地追求着效率的最大化，在这一过程中，如果没有外力在维护收入分配公平的话，那么，效率与公平的矛盾，以及其外部的表现形态，社会的贫富分化，将会变得严重起来，直到危及社会的稳定。农民的收入低于非农产业就业人员，这是世界各国农业中的一个普遍性问题。恩格尔定律的存在和农业剩余劳动力向外转移速度缓慢，是造成农民收入低下的经济原因。市场本身不能够保证农业与非农产业就业人员之间的收入公平，解决这一社会问题，必须通过政府行为来加以协调。应该说，农业与非农产业就业者存在一定的收入差距，有利于整个产业结构的调整，有利于农业人口的向外转移。

(2)支持农业生产发展，满足社会对农产品的需求　政府对农业的宏观调控，要着眼于提高农业的生产力水平，保证农业持续、快速、健康的发展。生产力水平是提高农业生产率的基础条件，是世界各国政府对农业进行宏观调控的重要目标之一。一方面，农业生产率的提高是其他农业宏观调控目标得以实现的前提，如在农业人口和耕地面积增长停滞，甚至下降的情况下，要实现农产品市场的稳定和农产品的可靠供应，就必须不断地提高农业生产率水平；而且也只有当农产品产量的增加建立在农业生产率提高的基础上，农民收入增加的目标才比较容易实现。另一方面，农业生产率水平的提高也是增强农产品国际竞争力的重要保证和农业现代化的根本标志。

随着人口的增加和人们收入水平的提高，社会对农产品的需求也将不断地增加，但由于耕地减少、土地荒漠化、水资源短缺以及其他水旱病虫等自然灾害，使得中国等发展中国家农产品供给能力面临挑战，从数量上满足社会对农产品的需求，仍然是发展中国家的重要任务。

(3)培育农业市场机制，稳定农产品市场　政府对农业的宏观调控，必须建立在市场机制充分发挥作用的基础之上。如果市场机制不完善，势必要增加政府对农业宏观调控的力度、范围和难度，而政府行为失灵，又会造成更大的效率损失。因此，政府必须首先培育农业市场机制，让市场充分发挥配置资源的基础性作用，政府只对农业市场失灵的部分进行宏观调控。

像中国这样原来实行计划经济体制的发展中国家，市场机制发育相对不足，表现为市场主体缺乏或错位，市场体系不健全，市场运作法规不完善。为此政府要让农户和企业成为真正的市场主体，改变政企不分和政府行为与企业行为扭曲的现象；政府要培育农产品市场和农业要素市场，以便形成一个完整的农业市场体系；政府要制定完善的农业市场规则，维护市场秩序，使各市场主体能够按照市场规则合理运作、公平竞争。

(4)提供农业所需的公共物品　由于公共物品的外部性特征，一般情况下，市场主体不会提供公共物品，而政府才是公共物品最合适的提供者。为了支持农业，保护农业，提高农业生产效率，保证农业持续、快速、健康发展，促进农业资源有效配置，为农业提供公共物品是政府宏观调控的一项重要任务。

政府为农业提供的公共物品最主要的是，为农业服务的大中型水库、大型排灌输水渠道、道路、通信等基础设施，以及农业研究、技术推广咨询、农村基础教育和农业培训等。

(5)保护农业资源，改善生态环境　农业是与自然资源和生态环境的关系最为密切的产业。一方面，农业的发展离不开良好的生态环境，离不开自然资源的支撑；另一方面，农业生产又对自然资源和生态环境产生很大的影响，不当的生产方式，会损害生态系统的平衡，造成自然资源的破坏和浪费。自然资源及生态环境系统的损害，则会影响农业的可持续发展。良好的生态环境是一种稀缺的资源，具有巨大的正外部效应。

因此，政府对农业的宏观调控还必须十分注意保护各种农业资源，如土地资源、水资源、林业资源、海洋资源、各种生物资源等，保护环境，维护生态平衡，实现资源的可持续利用和农业的可持续发展。以自然资源的可持续利用和农业的可持续发展为内容的生态环境目标，应该是政府对农业进行宏观调控的基本目标之一。

5.4　农业宏观调控的原则及手段

5.4.1　农业宏观调控的原则

(1)间接调控原则　在农业宏观调控体系中，实施农业宏观调控的主体是政府，接受农业宏观调控的对象是企业和农户等微观经济单位。政府的宏观调控，就是要把微观经济单位分散的经济活动统一于整个社会的大目标之下，使微观经济主体的行为符合整个社会经济发展的要求。但是，政府对微观经济单位的调控，并不是"政府-农户、企业"的直接作用过程，而是"政府-市场-农户、企业"的间接作用过程，即政府的调控通过市场传递给农户和企业来产生作用，这就是间接调控原则。因此，农业宏观调控的基本思路和运作过程是，政府调节市场，市场引导生产经营主体。在这里，政府调控是宏观层次的，其直接作用的对象主要是市场；而市场调节是基础层次的，其直接调节的对象是农户或企业。在政府-市场-农户、企业的运行体系中，市场处于中介或轴心的位置，市场接受政府体现社会偏好的调控信号，再把这些信号传递给微观经济单位，农户和企业对变化了的市场条件做出反应，按照利润最大化的准则调整资源配置和生产经营行为，最终使微观主体的行为符合宏观调控的要求。所以，农业宏观调控最重要的特征就是间接调控，是通过市场客观的调控。

(2)兼顾公平与效率原则　市场机制可以解决效率问题，却不能解决公平问题。因此，调节收入分配，实现社会公平，就成为政府实现宏观调控的基本政策取向。由于公平与效率是一种交替关系，对公平的追求会引起效率损失，而没有效率支撑的公平则又是毫无意义的。因此，政府在宏观调控中坚持社会公平取向的同时，必须兼顾效率，做到公平与效率兼顾，社会效益和经济效益统一。兼顾公平与效率原则，要求政府在实施农业宏观调控时，必须以不排斥或限制市场机制正效功能的发挥为前提；也就是说，凡是市场机制能够做好的事，政府就不要插手干预，而应放手让市场去完成，以提高经济运行的效率。政府的职责就是努力为市场机制充分发挥作用创造必要的条件，或通过弥补市场的缺陷而使市场机制更充分地发挥调节功能。

(3)政企分离原则　宏观调控是典型的政府行为，为了确保市场竞争的公平性和政府调控的有效性，宏观调控指令的载体或执行者必须是政府或准政府部门，如农产品专储部门、中央银行等，而不是具有自身利益的商业企业或其他组织，真正做到政企分开，否则将事倍功半，甚至有很大的反作用。要建立良好的政企关系，政府必须为农业企业创造良好的制度环境、市场环境，主要是指建立健全社会保障制度，建立企业的联合、改组、兼并、破产制度，改革银行金融制度，建立资本市场、产权交易市场、劳动力市场等。

5.4.2　农业宏观调控的手段

在宏观调控手段上，学界一般认为有计划手段、经济手段、法律手段、行政手段等。并且，这些手段互相联系、互相制约、协调配合，共同作用于市场，构成宏观调控手段体系。

5.4.2.1　计划手段

计划手段是政府通过统一规划的发展战略，统一规划协调资源配置以及对宏观经济的检测，引导国民经济正常运行。社会主义市场经济条件下的计划手段以市场为基础，反映市场经济中宏观经济活动规律，其突出特点是宏观性、战略性、政策性，它是指导性或导向性的计划，是符合价值规律的客观要求的。

在市场经济中，政府制定经济发展计划是对未来的发展目标、发展途径的设计与谋划，是对一定时期经济发展目标的具体化、数量化，以及对经济发展的重点、途径、手段、时间进度的安排。

农业中的计划手段包括制定和颁布农业发展战略、农业发展计划和农业规划。农业发展战略为农业发展指明方向，成为制订农业发展计划的依据；农业发展计划是政府对农业中期、短期发展的安排；农业发展规划是对农业发展远景的谋划，也常用于专业性、区域性的长远发展计划。

5.4.2.2 经济手段

经济手段指运用经济政策、经济杠杆，通过调节各种利益关系，实现宏观经济政策目标的一种调控工具。经济手段作为宏观调控手段中最为主要也是最为重要的手段，在一定的经济理论和经济政策的指导下，利用经济杠杆的趋动、经济参数的变化，实现干预调节经济活动的目的。

经济手段主要包括财政手段、货币手段和金融手段。财政手段具体包括国家预算、税收、国债、财政补贴、财政管理体制、转移支付制度等，这些手段既可单独使用，又可以相互配合协调使用。农业宏观调控的经济手段可以划分为直接经济手段和间接经济手段。

(1)直接经济手段　市场经济条件下农业发展中的政府宏观调控手段，依靠使用直接的经济手段是一个重要方面。主要体现在政府对农产品的价格、订购、储备、市场等经济方面施以积极的影响。

①关键性大宗农产品的直接采购。国家每年要收购并储备一定数量的粮棉产品，以保证大城市、大工矿区、军特需和特大自然灾害赈济的供应，但这种收购不再是层层下指标，而是改向一些大中型粮棉购销企业和经营者按市场价格收购粮棉产品，并主要是向大的粮棉集中产区和列入国家级的商品粮基地县收购。这两类地区是中央政府采取倾斜政策，通过稳定订购加以保护的对象。

②建立粮食专项储备制度，平抑农产品市场供求的波动。农业生产受自然条件的影响，农产品产量的年际波动较大，丰收而至的“谷贱伤农”及歉收而至的“灾荒”均不利于农业生产者收入增加、农产品市场的稳定和农业生产的稳定增长。为了确保农业生产者的正常利益，政府应当拨出一定的财政资金去充实已有的储备系统，扩大对农副产品的吞吐能力。粮食等农产品储备的基本功能，除稳定供求之外，还能平抑价格波动。联合国粮农组织根据全球资料计算得出的粮食合理储备结论是：储备量达到当年消费量的17％～18％就比较安全。但各国的储备量多少为最佳，需要从本国国情出发决定。不少国家为了实现储备目标，实行了保护价收购和建立粮食专项储备风险基金等手段。

③建立农产品价格调节基金制度。为了落实农产品收购保护价格措施，必须建立农产品价格调节基金制度，作为政府实施调控的经济手段，用于平抑价格的过度波动。一些地区建立了副食品价格调节基金和粮食价格基金，取得较好成效。但要强调两点：一要保证各调节基金的资金来源，并列入财政预算；二只在中央和省级设立调节基金。

④建立农产品批发市场、期货市场调控主要农产品价格。农业自然再生产特性所固有的生产周期的刚性，使农业生产者的生产决策总滞后于农产品市场信号的变动，这给农产品长期供需的均衡造成了很大的困难；农业自然再生产特性所导致的农业生产的区域性，使农产品的供需很难在区域内达成均衡。为了实现农产品供需的长期均衡和区际均衡，政府除了在健全农产品市场信息系统上发挥重要作用外，还应当扶持农产品市场体系，尤其是农产品批发市场、期货市场的建设。农产品市场体系建设具有社会公共基础事业性质，而且农产品市场的建

设还要与公共交通通信设施建设相配套。这并非农户或农户联合组织单独所能承担的。同时,政府还负有规范农产品市场交易秩序的职责。因此,大多数市场经济国家的政府十分重视农产品市场的建设。此外,为了稳定农产品市场、保护生产者和消费者的利益,许多国家的政府根据各自的国情,对主要农产品的价格按法定程序进行一定的干预。

⑤积极发展生产要素市场,进一步健全农村市场体系。经过40来年的改革,我国农业生产经营的微观激励机制已初步形成,但在资源优化配置和农户经营环境等方面却相对滞后,投资结构、投入机制虽有一定变化,但没有根本性突破,原因是同产品市场较高的发育和完善程度相比,生产要素市场发育难以适应农村市场经济发展的需要。农产品市场已基本放开,而劳动力、资本、土地等生产要素的流动障碍太多。因此,促进生产要素市场的发育,为全面地、较大幅度地调整农林产品结构和产业结构,优化资源配置创造条件和保证。发育生产要素市场的重点是推动劳动力、资本和土地的合理流动。农村劳动力市场调控的重点应是促进区域间劳动力大规模流动,适时废除户籍制度和劳动力的流动壁垒,进一步完善农村劳动力市场。土地市场调控的重点是尽快建立一种流转机制,以期促进土地流转市场的形成和逐步完善。资金市场调控的重点是尽快建立一个能够满足用户需求的资金信贷规模、结构以及信贷难易程度适中的资金市场。

(2)间接经济手段　主要是政府通过制定农业经济政策,指导和影响农业经济活动,体现政府宏观调控农业经济的思想及主张,反映政府的农业发展方向和目标。

①农村基本政策。在家庭承包经营为基础的统分结合的多层经营体制的基础上,坚决落实土地承包长期不变的政策,在自愿有偿原则下允许土地使用权的合理转让。坚持粮食收购政策,保障粮食收购资金落实到位,坚决执行粮食收购按照保护价敞开收购政策等。

②农业财政政策。它是通过政府收支总量和结构调整的变化调控农业经济运行的方法和策略。农业财政支出政策是通过财政再分配对农业直接投入,或者是国民收入分配过程中对农业的净流入,是政府对农业资金投入的主渠道,重点是财政对农林生产支出,对农林水气各部门的基本建设拨款,农业科技费用,农林水气事业经费,农村救灾费等。为了适应市场经济的基本需要,财政用于农业支出增长幅度应当超过财政经常性收入的增长幅度。农业财政在农业宏观调控中的运用,主要是加大农业财政支出力度,大力扶持农用工业、农业科研和农业科技推广力度。

③农业货币政策。货币政策是中央银行组织和调节全国货币流通量,使信贷和利率符合国家宏观经济发展目标的一种经济政策。农业货币政策的主要内容包括:一是农业信贷总量的调控,即调节和控制农业贷款总规模存量;二是调控信贷结构,即调控贷款投向和布局,按国家产业政策和区域政策保证农业贷款用到政府鼓励发展的农业产业和区域发展急需的项目上,发挥商业银行和政策性银行贷款投入的导向性,使贷款布局由分散到集中,支持农业产业化经营,保证农产品收购资金到位,形成集约经营和规模经济优势,支持农业科技推广和社会化服务建设,增强信贷的牵引和辐射作用。

④农业产业政策。包括国家从促进农业持续稳定发展,为使农业产业合理化、现代化,对其经济活动进行干预和引导,以弥补市场缺陷的一系列准则和措施的总称。它是各地区调整农业产业结构及农产品结构的依据,包括农、林、牧、渔各业之间的相互关系的产业结构政策和处理各产业内部产前、产中、产后之间相互关系的产业组织政策等。

⑤农业投资政策。《中华人民共和国农业法》规定,我国财政用于农业支出资金的增长幅

度要超过财政经常性收入增长幅度，从法律上规定了加快农业投资的幅度。农业投资方向主要是：农田基本建设，重点是大江、大河、大湖的治理，水流域的治理；农业生态建设，植树造林；农业科学研究和新技术的推广运用，继续落实向农业倾斜的投资政策，多渠道增加对农业的投入。

⑥农业价格政策。目前农产品价格主要是由市场形成和调节，在主要农产品价格出现较大波动时，政府主要是通过国家储备和进出口等手段，调控农产品市场，防止农产品价格大起大落。其他的一般农产品完全让市场机制决定其购销价格。

⑦通过收集、发布市场信息来指导农业生产。农产品市场信息系统的建立和健全有助于全社会农产品市场的稳定，而且由于农村相对交通不发达，农民文化素质相对较低，许多农民习惯于旧做法，从众心理和随大流的意识较强，自己捕捉信息，进行决策的能力较差。因此，政府应当扶持市场信息的收集与发布等方面的工作。信息系统，可以包括农产品的市场价格、政府干预价格、政府农业生产的指导计划、汇率以及生产资料价格等多种与农业生产者直接或间接相关的有关信息。

5.4.2.3 法律手段

法律手段指运用经济法律规范，通过经济立法和经济司法进行宏观经济调控，维护经济秩序的一种工具。市场经济中的法律规范是极其重要的，如果没有完整严密的法律体系以及相应的立法、司法和执行职能，就没有市场经济的正常运转。法律手段通常是通过调整各种经济关系和维护市场秩序，为宏观经济政策的实现和国民经济的良性循环创造条件。

由于农业具有社会效益高、经济效益低、受自然条件影响大的特点，在国家工业化过程中，农业往往处于十分不利的地位，农业和农民的利益很容易受到损害。但农业是国民经济的基础，也是国家安定的基础，国家对农业必须采取特殊的措施加以保护和支持，并把国家对农业的支持政策法律化、条理化，同时加强农业执法。法律手段和经济手段不同，它不是以物质利益为诱导，而是以超经济的国家强制力量来确定权利、义务关系。市场经济是以法制为基础的经济，随着农业经济体制改革的深化，法律手段在农业宏观调控中的作用必将日益增强。“以法治农”是发展方向，关键是要借鉴发达国家的经验，运用政策指导农业的同时，强化经济立法工作，建立起完备的农业法律体系，加强农业的基础地位。

因此，必须形成一套系统的适应市场经济发展和农业宏观调控的法律监督体系，既包括农业基本大法，又包括农业投资、农业资源与环境保护、农民产权和权益的保护、农产品质量监测、规范市场交易秩序等专门法律，以法治农，以法管农。

5.4.2.4 行政手段

行政手段是国家凭借行政权力，用颁布行政命令和依靠行政措施等调节经济活动的一种工具。必要的行政手段是整个宏观经济管理体系中不可缺少的组成部分，尤其是对于我国这样尚处在市场经济机制建设和完善过程中的国家来说，运用必要的行政手段，能够及时解决重大的、有关国计民生的全局性问题，是恢复经济秩序的有效措施。

实行市场经济，并非取消行政手段，而是要调整它与经济杠杆等宏观调控手段的关系，为经济杠杆正常发挥作用创造条件。对于运用经济手段不能很好地奏效或者不适合运用法律手段来进行规范的粮食问题，则应该大胆而坚决地运用行政手段加以干预。西方发达国家也不乏采取行政命令,对此我国可借鉴。

5.4.3　农业宏观调控手段的特点

农业宏观调控的各种手段相互联系、相互补充,共同构成了宏观经济调控手段的体系,发挥着宏观调控手段的整体功能。主要具备以下特点。

(1)复合性　农业宏观调控调节农业经济运行,是多种形式、不同层次、不同力度调节手段的共同调节,是各种调节手段复合重叠的调节,以经济手段、法律手段为主,辅之以行政手段和计划手段。随着市场经济的不断发展和市场经济体制的不断完善,宏观调控中的经济手段和法律手段将不断得到强化,而行政手段则逐步趋向缩减(但不会最终消失)。

(2)目的性　各种调控手段的运用都是为既定的农业经济发展目标服务,以自身独特的方式达到一定的局部目标或单向目标,但必须围绕着一个总目标,也就是农业增产、农民增收、农村发展和社会稳定。为实现这个总目标服务,各种调节手段的作用方向和所要达到的目标是一致的。

(3)统一性　农业宏观调控必须在中央政府的统一指导下进行,不同调节手段、调节重点、调节力度、调节时间都必须统一部署、统一行为,而不能各行其是,否则就达不到调控的目的。

(4)波及性　各种调控手段相互联系、相互作用,形成一个调控体系。某一种调节手段的调节方向和调节力度发生变化,就会影响到其他调节手段和方法的实施效果,产生灵敏的连锁波动效应。比如粮食价格提高,就会增加食品加工业的成本,提高其价格,进而导致居民消费支出上涨,国家就要考虑增加居民收入,最后导致企事业人工成本和国家财政等发生相应的变化。

小　　结

本章对农业宏观调控的概念与必要性、地位与作用、对象与内容、原则与手段等基本问题进行了阐述。

农业宏观调控是指政府从国民经济运行的全局出发,运用经济、法律和必要的行政手段,对农业资源的配置所进行的调节和控制,从而实现农业持续、稳定、协调发展,是市场经济条件下政府干预农业的一种表现。

由于市场机制的局限性、农业本身具有的弱质性以及农业发展的新要求,必须进行农业的宏观调控。对农业进行宏观调控的理论依据在于农业具有外部性、公共物品性和不稳定性。农业宏观调控的作用主要在于有利于平衡主要农产品的供需总量;保持农业内部结构大体合理;培育公开的、竞争性的、有序的市场体系;维护社会公平,调节经济效率;保护生态环境,实现农业最优发展。农业宏观调控的主要内容是保护农业,提高农民收入;支持农业生产发展,满足社会对农产品的需求;培育农业市场机制,稳定农产品市场;提供农业所需的公共物品;保护农业资源,改善生态环境。由于我国各地自然条件差异大,农业生产力发展不平衡,市场发育程度不一,在实施农业宏观调控时就应该分层次进行。政府农业宏观调控手段,主要是以经济手段为主,与计划手段、法律手段和行政手段综合运用。这些宏观调控手段具有复合性、目的性、统一性和波及性的特点。

复习思考题

1. 什么是农业宏观调控？为什么要进行农业宏观调控？
2. 政府农业宏观调控的主要内容是什么？
3. 农业宏观调控对农业发展有何作用？
4. 农业宏观调控的手段有哪些？如何运用？
5. 农业宏观调控的经济手段和行政手段有何区别与联系？

参考文献

1. 朱希刚，冯海发. 论我国农业宏观调控的手段配置及体制保证. 农业经济问题，1996(5).
2. 白永秀，王军旗. 市场经济教程. 北京：中国人民大学出版社，2003.
3. 张旭. 论政府对市场的宏观调控. 财经理论与实践，2002(9).
4. 王雅鹏. 现代农业经济学. 3 版. 北京：中国农业出版社，2015.

第6章 农业产业结构与布局

本章学习要点

- 农村产业结构的概念
- 农业产业结构的含义及其形成条件
- 农业产业结构演变的规律
- 农业产业结构的调整原则
- 农业生产布局的含义及其影响因素
- 中国农业综合分区概况及优势农产品区域布局

6.1 农村产业结构

6.1.1 农村产业结构的概念

产业结构一般是指一个国家或地区社会分工体系中各种产业之间的分类组合状况和各部门之间的比例关系和相互联系。

农村产业结构是指一定时期农村地域内各个产业部门之间、各产业内部之间的比例关系与相互联系。具体地说,农村产业结构指农村中的第一产业农业(种植业、林业、牧业、渔业),第二产业的工业、建筑业,及第三产业(交通运输业、商业、饮食业、金融业、旅游业、信息业等服务业)在农村经济中的组成和比重。它通常以各业总产值或增加值的构成及劳动力在各业的分布等指标予以反映。

在我国农村产业中,非农产业产值不断增大,其中工业比重最大,这是农村经济全面发展的重要标志,也是中国工业化的重要特色。农村建筑业是农村非农产业的重要组成部分,交通运输业是农村商品化、市场化的需要,也是农民易于进入的产业,商业、饮食服务业是农村传统的行业,信息业、旅游业正在农村兴起,日益成为农村经济的必要组成部分。

1978年我国农村各业总产值中农业总产值占2/3以上,反映出当时我国农村中以农业为主的产业结构。1996年以后,随着改革开放的逐步深入、乡镇企业的快速发展,农村非农产业已占农村社会总产值的3/4,其中农村工业已成为很多地区农村的主要产业。2000年以来,随着农业产业化发展,农村工业、第三产业快速发展,在农村产业结构中的比重不断上升,进入产业结构深化发展阶段。

可见,任何一个国家和地区的农村产业结构都不是一成不变的,不同的农村产业结构,具有不同的社会效益、经济效益和生态效益,合理的农村产业结构可实现三者的最佳结合。因此，根据社会经济技术发展的要求，不断优化农村产业结构，使农村各产业及内部各部门间保持合理的结构比例，有利于助推农村经济发展。

6.1.2 农村产业结构的特征

由于自然、经济、社会条件的不同，农村产业结构在不同时期、不同地区、不同国家都会有所不同，但从根本而言，农村产业结构呈现出如下特征。

(1)基础性　农村是由农村社会系统、农村经济系统、农村生态系统交错组成的大系统，农村产业系统则是决定其经济功能的主要子系统，它决定并反映农村经济发展水平，并在一定程度上反映一个地区甚至国家的社会经济发展状况。

(2)系统性　农村产业结构是一个系统概念，农业、农村工业、建筑业等物质生产部门及交通运输、商业、金融、信息、旅游和服务业等非物质生产部门相互依存、相互制约。农业是基础，现代农业的发展依赖于工业的发展；农业和工业的迅速发展又要依赖于为其提供产前、产中、产后服务的第三产业的进一步发展，而第三产业的发展又以第一、二产业的发展为条件，从而三者构成了相互依存、不可分割的农村产业系统。

(3)地域性　农村作为一个空间地域性的概念，其具有的各种自然资源、地理位置总是存在着地区差异性，因而各地区三次产业的发展、数量比重与结合方式总存在地区差异性，进而带来农村产业结构的地域差异。

(4)不平衡性　农村产业的发展受自然、社会等多重因素影响，又与农村经济、政治、文化条件相联系，从而导致各地区农村经济发展水平不同，也使产业结构呈现出不平衡性。

6.1.3 农村产业结构的影响因素

(1)生产力水平　生产力水平是决定农村产业结构的最主要因素。生产力水平决定社会分工和专业化程度，从而决定着农村产业的部门和层次结构。生产力水平低，农村经济落后，没有充分的分工分业，也就不可能有农村生产的专业化和社会化，因而农村产业结构必然比较简单。同时，生产力水平决定人们开发和利用自然资源的程度，随着生产力的不断提高，技术的不断进步，能够有条件充分发挥自然资源和经济资源优势，使农村产业向着专业化的商品经济发展并使其结构不断优化。如农业中使用机器以后，不但可以向农业生产的广度和深度进军，而且可以解放出更多农业劳动力发展农村第二、三产业。

(2)资源条件　自然资源条件和经济资源条件是形成农村产业结构的物质基础。就我国农村地区而言，各种资源的分布是不平衡的，产业结构和农业生产水平与当地的气温、雨量、光照、地形、土质等自然条件关系密切，也直接或间接地影响农村其他产业的发展。劳动力、资金、技术、交通等经济资源的优劣决定了农村对市场、信息、资金、物资等利用程度的不同，从而使农村各产业的形成和发展存在差别。如经济条件较差的偏僻山区，由于交通不便，产品运输困难，不得不选择自给自足型的农村产业结构。

(3)人口及其消费结构　人口及其消费结构是影响农村产业结构的重要因素。人既是生产者又是消费者，个人消费结构首先取决于人均收入水平，随着人均收入的增加，个人用于吃、穿、住、行的支出结构将发生变动，农村消费会由自给型向商品型转变，由雷同型向多样型转变。消费结构的这种转变，不仅影响农村产业结构的调整，还将影响整个国民经济结构的变化。

(4)国内外贸易 国内外贸易是影响农村产业结构的外在因素。在开放型的农村经济系统中,生产力发展水平和资源条件只决定有可能建立什么样的农村产业结构,而社会对产品的需求,却决定着需要建立什么样的农村产业结构。为保证农村经济系统的高效运行,获得最大的比较效益,必须根据不断变化的国内外市场需求,特别是在对国内外市场进行科学预测的基础上调整农村产业结构。

(5)经济制度、经济政策及农村经济管理水平 经济制度、经济政策及农村经济管理水平对农村产业结构的形成有重要影响。经济制度反映不同阶级的利益,如社会主义国家经济制度、经济政策的根本目的在于促进经济发展、为广大人民利益服务。同时,不同的经济政策如农产品价格、税收、信贷政策等也会影响农村产业结构;此外,农村经济管理(如经营决策、经营计划、组织形式等)水平的高低对农村产业结构的合理程度也有较大影响。

6.2 农业产业结构

6.2.1 农业产业结构的概念

农业产业结构通常称之为农业生产结构,简称为农业结构,指一个国家、地区或农业企业的农业产业各部门之间和各部门内部的组成及其相互之间的比例关系。它是农业资源配置中的一个基本问题,也是农业生产力诸因素如何恰当结合的基本问题,其合理与否直接影响着农业甚至整个国民经济的发展。

农业产业结构具有量和质的规定性,它不仅要从投入和产出的角度反映农业各组成部分之间在数量上的比例关系及其变化趋势,还要反映各组成部分怎样相互结合,它们在生产结构中的主从地位、依存关系、相互作用以及生产结构在内部各要素和外部环境作用下的运动规律等。

广义的农业包括农业(种植业)、林业、畜牧业和渔业,这四业的构成和比例关系是农业的基本结构,也称一级结构。农、林、牧、渔业全面、协调发展有助于充分利用农业自然资源,保持自然界生态平衡,使整个农业持续、稳定、健康发展。但是,农业结构受需求、自然条件、生产力水平等多因素影响,各业发展速度不同,所占比重也不断变化。1978—2017年,我国农、林、牧、渔各业产值占农业总产值比重分别由80.0%、3.4%、15.0%、1.6%变化为56.46%、4.57%、27.70%、11.27%,反映出我国农业产业结构逐步从以种植业为主向农林牧渔结合、推进农业供给侧结构性调整的新阶段过渡。

狭义的农业结构专指种植业结构。种植业包括粮食作物、经济作物和饲料作物的生产,其结构合理与否,对改善人民生活、促进轻工业发展有重要意义。粮食是保证人民基本生活和国家建设的最重要物质资料,在农业生产中有特殊重要的地位;经济作物包括棉花、油料、糖料、麻类、烟叶、茶叶、水果、药材等,其满足轻工业原料需求和人们生活多样化的需求;畜牧业的迅速发展也使得以各类牧草为主的饲料作物种植增加。

6.2.2 农业产业结构的内容

农业产业结构所包括的产业,通常是由一个国家的农业概念所决定,但都具有多层次性。有的国家农业只包括种植业和畜牧业,有的国家还包括林业、渔业。我国20世纪80年代以前,统计农业产值包括农业(种植业)、林业、畜牧业、副业和渔业,其中副业主要指农民从事采集野生植物、捕猎野兽、野禽及农民家庭兼营工业产品的生产活动。1958 年农村人民公社成立以后,除公社办的工业以外,许多生产大队和生产队陆续办的以自给性的农副产品的简单加工为主的工业,其生产规模小,产值也不大,因此,1960 年国家有关部门提出将队办工业作为农业中的副业,其产值计入农业总产值中。农村改革以后,乡镇企业异军突起,农村非农产业快速发展,1984 年国家统计部门开始计算“农村社会总产值”,包括全部农业总产值,农村工业总产值,农村建筑业、交通运输业、商业和公共饮食业的总产值。1993 年以后,我国农业统计中不再包括副业,而是将采集野生植物、捕猎野兽、野禽分别列到种植业、畜牧业中,农民家庭兼营工业列入乡镇工业。

在农业内部又包括产品性质和生产特点不同的各种产业类别,如在农业(种植业)中包括粮食、棉花、油料、糖料、蔬菜、水果等;在林业中包括用材林、经济林、防护林、林下特产等;在畜牧业中包括养猪业、养牛业、养禽业等;渔业中包括养殖业与捕捞业等。这些产业的比例关系与结合方式,构成了农业产业的二级结构。二级产业内部又可以根据产品种类和经济用途分为若干类别,如粮食可以分为水稻、玉米、小麦等;养牛可以分为奶牛、肉牛等,依此类推,构成了农业产业的三级结构。随着产业分工的发展,农业产业有日益细化趋势,构成了农业产业的四级甚至五级结构。

多种多样的农业产业结构受一定条件的影响,随着时间、空间条件的变化,农业产业结构也要发生变化。农业产业结构量的变化可通过农业总产值或增加值结构、农业商品产值结构、土地利用结构、农业劳动力利用结构、农业资金利用结构等反映。

6.2.3 农业产业结构的形成条件

(1)生产力水平是农业产业结构形成和发展的主要条件　不同的农业产业结构是一定时期生产力水平提高到不同程度的产物。人类历史证明,生产力的发展进程决定产业结构的发展进程。农业时代,从原始农业到传统农业转变,农业与畜牧业、手工业、商业的分离,但粮食生产依然是主要的产业部门,而生产规模狭小、产量低、自给自足是最明显的时代特征。工业时代,农业工业化成为最主要的产业结构特征。

(2)需求是农业产业结构形成和发展的前提条件　现实生活中存在着两种消费需求,一是生活资料消费需求,即人们为了生存、繁衍后代而产生的商品需求;二是生产资料消费需求,即工农业生产者为了保证生产的不断进行而产生的商品需求。市场经济条件下,产品只有适应需求进入消费,才能成为现实产品,需求成为生产的导向与产业增长的动力,从而成为产业结构形成和发展的前提条件,需求的多样性也促进了农业产业结构的多样性。

(3)地理环境是农业产业结构形成和发展的基础条件　地理环境包括地形、地貌、气候、河流、土壤、植被等自然要素,它们相互联系、相互制约,形成一个有机整体。地理环境中资源的组成特点、时空分布及其功能在一定程度上制约和决定了各产业的内部结构和外部联系,决定了产业结构模式在地域上的差异性。

(4)劳动力是农业产业结构形成和发展的内在条件　产业结构发展的过程离不开劳动过程的三要素:劳动力、劳动对象和劳动资料。其中劳动力因素起主导作用,没有人的参与,没有劳动力素质的提高,就没有产业层次的提高。劳动力的数量和质量,对第二、第三产业的发展规模和结构有重要意义,劳动力的合理比例、劳动力利用率的提高对产业结构合理化有重要作用。

(5)资金是农业产业结构形成和发展的保障条件　产业结构的更新、完善和发展过程,实际上是各种生产要素重新组合的过程。有了一定数量的资金才能使各种生产要素增加活性,促进分工和专业化,形成新的生产力,改善产业结构。产业结构的发展规模和速度,很大程度上取决于资金的分配规律和增长速度。

(6)科学技术是农业产业结构形成和发展的动力条件　科学技术是生产力发展的源泉和动力。科学技术为提高各产业生产要素的功能和协作程度提供了依据和保证;科学技术进步加快了旧产业部门的改造和新产业部门的建立,促使产业新格局的实现。改革开放以来,中国的国民经济发展和科学技术的结合,有了很大进展,科学技术正越来越有效地转化为生产力。可以预见,科学技术作为独立的知识产业,对产业结构的介入程度越深越快,产业新格局实现得就越早。

除上述条件外,经济政策如金融政策、财政政策、价格政策、劳动政策等,对农业产业结构的形成和发展,也有着不可忽视的作用。

6.2.4　农业产业结构发展的规律性

6.2.4.1　农业产业结构演变

在农业产业结构变化过程中,一般会经历如下发展阶段。

(1)结构变革起步阶段　从传统产业结构向现代产业结构转变,表现为以粮食为主的农业结构转向粮食和多种经营相结合的结构。粮食比重下降,非粮食的多种产业比重上升,专业化生产开始形成,农产品商品量和商品率上升,农民逐渐以市场为导向进行产业选择。

(2)结构改革发展阶段　农业产业结构形成了以粮食为基础、以专业化生产为主的产业结构,各国、各地区、各企业的农业产业结构已大不相同。农业产业内部的分工分业日益强化,农业已经基本商品化,市场调节着资源在各产业的配置。

(3)结构改革高级阶段　主要标志是农业市场化条件下高效益的农业产业结构已经形成,农业专业化生产已占主导地位,优质农产品的比重大幅度上升,特别是高科技农业产业化的比重日益上升,农业的功能得到拓展,现代农业的产业结构已确立。

农业产业结构的量变积累到一定程度,会发生质的变化,或叫产业结构升级。

6.2.4.2　农业结构变动的趋势

根据世界农业发展经验,农业的基本结构变动的趋势是:种植业比重下降,但其生产力水平日益提高;畜牧业比重逐渐提高,在经济发达的国家和地区一般约占农业总产值的1/2以上,有的达到2/3以上;林业日益成为农业的重要部门,森林覆盖率在发达国家约占国土面积的1/3以上,但主要以生态功能为主;渔业越来越受到重视,成为食品的重要来源。

种植业结构变动的客观趋势是:在粮食生产水平不断提高、粮食产量稳定增加的前提下,经济作物、饲料作物比重稳步上升。我国近年的农业产业结构演变基本符合这一趋势。

农业各部门之间的相互关系存在两个规律:一是农业生产的专业化与一定程度的多种经营结合在一起;二是专业化与多种经营的发展速度在很大程度上取决于粮食发展水平。通过各地区、各生产单位充分发挥各自优势形成各具特色的农业生产专业化,进而实现全国范围的多种经营全面发展；同时，在一个地区或生产单位中，通过主导产业与辅助产业的合理搭配，实现一业为主的专业化与多种经营的结合。但是，一个国家或地区能否实现农业的专业化和多产业经营，一般来说要取决于其粮食的供给能力。

6.2.4.3 农业产业结构变化的影响因素

一个国家、地区、农业产业结构的形成和变化受许多因素制约。影响农业产业结构形成的因素有：自然资源，包括气候、土壤、水源、地形地貌等；经济发展水平，特别是人们对农产品的需求，包括数量和质量要求；人口的变化，包括人口总量和城乡结构等的变动；粮食的供求状况，及其对农业布局的制约情况；交通、运输、加工、商业等因素；农业经营的体制；历史上已经形成的产业结构及其特点；农业科学技术的发展和应用情况。

以上各种因素会在不同程度上引起调整农业产业结构的要求，这些要求将通过市场供求状况、农产品价格变动等来反映，这就是农业产业结构调整的市场导向。但从长远来看，农业产业结构归根结底是由社会生产力发展水平所决定，是一定社会生产力发展水平的结果。

从宏观农业产业结构演变可以看出一些规律：

①农业宏观产业结构变化的动力是人的社会需求和生产力的发展，特别是科学技术的进步和劳动者素质的提高。

②农业宏观产业结构的变化方向是产业链变长、产业之间的联结更紧密，投入更大、更科学，并且智能投入越来越多。

③农业宏观产业结构决定农业所处的发展阶段，决定土地的人口承载力。

6.2.5 农业产业结构调整

6.2.5.1 农业产业结构调整的意义

农业产业结构的调整对于农业生产的发展和整个国民经济的发展都具有十分重要的意义。科学合理的农业产业结构调整有利于包括土地、资金、劳动力等在内的各类农业资源的合理利用；有利于农业内部各部门和项目之间的物质能量相互转化；有利于国民经济的发展对各种农产品的需求能按比例得到满足。

6.2.5.2 农业产业结构调整的原则

由于各个国家、地区或企业所面临的自然、社会、经济、技术条件差异，市场供需状况不同，不可能构建一个适合于一切地区的农业生产结构模式。在进行农业生产结构调整时，应从整体上认识、评价农业生产结构的合理性。一般说来，农业产业结构调整应坚持“四统一”原则。

(1)专业生产与综合经营相统一　农业生产专业化是现代农业发展的基本趋势，农业生产结构应当适应这种趋势，逐步改变“小而全”的生产结构，重点发展最适合当地自然、经济、社会和技术条件的农业生产门类和项目，以充分发挥自身优势。然而农业自然条件具有多样性，农业生产周期长且具有季节性，由此决定了一个地区的农业生产结构不能过于单一，在重点安排专业化生产项目的同时，还要安排好适合当地其他生产项目，实行专业化生产与综合经营相统一，使农业生产资源在空间和时间上都得以合理配置。

(2)资源的利用率与利用效率相统一　对农业生产资源的利用,不仅要从实用价值的角度考虑其利用率,还要从价值的角度考虑其利用效率。因此,在对农业生产结构进行定量考察时,既要注意考察土地、劳动力、机械、资金等生产要素的利用率,使其得到充分的利用,避免生产要素的闲置和浪费;又要重点分析劳动生产力、单位面积产量、产品成本、资金利润率等价值指标,力求使农业生产资源的利用效率最大化。

(3)经济效益与生态效益相统一　合理的农业生产结构要求建立一个高效的农业生产系统,使一定的投入获得最大的产出;同时要求建立一个良好的农业生态系统,不断改善区域内的生态环境,提高农业生态系统对物质能量的转换率和转换效率。只有将农业经济效益与生态效益统一起来,才能保持农业生产结构的良性循环。

(4)局部利益与全局利益相统一　在调整和优化农业生产结构的过程中,往往会遇到局部利益与全局利益的某些矛盾,对此,应本着统筹兼顾的原则妥善解决,尽量实现二者利益的统一。片面强调一方利益、忽视或牺牲另一方利益的农业生产结构都是不可取的。

6.2.5.3　农业产业结构调整的方向与重点

新中国成立以来,我国农业一直不断在调整、发展中优化产业结构。2014 年中央经济工作会议指出我国经济已进入新常态,2015 年中央农村经济工作会议、2016 年中央“一号文件”明确提出推进农业供给侧结构性改革,认为从中国农业发展的状况和特点看,突出的矛盾和问题在供给侧,主要表现为农产品供给未能很好地适应消费需求的变化,导致供求出现结构性失衡。因此,应着力构建现代农业产业体系、生产体系、经营体系,实施藏粮于地、藏粮于技战略,推动粮经饲统筹、农林牧渔结合、种养加一体、一二三产业融合发展,让农业成为充满希望的朝阳产业,这拉开了我国以“加快农业现代化、实现全面小康”为目标的新一轮农业产业结构调整的序幕。

(1)农产品品种结构的调整　这是农业结构调整的重要一环,实践证明,粮、棉、油等大宗传统农产品在农业经济中占有重要地位,就大范围地域看,无论农业产业结构如何调整,大宗农产品都将保持相当比重的面积,只有做好大宗农产品品种结构的调整,实现良种化、优质化,才能在市场竞争中具有较强的经济优势。随着人民生活水平和膳食结构的变化,应构建适应市场需求的农产品品种结构。

①主要粮食作物品种结构调整。守住“谷物基本自给、口粮绝对安全”的底线,重点是保口粮、保谷物。口粮重点发展水稻和小麦生产,优化玉米结构,因地制宜发展食用大豆、薯类和杂粮杂豆。具体而言,水稻一是实行稳面积与提品质并举,即巩固北方粳稻产区,稳定南方双季稻生产,扩大优质稻种植面积,促进提质增效;二是杂交稻与常规稻并重,即发挥我国杂交水稻育种技术优势,加快选育高产优质高抗杂交稻新品种,稳定杂交稻面积,促进单产提高、品质提升。利用现代育种技术,加快常规稻品种提纯复壮,降低用种成本,发挥常规稻品质优势,提升种植效益。小麦一是实行稳定冬小麦、恢复春小麦,稳定黄淮海、长江中下游等主产区冬小麦,建立合理轮作体系,在东北冷凉地区、内蒙古河套地区、新疆天山北部地区等,适当恢复春小麦;二是抓两头、带中间,“抓两头”即大力发展市场紧缺的用于加工面包的优质强筋小麦和加工饼干蛋糕的优质弱筋小麦;“带中间”即带动用于加工馒头、面条的中筋或中强筋小麦品质提升。玉米一是实行调减籽粒玉米,巩固提升玉米优势区,适当调减非优势区,大力推广适合籽粒机收品种,推进全程机械化生产;二是扩大青贮玉米,根据以养带种、以种促养的要求,因地

制宜发展青贮玉米，提供优质饲料来源，就地过腹转化增值；三是适当发展鲜食玉米，适应居民消费升级的需要，扩大鲜食玉米种植，为居民提供营养健康的膳食纤维和果蔬。大豆方面，一是实行粮豆轮作、恢复面积，在东北地区推广玉米大豆轮作模式，在黄淮海地区推广玉米大豆轮作、麦豆一年两熟或玉米大豆间套作，适当恢复大豆种植面积；二是改善品质、提高效益，根据我国居民的饮食习惯和大豆市场供求现状，东北地区扩大优质食用大豆面积，稳定油用大豆面积，黄淮海地区以优质高蛋白食用大豆为重点，适当恢复面积；三是实现国产大豆与国外高油大豆的错位竞争，满足国民对健康植物蛋白的消费需求。薯类杂粮方面，一是实行扩大面积、优化结构，适当调减"镰刀弯"地区玉米面积，改种耐旱耐瘠薄的薯类、杂粮杂豆，满足市场需求，保护生态环境；二是加工转化、提质增效，按照"营养指导消费、消费引导生产"的要求，开发薯类杂粮营养健康、药食同源的多功能性，广泛应用于主食产品开发、酿酒酿造、营养保健、精深加工等领域，推进规模种植和产销衔接，实现加工转化增值，带动农民增产增收。

②经济作物品种结构调整。棉花方面，一是稳定面积，在已有的西北内陆棉区、黄河流域棉区、长江流域棉区"三足鼎立"的格局下，提升新疆棉区，巩固沿海沿江沿黄环湖盐碱滩涂棉区；二是双提增效，着力提高单产、提升品质、增加效益，加快选育耐盐碱、抗性强、宜机收的高产棉花品种，集成配套棉花生产机械移栽收获等技术；三是解决棉花"三丝"等异性纤维与机收杂质、纤维长度和强度降低等品质问题，实现提质增效。油料作物方面，一是以两油为主，重点发展油菜和花生生产，稳定长江流域油菜、花生面积和黄淮海花生面积，因地制宜扩大东北农牧交错区花生面积；二是多油并举，因地制宜发展耐旱耐盐碱耐瘠薄的油葵、芝麻、胡麻等小宗油料作物，积极发展高油玉米，在适宜地区示范推广油用牡丹、油莎豆等，增加新油源；三是充分利用棉籽、米糠等原料，开发食用植物油。糖料作物方面，一是稳定面积，完善甘蔗价格形成机制，集成配套以机械收割等为主的节本增效技术，调动农民种植甘蔗积极性，重点是稳定广西、云南等优势产区，适当调减不具备比较优势的甘蔗产区；二是双提双增，着力提高单产、提高含糖率，增加产量、增加效益，选育高产高糖抗逆及适宜机械收割的新品种，推广甘蔗脱毒健康种苗，集成配套轻简高效栽培技术模式，提高单产与效益。蔬菜方面，一是稳定面积，统筹蔬菜优势产区和大中城市"菜园子"生产，巩固提升北方设施蔬菜生产，稳定蔬菜种植面积；二是保质增效，重点是推广节水环保和绿色防控等技术，建立系统完整的从田间到餐桌产品质量追溯体系，确保蔬菜产品质量安全；三是提升设施农业的防护能力，推广肥水一体和小型作业机械，因地制宜推广智能监控和"互联网＋"等现代技术，实现节本增效、均衡供应；四是统筹南菜北运蔬菜基地和北方设施蔬菜生产，发展春提早、秋延后与越冬蔬菜生产；五是完善流通设施，加强产地冷链建设，着力解决蔬菜供应时空分布不均的矛盾，实现周年均衡供应。

③饲料作物品种结构调整。以饲草与畜牧养殖协调发展为目标调整饲料作物结构，发展生物产量高、蛋白质含量高、粗纤维含量低的苜蓿和青贮玉米，以养带种；根据养殖生产的布局和规模，因地制宜发展青贮玉米等优质饲草饲料，逐步建立粮经饲三元结构，在北方地区重点发展优质苜蓿、青贮玉米、饲用燕麦等饲草，南方地区重点发展黑麦草、三叶草、狼尾草、饲用油菜、饲用苎麻、饲用桑叶等。

④林产品品种结构调整。加快木本粮油产业发展，推进油茶、核桃等木本粮油高产稳产基地建设；发展林木种苗、花卉、竹藤、生物药材、木本调料等基地，推进布局区域化、栽培品种化、生产标准化、经营产业化；发展林下经济，增加生态资源和林地产出。

⑤畜禽品种结构调整。生猪生产保持稳定略增，猪肉保持基本自给，规模比重稳步提高，

推行标准化屠宰和质量安全风险分级管理，实现养殖到屠宰全程可追溯；奶类、牛肉、羊肉、禽肉等草食畜产品产能和质量水平稳定增长，市场供应基本保障，推进品种改良和生产性能测定，发展规模化养殖，强化产品质量安全监管。加强奶源基地建设，提高国产乳品质量和品牌影响力。

⑥水产品品种结构调整。以保护资源和减量增收为重点，合理确定湖泊和水库等公共水域养殖规模，稳定池塘养殖，推进稻田综合种养和低洼盐碱地养殖；大力发展鲤科鱼类养殖，重视水产品质量安全与肉质、口感，通过提高品质降低对野生资源的捕捞压力；明确重点保护物种，重视水电工程、航道建设对水生生物资源的影响；区别对待中高端、大众化低端产品，延伸水产品可追溯体系，满足消费者对优质动物蛋白的需求。

(2)农业内部及各部门之间的结构调整　农业各部门之间的产业结构调整，主要是在保护合理利用农业资源的前提下，按照资源的适宜性，宜农则农、宜林则林、宜牧则牧、宜渔则渔。在农业供给侧结构性调整背景下，农业产业结构调整的关键是如何促进农、林、牧、渔各业转变发展方式，实现转型升级、提升产业效益。

①种植业结构调整。以“两保”(保口粮、保谷物)、“三稳”(稳定棉花、食用植物油、食糖自给水平)、“两协调”(蔬菜生产与需求协调发展、饲草生产与畜牧养殖协调发展)为目标构建粮经饲协调发展的三元结构。以关联产业升级转型为契机，推进农牧结合，发展农产品加工业，扩展农业多功能，实现一、二、三产业融合发展，提升种植业效益；根据资源禀赋及区域差异，发展适销对路的优质品种，优化区域布局，发挥比较优势，巩固提升优势区，适当调减非优势区；推进种植业科技创新和机制创新，提升科技水平、装备保障能力，培育新型农业经营主体和新型农业服务主体，发展适度规模经营，提升集约化水平和组织化程度；坚持生态保护，推进化肥农药减量增效，建立耕地轮作制度，实现用地养地结合，促进资源永续利用、生产生态协调发展；在保障国家粮食安全底线的前提下，保持部分短缺品种的适度进口，引导国内企业参与国际产能合作，提升我国农业国际竞争力和全球影响力。

②林业结构调整。深入实施以生态建设为主的林业发展战略，以维护森林生态安全为主攻方向，在森林覆盖率和蓄积量的约束性指标要求下，积极开展新一轮退耕还林还草项目，在符合条件的 25°以上坡耕地、严重沙化耕地和重要水源地 15°～25°坡耕地，在农民自愿的前提下植树种草，按照适地适树的原则，发展木本粮油；开展石漠化治理项目，通过封山育林育草、人工造林和草地建设，建设和改造坡耕地，配套相应水利水保设施，控制人为因素产生新的石漠化现象；开展湿地保护项目，通过退耕还湿、湿地植被恢复、栖息地修复、生态补水等措施，对已垦湿地以及周边退化湿地进行治理；实施木本粮油建设工程和林业特色产业工程，发展林下经济；提供更多优质的生态产品，不断提高森林、湿地、荒漠、生物多样性等生态服务价值和公共服务能力，保障国家生态安全，增强减缓和适应气候变化能力。

③畜牧业结构调整。统筹考虑种养规模和资源环境承载力，推进以生猪和草食畜牧业为重点的畜牧业结构调整，形成规模化生产、集约化经营为主导的产业发展格局。突出以养代种、种养结合、草畜配套，在污染严重的生猪、奶牛、肉牛养殖密集区，按照干湿分离、雨污分流、种养结合建设一批畜禽粪污原地收集储存转运、固体粪便集中堆肥、污水高效生物处理等设施和有机肥加工厂，形成植物生产、动物转化、微生物还原的生态循环系统；根据资源禀赋和环境承载能力，发展绿色清洁养殖，推进屠宰废弃物综合利用和无害化处理，实现产品安全、环境友好；完善生猪产业扶持政策和价格形成机制，推进畜牧业产业链和价值链建设，降低畜禽产品

流通成本，发挥畜牧业“接二连三”作用，促进一、二、三产业融合发展；提升畜牧业生产能力和质量安全监管水平，充分利用“两种资源”“两个市场”，调剂国内余缺，满足多元化市场需求。

④渔业产业结构调整。以“良种化、生态化、集约化、工程化”的“四化”为目标，推进水产养殖业、捕捞业、加工业、增殖业、休闲渔业等产业发展；划定渔业水域生态保护红线，在淡水渔业区，推进水产养殖污染减排，对湖泊水库的规模化养殖配备环保网箱、养殖废水废物收集处理设施；在海洋渔业区，配置海洋渔业资源调查船，建设人工鱼礁、海藻场、海草床等基础设施，发展深水网箱养殖；在水源涵养区，推进水生态修复，建立生态保护与补偿机制，构建科学合理的生态安全格局；加强饲料、渔药管理与养殖池塘改造，实现船网工具与资源环境友好，实现水产健康养殖；降低捕捞强度，减少捕捞产量，规范有序发展远洋渔业，完善远洋捕捞加工、流通、补给等产业链，建设海外渔业综合服务基地。

(3)调整和优化农村产业结构　即调整农村第一、二、三产业之间的结构。从我国当前农村实际来看，存在农村产业之间互联互通性差、产加销融合程度低的问题，农业市场化发育程度处于初级阶段，农业的产前、产中、产后环节被人为地分割在城乡、工农的不同领域、地域；存在农产品加工业转型升级滞后、流通成本高的问题，当前我国农产品加工业与农业总产值比为2.2∶1，远低于发达国家的(3～4)∶1；存在国际竞争不断加剧，国内产业融合不充分的问题，大宗农产品普遍缺乏竞争力，进口压力不断增大，产品市场受到挤压。因此，应按“基在农业、利在农民、惠在农村”的要求，以市场需求为导向，推进全产业链与全价值链建设，构建农村一、二、三产业融合发展的结构。

①创新融合机制，激发产业融合发展动力。一是培育多元化产业融合主体，引导大中专毕业生、新型职业农民、务工经商返乡人员及各类农业服务主体兴办家庭农场、农民合作社，发展农业生产、农产品加工、流通、销售，开展休闲农业、乡村旅游等经营活动；培育农业产业化龙头企业发展农产品加工流通、电子商务、社会化服务，带动农户和农民合作社发展适度规模经营；鼓励和支持工商资本投资现代农业，促进农商联盟等新型经营模式发展。二是发展多类型产业融合方式，鼓励家庭农场、农民合作社等主体向生产性服务业、农产品加工流通和休闲农业延伸；支持企业前延后伸建设标准化原料生产基地、发展精深加工、物流配送和市场营销体系；发展农村电子商务，推广“互联网+”发展模式，借力互联网积极打造农产品、加工产品、农业休闲旅游商品及服务的网上营销平台。三是建立多形式利益联结机制，支持企业在平等互利的基础上，与农户、家庭农场、农民合作社签订购销合同、提供贷款担保、资助农户参加农业保险，打造联合品牌，实现利益共享；鼓励发展农民股份合作，探索不同区域农用地基准地价评估，为农户土地入股或流转提供依据；健全风险防范机制，规范工商资本租赁农地行为，建立土地流转、订单农业等风险保障金制度，加强土地流转、订单合同履约监督。

②发展农村第一产业，夯实产业融合发展基础。一是发展种养结合循环农业，推进农渔、农林复合经营，围绕适合精深加工、休闲采摘的特色农产品，形成产加销结合的产业结构；推进无公害农产品、绿色食品、有机农产品和农产品地理标志产品等优质农产品生产，建立从农田到餐桌的农产品质量安全监管体系，提高标准化生产和监管水平。二是以农产品加工业为引领，培育、推广加工专用优良品种和技术，促进农产品加工专用原料生产，提高农产品加工专用原料生产能力。三是优化农业发展设施条件，推进高标准农田建设，加强农产品仓储物流设施建设，支持农村公共设施和人居环境改善，完善休闲农业和乡村旅游的配套设施建设。

③发展农产品加工业，增强产业融合发展带动力。一是支持农产品产地初加工，以粮食、

果蔬、茶叶等主要及特色农产品的干燥、储藏、保鲜等初加工设施建设为重点，建设粮食烘储加工中心、果蔬茶加工中心等，推进初加工全链条水平提升。二是提升农产品精深加工整体水平，培育马铃薯、薯类、杂粮、预制菜肴等多元化主食产品产业集群，加强与健康、养生、养老、旅游等产业融合对接，开发功能性及特殊人群膳食相关产品。三是推动农产品及加工副产物综合利用，开展秸秆、稻壳、米糠、麦麸、饼粕、果蔬皮渣、畜禽骨血、水产品皮骨内脏等副产物梯次加工和全值高值利用，建立副产物综合利用技术体系，鼓励中小企业建立副产物收集、处理和运输的绿色通道，实现加工副产物的有效供应。

④发展农村第三产业，增强产业融合发展活力。一是发展各类专业流通服务，健全农产品产地营销体系，鼓励各类服务主体把服务网点延伸到农村社区，向全方位城乡社区服务拓展。二是积极发展电子商务等新业态新模式，推进大数据、物联网、云计算、移动互联网等新一代信息技术向农业生产、经营、加工、流通、服务领域的渗透和应用，完善农村物流、金融、仓储体系，鼓励和引导大型电商企业开展农产品电子商务业务，促进农业与互联网的深度融合。三是发展休闲农业和乡村旅游，推进农业与休闲旅游、教育文化、健康养生等深度融合，发展观光农业、体验农业、创意农业等新业态，完善大中城市周边、名胜景区周边、特色景观旅游名镇名村周边、依山傍水逐草自然生态区、少数民族地区、传统特色农区等的公共基础设施建设，因地制宜兴建特色农产品加工、民俗手工艺品制作和餐饮、住宿、购物、娱乐等配套服务设施，支持休闲农业产业融合。

6.3　农业生产布局

6.3.1　农业生产布局的概念

农业生产布局简称农业布局，亦称农业配置，指农业的地域分布，是农业内部分工在地域空间上的表现形式。其主要内容包括：农业生产地区间的分工、区内农业各部门的结合形式和比例关系及具体安排、各农业区域间的经济交流和相互关系。

农业生产地区间的分工是指按各地区的自然、经济资源的不同，确定其生产的专业化方向及其规模，如农产品商品生产基地的选择及安排。区内农业各部门的结合形式和比例关系是指区内的生产组合和空间分布，包括区内有限资源的合理配置、优势产业和拳头商品的开发等。各区域间的经济交流及其相互关系是指在地区分工和生产专业化基础上的纵向及横向的交流与合作。

6.3.2　农业生产布局的理论依据

农业生产布局学从萌芽到西方区位理论的建立，进而到我国农业生产布局理论体系的形成与发展，经历了一个漫长的历史过程。

在古代早期人类社会，虽然农业生产的门类极为简单、生产力水平很低，人们控制自然的能力十分弱小，但已认识到农业生产要求一定的生态适宜区域。如我国 2 000 多年前的古代名著《禹贡》把全国领土分为九州，按州分别记载了土壤、物候、农产、交通、田赋等，这就是当时的农业布局。

汉代司马迁在《史记·货殖列传》中，以农业自然条件为依据，把国土划分为山西、山东、江南、龙门碣石以北4个区域，继而又细分为11个小区，并分区记述了自然、社会经济条件、农业生产特点和各区农业资源的利弊及其合理利用对农业生产的影响，这种农业布局思想比早期的就更为复杂、周密。

近代在"农业生产布局学""区位论"早期思想上升为理论的过程中，做出突出贡献的是西方国家的一些地理学家、农学家和农业经济学家，他们从18世纪末以来就先后进行过农业区划与布局的研究，其中尤以德国、美国和英国学者的观点最具代表性与深远影响。如19世纪末德国人恩格尔布雷许特(H. Engelbrecht)就提出并运用按农作物与禽兽及其他农林牧渔部门在地域内的优势划分农业区，后来美国的伯克尔(O. E. Baker)也对这一方法进行了实践应用，这是西方国家出现较早，也是迄今为止采用较普遍的农业区划与布局论。1926年，德国人屠能(J. H. Thunen)在其《孤立国对于农业及国民经济关系》一书中提出了按照最大利润原则配置农业的理论，后为艾烈波(F. Aereboe)、布林克曼(Th. Brinkmann)、劳尔(E. Laur)所继承，并发展成为按照农业经营制度、农业"区位"划分农业地带的学说。英国人史坦普(L. D. Stamp)在20世纪30年代提出以土地利用结构为依据、参照农业中的优势部门划分农业类型的理论，也较具国际影响。这些农业区划与布局理论于20世纪30年代就传入我国，当时就有一些地学家、农学家和农业经济学家参照此对我国农业区域进行了划分，也成为现代划分农业生产布局的主要理论依据。

6.3.3 合理的农业生产布局的意义

合理进行农业布局，有利于发挥各地优势，提高经济效益、生态效益和社会效益；有利于应用先进的技术和装备，提高农业生产区域化、专业化水平；有利于农业、工业、交通运输业和商业在关联设施的区域配置上密切配合，从而提高全社会生产力要素配置的合理性；有利于促进各地区经济的均衡发展，促进边疆和少数民族地区的经济繁荣，加强民族团结。

6.3.4 农业生产布局的影响因素

农业是自然再生产和经济再生产相结合的物质生产部门，因而农业生产布局既受到光、热、水、土等自然要素的直接影响，又受到不同经济社会发展条件下市场、区位、技术、环境等因素的间接影响。

(1)资源因素　包括气候、土壤、植被、燃料、动力、森林和水力资源等，另外还包括地理位置。农业生产的自然再生产过程，也就是农产品生长、发育和繁殖的生理过程，都受到周围的自然环境，特别是光、热、水、土等条件的制约和影响。农产品对其生产的自然环境都有一定的要求，特定地域的农业自然条件对于特定作物和动物而言，有最适宜区、适宜区、较适宜区和不适宜区之分，这决定了农业生产必须遵循农业自然资源的生态适宜性进行布局。

(2)市场因素　市场需求规模、结构差异及其变化对农业产业布局具有决定性影响。各种农产品的需求结构不同，产业区域分布要求也不同。如粮食属于刚性产品，自给比例高、耐储运，布局带流通量大，因此粮食生产布局可远离消费中心。蔬菜商品率高，收入弹性大，其消费量与人民收入水平密切相关，产品的保鲜程度对价格影响大，因此布局应尽可能接近消费中心。经济作物商品率高，主要为轻工业提供原料，必须与轻工业发展品质要求相适应才能长远发展，布局应尽可能接近加工企业。

(3)区位因素　包括交通区位和贸易区位，主要通过降低运输成本、交易成本等影响农业产业布局。交通区位对农业生产的规模和布局有明显影响，运输成本高、交通不便利的地区会使具有适宜性的农业资源在经济上变得不可行，难以使资源优势转变为商品比较优势。因此，交通区位条件的改善或靠近交通干线和交通枢纽的地区，能有效发挥区域农业自然资源优势。贸易区位是外向型农村产业布局的关键因素，经济的一体化和区域化趋势，对农产品市场及其国际贸易影响很大。作为幅员辽阔的大陆国家，我国不同地区对外空间的区位条件各不相同，其中的沿海、沿边地区具有更为有利的农产品国家贸易区位优势。

(4)技术因素　对农业生产布局产生直接影响的技术包括农业生产、储运、加工、销售等技术。现代以生物技术为核心的生产技术创新，可以突破生产布局的时空约束，农作物品种改良，加速各种抗逆品种、优质专用品种的研制与推广，可提高产品的生态适宜性，显著改变产品的生产空间分布格局；农膜、新农具、新栽培技术的应用有利于抢农时，利用全年的农作物生长期，从而扩大产业布局的范围和规模。储运、加工、销售技术的创新，有利于改善鲜活农产品的区位条件、提高农产品附加值、开拓新市场，推动农业生产布局向广度与深度拓展。

(5)环境因素　农业产业布局的形成与生态环境和政策环境密切相关。随着水土流失、土地退化、农业面临污染等一系列生态环境问题的出现，人们日益关注生产农产品的产地环境质量状况，原产地环境因素在农业生产布局的形成和市场竞争中的作用将越来越显著；政策环境主要通过营造制度环境作用于农业生产布局，在农业生产布局中忽视或夸大政府因素都是不科学的。基于此，大多数国家的政府均是介入农产品国际竞争力研究，基于研究和比较不断修改和完善其政策和法律，进而通过创造有竞争力的经济环境影响农业生产布局的空间位置和规模，最终促进优势农产品区域竞争力的提高。

6.4 我国农业生产布局的调整与优化

6.4.1 中国农业生产布局体系

调整、优化农业产业布局，是今后一个时期我国农业供给侧结构性改革的重要任务之一。根据《全国主体功能区规划》《特色农产品区域布局规划(2013—2020 年)》《全国种植业结构调整规划(2016—2020 年)》，按照“谷物基本自给、口粮绝对安全”的要求，坚持因地制宜，宜农则农、宜牧则牧、宜林则林，逐步建立起农业生产力与资源环境承载力相匹配的农业生产新格局。据此，根据各地自然生态类型、发展基础、环境容量、结构调整潜力等因素，尤其在农业环境问题突出、资源环境压力增大的情况下，将全国农业生产布局体系划分为优化发展区、适度发展区和保护发展区。

6.4.1.1 优化发展区

(1)区域特点　包括东北区、黄淮海区、长江中下游区和华南区，是我国大宗农产品主产区，农业生产条件好、潜力大。

(2)存在问题　存在水土资源过度消耗、环境污染、农业投入品过量使用、资源循环利用程度不高等问题。

(3)调整方向　在坚持生产优先、兼顾生态、种养结合，在确保粮食等主要农产品综合生产能力稳步提高的前提下，对水土资源匹配较好的区域，壮大区域特色产业，保护好农业资源和生态环境，实现生产稳定发展、资源永续利用、生态环境友好，加快实现农业现代化。

6.4.1.2 适度发展区

(1)区域特点 包括西北及长城沿线区、西南区，地域辽阔，自然资源丰富，农业生产特色鲜明，是我国特色农产品主产区。

(2)存在问题 生态脆弱，水土配置错位，资源性和工程性缺水严重，资源环境承载力有限，农业基础设施相对薄弱。

(3)调整方向 坚持保护与发展并重，立足资源环境禀赋，发挥优势、扬长避短，限制资源消耗大的产业规模，适度挖掘潜力、集约节约、有序利用，提高资源利用率。

6.4.1.3 保护发展区

(1)区域特点 包括青藏区和海洋渔业区，在生态保护与建设方面具有特殊重要的战略地位，其中青藏区是我国大江大河的发源地和重要的生态安全屏障，高原特色农业资源丰富，海洋渔业区发展较快，具备发展特色农产品、草地畜牧业和生态渔业的优势。

(2)存在问题 青藏区农业生产水平较低，农村经济发展相对滞后，生态脆弱；海洋渔业区存在渔业资源衰退、污染突出的问题。

(3)调整方向 坚持保护优先、限制开发，对生态脆弱的区域，重点划定生态保护红线，明确禁止类产业，适度发展生态产业和特色产业，让草原、海洋等资源得到休养生息，促进生态系统良性循环。

6.4.2 中国农业综合分区

在农业生产布局体系划分的基础上，根据三大区的农业自然资源条件、社会经济条件及农业生产特征的地域差异，结合农业生产存在的问题与未来发展需要，将三大农业区具体划为八大分区，提出了各区农业生产布局调整的方向和重点。

6.4.2.1 东北区

本区包括辽宁、吉林、黑龙江三省及内蒙古东北部大兴安岭地区，三面为大小兴安岭和千山山脉所围，是我国纬度最高的地区。

(1)自然经济条件和农业生产概况 东北区从南到北地跨暖温带、中温带和寒温带 3 个气候带，雨量充沛，年降水量 500～700 mm，无霜期 80～180 天，初霜日在 9 月上、中旬，≥10℃积温 1 300～3 700℃，日照时数 2 300～3 000 h，雨热同季，适宜农作物生长。松嫩平原、三江平原、辽河平原位于本区核心位置，耕地肥沃且集中连片，适宜农业机械耕作，是我国条件最好的一熟制作物种植区和商品粮生产基地。

(2)发展方向 东北区是世界三大黑土带之一，应以保护黑土地、综合利用水资源、推进农牧结合为方向，建设资源永续利用、种养产业融合、生态系统良性循环的现代粮畜产品生产基地。

(3)布局重点 在典型黑土带，综合治理水土流失，实施保护性耕作，增施有机肥，推行粮豆轮作，在黑龙江，内蒙古第四、第五积温带推行玉米大豆、小麦大豆、马铃薯大豆轮作，在黑龙江南部、吉林和辽宁东部地区推行玉米大豆轮作。到 2020 年，适宜地区深耕深松全覆盖，土壤有机质恢复提升，土壤保水保肥能力显著提高。在三江平原等水稻主产区，控制水田面积，限制地下水开采，改井灌为渠灌，到 2020 年渠灌比重提高到 50%，到 2030 年实现以渠灌为主。在农牧交错地带，积极推广农牧结合、粮草兼顾、生态循环的种养模式，推行“525 轮作”(即 5 年苜蓿、2 年玉米、5 年苜蓿)，大力发展优质高产奶业和肉牛产业。适度扩大生猪、奶牛、肉牛生产规模，推动适度规模化畜禽养殖，加大动物疫病区域化管理力度，推进“免疫无疫区”建设，提高粮油、畜禽产品深加工能力。在大中城市因地制宜发展日光温室大棚等设施蔬菜，提高冬春淡季蔬菜自给率。在大小兴安岭等地区，推行小麦油菜轮作，实现用地养地相结合，逐步建立合理的轮作体系，加大森林草原保护建设力度，发挥其生态安全屏障作用，保护和改善农田生态系统。

6.4.2.2　黄淮海区

本区位于秦岭-淮河线以北、长城以南的广大区域，主要包括北京、天津，河北中南部，河南、山东，安徽、江苏北部。

(1)自然经济条件和农业生产概况　全区由西向东分 3 部分，北部和西部是丘陵、山地和盆地，广泛覆盖着黄土；中部是华北大平原，东部是山东丘陵地带。属温带大陆季风气候，农业生产条件较好，土地平整，光热资源丰富。年降水量 500～800 mm，≥10℃积温 4 000～4 500℃，无霜期 175～220 天，日照时数 2 200～2 800 h，可以两年三熟到一年两熟，是我国冬小麦、玉米、花生和大豆的优势产区和传统棉区，是我国应季蔬菜和设施蔬菜的重要产区。

(2)发展方向　以治理地下水超采、控肥控药和废弃物资源化利用为方向，构建与资源环境承载力相适应、粮食和“菜篮子”产品稳定发展的现代农业生产体系。

(3)布局重点　在华北地下水严重超采区，因地制宜调整种植结构，适度调减地下水严重超采地区的小麦种植，改种耐旱耐盐碱的棉花和油葵等作物，扩种马铃薯、苜蓿等耐旱作物；大力发展水肥一体化等高效节水灌溉，实行灌溉定额制度，加强灌溉用水水质管理，推行农艺节水和深耕深松、保护性耕作，到 2020 年地下水超采问题得到有效缓解。在淮河流域等面源污染较重地区，大力推广配方施肥、绿色防控技术，推行秸秆肥料化、饲料化利用；调整优化畜禽养殖布局，稳定生猪、肉禽和蛋禽生产规模，加强畜禽粪污处理设施建设，提高循环利用水平。在沿黄滩区因地制宜发展水产健康养殖。全面加强区域高标准农田建设，改造中低产田和盐碱地，配套完善农田林网。稳定生猪、奶牛、肉牛肉羊养殖规模，发展净水渔业，推动京津冀现代农牧业协同发展。

6.4.2.3　长江中下游地区

本区位于淮河、伏牛山以南，福州、英德、梧州一线以北，鄂西山地、雪峰山一线以东，主要包括江西、浙江、上海，江苏、安徽中南部，湖北、湖南大部。

(1)自然经济条件和农业生产特点　属我国温带与热带的过渡地带，植物种类南北兼有。属亚热带季风气候，水热资源丰富，河网密布，水系发达，是我国传统的“鱼米之乡”。年降水量 800～1 600 mm，无霜期 210～300 天，≥10℃积温 4 500～5 600℃，日照时数 2 000～2 300 h，耕作制度以一年两熟或三熟为主，大部分地区可以发展双季稻，实施一年三熟制。耕地以水田为主，占耕地总面积的 60%左右。种植业以水稻、小麦、油菜、棉花等作物为主，是我国重要的粮、棉、油生产基地。

(2)发展方向　以治理农业面源污染和耕地重金属污染为方向，建立水稻、生猪、水产健康安全生产模式，确保农产品质量，巩固农产品主产区供给地位，改善农业农村环境。

(3)布局重点　稳步提升水稻综合生产能力，巩固长江流域“双低”(低芥酸、低硫甙)油菜生产，调减重金属污染区水稻种植面积，发展高效园艺产业；科学施用化肥农药，通过建设拦截坝、种植绿肥等措施，减少化肥、农药对农田和水域的污染。开发利用沿海沿江环湖盐碱滩涂资源种植棉花，开发冬闲田扩种黑麦草等饲草作物。推进畜禽养殖适度规模化，在人口密集区域适当减少生猪养殖规模，控制水网密集区生猪、奶牛养殖规模，适度开发草山草坡资源发展草食畜牧业，加快畜禽粪污资源化利用和无害化处理，推进农村垃圾和污水治理。加强渔业资源保护，大力发展滤食性、草食性净水鱼类和名优水产品生产，加大标准化池塘改造，推广水产健康养殖，积极开展增殖放流，发展稻田养鱼。严控工矿业污染排放，从源头上控制水体污染，确保农业用水水质。加强耕地重金属污染治理，增施有机肥，实施秸秆还田，施用钝化剂，建立缓冲带，优化种植结构，减轻重金属污染对农业生产的影响。到2020年污染治理区食用农产品达标生产，农业面源污染扩大的趋势得到有效遏制。

6.4.2.4　华南区

本区位于福州、大埔、英德、百色、元江、盈江一线以南，南至南海诸岛，包括福建东南部、台湾省、广东中部及南部、广西南部及云南南部。

(1)自然经济条件和农业生产特点　全区地处南亚热带及热带，是我国水热资源最丰富和唯一适宜发展热带作物的地区。属南亚热带湿润气候，年降水量1 300～2 000 mm，无霜期235～340天，≥10℃积温6 500～9 300℃，日照时数1 500～2 600 h，终年无霜，可一年三熟，耕地以水田为主，地形复杂多样，河谷、平原、山间盆地、中低山交错分布，经济作物为花生、甘蔗及亚热带水果柑橘和热带水果香蕉、菠萝、龙眼和荔枝等，是全国最大的甘蔗生产基地；其中珠江三角洲是全国著名的商品粮、甘蔗、蚕丝和淡水鱼生产基地。农、林和水产业在全国均占有重要地位，是我国三大林区和四大海区之一。

(2)发展方向　以减量施肥用药、红壤改良、水土流失治理为方向，发展生态农业、特色农业和高效农业，构建优质安全的热带亚热带农产品生产体系。

(3)布局重点　稳定水稻面积、稳定糖料面积，利用冬季光温资源，开发冬闲田，扩大冬种马铃薯、玉米、蚕豌豆、绿肥和饲草作物等，加强南菜北运基地基础设施建设，实现错季上市、均衡供应。大力开展专业化统防统治和绿色防控，推进化肥农药减量施用，治理水土流失，加大红壤改良力度，建设生态绿色的热带水果、冬季瓜菜生产基地。恢复林草植被，发展水源涵养林、用材林和经济林，减少地表径流，防止土壤侵蚀；改良山地草场，加快发展地方特色畜禽养殖。发展现代水产养殖，加强天然渔业资源养护、水产原种保护和良种培育，扩大增殖放流规模，推广水产健康养殖。到2020年，农业资源高效利用，生态农业建设取得实质性进展。

6.4.2.5　西北及长城沿线区

本区位于我国干旱、半干旱地带，主要包括新疆、宁夏、甘肃大部、山西、陕西中北部、内蒙古中西部、河北北部。

(1)自然经济条件和农业生产特点　属半湿润到半干旱或干旱气候，土地广袤，光热资源丰富，耕地充足，人口稀少，增产潜力较大。干旱少雨，水土流失和土壤沙化现象严重。年降水量小于400 mm，无霜期100～250天，初霜日在10月底，≥10℃积温2 000～4 500℃，日照时数2 600～3 400 h。农业生产方式包括雨养农业、灌溉农业和绿洲农业，是我国传统的春小麦、马铃薯、杂粮、春油菜、甜菜、向日葵、温带水果产区，是重要的优质棉花产区。

(2)发展方向　以水资源高效利用、草畜平衡为方向，突出生态屏障、特色产区、稳农增收三大功能，大力发展旱作节水农业、草食畜牧业、循环农业和生态农业，加强中低产田改造和盐碱地治理，实现生产、生活、生态互利共赢。

(3)布局重点　利用西北地区光热资源优势，加强玉米、蔬菜、脱毒马铃薯、苜蓿等制种基地建设，满足生产用种需要；推进棉花规模化种植、标准化生产、机械化作业，提高生产水平和效率，发挥新疆光热和土地资源优势，推广膜下滴灌、水肥一体等节本增效技术，积极推进棉花机械采收，稳定棉花种植面积，保证国内用棉需要。在雨养农业区，实施压夏扩秋，调减小麦种植面积，提高小麦单产，扩大玉米、马铃薯和牧草种植面积，推广地膜覆盖等旱作农业技术，建立农膜回收利用机制，逐步实现基本回收利用；修建防护林带，增强水源涵养功能。在绿洲农业区，发展高效节水灌溉，实施续建配套与节水改造，完善田间灌排渠系，增加节水灌溉面积，到2020年实现节水灌溉全覆盖，并在严重缺水地区实行退地减水，严格控制地下水开采；在农牧交错区，推进农林复合、农牧结合、农牧业发展与生态环境深度融合，通过坡耕地退耕还草、粮草轮作、种植结构调整、已垦草原恢复等形式，挖掘饲草料生产潜力，发展粮草兼顾型农业和草食畜牧业。在草原牧区，继续实施退牧还草工程，保护天然草原，实行划区轮牧、禁牧、舍饲圈养，控制草原鼠虫害，恢复草原生态。

6.4.2.6 西南区

本区位于秦岭以南，地处我国长江、珠江等大江大河的上游生态屏障地区，主要包括广西、贵州、重庆、陕西南部、四川东部、云南大部、湖北、湖南西部。

(1)自然经济条件和农业生产特点　地处亚热带，湿度大、日照少，山地、丘陵、盆地交错分布，垂直气候特征明显，生态类型多样，冬季温和，生长季长，雨热同季，适宜多种作物生长，有利于生态农业、立体农业的发展。年降水量800～1 600 mm，无霜期210～340天，≥10℃积温3 500～6 500℃，日照时数1 200～2 600 h，可实现稻麦两熟制，主要种植玉米、水稻、小麦、大豆、马铃薯、甘薯、油菜、甘蔗、烟叶、苎麻等作物，是我国重要的粮食、油料、甘蔗、烟叶、茶叶、柑橘、生猪和蚕丝产区，也是重要的用材林和经济林基地，油桐、乌桕、生漆和药材等在全国占有重要地位。地面水资源丰富，潜在的可开采能力占全国总量的68%左右，有大量的湖泊及水库等水利设施，国内水力发电工程多在西南地区。

(2)发展方向　突出小流域综合治理、草地资源开发利用和解决工程性缺水，在生态保护中发展特色农业，实现生态效益和经济效益相统一。

(3)布局重点　保护平坝水田，发挥光温资源丰富、生产类型多样、种植模式灵活的优势，因地制宜推广轻简栽培及小型机具，稳定水稻面积，推广玉米/大豆、玉米/马铃薯、玉米/红薯间套作等生态型复合种植，合理利用耕地资源，提高土地产出率；发展高山夏秋冷凉特色农作物生产，巩固云南天然橡胶和糖料蔗生产能力。稳定藏区青稞面积，扩种马铃薯和杂粮杂豆，推广油菜育苗移栽和机械直播等技术，扩大优质油菜生产。对坡度25°以上的耕地实行退耕还林还草，鼓励人工种草，调减云贵高原非优势区玉米面积，改种优质饲草，发展生态草食畜牧业。加强林草植被的保护和建设，发展水土保持林、水源涵养林和经济林；通过修筑梯田、客土改良、建设集雨池,防止水土流失,推进石漠化综合治理,到2020年治理石漠化面积40%以上。合理开发利用水产资源,发展特色渔业。

6.4.2.7 青藏区

本区位于我国最大的高原——青藏高原地带,包括西藏,青海,甘肃的甘南自治州及天祝、肃南县,四川西部,云南西北部。

(1)自然经济条件和农业生产特点 高寒是青藏区的主要自然特点,既有海拔4 000~6 000 m的高达山岭,海拔3 000~5 000 m的台地、湖盆和谷地,又有海拔低于3 000 m的东部、南部河谷地区,但不到全区总面积的10%。由于地势高,大部分地区热量不足,东部和南部海拔4 000 m以下地区,有效积温仅1 000~2 000℃,可种植耐寒喜凉作物。南部边缘河谷地区可种植玉米、水稻等喜温作物。光能资源丰富,是全国太阳辐射量最多的地区,日照时间长、气温日差大,作物光合作用强度大,易形成大穗、大粒和大块茎,有利于作物高产。区内天然草场面积广阔,约占全区土地总面积的60%,东南部和东部有广阔的天然森林,木材蓄积量占全国的23.3%,是我国主要的林牧区。西部南端、中南部和东北部是农牧交错区,适宜青稞、豌豆、小麦和油菜的生长,并以青稞为主,是高原家畜产品(耐寒的牦牛、藏绵羊和藏山羊)的主产区。东南部是以农业和林业为主的农牧交错区,是区内海拔最低、水热条件最好的地区,主要种植冬小麦、玉米,也有水稻生产。

(2)发展方向 突出三江源头自然保护区和三江并流区的生态保护,实现草原生态整体好转,构建稳固的国家生态安全屏障。

(3)布局重点 保护基本口粮田,稳定青稞等高原特色粮油作物种植面积,确保区域口粮安全,适度发展马铃薯、油菜、设施蔬菜等产品生产。严守生态保护红线,继续实施退牧还草工程和草原生态保护补助奖励机制,保护天然草场,推行舍饲半舍饲养殖,以草定畜,实现草畜平衡,有效治理鼠虫害、毒草,遏制草原退化趋势。适度发展牦牛、绒山羊、藏系绵羊为主的高原生态畜牧业,加强动物防疫体系建设,保护高原特有鱼类。

6.4.2.8 海洋渔业区

本区主要包括濒临渤海、黄海、东海、南海及台湾以东的我国管辖海域。

(1)自然经济条件和农业生产特点 气候跨越温带、亚热带和热带,海岸类型多样,大于10 km^2的海湾160多个,大中河口10多个,自然深水岸线400多km。按功能分区为农渔业区、港口航运区、工业与城镇用海区、矿产与能源区、旅游休闲娱乐区、海洋保护区、特殊利用区、保留区等。

(2)发展方向 严格控制海洋渔业捕捞强度,限制海洋捕捞机动渔船数量和功率,加强禁渔期监管。

(3)布局重点 稳定海水养殖面积,改善近海水域生态质量,控制近海养殖规模,拓展外海养殖空间。积极发展海洋牧场,扩大立体养殖、深水网箱养殖规模,建设海洋渔业优势产业带。大力开展水生生物资源增殖和环境修复,保护海洋渔业生态,到2020年,海洋捕捞机动渔船数量和总功率明显下降。

6.4.3　中国特色农产品区域布局

区域化布局、专业化生产、产业化经营是世界各国农业发展的一般趋势与规律，也是农业现代化的重要标志之一。如在美国已形成有竞争力和国际知名的玉米、小麦、大豆等产业带，产量分别为全国产量的 45%、50%、60%，法国形成了世界知名的葡萄优势产区等。当前，我国农业生产的主要矛盾已由总量不足转变为结构性矛盾，推进农业供给侧结构改革、加快转变农业发展方式是当前和今后时期农业农村经济的重要任务。我国已分别于 2003 年、2008 年两次发布《全国优势农产品区域布局规划》，力争发挥资源比较优势、培育区域特色产业，实现农业增效、农民增收。在此基础上，2017 年发布《特色农产品区域布局规划(2013—2020 年)》，旨在培植区域特色支柱产业、优化特色农产品布局、提高特色农产品市场竞争力。

6.4.3.1　特色粮油

我国特色粮油产品种类繁多，品质优良，市场需求增长空间大。特色粮油大部分属于抗旱作物，是我国半干旱地区的主要粮食作物，不但可以食用，而且可广泛应用于化工和医药等领域，具有很高的营养保健功能和综合利用价值，在国际市场上具有明显的品质优势与价格优势，是我国重要的出口农产品，出口量约占世界出口量的 10%。但是，目前我国特色粮油产品生产存在种植粗放、品种混杂、退化严重、加工开发不足、出口市场秩序混乱等突出问题。

(1)区域布局　分区域重点发展 19 种特色粮油。

芸豆：河北、山西、内蒙古、吉林、黑龙江、山东、重庆、四川、贵州、云南、陕西、甘肃、新疆等地的部分县市。

绿豆：河北、山西、内蒙古、辽宁、吉林、黑龙江、江苏、安徽、山东、河南、湖北、广西、重庆、四川、贵州、陕西、新疆等地的部分县市。

红小豆：北京、天津、河北、山西、内蒙古、辽宁、吉林、黑龙江、江苏、山东、湖北、四川、贵州、云南、陕西、甘肃等地的部分县市。

蚕豆：河北、江苏、安徽、湖北、广西、重庆、四川、贵州、云南、陕西、甘肃、青海、宁夏等地的部分县市。

豌豆：河北、山西、江苏、山东、湖北、广东、重庆、四川、贵州、云南、甘肃、青海、宁夏等地的部分县市。

豇豆：大兴安岭南麓地区。

荞麦：河北、山西、内蒙古、安徽、广西、重庆、四川、贵州、云南、西藏、陕西、甘肃、宁夏等地的部分县市。

燕麦：河北、山西、内蒙古、吉林、四川、贵州、云南、甘肃、宁夏等地的部分县市。

青稞：四川、云南、西藏、甘肃、青海等地的部分县市。

谷子：河北、山西、内蒙古、东北三省、山东、河南、陕西、甘肃等地部分县市。

糜子：河北、山西、内蒙古、东北三省、陕西、甘肃、宁夏等地的部分县市。

高粱：河北、山西、内蒙古、东北三省、山东、湖北、重庆、四川、贵州、陕西、甘肃、新疆等地部分县市。

薏苡：浙江、广西、贵州、云南等地的部分县、市。

啤酒大麦：内蒙古、黑龙江、江苏、安徽、河南、云南、陕西、甘肃、新疆等地部分县市。

啤酒花：甘肃、新疆等地的部分县、市。

芝麻：吉林、江苏、安徽、福建、江西、河南、湖北、陕西、新疆等地部分县、市。

胡麻：河北、山西、内蒙古、陕西、甘肃、宁夏、新疆等地的部分县、市。

向日葵：山西、内蒙古、东北三省、新疆等地部分县市，内蒙古巴彦淖尔市。

木本油料：浙江、武陵山区、云南大部。

(2)主攻方向　加强良种繁育与优良品种鉴选，加快优质专用品种推广应用步伐；加强出口基地、加工原料基地建设，推广保优节本高产栽培技术，推进生产技术与产品的标准化；积极扶持龙头企业，推进产业化经营，开发优质特色粮油系列产品，培育一批名牌产品；加强特色粮油产品质量安全管理，建立健全特色粮油相关的质量、技术和环境标准及全程质量安全控制体系。

(3)发展目标　到 2020 年，培育 100 个以上特色粮油名牌产品，优势区产品优质率达到 96%以上；建成一批专用化生产基地，满足国内外细分市场的品质、规格需求。提高加工转化率，加强即食性食品研发，创造新的消费热点，增加市场占有份额，扩大出口规模。

6.4.3.2 特色蔬菜

当前我国蔬菜生产整体上供大于求，存在结构性、季节性、地域性过剩现象，国内外市场竞争日趋激烈。然而，随着人们生活水平的提高和营养保健意识的增强，对蔬菜中的特色菜的需求逐步增加。特色蔬菜因其特有的品质、营养价值及功效，具有广阔的市场空间。

(1)区域布局　分区域重点发展 14 种特色蔬菜。

莲藕：江苏北部、浙江区、山东微山、江汉平原、广西中部。

魔芋：秦巴武陵区、云贵川区。

莼菜：江苏太湖区、浙江杭州、湖北武陵山区、重庆石柱、四川雷波。

藠头：鄂湘赣区、云南区。

芋头：浙闽区、山东、桂东北区、云南弥渡。

竹笋：东南区、湖北区、西南区、陕南区。

黄花菜：湘黔区、甘陕区。

荸荠：浙江区、鄂中区、桂东北区、滇西区。

山药：黄淮海区、云贵区。

黑木耳：东北区、浙闽区、秦巴伏牛山区、长江中上游地区、广西。

银耳：福建区、秦巴山区、黔西北区。

辣椒：东北区、黄淮海区、西南区、湖南区、西北区、海南区。

花椒：西南区、藏东南、陕甘青区。

大料：桂西南区、桂东南区、滇东南区。

(2)主攻方向　加强特色蔬菜良种繁育和推广，发展优质特色蔬菜；强化特色蔬菜产后处理，积极发展深加工，突出特色蔬菜的功能性开发，延长产业链，提高附加值；加快特色蔬菜质量标准体系建设，规范行业标准，提升产品市场竞争力，培育名牌产品。

(3)发展目标　到 2020 年，优势区良种覆盖率达到 96%以上，扶持建设一批特菜种植基地，以加工企业为龙头带动产业发展，实现高档蔬菜标准化生产，开发系列特色蔬菜产品，做精做强特菜名牌产品，提高特色蔬菜在国内外市场上的消费空间。

6.4.3.3 特色草食畜

当前我国特色畜禽产品消费需求增长迅速，牛、羊和驴等特色草食畜发展前景广阔。特色牛主要包括延边牛、郏县红牛、复州牛、湘西黄牛、牦牛等优秀地方牛品种，具有肉质好、味道鲜美独特、感官好等特点，近些年市场需求快速增加。目前存在的主要问题是：生长速度慢，优质种牛群体规模小，肉牛生产和深加工技术落后于发达国家，牛肉在国际市场上缺乏竞争力，高档牛肉产量低，质量及档次不能满足市场需求，大部分依赖进口。特色羊方面，在纺织产品出口拉动下，国产细羊毛市场需求逐步增加，我国羊绒衫占国际市场份额的75%左右，原绒产量占全球产量的80%；藏系绵羊毛具有弹性大、拉力强和光泽度高的特点，是纺织地毯的上等原料，滩羊是在特定生态环境条件下育成的独特名贵裘皮用绵羊品种。目前存在的主要问题是：特用羊品种退化，优质种羊规模小，舍饲技术不完善；羊绒和羊毛剪毛机械化程度低，产品混装混卖，质量及档次结构不能适应市场需求。特色驴方面，随着人们生活水平的快速提高，对驴肉、阿胶的市场需求越来越大，部分优良地方驴品种的肉用、药用和乳用等多功能价值逐渐凸显。目前存在的主要问题是：优质种驴规模小，驴肉及其产品深加工技术落后，高档驴肉产量低，质量及档次低，不能满足市场需求。特色兔方面，兔肉肉质细嫩、味美香浓、久食不腻，营养价值、药用价值都很高。特色鹿方面，鹿全身都是宝，可以开发出多种药品、滋补保健品、食品、化妆品和优质的有机肥，其医疗保健价值尤其显著。

(1)区域布局　分区域重点发展22种特色草食畜。

牦牛：青藏高原、南疆地区。

延边牛：东北三省东部。

渤海黑牛：山东北部。

郏县红牛：河南中西部。

复州牛：辽宁南部。

湘西黄牛：湖南湘西北地区。

奶水牛：广西、云南。

德州驴：鲁北平原。

关中驴：陕西关中平原。

晋南驴：山西南部。

广灵驴：山西东北部。

泌阳驴：河南南部。

福建黄兔：福建西北部。

闽西南黑兔：福建西南部。

九嶷山兔：湖南西南部。

吉林梅花鹿：东北三省。

东北马鹿：东北三省、内蒙古赤峰。

细毛羊：新疆天山北坡及南坡地带、内蒙古中东部、甘肃祁连山区、青海中部。

绒山羊：西藏西部、内蒙古中西部、陕北、辽东半岛、新疆准噶尔盆地和塔里木盆地周边、青海柴达木。

藏系绵羊：西藏大部、青海、甘肃甘南、四川西部及云南西北部。

滩羊：宁夏中部、甘肃中部。

奶山羊：陕西、山东、四川。

(2)主攻方向 特色牛方面，加强优良地方牛品种原产地保种场、保护区建设，保护与开发相结合，遏制能繁母牛养殖数量下降趋势；开发地方牛品种高档牛肉和牛肉制品，促进特色产品精深加工发展；推广专业化育肥新技术，提高饲草料资源利用率；因地制宜开展人工种草，建设饲草料储备和防灾减灾设施，稳定生产能力；规范饲养技术，严格投入品和屠宰加工监管，确保牛肉和牛肉制品产品质量安全。特色羊方面，建设原种场、扩大种羊规模，提高个体繁殖性能和产肉、产毛(绒)和羊毛(绒)品质；推广"牧＋舍"饲养殖技术，控制存栏、提高母畜、加快周转、增快出栏，保护草地，缓解草畜矛盾；加快建设机械化剪毛和毛、绒分级等基础设施；建立滩羊保护区。特色驴方面，加强优良地方驴品种原产地保种场、保护区建设，进行本品种选育，品系繁育，保护与开发相结合；培育壮大一批带动能力强的养殖、屠宰加工龙头企业，提升标准化、规模化、产业化发展水平；开发高档驴肉产品、阿胶产品等，促进特色产品精深加工发展，完善产业链条，强化品牌创建。

(3)发展目标 到2020年，健全和完善良种繁育、动物防疫、市场信息等支撑体系；建立新型的草地生态畜牧业发展机制，发展畜产品精深化加工，形成一批与国际标准接轨、具有较强竞争力的加工企业，创建10个特色草食畜产品名牌。

6.4.3.4 特色猪禽蜂

我国猪禽肉市场供需基本平衡，但特色肉类需求增长势头强劲，发展潜力大，市场前景看好。金华猪皮薄、骨细、肉嫩，是腌制金华火腿的原料；乌金猪肌肉发达，瘦肉比例高，是腌制"云腿"的原料；香猪体型矮小、肉质香嫩、皮薄骨细、早熟、乳猪无腥味，是加工制作高质量肉制品的原料；藏猪体型小、皮薄、瘦肉率高，风味独特。

我国特色优质禽种质资源丰富，自然放养的地方优质鸡销售市场不断扩大，鹅、鸭等特色水禽正成为禽肉生产新的增长点；地方肉鸽品种有石岐鸽、塔里木鸽，石岐鸽肉质鲜嫩，肉味鲜美，耐粗易养；塔里木鸽血、肉均可入药，具有治疗关节炎、风湿等疾病的功效。

我国是世界蜂产品生产和出口大国，国内消费量日渐增加，50%蜂产品用于出口，蜂王浆产量占世界90%。目前存在的主要问题是，品种杂乱，缺乏系统选育，品质参差不齐；生产模式落后，缺乏综合防疫设施，滥用和盲目用药现象严重；生产规模偏小，加工产品开发不足。

(1)区域布局 分区域重点发展11种特色产品。

金华猪：浙江中西部、江西东北部。

乌金猪：云贵川乌蒙山和大小凉山地区。

香猪：黔东南、桂西北。

藏猪：西藏东南部、云南西北部、四川西部、甘肃南部。

滇南小耳猪：滇西边境山区。

八眉猪：陕西泾河流域、甘肃陇东、宁夏固原地区、青海互助县等。

太湖猪：江苏、浙江和上海交界的太湖流域。

优质地方鸡：长江中下游区、华南区、西南区。

特色肉用水禽：长江中下游区、东南沿海区、西南区、黄淮海区、东北松花江区。

特色肉鸽：新疆塔里木盆地西部(塔里木鸽)、广东中南部、珠江三角洲地区(石岐鸽)。

特色蜂产品：东北与内蒙古区、中南区、华东区、西北区、西南地区和华北区。

(2)主攻方向　实施原产地保护，保护与开发相结合，进行特色品种的保种与提纯；改进养殖方式，扩大生产规模，建立标准化生产示范区，提高疫病监控水平，增强产业开发，形成产业链；推进特色产品及其副产品精深加工发展，强化品牌创建，完善产业链。

(3)发展目标　到 2020 年，建立规范化的保种、繁育基地，实施标准化生产，开展系统的保种选育，挖掘精深加工潜力，发展特色肉产品及其他制品，打造知名品牌。

6.4.3.5　特色果品

特色果品属于劳动和技术密集型农产品，市场竞争优势显著，国内外需求增量大，有着较大的发展空间。近年来我国特色果品快速发展，栽培面积、生产量和人均消费量都不断增加，出口大幅度增长，部分产品供不应求，已形成了一些特色果品产业化生产基地，且有加快发展的良好基础。但同时存在品种退化、品质下降、品种及熟期不合理、上市过于集中、市场压力过大、产业化程度低等问题。

(1)区域布局　分区域重点发展 25 种特色果品。

葡萄：华北区、东北区、华东区、中南区、西南区、西北区。

特色梨：塔里木盆地北缘(库尔勒香梨)、山东莱阳(莱阳茌梨)、冀中和鲁西北(鸭梨)、冀中(雪花梨)、鲁苏皖黄淮平原(砀山酥梨、丰水)、河南南部(中梨 1 号、黄冠)、吉林延边(苹果梨)、辽宁沿海(南果梨、锦丰梨)、甘肃河西走廊(苹果梨)、京郊(京白梨)、浙江中部(翠冠)、云南中南部(翠冠、满天红)。

特色桃：北京产区(平谷)、辽南产区(大连)、河北产区(乐亭、顺平)、山东产区(青岛、威海、蒙阴、肥城)、陕甘高原产区(咸阳、秦安)、苏浙沪区(徐州、无锡、奉化、奉贤)、豫北产区(安阳、新乡)、鄂西北产区(枣阳、孝感)、成都产区(龙泉驿)、皖北产区(砀山)、滇黔产区(昆明、贵阳)、桂北产区(桂林)、东南产区(南平、河源)。

樱桃：辽宁大连、河北秦皇岛、北京郊区、山东胶东半岛和泰沂西部、陕甘中部。

石榴：新疆南疆绿洲、安徽怀远、川滇高原区、山东枣庄、海南。

杨梅：浙闽大部、云南东部。

枇杷：浙闽粤区、湘桂区、四川区、江苏吴中、安徽歙县。

特色柚：闽粤区、桂东北湘南区、浙江中南部、湖北宣恩。

猕猴桃：陕西关中、甘肃、渝湘黔区、江西、江苏、川中区。

特色枣：冀鲁平原、黄土高原、甘新区、辽西北区、闽南区、海南区。

特色杏：冀北山区(仁用杏)、辽西地区(仁用杏)、南疆地区(鲜食杏)。

特色核桃：云南中西部、晋冀区、青藏东南、南疆地区、鄂西北、山东泰山，浙皖天目山区(山核桃)、辽东南。

板栗：京津冀东北部、鲁中低山丘陵、鄂皖大别山区、陕南鄂西、云南中部。

柿子：京冀太行山区、陕甘区、桂北区。

香榧：浙江会稽山脉。

龙眼：粤桂南部、闽东沿海、海南、滇南干热河谷、四川泸州。

荔枝：粤桂南部、闽南、海南、滇南干热河谷、四川泸州。

香蕉：海南-雷州半岛、粤西-桂南、桂西南-滇南-滇西南、珠三角-粤东-闽南。

橄榄:闽粤沿海。

椰子:海南。

腰果:海南。

菠萝:桂西南、闽粤南部、海南东部、滇南和干热河谷。

芒果:粤桂南部、海南西部、滇南、川滇干热河谷、闽南。

番木瓜:粤桂南部、滇东南、闽南。

槟榔:海南。

(2)主攻方向　培育优良新品种,增加品种数量,发展早、晚熟品种,提高均衡上市能力;开展技术示范和技术培训,提高产品品质和商品一致性,加强采后处理和保鲜技术研发,开发新加工产品、开拓新市场;加强对引进品种和种苗的检疫性病虫害检疫管理工作,强化对重点病虫害的防患;健全特色果品品质、安全标准和监督、管理机制,加强特色果品产地认证。

(3)发展目标　到2020年,培育80～100个具有我国独特品质、有市场竞争力的特色果品品种;优化特色果品结构,加强果品采收技术研发;推进标准化生产,形成生产、加工、营销一体化的产业链,培育特色果品著名品牌,扩大国际市场份额。

6.4.3.6　特色饮料

茶叶、咖啡是风靡世界的无酒精特色饮料。我国茶文化历史悠久,茶种资源丰富,有一批地方特色明显的名茶。但茶叶原产地保护力度不够,茶农缺乏必要的技术指导,产品质量安全生产技术和保证体系不健全等问题突出。我国云南和海南是世界高档咖啡豆适宜种植区,近年咖啡加工技术不断进步,咖啡国内消费需求和出口稳步增长。主要问题是咖啡园建设质量不高,品种混杂,生产技术和管理跟不上,精深加工和规模化程度不高,出口企业无序竞争,直接影响国际市场竞争力。

(1)区域布局　分区域重点发展5种特色饮料。

红茶:皖南、滇西、粤桂部分县、福建部分县、市。

乌龙茶:闽西北、闽南、粤东。

洱茶:滇西南。

绿茶:浙江、安徽、江西、湖南、湖北、四川、贵州、重庆、陕西、河南、江苏、福建等地的部分县、市。

咖啡:云南西南部、广东雷州半岛、海南西北部。

(2)主攻方向　茶叶方面,改良茶树品种,稳步推进良种化进程;改善茶叶种植环境,加强茶树病虫害监控;全面推广茶叶标准化生产,加强初制茶厂改造与加工环境整治,确保茶叶优质安全;整合品牌,形成产业聚集。咖啡方面,推广优良品种,提高单产;建立优质咖啡种植园和精品咖啡脱壳加工厂;研发咖啡深加工新产品,建立咖啡交易中心,做强品牌。

(3)发展目标　到2020年,优势区全面实现标准化生产,控制农药和重金属残留;加大资源原产地保护和新产品研发力度,扶持一批加工型龙头企业,改善加工工艺;整合品牌,规范市场;中西部优势区创建一批特色饮料地域性名牌,提高区域产品的认知度。

6.4.3.7　特色花卉

花卉消费正在由集团消费和节假日消费向家居日常消费发展,市场前景广阔。20世纪90

年代以后，世界花卉贸易额每年以 10%的速度递增。世界花卉生产格局正在由发达国家向资源较丰富、气候适宜、劳动力和土地成本低的发展中国家转移，这为我国花卉业的发展提供了良好的机遇。我国花卉产业已具雏形，具备进一步发展的基础。目前存在的主要问题是，种质资源保护不够，缺乏专利品种，品种结构不合理，生产方式落后，花卉市场建设滞后。

(1)区域布局　分区域重点发展 4 类特色花卉。

鲜切花：云南中部、浙江东北部。

种球花卉：福建漳州(水仙)；青海东部(郁金香、百合)；滇西北和滇东北、甘肃中部(百合)；辽宁凌源(百合、唐菖蒲)。

盆栽花卉：福建沿海、浙江中北部、广东珠江三角洲、江苏如皋、辽宁海城、天津东丽。

园林花卉：湖北、河南。

(2)主攻方向　研发新品种和申请专利，建立和完善鲜切花行业标准；引进国外先进种球繁育、产后加工保鲜、质量及病毒检测等技术，以及温室成套设备和采后处理生产工艺线等；加强鲜切花的保鲜、盆栽花卉的栽培与繁殖等关键技术研发；加强市场体系建设，建立发达的花卉供销网络。

(3)发展目标　到 2020 年，努力培育一批具有自主知识产权的特色花卉新品种，优化品种结构；建立技术推广和培训体系，实现产业升级，初步形成科研与生产互动互惠的研发机制；建设规范的花卉拍卖市场。

6.4.3.8　特色纤维

我国特色纤维在世界占有重要的地位，茧丝和麻类两类特色纤维的生产总量居于世界前列。其中蚕茧和丝产量均占世界生产总量 80%左右，是主导世界茧丝价格走势的茧丝绸原料大国；我国苎麻产量世界第一，出口量占世界苎麻出口的 95%；亚麻、红麻和黄麻产量世界第二。同时，我国特色纤维在国际市场上具有较强的质量和价格竞争优势，是我国极为重要的出口创汇产品。目前存在的主要问题是，桑园分散，缺乏方便适用的蚕茧质量检测技术，国际市场的强烈影响和出口企业的无序竞争造成蚕茧收购价格波动比较大；麻类优质品种比重低，剥麻设备简陋，劳动强度大，综合利用能力低，麻类加工导致环境污染严重。

(1)区域布局　分区域重点发展 4 种特色纤维。

蚕茧：广西大部、川西川南、渝东南、云南、苏北、浙江中北部和西部、鄂北、粤西粤北、陕甘南部、皖南(桑蚕)；豫南、东北地区(柞蚕)。

苎麻：湘鄂赣、川东地区、桂北地区、渝中南地区(主要是涪陵地区)。

亚麻：黑龙江、新疆伊犁、甘肃中东部。

剑麻：华南南部。

(2)主攻方向　蚕茧方面，控制规模，调整布局，蚕桑“西进”；强化基础设施建设，推行标准化生产，建设优质高产稳产蚕桑新基地；推广优良桑、抗寒桑树新品种，蚕新品种和省力化养蚕等优质蚕茧生产技术，提高桑茧生产水平及质量，增加蚕农收入。麻类方面，积极培育优质麻类新品种，提高优质品种覆盖率；研制剥麻设备，降低麻农劳动强度，提高剥麻效率和纤维质量。增加产品种类，提高产品的附加值。大力发展特色纤维(麻类)替代森林造纸，建立综合开发利用技术体系，提高麻类综合利用水平，减轻环境污染。

(3)发展目标　到 2020 年，综合开发利用特色纤维资源，发展集约高效生态型特色纤维业，形成生产-纺织-贸易一体化的产业体系，增强产业国际竞争力，全面提高优势区特色纤维生产的经济效益和生态效益。

6.4.3.9 道地中药材

随着大众健康意识的快速提升和国际社会对中国传统中药的认同和接受，我国中药材产业的发展赢得了良好的发展空间，中药材产品市场需求不断增长。中药材市场竞争力强，发展潜力大，在国际贸易中的份额逐年上升。目前存在的主要问题是，道地药材品种退化严重。种植组织化、产业化程度和科技含量较低。市场监管不力，伪劣药材产品充斥市场。中药材品种繁多，不同品种的需求量差异明显，市场价格年际波动很大。

(1)区域布局　分区域重点发展25种中药材。

三七：桂西南和滇东南。

川贝母：川西、藏东、甘肃南部。

怀药：河南焦作。

天麻：西南、秦巴山区、武陵山区、皖西。

杜仲：秦巴山区、武陵山区、大娄山区。

枸杞：宁蒙河套地区、新疆精河、青海区。

黄芪：内蒙古东部、辽宁东部、吉林长白山、黑龙江北部、川西北、山东半岛、陕西中部、甘肃南部、青海东部。

人参：长白山。

丹参：天津蓟州区、四川中江和青川、湖北孝感、甘肃南部。

林蛙：长白山及大小兴安岭。

鹿茸：辽宁北部、吉林中南部、黑龙江中南部。

当归：滇西北、甘肃南部。

罗汉果：桂东北。

北五味子：东北区。

浙贝母：浙江中部。

川芎：四川成都。

金银花：河南新乡、山东平邑、四川巴中、广西忻城。

白术：贵州松桃县、河北安国市、河南、浙江。

藏药：藏区。

甘草：黑龙江西南部、南疆地区。

黄芩：河北、山东。

桔梗：冀鲁豫地区、鄂东北。

细辛：辽宁。

龙胆草：辽宁、黑龙江。

山茱萸：豫西、浙西北。

(2)主攻方向　推动中药材产品原产地认证工作，加强野生道地药材资源保护；规范中药材栽培和产地加工技术，保证中药材质量；降低农药残留和重金属对环境和药材的污染，保证中药材安全；加快对中药材病虫害发生发展规律及防治技术的研究。

(3)发展目标 到2020年,建设一批优质道地中药材生产基地;大幅度提高优势区中药材标准化、产业化和组织化水平;建立中药材原产地种源基地保护区。

6.4.3.10 特色水产

随着城乡居民消费水平的提高,国内特色水产的消费呈现大众化之势,其市场需求会逐步增加。鲍鱼、海胆、蟹、海参等特色水产,因味道鲜美、营养丰富而备受称誉,在国内外市场上十分畅销。目前存在的主要问题是,优良苗种覆盖率偏低,养殖标准化程度低,人工配给饲料的使用率低,养殖环境恶化,病害发生频繁,病害检测和防治技术滞后,养殖产业链条短,深加工比例较小,产业化与组织化程度低。

(1)区域布局 分区域重点发展15种特色水产。

鲍鱼:辽宁、山东、福建、广东、海南等地沿海。

海参:辽宁、河北、山东、江苏、福建等地沿海。

海胆:辽宁、山东、广东等地沿海。

珍珠:浙江、湖南、江西、广西、广东、海南等地的部分县、市。

鳜鱼:湖南、湖北、江西、安徽、江苏、浙江、广东等地的部分县、市。

鳟鲟鱼:北京、河北、山西、辽宁、黑龙江、云南、贵州、四川、青海、山东、湖北、甘肃等地的部分县、市。

长吻鮠:四川、重庆、湖北、江西、安徽、广东、江苏等地的部分县、市。

青虾(学名为日本沼虾):浙江、江苏、安徽、江西的部分县、市。

锯缘青蟹:浙江、福建、广东、广西、海南等地沿海。

黄颡鱼:黑龙江、辽宁、江苏、安徽、江西、湖北、湖南、四川、浙江等地部分县、市。

黄鳝:江苏、安徽、江西、湖北、湖南、四川等地的部分县、市。

乌鳢:江苏、浙江、江西、安徽、湖北、湖南、山东、广东等地的部分县、市。

鲶鱼:辽宁、山东、江苏、安徽、江西、湖北、湖南、四川、广东、广西等地部分县、市。

龟鳖:江苏、浙江、江西、湖北、湖南、广东、山东、河北、河南等地的部分县、市。

海蜇:辽宁、河北、山东、江苏的沿海地区。

(2)主攻方向 加强苗种繁育与养殖技术研究,提高产品品质;实施标准化养殖,建设安全生产基地;合理控制养殖规模与密度,改善养殖生态环境;提高相关病害监测、防控水平,确保水产品食用安全;扶持养殖和加工龙头企业,提高养殖加工比例与产业化水平。

(3)发展目标 到2020年,全面推行健康养殖和绿色加工,有效预防和控制重大养殖病害,提高产品产量和质量,建设一批特色水产品健康养殖示范区,培育一批加工贸易型龙头企业,巩固国际市场的地位,扩大出口。

小 结

产业结构一般指一个国家或地区社会分工体系中各种产业之间的分类组合状况和各部门之间的比例关系和相互联系。农村产业结构主要指农村中的第一产业农业(种植业、林业、牧业、渔业),第二产业的工业、建筑业及第三产业在农村经济中的组成和比重。农业产业结构通常指一个国家、地区或农业企业的农业产业各部门之间和各部门内部的组成及其相互之间的比例关系。它是农业资源配置中的一个基本问题,其调整的方向和重点包括农产品品种结构调整与农业内部及各部门之间的结构调整,农业产业结构合理与否直接影响着农业甚至整个国民经济的发展。据世界农业发展经验,农业产业结构变动的趋势一般是种植业比重下降,畜牧业比重逐渐提高,林业日益成为农业的重要部门,渔业越来越受到重视,成为食品的重要来源。在我国推进农业供给侧结构性改革的背景下,推动粮经饲统筹,农林牧渔结合,种养加一体,一、二、三产业融合发展的产业结构调整是新常态下农业提质升级的重要途径。

农业生产布局简称农业布局,是农业内部分工在地域空间上的表现形式,其主要内容包括农业生产地区间的分工、区内农业各部门的结合形式和比例关系及具体安排、各农业区域间的经济交流和相互关系,合理的农业生产布局对促进农业生产发展和提高农业现代化水平有重要意义。基于我国国情,结合农业产业结构与生产布局的调整、优化要求,尤其在我国农业资源环境问题突出的情况下,将全国农业生产布局体系划分为优化发展区、适度发展区和保护发展区。根据三大区的农业自然资源条件、社会经济条件及农业生产特征的地域差异,结合农业生产存在的问题与未来发展需要,四大农业区系可具体划为八大分区。从各国情况看,区域化布局、专业化生产、产业化经营是世界各国农业发展的一般趋势与规律,也是农业现代化的重要标志之一,因此,我国也应借助优势产区,培育一批特色农产品,形成科学、合理的农业产业结构与生产布局。

复习思考题

1. 什么是农村产业结构?其影响因素有哪些?
2. 什么是农业产业结构?其内容包括哪些?形成农业产业结构需要哪些条件?
3. 如何理解农业产业结构演变的规律性?合理调整农业产业结构应遵循哪些原则?
4. 农业供给侧结构性改革背景下,农业内部调整农业产业结构的方向和重点是什么?
5. 农业供给侧结构性改革背景下,农村产业结构调整的方向和重点是什么?
6. 什么是农业产业布局?其影响因素有哪些?
7. 按照我国行政区划和农业区划相结合的原则,我国农业区划体系包括哪些区域?
8. 结合我国国情,如何调整和优化我国农业生产布局?

参考文献

1. 朱道华. 农业经济学. 4版. 北京:中国农业出版社,2000.
2. 杨改河. 农业资源与区划. 北京:中国农业出版社,2007.
3. 孔祥智. 农业经济学. 北京:中国人民大学出版社,2014.
4. 郭翔宇. 农业经济管理学. 2版. 北京:中国农业出版社,2017.

第 7 章　农业经营预测与决策

本章学习要点

- 农业经营预测的含义与原则
- 农业经营预测的程序与方法
- 农业经营决策的含义与类型
- 农业经营决策的原则与程序
- 确定型、非确定型和风险型决策的定量分析方法

7.1　农业经营预测

7.1.1　农业经营预测的概念

预测，简单地说，就是预计和推测，即人们根据过去和现在来预计未来，根据已知来推测未知，以指导人们的未来行动，减少未来事件的不确定性影响。具体地讲，预测是指运用科学的理论和方法，对预测对象及有关过去和现在的资料进行分析研究，从而掌握其发展变化的规律性，并据以对预测对象在未来时期的发展趋势变化及其结果做出估计与判断。

经营预测是预测技术在经营中的具体运用。它是以过去和现在的统计资料和调查资料为依据，运用科学的方法对影响经营活动的各种不确定因素及其对经营总体影响结果所进行的预料、估计和判断。简单地说，经营预测就是根据内外部经营环境、经营信息对未来经营状况所作的推测和预料。

农业经营预测是指以过去和现在的统计资料和调查资料为依据，运用科学方法，对农业企业经营有关的未来状况和发展趋势所做的定性和定量的推测和预料。

7.1.2　经营预测原理

经营预测的基本原理是要回答人们为什么能够对未来经济发展的情况做出推测的问题。经营预测的基本原理主要包括以下 3 方面内容。

(1)连续性原理　也称连贯性原理，指经济的发展具有符合经济发展规律的连贯性。一切经济现象从时态上来看，都有其过去、现在和未来，而其过去、现在和未来具有连续性。它的现在是由过去发展来的，它的未来是过去和现在发展的结果。如果作用于经济现象的条件不变，未来的经济状态就是过去和现在的经济状态的延伸。所以，在了解过去和现在的基础上，就可

以预知未来。

(2)类推性原理 客观经济事物之间,存在着某种类似的结构和发展模式。人们按照已知的某种类似的结构和发展模式,可以类推未来的结构和发展模式。客观经济事物之所以能够类推,是因为它们之间存在着相似性,具体表现为结构及发展模式相接近。统计学中利用样本推断总体,就是由于具有代表性的样本同总体在结构上是相似的。

(3)因果性原理 客观经济现象的更替运动中,作为原因的某种现象一旦发生,作为结果的另一种现象必然会随之出现,即为客观经济运动的因果性。这个因果关系一般是原因在前,结果在后,但原因与结果几乎同时出现的状况也是常见的。当人们把握了经济发展变化的原因,就能推断出必然出现的结果。这种从已知的原因推测未知的结果,就是应用了因果性原理。

7.1.3 农业经营预测分类

农业经营预测名目繁多,可根据研究需要,按不同的标准,将各种预测进行分类。

7.1.3.1 按经营预测的内容不同划分

按照预测的内容不同,可将农业经营预测分为以下 5 种。

(1)自然气候预测 农作物的收成好坏在一定程度上与是否风调雨顺有关,因此,要做出计划,有必要对雨量、温度和自然灾害做出预测。

(2)资源供应预测 对劳动力、土地、机器设备、水源、肥料、燃料、饲料、交通运输条件等供应情况及其对生产的约束程度,自己能供应多少,需要外购多少,市场能供应多少,供应的价格为多少,自己生产的成本为多少都要做出预测。

(3)科学技术预测 对科学技术未来发展动向以及对经济发展的影响做出预测,如重大发明和新技术应用的推广速度与效益等方面的预测。

(4)生产结构预测 根据当时当地的条件,推测各种农产品的生产规模、结构变化趋势。

(5)市场供求关系预测 要对国内外农产品市场的需求量、市场占有率,农产品经济寿命周期、居民收入水平、购买力、消费结构、农产品价格等情况做出预测。

7.1.3.2 按经营预测的时间长短划分

按预测时间长短,可将农业经营预测分为长期预测、中期预测和短期预测 3 类。长期预测一般是指对 3 年或 5 年以上的经营过程所作的预测;中期预测一般是对 1 年以上 3 年以内的经营过程所作的预测;短期预测则是指 1 年以内的经营过程所作的预测,如以旬、月、季为单位的预测。

7.1.3.3 按经营预测的方法不同划分

按经营预测的方法可以将农业经营预测分为定性预测和定量预测。定性预测又称为经验判断,它是凭借自己的经验和综合分析判断能力,根据预测对象的性质、特点、过去和现在的情况,运用逻辑推理法,推断预测对象的未来发展趋势。该方法简便易行,但带有较大的主观性,受预测者分析、判断能力的影响大,它较适用于缺乏历史统计资料和数据的情况,或用于新产品销售量的预测;定量预测是根据占有的系统可靠的资料和数据,在定性分析的基础上,借助数学模型、图表和计算机等手段,进行定盘分析,进而对预测对象的未来发展趋势做出预测。它适用于有较完整的历史统计资料和数据的情况。

7.1.4 农业经营预测的原则和程序

7.1.4.1 农业经营预测的原则

农业经营预测要求对未来做出合乎规律的推断和设计,要搞好农业经营预测,必须遵循如下原则。

(1)敏感性 预测应该随时观察、掌握预测对象的新动向,如年景丰歉、同行业的创新动向等。

(2)时间性 预测必须及时,要走在农业生产和流通的决策之前,这样才能及时决策。

(3)反复性 农业经营预测不可能一次就完成,要反复进行,不断修正,逐步减少误差,提高预测的准确性。

(4)地域性 农产品生产或消费受地区影响较大,农产品经营预测必须有针对性,注意各地自然条件、经济条件和社会条件方面的差别,以符合各地区的实际。

(5)群众性 经营预测是信息的沟通,除了依靠各级和各类专业人员之外,还要重视发动群众参加预测,取得来自多方面信息,以提高预测的全面性和准确性。

(6)连续性 经营预测是对未来趋势动向的预测。一次预测只能对一定期限的未来进行估计,而预测对象的运动变化是连续不断的。因此,预测要连续进行,不断掌握预测对象运动的最新动向。

7.1.4.2 农业经营预测的程序

经营预测是对农业发展前景的一种探索性的研究工作,其预测过程是一个严密的逻辑推理过程,因此它有一套科学的研究步骤。要搞好经营预测,必须明确先做什么,后做什么,形成一个前后稳定有序的程序。

(1)确定预测目标 确定预测目标主要是确定预测对象、目的、预测项目、预测的空间范围和时间要求。预测目标应尽量具体、详尽,不能含糊、抽象。它既关系到整个预测活动的成败,又关系到预测中其他步骤的进展,如收集何种资料,采用何种预测方法,以及如何制定该项预测的具体工作计划和进度计算等。

(2)搜集、整理和分析有关资料 根据预测目标,广泛搜集需要的历史和现实资料,对收集到的资料要严格审核,要做到数据可靠,计算口径一致,计算方法相同,统计时间与计量单位一致等,使资料具有可比性。

(3)选择预测方法和模型 要根据预测的目标和要求、预测对象本身的特点来选择预测方法。预测方法要服从于预测目标和预测要求。预测模型与预测方法是紧密联系在一起的,确定了预测方法,也就确定了预测模型。建立预测模型,就是指依据预测目标,应用预测方法建立起数学模型。

(4)进行预测 对预测问题经过分析或计算,进行判断、测算,确定预测结果。根据选定的方法,进行调查,如有数学模型,条件许可,应编制计算程序,通过电子计算机进行预测。

(5)分析预测结果　分析预测结果是否已达到预测目标的要求;预测结果误差是否在允许范围内;预测结果的合理程度怎样等。

(6)撰写预测报告　预测报告包括预测的目的、预测方法、预测结果、误差范围、预测结果分析,使用此预测值的注意事项,以及保证预测结果实施的策略、措施等内容。

(7)预测结果的追踪、检验　对预测值与实际值进行比较,并分析差距及产生的原因,提出修正意见,以期提高预测的精确度。

7.2 农业经营预测方法

农业经营预测的方法有很多种,一般可分为以市场调查为基础的经验判断法(定性预测方法)和以统计资料为基础的计算分析法(定量预测方法)两大类。定性预测法主要预测经营活动未来发展的趋势和方向,对数量的预测精确度要求不高;而定量预测法则主要预测经营活动未来发展的量的水平,对发展趋势和方向的反映不够直观。因此在实际工作中,应注意定性预测和定量预测的结合。

7.2.1 定性预测方法

定性预测法是依靠人们的知识、经验和综合分析能力,对未来的发展状况做出推断。该方法直观简单、费用低,但掌握起来并不容易,需要有丰富的经验。在数据资料较少或不准确的情况下,采用该方法较好。

(1)经验判断法　主要是凭借经营者个人的经验和综合分析能力,在市场调查资料的基础上作出预测。农村中有不少善经营、懂管理的能人,他们对本行有丰富的经验和观察分析能力,可以凭其经验对农产品产量、产值等做出估计和推断。这种方法虽简便易行,但往往带有主观片面性。故要求预测者应有丰富的经验和精明的头脑,对市场行情有充分的了解,否则预测结果的质量不能保证。

(2)集合意见法　就是预测者邀请与预测对象有关的人员和专家参加会议,共同商讨,从而作出预测。这种方法要求参会人员有一定经验、专业知识和丰富的第一手资料,通过讨论、磋商、互相启发,提出具有创造性的预测意见。

(3)德尔菲法　又称专家预测法,是一种采用函询方式征求专家意见的集体预测方法。其工作过程是:将所要预测的问题和必要的背景材料,用通信的形式向专家们提出,得到回答后,把各种意见经过综合、归纳和整理再反馈给专家,进一步征询意见,形成比较集中的预测结果。由此可见,德尔菲法具有匿名性、反馈性和统计性的特点,因而预测的可靠性高,但时间长,工作量大,费用高。该法的主要形式是调查表,表内要提出预测目标、实现目标的各种手段或方案,表内提出的问题力求明确、清楚和简单。为了使专家们所预测的问题有一个共同的认识起点和基础,要向专家们提供有关的预测事物的背景材料,并且要求预测组织者不带任何倾向和个人意见。专家人数根据预测问题的规模而定,一般以10～40人为宜。

(4)用户调查法　是直接向消费者调查的方法,例如消费者对产品有哪些新的需求?需求量有多大?对产品品种、规格、质量、价格有什么需求?调查的结果可预测出市场潜在的需求量。用户调查方式很多,如个别交谈、书面征询、电话交谈、开座谈会等。

7.2.2　定量预测方法

定量预测法是利用历史和现实的数据统计资料或经济现象的相关联变量之间的关系，选择适当的数学模型对未来市场需求及其发展趋势所做出的定量预测。定量预测方法主要有时间序列预测法和因果关系预测法。

7.2.2.1　时间序列预测法

时间序列预测法就是将市场需求量、销售量、价格、利润等同一变数的一组观察值，按时间顺序加以排列，分析其变动趋势，并加以延伸，确定市场预测值的方法。这种方法适用于市场比较稳定，价格弹性较小的产品，特别是短期预测更为适用。

(1)算数平均数法　就是将预测期以前的若干期数值进行简单算数平均，将其结果作为下期的预测值的方法。计算公式如下：

$$Y=\frac{\sum_{i=1}^{n}X_i}{n}$$

式中：Y 为算数平均值(第 $n+1$ 期预测值)；X_i 为第 i 期实际数值($i=1,2,3,\cdots,n$)；$\sum_{i=1}^{n}X_i$ 为各期实际数值的总和。

【例 7.1】成都市龙泉驿区某农户历年来水蜜桃销售收入见表 7.1，试用算数平均数法预测该农户 2018 年水蜜桃销售收入。

表 7.1　某农户历年水蜜桃销售收入　　元

年份	2012	2013	2014	2015	2016	2017
销售收入	20 500	22 100	25 000	30 000	32 000	33 100

根据以上公式可计算该农户 2018 年水蜜桃销售收入预测值：

$$销售收入预测值=\frac{20\ 500+22\ 100+25\ 000+30\ 000+32\ 000+33\ 100}{6}=27\ 116.67(元)$$

(2)加权平均数法　就是根据观察期各期资料的重要性不同，分别给以不同权数后加以平均作为预测值的方法。特点是所求得的平均数预测值包含了长期变动趋势。计算公式为：

$$Y=\frac{\sum_{i=1}^{n}f_iX_i}{\sum_{i=1}^{n}f_i}$$

式中：Y 为加权平均值(第 $n+1$ 期预测值)；X_i 为第 i 期实际数值($i=1,2,3,\cdots,n$)；f_i 为第 i 期权数；$\sum_{i=1}^{n}f_iX_i$ 为加权后各期实际数值的总和；$\sum_{i=1}^{n}f_i$ 为各期权数之和。

仍用例 7.1 资料计算，见表 7.2。

表 7.2 某农户历年水蜜桃销售收入 元

年份	2012	2013	2014	2015	2016	2017
销售收入	20 500	22 100	25 000	30 000	32 000	33 100
权重	1	2	3	4	5	6

根据公式可计算该农户 2018 年水蜜桃销售收入：

$$销售额预测值=\frac{20\ 500\times1+22\ 100\times2+25\ 000\times3+30\ 000\times4+32\ 000\times5+33\ 100\times6}{1+2+3+4+5+6}$$

$$=29\ 442.86(元)$$

加权平均数法的优点是考虑并加大了近期的影响程度。此法可作为有趋向性发展的经济现象的预测。

(3)增长比率法　就是根据本期较上期实际增长的比率来推算下期的预测值。计算公式如下：

$$A=B\cdot\frac{B}{C}$$

式中：A 为下期预测值；B 为本期实际数值；C 为上期实际数值。

仍用例 7.1 中 2016 年和 2017 年的数据推算该农户 2018 年水蜜桃销售收入：

$$水蜜桃销售收入预测值=331\ 000\times\frac{33\ 100}{32\ 000}=34\ 237.81(元)$$

此方法不考虑其他市场变动因素，适用于比较稳定增长的趋势预测。

(4)指数平滑法　就是以预测期的上一期的实际值为依据，并赋予一定的权数来求得本期的预测值。计算公式为：

$$M_t=\alpha D_{t-1}+(1-\alpha)M_{t-1}$$

式中：M_t 为第 t 期的预测值；M_{t-1} 为第 $t-1$ 期的预测值；D_{t-1} 为第 $t-1$ 期的实际值；α 为平滑系数（$0\leqslant\alpha\leqslant1$）。

如例 7.1，某农户 2018 年水蜜桃销售收入预测值，按增长比率法推算，是 34 237.81 元，实际销售收入 36 500 元，设 $\alpha=0.8$，该农户 2019 年水蜜桃销售收入：

$$水蜜桃销售收入预测值=34\ 237.81+0.8\times(36\ 500-34\ 237.81)=36\ 047.56(元)$$

平滑系数取值大小，应根据过去的预测值与实际值比较而确定。差额大，则 α 应取大一些；差额小，则 α 应取小一些。α 越大则近期的倾向性变动影响越大；α 越小则近期的倾向性变动影响越小，越平滑。平滑系数越小，预测趋向较平滑，因此，在实际应用中，倾向于采用较小的 α 值。

7.2.2.2 相关分析预测法

相关分析预测法是以影响因素为自变量，以研究对象为因变量，根据历史的数据资料，预测研究未来数量及其发展趋势的预测方法。相关分析预测法又包括很多具体的方法，其中应用最广泛的是一元线性回归分析法。一元线性回归法是利用一个自变量与一个因变量之间的线性关系进行预测的方法。其方程式为：

$$y = a + bx$$

式中：y 为因变量；x 为自变量；a 和 b 为回归系数。当 b 为负值时，两个变量按相反的方向变动，当 b 为正值时，两个变量按同一方向变动。

进行一元线性回归分析预测，关键是寻求合理的回归系数 a 和 b，确定回归方程，然后根据预计的 x 值求出 y 的预测值。回归方程中 a 和 b 两个参数计算公式为：

$$a = \frac{\sum y_i - b\sum x_i}{n} \quad b = \frac{n\sum x_i y_i - \sum x_i \sum y_i}{n\sum x_i^2 - (\sum x_i)^2}$$

算出 a 和 b 的值后，即可求出一元线性回归方程。但所求出的回归模型能否用于预测，还必须进行相关系数检验。相关系数是表明两变量间相关程度和方向的分析指标，通常用 R 表示，取值范围为：$-1 \leqslant R \leqslant 1$。$R$ 值接近 1 或 -1 时，表示强相关；R 值接近于 0 时，表示弱相关。R 等于 0 表示两变量无线性相关关系。$R>0$，称为正相关，$R<0$，称为负相关。计算公式为：

$$R = \frac{n\sum x_i y_i - \sum x_i \sum y_i}{\sqrt{n\sum x_i^2 - (\sum x_i)^2} \cdot \sqrt{n\sum y_i^2 - (\sum y_i)^2}}$$

【例 7.2】某农业企业 2010—2018 年某产品销售量及盈利额的统计资料如表 7.3 所示，如果 2019 年的产品市场销售量为 160 t，试预测该企业 2019 年的盈利额。

表 7.3　某农产品销售量与盈利额统计表

年份	2010	2011	2012	2013	2014	2015	2016	2017	2018
产品销售量/t	60	64	70	80	90	100	110	120	130
盈利额/万元	40	45	50	56	60	62	65	68	70

(1)根据表 7.3 中的资料绘出销售量 x 与盈利额 y 之间的坐标散点图，如图 7.1 所示。根据绘制的图形确定盈利额与产品销售量之间的函数关系为：

$$y = a + bx$$

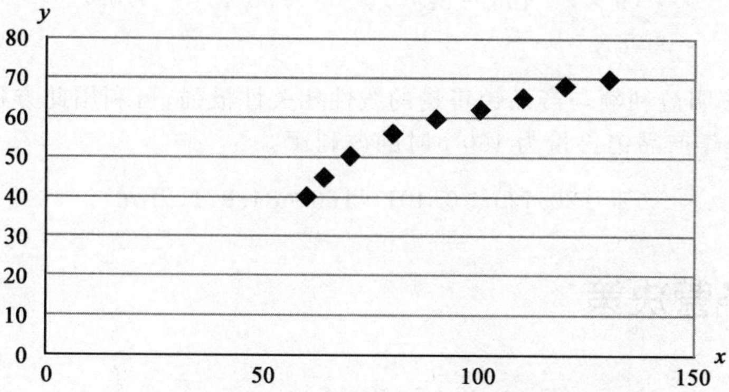

图 7.1　产品销售量与盈利额之间的坐标散点图

(2)利用盈利额与产品销售量的数据计算回归分析计算表,如表7.4所示。

表7.4 某农产品销售量与盈利额回归分析计算表 元

年份	产品销售量 x	盈利额 y	xy	x^2	y^2
2010	60	40	2 400	3 600	1 600
2011	64	45	2 880	4 096	2 025
2012	70	50	3 500	4 900	2 500
2013	80	56	4 480	6 400	3 136
2014	90	60	5 400	8 100	3 600
2015	100	62	6 200	10 000	3 844
2016	110	65	7 150	12 100	4 225
2017	120	68	8 160	14 400	4 624
2018	130	70	9 100	16 900	4 900
合计	$\sum x_i = 824$	$\sum y_i = 516$	$\sum x_i y_i = 49\ 270$	$\sum x_i^2 = 80\ 496$	$\sum y_i^2 = 30\ 454$

(3)求回归系数 a 和 b 的值。将回归计算表中的数值代入回归计算公式,则有:

$$b=\frac{9\times 49\ 270-824\times 516}{9\times 80\ 469-824^2}=0.401$$

$$a=\frac{516-0.401\times 824}{9}=20.711$$

回归方程为:

$$y=20.711+0.401x$$

(4)进行相关程度检验,将表中数值代入相关系数公式,求出相关系数 R:

$$\begin{aligned} R &= \frac{n\sum x_i y_i-\sum x_i\sum y_i}{\sqrt{\left[n\sum x_i^2-(\sum x_i)^2\right]}\cdot\sqrt{\left[n\sum y_i^2-(\sum y_i)^2\right]}} \\ &= \frac{9\times 49\ 270-824\times 516}{\sqrt{(9\times 80\ 496-824^2)\times(9\times 30\ 454-516^2)}} \\ &=0.967 \end{aligned}$$

R 为0.967,表明盈利额与产品销售量的线性相关性极强,可利用此方程进行预测。

(5)预测2019年产品销售量为160 t时的盈利额:

$$y=20.711+0.401\times 160=84.871\text{(万元)}$$

7.3 农业经营决策

7.3.1 农业经营决策及其重要性

决策就是人们为达到解决某一问题的目的,对行动上所要采取的策略、办法,经过运筹谋画，作出最后的决定。决策理论是第二次世界大战后，在西方经济发达国家首先产生和逐步发展起来的。该理论的主要创始人是美国著名的经济管理学家赫伯特·西蒙。

农业经营决策是指农业企业通过对其内部条件和外部环境进行综合分析，确定企业经营目标，选择最优经营方案并付诸实施的过程。在现代农业经营管理中，经营决策是经营管理的首要职能和核心，是提高企业管理水平和经济效益的关键。

经营决策是一种综合性的经营艺术。它是行动的先导，是经营成败的关键，是管理的核心和基础，是最重要的管理职能。懂生产、会经营、善决策，是企业管理人员必须具备的才能。因此，管理人员，尤其是领导者，必须重视决策，掌握决策的理论和方法，以便做出正确的决策，指导企业不断开拓前进。

7.3.2　农业经营决策的类型

不同类型的决策，其决策的内容和方法是各不相同的。为了进行有效的决策，首先必须分清企业决策的类型，然后根据决策的内容，遵循决策的原则，按照科学的决策程序，针对性地选择决策的方法。农业经营决策可以从不同的角度进行分类。

7.3.2.1　按决策问题的性质不同分类

(1)战略决策　是涉及全局性、长期性问题的决策，是企业适应外部环境而作出的重大经营决策。这种决策一般涉及面大，影响深远，不仅与企业的当前经营有关，而且决定企业未来的发展方向。如产品开发、技术改造、市场开拓、企业转向、人力资源开发等重大决策。

(2)战术决策　又称管理决策或策略决策，是指为了实现企业的战略决策，对所需的人、财、物资源进行有效组织、协调的各项具体决策。如作物布局、财务决策、定价决策、销售渠道决策等。

(3)业务决策　又称日常管理决策，是为了实现战略决策和管理决策的具体方法和手段，是在一定的管理体系基础上，为了提高生产和工作效率所做出的各项决策。如人员的调度、任务的分配、订货经济批量决策等。

7.3.2.2　按决策问题所处条件与所产生的后果不同分类

(1)确定型决策　又称肯定型决策，是指每一种可供选择的方案所需要的条件和未来状态完全已知，对每一种方案实施后果也能计算确定，可以在比较中做出肯定择优的决策。

(2)非确定型决策　又称不肯定型决策，是指各方案所出现的结果不确定，而且不能预计其出现的概率，因此只能靠决策者的经验和主观判断而做出的决策。

(3)风险型决策　这种决策各方案的条件大部分是已知的，出现的结果却不能确定，但这种不确定的结果出现的概率又是可以预先估计的。决策的最后结果受概率的影响，而且这种概率是事先预测的，实际情况的出现不一定完全和概率相符合，所以这种决策带有一定风险性，故称之为风险型决策。

7.3.2.3　按决策事件重复出现的程度不同分类

(1)程序化决策　又称常规决策或例行决策，是指对经常重复发生的事件，已经具有了处理的经验和方法，可以按常规办法进行的决策。如日常订货决策、退货的处理、服务的规定等。

它的特点是影响决策的因素有规律性，可以建立一定的程序做出决策。

（2）非程序化决策　又称非常规决策或例外决策，是一种没有常规可循的决策，也是一种对不重复出现的例外性的事件所进行的决策。它受许多变化因素的影响，不可能建立起固定的决策模式，常常需要依靠决策者的知识、经验、掌握的信息和对未来发展趋势的判断能力作出决策。如新产品的研究开发、企业的并购与重组、工程投资等。

7.3.2.4 按决策所要达到的目标的数量不同分类

（1）单目标决策　是指决策所要达到的目标只有一个。如资金筹集的决策是为了获得所需资金；某一广告决策是为了扩大销售量等。这种决策问题单一，容易掌握和做出抉择。人们一般着重于单目标决策。但它有局限性，强调一点时，容易以偏概全。例如调度决策往往会片面追求产量的完成目标而忽视质量、成本等目标。

（2）多目标决策　是指所要达到的是互相联系、互相制约的多个目标。例如，要提高经济效益，不仅要考虑产量、产值，而且还要考虑成本、消耗、质量等指标，这就要进行多目标决策。但是，多目标决策也不能不分主次，目标太多，没有中心，反而会引起决策失误。

7.3.3 农业经营决策的内容

农业企业经营决策的内容十分广泛，概括起来主要有以下几个方面。

（1）生产决策　主要是确定企业生产经营方针、发展方向、生产结构、生产规模、资源的合理配置与技术措施的选择等。

（2）营销决策　是指企业识别、分析、选择和发现市场营销机会，以实现企业经营目标的一系列活动过程。主要包括市场调研、预测、产品市场定时定位决策，产销量、分配路线和销售方式决策，销售促进技术和市场营销组合决策，价格决策，竞争战略、售后服务和其他销售业务决策等。

（3）财务方面决策　主要包括资金筹集决策，即如何为企业筹集所需资金的决策；投资决策，即把能动用的资金投向何种生产经营活动的决策；对投入生产经营过程中的资金如何使用的管理决策等。

（4）研究开发决策　主要包括市场开发、产品开发决策，新技术、新工艺开发决策，人力资源开发、智力开发决策等。

（5）组织人事方面决策　主要包括企业组织机构设置、权责分工、组织人员配备及干部任用考核、任免和培训等方面的决策。

（6）其他方面决策　包括职工聘任的决策，激励机制和思想教育、职工福利事业的发展决策，以及环境保护的决策等。

7.3.4 农业经营决策的原则

农业经营决策是农业企业经营管理的核心和基础，决策的正确与否直接关系到企业的生存和发展。为了使决策科学化，应遵循以下原则。

（1）可行性原则　农业企业的生产经营决策既要考虑企业的发展目标，又要考虑企业的现实条件；既要考虑企业的自身利益，又要考虑社会利益。决策时，要对各方面的因素进行综合分析，根据需要和可能做出决策，使决策方案做到切实可行，切忌盲目草率决策，给企业带来严重的后果。特别是对农业产业结构的调整、区域布局的优化、主导产品的选择、重大投资项目、技改方案以及生产周期长的种植、养殖项目的决策，必须瞻前顾后，从长计议，遵循自然法则和经济规律的要求，立足自身实际，充分考虑农业企业的自然资源条件和经济技术条件，在此基础上进行科学的经营决策。

(2)科学性原则　决策活动是人们在认识客观世界的基础上，改造客观世界的重要活动和自觉行为。决策的科学性原则，是决策活动最根本的原则，它集中体现了决策活动的本质。农业经营决策必须坚持实事求是的态度，进行广泛的调查研究，提出足够的科学依据，进行综合分析论证，认真对待决策过程中的每一个环节。尤其是战略性决策，如农业经营方向和目标的确定、农业产业结构的战略性调整、农业现代化的路径选择、重大农业投资项目的决策等，更应通盘考虑，切忌主观臆断，克服决策的盲目性、随意性、片面性，提高自觉性。

(3)经济性原则　决策活动是人们为了获得对自己有利的结果而进行的一种创造性活动。因此，在决策活动中必然要付出一定的代价，从事决策活动的人员要支付一定的时间和精力，要支付调查费用、计算费用和会议费用等。决策的经济性原则要求对决策费用和决策效果进行对比分析。所以，农业企业的经营决策必须考虑其决策的投入与产出，通过人们创造性的劳动，做到费用最低、效益最好。

(4)时效性原则　农业企业的生产经营活动不仅受自然环境的影响，而且还受社会经济环境特别是市场环境的影响。由于农产品市场瞬息万变，机会和风险共存，企业决策者必须经常了解市场。掌握市场动向，善于在千变万化的市场环境中，及时捕捉信息，把握机会，迅速做出反应，以便在激烈的市场竞争中比竞争对手率先采取对策，制定新的经营战略，按照市场走势、价格变化及竞争对手的情况及时调整经营战略、产品结构，抢占最有利的市场时机。

(5)灵活性原则　农业企业在生产经营过程中，常伴有许多不确实因素，如市场供求的变化、竞争对手的战略调整、自然气候条件的变化等。这就要求企业的决策必须留有调节的余地，保持足够的弹性，以便适应变化不定的情况，应付各种可能出现的情况，防止自然灾害的袭击。

(6)民主性原则　企业决策成败的关键，取决于人们的预见、判断、经验、智慧和创造力，而任何个人的智慧、经验、能力总是有限的。决策者要善于引导群众发表不同意见，集思广益，提出方案，通过分析比较，进行择优选择。事实上，只有在群策群力、集思广益的情况下做出的决策，才能使全体成员自觉执行、积极响应。

7.3.5　农业经营决策的程序

决策程序是指从问题提出到定案所经历的过程。一般而言，决策过程包括以下几个步骤。

(1)发现与诊断问题　通过调查研究，发现问题并对问题的症结及其产生原因加以确诊，才够针对问题确定决策目标。常用的方法是将事物应有现象和实际现象加以对比，从中发现有什么差异？何时发生？何处发生？以便对问题的性质、特点、原因、程度、范围、后果等有一个系统的认识，并予以确认。如果对问题的认识模糊不清，就无法确定决策目标。

(2)调查经营情况，提出经营问题　经营决策是为了解决经营过程中提出的需要解决的问题。所谓经营问题是指企业在经营上实际达到的状况与应当达到或期望达到的状况之间存在的差距。决策者要在全面调查研究、系统搜集环境信息的基础上发现问题，并抓住问题的关键要害，这样，才能制定正确的决策目标。

(3)确定经营决策目标　决策目标是指在一定的环境和条件下，根据预测所能得到的结果。决策目标是拟订、选择、执行检查和优化方案的依据。正确确定决策目标的要求是：

①确定目标以存在的问题为前提。

②决策目标的含义和实现期限必须明确、具体。

③目标建立在既有约束需要，又有实现条件的基础上。

④目标尽可能定量化。

⑤当决策目标是多目标时，要区分主次。

(4)拟订经营决策的可行方案　经营决策的可行方案是指能够解决某一经营问题，保证经营决策目标的实现，具备实施条件的经营决策方案。在经营决策过程中，必须拟订多个可行的方案，以便择优选择，减少决策的失误。拟订多种方案，以供选择。没有两种以上可供选择的方案，就没有决策，多谋才能善能。因此，要充分发挥群众的创新能力，实行领导、专业人员与群众三结合，集思广益，从不同角度、不同途径设想出各种可能性方案，以供比较与选择。开始时方案越多越好，经过“是否有用”和“是否可能”这两方面的筛选，最后形成一个既可行又高效的行动方案。这一最终方案的确定，是经营决策过程的又一关键程序。对各种方案进行评价的依据是决策目标。评价与选优的方法，主要是根据过去的经验和借助数学分析的方法。必要时还可以进行试点，以便取得经验，作为最终决策的依据。

(5)对可行方案进行评价和选择　指对选出的多个可行方案，在进行全面、详细评价的基础上，从中选出一个认为满意的方案作为决策行动方案。这一环节是决策的关键，在选择和评价方案时要解决好以下 3 个问题。

①能否在较高程度上实现预定的决策目标。一项决策行动的结果越接近于预定的决策目标，那就表明决策的合理性越高。当决策目标具有多个目标或一个目标需通过多个指标来反映，而每个决策方案对不同目标的作用程度是不同的，就必须根据企业所处的环境条件和决策的价值前提，分清目标的主次，把主要目标作为考虑的重点。

②选择方案时还必须考虑方案实施所需付出的代价与可能带来的效果的比值，即成本收益比。以尽可能小的代价换取尽可能大的效果，从而实现最好的决策效益，这是方案选择中的经济性标准。

③合理的决策要妥善处理好正面效果与负面效果，以及效果与风险之间的关系。任何决策方案在带来实现预定目标所希望的正面效果的同时，往往也可能引起所不希望的各种负面效果。因此，在选择最优方案时，需要从正、负两方面做全面的衡量和评价，这样才能避免产生决策的不良后果。

决策方案的选优方法通常有 3 种：一是经验判断法，即依靠社会实践经验来评选最优方案；二是数学分析法，即利用数学模型进行方案定量计算，模拟经济活动，从而进行方案择优；三是模拟试验法，即通过科学试验和实际实验进行方案择优。无论采用哪种选择方法，都要注意资料的客观性、时间地点性、数字准确性和一定的针对性。

(6)实施决策方案　决策的制定并不意味着决策过程的结束，决策实施与反馈是决策程序中不可缺少的组成部分，决策的制定和实施结合起来，才构成科学决策的全过程。实施和反馈的有效做法是建立各种形式的经营管理责任制，将决策目标分解落实到各个执行单位和个人，作为预期的任务完成。在实施过程中，要跟踪检查，及时发现问题，及时反馈，以便迅速纠正偏差，以保证决策目标的实现。

7.4　农业经营决策方法

随着决策理论的发展，人们创建了许多有效的经营决策方法，归纳起来也可分为两大类，即定性决策方法和定量决策方法。定性决策方法是指人们利用已有的知识、经验和分析判断能力，完成决策活动全过程的方法。定性决策方法运用简便灵活，不需要高深的数学知识，省时省力，省费用，便于普及和推广，又有利于群众参与决策，保证决策的顺利执行，但主观性较强，分析论证不够严密，对一些技术要求比较高的决策事件无法提供准确的预测结果。加上个人之间的意见有时偏差较大，所以不易得出综合性的意见。定量决策方法需要大量的农业生产经营数据，通过数学方法对数据进行科学的加工整理，借以揭示农业生产经营投入与产出等相关变量之间的规律性联系，用于预测和推测农产品市场未来发展变化情况。

常用的定性决策的具体方法有：头脑风暴法（或称畅谈会法），即召开 5～10 人的专家会议，就某一决策问题，鼓励人们提出创造性建议，探寻有创新内容的方案；对演法，即拟订方案的人和持不同意见者，面对面展开辩论，各述其长，互攻其短，以充分暴露各方案的矛盾；专家意见法（即德尔菲法）。

定量决策方法是指运用数学模型，根据决策条件，通过定量计算的结果选择决策方案的方法。不同性质的决策，采用的定量决策方法也有所不同。

在实际工作中，由于经营存在着复杂性、多变性，通常将定性决策方法和定量决策方法结合起来使用。下面主要介绍几种不同的决策类型常用的一些定量分析方法。

7.4.1　确定型决策的定量方法

确定型决策的择优法则是收益极大值或投入极小值法则，即从若干可供选择的方案中找出收益极大者或投入极小者为最优方案。

7.4.1.1　直观判断法

直观判断法就是从已有定量分析资料中，直观、方便地选择最有利的方案作为决策方案。现举例说明。

【例 7.3】设某农业企业计划年度的生产资源可用于 A，B，C 3 种产品，在不同销售状态下，各种产品的损益如表 7.5 所示。现由签订的销售合同查明，上述 3 种产品的畅销状态发生概率为 1。为获取更多的盈利，试问企业应生产哪一种产品？

表 7.5　不同方案下的损益值　　元

方案	畅销概率 1	一般概率 0	较差概率 0	滞销概率 0
A	9 000	6 000	−1 500	−2 500
B	12 000	6 300	−2 200	−3 000
C	6 000	3 700	1 300	−750

由表 7.5 可知，在本年度内，畅销状态发生概率为 1，其余的 3 种销售状态发生的概率都是零，故本例属于确定型决策。在畅销状态下，因方案 B 的收益最高，故为最优方案。

7.4.1.2 线性规划法

线性规划法是一种在满足一定约束条件下，通过合理利用资源、合理配置资源，使预定的目标达到最优的应用数学方法。我们可用下面的例子来说明。

【例 7.4】作物 A 每亩需劳力 1 个单位，资金 2 个单位，净收益 5 个单位；作物 B 每亩需劳力 3 个单位，资金 1 个单位，净收益 4 个单位。该生产单位总的劳力数量为 90 单位，资金数量为 80 单位，总耕地面积为 45 亩，问该生产单位应如何安排生产，使生产获得最大盈利？

解决上述问题的步骤如下：

(1)建立数学模型

设：作物 A 种植 x_1 亩、作物 B 种植 x_2 亩时生产获得最大盈利，目标用 $\max P$ 表示，则约束条件为：

$$\begin{cases} x_1 + 3x_2 \leqslant 90\text{(劳动力)} \\ 2x_1 + x_2 \leqslant 80\text{(资金)} \\ x_1 + x_2 \leqslant 45\text{(耕地)} \end{cases}$$

目标函数：

$$\max P = 5x_1 + 4x_2$$

(2)求解 x_1 和 x_2

线性规划法可用作图法、表上作业法和单纯形法求解，变量多的可用电子计算机解决。

求解得：$x_1 = 35$，$x_2 = 10$，$\max P = 215$

即作物 A 种植 35 亩，作物 B 种植 10 亩时生产获得最大盈利为 215 个单位。

7.4.1.3 盈亏平衡分析法

盈亏平衡分析法也叫量本利分析法。它是根据产品的产销量，成本与利润三者之间的关系来分析企业的盈亏情况，并进行方案择优的一种方法。其基本原理是：按照生产中各项费用的消耗与产销量的关系，将总成本分为固定成本与变动成本。固定成本是在一定期间内，当企业产销量变化时其总额保持不变的成本，如折旧费、租赁费、利息支出和一般管理费等。变动成本是指随产销量的增加而同步增加的费用或成本，如直接人工费、原材料消耗等费用。单位产品的原材料消耗等变动成本是相对不变的，当产销量增大时，单位产品成本就会因单位产品所分摊的固定成本的减少而降低；反之，当产销量减少时，单位成本就会提高。这样就必然在盈利与亏损之间存在一个平衡点，即指企业不盈不亏时产量或销量等指标的分界点，又称为保本点。

设企业产品的生产量或销售量为 Q，单位产品售价为 P，固定成本总额为 F，单位产品变动成本 V，盈亏平衡点产销量为 Q_0。

当产品销售收入等于销售总成本时，即盈亏平衡时，则有：

$$Q_0 P = F + Q_0 V$$

由上式可得盈亏平衡点产销量：

$$Q_0 = \frac{F}{P - V}$$

如果考虑到企业盈利状况，以上计算公式还需适当加以改进。设企业利润量为 G，则有：总收入＝总成本＋利润总额。

$$QP = F + QV + G$$

$$Q = \frac{F + G}{P - V}$$

当盈亏平衡时，有 $G=0$，此时解上述方程得盈亏平衡点产销量：

$$Q_0 = \frac{F}{P - V}$$

上述关系如图 7.2 所示。

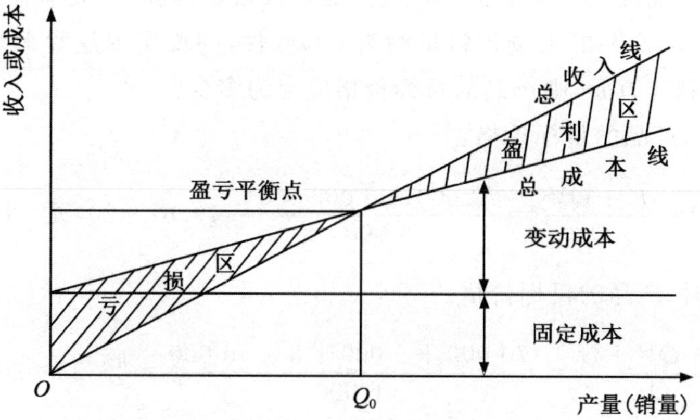

图 7.2　盈亏平衡原理图

当企业的生产经营规模达到保本产销量 Q_0 时，总收益等于总成本，企业不盈不亏；企业的生产经营规模小于保本产销量 Q_0 时，总收入小于总成本，企业发生亏损；企业的生产经营规模大于保本产销量 Q_0 时，总收入大于总成本，企业获得利润。

利用盈亏平衡分析方法我们可以得到企业决策所需的一些重要参数，如盈亏平衡点产销量、企业利润和产品价格等，下面我们分别举例说明。

(1)确定企业盈亏平衡点产销量

【例 7.5】某养鸡场年固定成本总额为 10 万元，每只鸡的变动成本为 10 元，每只鸡的单价为 18 元，问要实现盈亏平衡，该鸡场的养殖数量应达多少只？若该鸡场要盈利 6 万元，则养鸡场的养殖数量应达到多少只？

解：根据公式 $Q_0 = \dfrac{F}{P - V}$ 求得盈亏平衡点养鸡数量：

$$Q_0 = \frac{100\ 000}{18 - 10} = 12\ 500(\text{只})$$

又据公式 $Q = \dfrac{F + G}{P - V}$ 可求得若要盈利 6 万元的养鸡数量：

$$Q = \frac{100\ 000 + 60\ 000}{18 - 10} = 20\ 000(\text{只})$$

(2)进行价格决策,即在企业固定成本总额、单位产品变动成本、企业目标利润和产品销量一定的情况下,确定产品的目标价格。

当盈亏平衡时,即 $G=0$ 时:

$$P=\frac{F+QV}{Q}$$

当 $G\neq 0$ 时:

$$P=\frac{F+QV+G}{Q}$$

【例 7.6】某农产品加工企业欲把一种新产品投放市场,其固定成本总额为 7 万元,单位产品的变动成本为 8 元,产品的市场销售量约为 6 000 件,问要实现盈亏平衡,产品的目标价格应定为多少?欲盈利 4 万元,则产品的目标价格应定为多少?

解:当 $G=0$ 时,产品的目标价格:

$$P=\frac{F+QV}{Q}=\frac{70\ 000+6\ 000\times 8}{6\ 000}=19.67\approx 20(\text{元/件})$$

当 $G=4$ 万元时,产品的目标价格:

$$P=\frac{F+QV+G}{Q}=\frac{70\ 000+6\ 000\times 8+40\ 000}{6\ 000}=26.33\approx 26(\text{元/件})$$

(3)进行利润决策　即在企业固定成本总额、单位产品变动成本、产品销量和产品价格一定的情况下,确定企业的目标利润。企业目标利润的计算公式为:

$$G=Q(P-V)-F$$

【例 7.7】某乡镇企业要与其下属企业签订承包合同,已知该乡镇企业年固定成本总额为 14 万元,单位产品变动成本为 4 元,单位产品销售价格为 12 元,预计产品销售量为 45 000 单位,问该乡镇企业应以多大利润额为依据,签订承包合同?

解:根据公式 $G=Q(P-V)-F$,该乡镇企业的目标利润为:

$$G=45\ 000\times(12-4)-140\ 000=220\ 000(\text{元})$$

该乡镇企业应以 220 000 元的目标利润为依据签订承包合同。

(4)进行企业经营安全分析　经营安全率是分析企业经营状况的一个重要指标。它是企业实际产销量大于盈亏平衡产销量的差额占实际产销量的百分率。其计算公式如下:

$$MRS=\frac{Q-Q_0}{Q}\times 100\%$$

式中:MRS 为经营安全率,Q 为实际产销量,Q_0 为盈亏平衡产销量。

经营安全率越高,企业经营风险越低,一般情况下,可参考表 7.6 数值判断。

表 7.6　安全状况参照表

经营安全率/%	>30	25～30	15～25	10～15	<10	<0
经营安全状态	安全	较安全	尚可以	需警惕	危险	不安全

7.4.1.4　差量收益分析法

差量收益分析法是通过计算两方案的差量收入与差量成本，分析比较方案之间的差量收益，并据以作出判断决策的一种确定型决策方法。

差量收入是指以一种方案为基准，采用另一种方案，在收入上将会形成的差额。

差量成本是指以一种方案为基准，采用另一种方案，在成本上将会形成的差额。根据这个定义，可以得出这样的结论：在短期经营决策中，对于沉没成本，即企业过去为取得固定资产所有权已经付过的资金，永远是无关成本，不必考虑；对于准备购买的固定资产在实际购买和使用前的支出，仍算是差量成本。

$$差量收益 = 差量收入 - 差量成本$$

下面来看差量收益分析法的运用。

(1)价格低于成本的追加订货是否接受的决策。

【例 7.8】假设某农产品加工企业，现生产任务不足，某日接到 4 000 t 的订货，价格为 280 元/t，该企业加工每吨农产品的变动成本为 276 元，完全成本为 290 元，问是否应接受订货？

如按正常生产情况考虑，企业不应该接受该订货，因为接受订货每加工 1 t 农产品企业赔 10 元，生产 4 000 t 加工品企业要赔 40 000 元，因而不接受订货理所应当。

若用差量收益分析法进行分析，结论就会有变化。

解：差量收入＝4 000×280＝1120 000(元)

差量成本＝4 000×276＝1 104 000(元)

差量收益＝差量收入－差量成本＝1 120 000－1 104 000＝16 000(元)

通过差量收益分析结论为，当生产能力有剩余的条件下，企业应接受订货。

(2)是否接受特殊订货的决策　所谓特殊订货是指所订货物有加工的特殊要求，一般要使用新的工艺或购入特定加工设备。

【例 7.9】根据例 7.8 已知条件，为了按厂家的特殊要求订货，需要购入一台 6 000 元的设备，问是否还接受订货？

解：差量收入＝4 000×280＝1120 000(元)

差量成本＝4 000×276＋6 000×1＝1 110 000(元)

差量收益＝差量收入－差量成本＝1 120 000－1 110 000＝10 000(元)

结论：因为接受特殊订货后仍存在着差量收益，所以企业应接受订货。

(3)出售原产品还是继续加工的决策。

【例 7.10】某粮食加工企业现有粮食 70 000 kg，具体资料如表 7.7 所示，问该企业是出售原粮还是继续深加工？

表 7.7 不同决策方案下企业盈利情况 元/kg

项目	出售	继续加工
单位产品售价	17.0	20.0
单位产品完全成本	8.5	11.6
其中:变动成本	13.2	15.2

解:根据表 7.7 资料有:

差量收入=70 000×(20−17)=210 000(元)

差量成本=70 000×(15.2−13.2)=140 000(元)

差量收益=差量收入−差量成本=210 000−140 000=70 000(元)

结论:对粮食进行继续加工,可为企业带来追加利润 70 000 元,因此,企业应选择继续加工。

(4)亏损产品是否停产的决策。

【例 7.11】假设某企业同期生产甲、乙、丙 3 种产品,损益情况如表 7.8 所示。

表 7.8 同期生产甲、乙、丙 3 种产品时企业损益情况

项目	产(销)量/kg	销售收入/元	变动成本总额/元	固定成本总额/元	净利润/元
甲产品	500	8 000	4 800	1 000	2 200
乙产品	450	9 000	8 600	900	−500
丙产品	600	8 500	4 500	1 600	2 400
合计	—	25 500	17 900	3 500	4 100

从表 7.8 可看出乙是亏损产品,问乙产品是否应停产?

解:如果将乙产品停产,则企业的损益情况如表 7.9 所示。

表 7.9 乙产品停产后企业损益情况 元

项目	销售收入	变动成本总额	固定成本总额	净利润
甲产品	8 000	4 800	1 000	2 200
丙产品	8 500	4 500	1 600	2 400
合计	16 500	9 300	2 600	4 600

如果把乙产品停产作为基准方案,采用甲、乙、丙 3 种产品同时生产这一方案,则有:

差量收入=25 500−16 500=9 000(元)

差量成本=17 900−9 300=8 600(元)

差量收益=差量收入−差量成本=9 000−8 600=400(元)

结论:由于采用甲、乙、丙 3 种产品同时生产这一方案,存在着差量收益,故乙产品不应停产。

7.4.2　非确定型决策的定量方法

非确定型决策的择优法则有许多种，现举例说明。

【例 7.12】设某农业企业一块土地，在不同的自然状态下，实行不同的种植方式，其单位面积产量如表 7.10 所示，试运用不同的方法进行决策。

表 7.10　不同种植方案下的损益值　kg

项　目	方案 A	方案 B	方案 C
旱年	800	675	900
平年	550	800	650
涝年	950	600	775
每列最小值	550	600	650
每列最大值	950	800	900

7.4.2.1　悲观法则

悲观法则也称小中取大法则，它是以最坏的结果出现为假设前提进行的决策。这种决策方法是从每个方案的各种自然状态下的损益值中找到最小值，如本例中分别为 550，600，650；然后从中选择一个最大值，即 650，其对应的方案 C 就是决策方案。这种选择法则的结果是，即使遇到最不利的年景或自然状态也能获得较多的产品。这种决策方法是一种比较保守的决策方案。

7.4.2.2　乐观法则

乐观法则也称大中取大法，它是以最好的结果出现为假设前提进行的决策。这种决策方法是从每个方案的各种自然状态下的损益值中找到最大值，如本例中分别为 950，800，900；然后再从中选择一个最大值，即 950，其对应的方案 A 就是决策方案。这样，如遇到最有利的自然状态，可以得到最多的产品。

7.4.2.3　折中法则

折中法则是悲观法则和乐观法则的折中。首先根据经验判断，确定乐观系数 a（$0\leqslant a\leqslant 1$），则悲观系数是 $1-a$，然后以乐观系数为权数计算每一方案的折中损益值，其中最大值对应的方案即为决策方案。

$$折中损益值=a\times(最大损益值)+(1-a)\times(最小损益值)$$

在本例中根据经验判断，选择乐观系数 $a=0.4$，则各方案的折中损益值如表 7.11 所示。

表 7.11 各方案的折中损益值 kg

方案	最大损益值	最小损益值	折中损益值
A	950	550	(950×0.4)+(1−0.4)×550=710
B	800	600	(800×0.4)+(1−0.4)×600=680
C	900	650	(900×0.4)+(1−0.4)×650=750

在表 7.11 中，方案 C 的折中损益值最大，故它是决策方案。

7.4.2.4 懊悔值法则

懊悔值法则又称大中取小法则。所谓懊悔值，是当决策人未采用最大收益方案时所遭受的机会损失，令人追悔莫及。它等于各种自然状态下的最大损益值减去各方案的损益值后的余额。

本例中具体做法是：先计算各种自然状态下各方案的后悔值，即表 7.10 中每行最大损益值分别减去该行其他损益值的差额，如表 7.12 所示，然后找出各方案的最大后悔值，分别为 350，200，250，最后从中选择一个最小的懊悔值，即 200，其对应的方案 B 就是决策方案，采用这一方案时，即使遇到最不利的状态，所造成的机会损失也是最小的。

表 7.12 懊悔值计算表 kg

自然状态	方案 A	方案 B	方案 C
旱年	150	125	0
平年	350	0	250
涝年	0	200	125

7.4.2.5 机会均等法则

机会均等法则又称拉普拉斯法则。这种法则以各种自然状态出现的概率均等的假设为前提，按均等概率计算出各方案的期望值，其计算过程如下：

(1)计算均等概率

$$\text{均等概率}=\frac{1}{\text{状态数目}}=\frac{1}{3}$$

(2)计算各方案的期望值

$$\text{方案 A 的期望值}=(800+550+950)\times\frac{1}{3}=766.67\approx 767$$

$$\text{方案 B 的期望值}=(675+800+600)\times\frac{1}{3}=691.66\approx 692$$

$$\text{方案 C 的期望值}=(900+650+775)\times\frac{1}{3}=775$$

(3)从 3 个方案期望值中找出最大值　其对应的方案为决策方案，本例中方案 C 为决策方案。

7.4.3　风险型决策的定量方法

利用风险型决策方法进行方案选优，首先要根据已知概率计算每个备选方案的期望值，然后选出期望收益值最大者或期望损失最小者为决策方案。它不同于机会均等法则，在计算期望值时，机会均等法则依据主观概率，即由决策人的经验判断而估计某个事件出现的概率，风险型决策是依据客观概率，即根据某一事件的历史资料而计算出来的概率。

风险型决策最常用的方法是决策树分析法。决策树由以下符号组成，如图 7.3 所示。

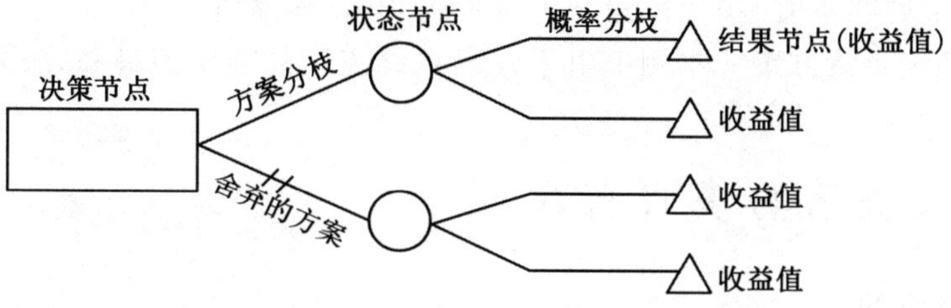

图 7.3　决策树

注：▭决策节点，从它引出的分枝叫方案分枝；○状态节点，也叫机会节点，从它引出的分枝叫概率分枝；△结果节点，就是在某一自然状态下采用某一决策方案后的收益值。

整个图形叫决策树，最后在决策节点上留下的一条树枝，即为最优方案。下面我们举例来说明决策树法的应用。

【例 7.13】已知条件如表 7.13 所示，试用决策树分析法确定决策方案。

表 7.13　不同种植方案下的损益值　kg

自然状态	概率	方案 A	方案 B	方案 C
旱年	0.3	800	675	900
平年	0.4	550	800	650
涝年	0.3	950	600	775

解：(1)依据表 7.13 中的数据绘制出决策树，如图 7.4 所示。

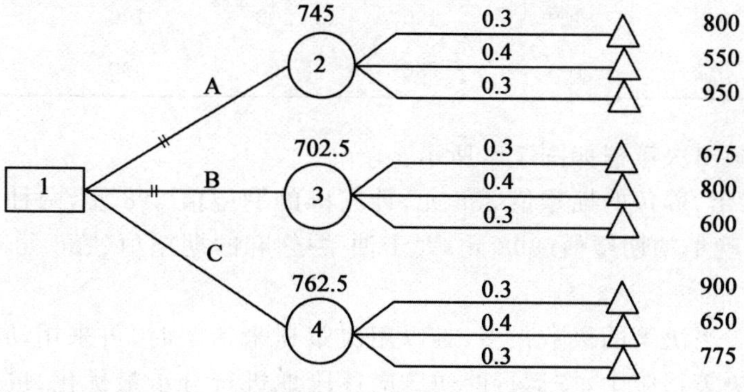

图 7.4　决策树实例

决策树绘制的要点：一是由决策节点引出方案分枝，本例有A、B、C 3个方案，故引出3个方案分枝；二是由状态节点引出概率分枝，每个概率分枝表示一个自然状态，本例有旱年、平年、涝年3种状态。

(2)把决策节点进行编号，并填写概率及自然状态下的损益值。

(3)计算各节点的期望值。

A方案节点2的期望值＝0.3×800＋0.4×550＋0.3×950＝745。

B方案节点3的期望值＝0.3×675＋0.4×800＋0.3×600＝702.5。

C方案节点4的期望值＝0.3×900＋0.4×650＋0.3×775＝762.5。

(4)剪枝并确定决策方案　本例中由于方案C结点4的期望值最高，故采用C方案，A和B两方案舍去。

7.4.4　多级决策与多目标决策

7.4.4.1　多级决策

多级决策就是在未来事件发展的每一个阶段都要做出决策，并在此基础上选择最优方案。对于复杂的决策过程、决策对象，它们都是由若干相互联系的阶段组成的，其中每一个阶段往往有若干个方案可供选择，从而构成一个决策序列，只有通过多级决策，才能选出最优方案。多级决策常用的方法有决策树分析法、动态规划等方法。

(1)决策树分析法

【例7.14】假设在不同状态下，某块湖田用于养鱼或种作物的每年每0.067 hm^2 盈利如表7.14所示。

表7.14　不同方案下的盈亏值　　元

状态	概率	用于养鱼		用于种庄稼			
				小麦-一季晚稻		油菜-芝麻	
		畅销(0.6)	滞销(0.4)	畅销(0.9)	滞销(0.1)	畅销(0.8)	滞销(0.2)
正常年(Q_1)	0.3	400	250	700	600	400	300
涝年(Q_2)	0.5	600	400	200	100	−100	−200
旱年(Q_3)	0.2	−100	−150	500	300	800	600

依据表7.14画出决策树如图7.5所示。

由决策树可看出，养鱼的期望值338元，种庄稼的期望值398元，两种方案相比较后者为优；因为小麦-一季晚稻的期望值(398元)大于油菜-芝麻的期望值(186元)，所以小麦-一季晚稻是最优方案。

(2)动态规划　当决策的级数很多，难以用决策树来求解时，可采用动态规划方法。其基本原理是，在多级决策系统中，按运行的逆方向逐段地进行分步最优化，进而实现整个系统的最优化，举例如下。

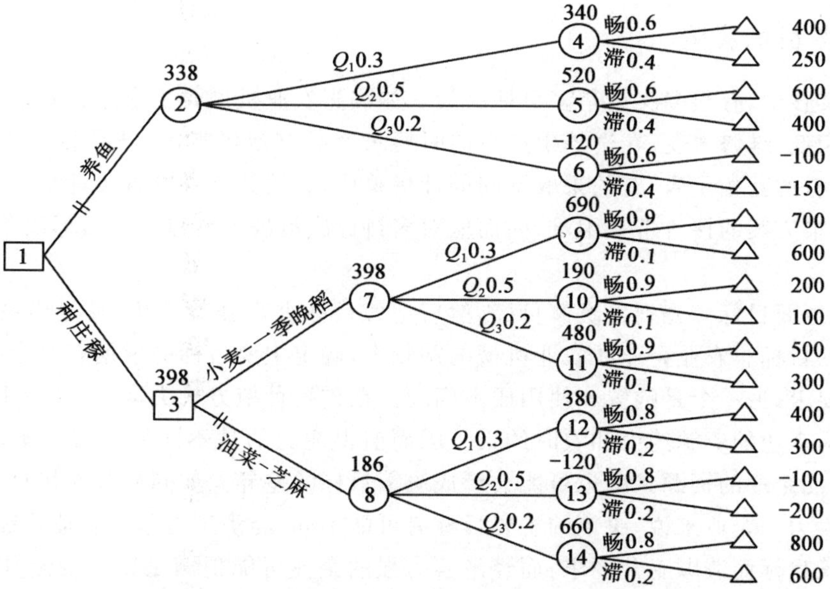

图 7.5　两级决策树

【例 7.15】假设有一批物资需要从 A 地运到 M 地，其中有多种可供选择的路线(如图 7.6 所示，线条侧数字表示两个节点之间的运费)，试求出运输费用的最低路线。

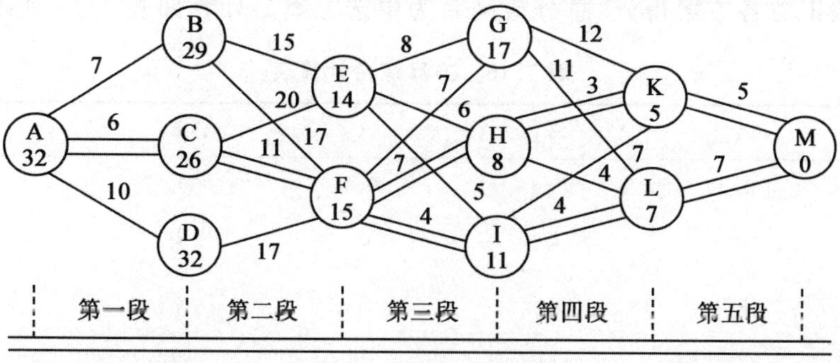

图 7.6　动态规划图例

按照运行的逆方向逐段分步优化的原则，首先找出第五段中每个节点至终点的最小值，并记于相应节点内，如 K 节点至终点仅有一条线路，故在此节点内写上“5”。同理，L 节点中写上“7”；其次，找出第四段中每个节点至终点的最小值，并记入相应节点内，G 节点是 17(K 节点是 5 加上此段的 12)，I 节点是 11(L 节点 7 加上此段的 4)，H 节点至第五段有两条路线，则应选最短者，即 8(后一节点 5 加上此段的 3)；其他各段节点内数字仿照上法求得，直至求出 A 地到 M 地的最低运费是 32；最后，找出从终点逆方向到起点的最短距离所运行的路线，便是最优方案，即图 7.6 中“双线”所示的路线。其基本做法可概括如下：从终点开始向起点倒推，逐段地找出每个节点至终点的最佳路线，并将其最小值在节点内给以标号，标号能通到终点的线路就是最优线路。如果求最大值时，则应找每个节点至终点的最大值为最佳线路。

7.4.4.2 多目标决策

在决策实践中,有很多决策是多目标决策。如购买农业机械时要求适合农艺过程、购置费用和使用费用低、维修方便;在选择生产方向时要求产品有市场需求、产品投入少、产量高等。这些要求中,有的互相矛盾,有的采取不同的计量单位,有的甚至难以直接计量,从而对决策目标的设置、决策方案的评价带来困难,因而应对多目标决策进行研究。多目标决策的处理过程如下:

(1)确定主要目标　先列出决策目标,然后把各目标进行分类排队,确定出主要应达到或必须应达到的目标。农业企业在农业机械的购置中,确定主要目标的依据有两个:一个是农艺过程及质量要求;另一个是购置和使用成本问题。在进行种植方式决策时,确定主要目标的约束条件会变为企业的资源约束和农时约束。因而值得注意的是不同的决策对象,其决策主要目标不同;不同企业的资源状况也可能会形成决策目标的差异。如同购买农机这一决策活动,对不同经济实力的企业来说,决策的主要目标有可能不同,经济实力差的企业可能把成本目标作为主要决策目标而兼顾工艺要求;而经济实力强的企业可能把满足工艺要求作为主要决策目标而兼顾成本目标。

(2)确定目标序列　在多级决策中,由于各级决策的相关性,需要确定决策目标序列。

(3)多目标方案的选择　这是多目标决策的一个重要环节。首先应用强制制订法,即一对一重要性对比评分法确定各目标的权数;然后根据各方案对目标的满足程度分级评分;最后,按加权平均方法汇总各方案得分,总分最高者为中选方案。计算如表 7.15 所示。

表 7.15　方案综合计算表

目标	A_1	A_2	A_3	A_4	总分数
W_i(权重)	0.3	0.4	0.1	0.2	1
S_i	S_1	S_2	S_3	S_4	$\sum S_i W_i$
方案一	86	80	88	72	81.0
方案二	73	71	74	92	76.1
方案三	76	72	84	60	72.0

表 7.15 中 S_i 为各方案对目标的满足程度。从表 7.15 可以看出,方案一的总分最高,应为最优方案。

小　结

农业经营预测是指以过去和现在的统计资料和调查资料为依据,运用科学的方法,对农业企业经营有关的未来状况和发展趋势所作的定性和定量的推测和预料。搞好农业经营预测,必须遵循敏感性、时间性、反复性、地域性、群众性和连续性的原则,明确先做什么,后做什么,形成一个前后稳定有序的程序。农业经营预测的方法一般可分为定性预测方法和定量预测方法两大类。定性预测法主要有经验判断法、集合意见法、德尔菲法和用户调查法;定量预测法主要有时间序列预测法和相关分析预测法。在实际工作中，应注意定性预测和定量预测的结合。农业经营决策是经营管理的首要职能和核心，是提高农业企业管理水平和经济效益的关键。农业经营决策是指农业企业通过对其内部条件和外部环境进行综合分析，确定企业经营目标，选择最优经营方案并付诸实施的过程。要进行科学决策，首先必须分清农业企业决策类型，然后根据决策内容，遵循决策原则，按照决策程序，有针对性地选择决策方法，最后从多种可供选择的行动方案中选出一个最优方案作为决策方案。随着决策理论的发展，人们创造了许多有效的经营决策方法，归纳起来可分为两大类，即定性分析方法和定量分析方法。常用的定性决策的方法有头脑风暴法、对演法和德尔菲法。定量决策的方法主要有确定型、非确定型和风险型决策。在实际工作中，由于农业经营存在的多样性和复杂性，通常将定性和定量分析方法结合起来使用，力求农业经营决策准确。

复习思考题

1. 什么是农业经营预测？农业经营预测按什么程序进行？

2. 简述农业经营预测应遵循的原则。

3. 简述农业经营决策的原则与程序。

4. 已知化肥施用量和水稻产量数据如下，请用相关分析预测法预测每亩用化肥 70 kg 时的水稻产量。

化肥施用量和水稻产量 kg

化肥施用量(x)	20	30	40	50	60
水稻产量(y)	215	324	446	496	570

参考文献

1. 原葆民. 管理学原理. 北京：中国农业出版社，2002.
2. 许开录，孙志浩. 农业经济管理. 北京：化学工业出版社，2010.
3. 钱东伟. 现代农业经营管理. 北京：中国农业出版社，2006.
4. 刘艳萍. 农业经营管理读本. 北京：中国社会出版社，2006.
5. 段文霞. 农户经营管理. 成都：四川教育出版社，2010.
6. 孙百鸣. 农业经营与管理. 北京：中国农业出版社，2010.

第 8 章　农业生产要素组合与管理

本章学习要点

- 土地资源的特性与土地管理
- 水资源的合理利用与配置
- 农业劳动力资源的管理
- 农业科学技术创新和推广
- 农业财政资金管理及农村金融体制改革

8.1　农业自然资源管理

8.1.1　概述

8.1.1.1　农业自然资源及其分类

农业自然资源是指自然资源中可被人类用于农业生产的物质和能量，及保证农业生产活动正常进行所需要的自然环境条件的总称，如土地资源、水资源、矿产资源等。它具有以下基本特征。

(1)地域性　农业自然资源因所处的地理位置不同，其性质、状态、种类、数量、组合特征及生产力都有明显的差异。这种差异不但存在于大的区域范围，即使在一个小范围如山上山下等往往也存在很大差异。农业自然资源的地域性，影响着各种资源本身的经济性能和人类对其的利用方式和效果。

(2)整体性　各种农业自然资源在自然环境中是相互联系、相互依存、相互制约的有机整体。如在一定的水热条件下，形成一定的土壤和植被，以及与此相适应的动植物和微生物群落。一旦一种自然要素变化了，就会引起其他要素相应的变化，以至整个资源组合状况发生变化。另外，组成自然资源的各要素本身也是一个统一的系统。如气候资源，在光照、降水、温度之间有着相互制约的关系，雨量多，光照就少，温度就偏低。农业自然资源的整体性，决定了研究和开发利用的综合性，只有综合研究自然资源，才能全面认识自然资源，合理利用和保护自然资源。

(3)动态稳定性　一般来说，各种农业自然资源在一定时间、空间内是相对稳定的，并能循环利用。例如，耕地资源的不断培肥，使地力得到恢复和提高；生物资源的不断死亡和繁衍；水资源的循环；气候条件按一定季节变化等。但是，农业资源具有这一特性是有条件的，就是要合理地利用和保护自然资源，如果利用和保护不当，某些资源就会衰退，甚至枯竭。

(4)有限性　农业自然资源的数量是有限的，如土地的面积、水的储量、达到地面的太阳辐射能量等，在一定区域、一定时间内都有数量的限制。同时，农业自然资源的利用也有其局限性。某种形式的资源，可能只适宜某种利用，而不适宜他用，否则就不能发挥其效用。这些将直接影响到各种资源的经济价格。越是稀缺的资源，其价格就越高。

(5)自然及社会经济性　农业自然资源在没有被人类开发利用之前，只具有自然的属性。而一旦被人类开发利用，投入到生产过程后，就具有了社会经济属性。

农业自然资源依据不同的标准可划分为不同的类型。例如，按照与人类社会生活和经济活动的关系可以把农业自然资源划分为农业气候资源、农业土地资源、农业水资源、农业生物资源和农用能源五大门类。再如，依据资源的属性，农业自然资源可分为可更新资源(renewable resources)和不可更新资源(non-renewable resources)。太阳辐射、水力、风力、地热和各种生物构成的资源，属可更新资源。它们能连续不断地或周期性地被产生、补充和更新。不可更新资源缺乏这种补充和更新能力，或者其补充和更新周期相对于人类历史来说是太长了。如煤、石油、磷矿等都属不可更新资源。深层地下水的补充和更新常常较缓慢，特别是在干旱地区。

8.1.1.2　农业自然资源管理及其重要性

农业自然资源管理是指对农业自然资源进行综合性的调查、监测、评价、区划、规划，以农业可持续发展为目标，对农业自然资源的开发、利用与保护进行协调和监督。农业是严重依赖自然资源的产业，随着人口的增加和人们生活水平的提高，社会需要更多的农产品，迫使人们要提高对农业自然资源的利用强度，然而，现代农业的发展却使各种重要的农业自然资源日益减少和退化。因此，处理好农业自然资源利用与保护的关系，是关系到农业可持续发展、人类社会持久生存的根本问题，也是农业自然资源管理的核心问题。下面主要介绍土地、水资源的管理。

8.1.2　农业土地资源管理

8.1.2.1　土地资源的自然特性

(1)土地资源的概念　土地，在经济学上是指地球上的陆地和水域以及与之相联系的土壤、气候、地貌、岩石、水文、植被等因素组成的自然历史综合体。

土地资源是指土地作为自然要素，于现在和可预见的将来，能为人们所利用并能产生经济效益的那部分土地。从发展的观点看，一些难以利用的土地，随着科学技术的发展，将会陆续得到利用，在这个意义上，土地资源与土地是同义语。

(2)土地资源的自然特性　土地是自然历史形成的，存在以下自然特征。

①土地面积的有限性。土地是地球的陆地部分，土地面积具有不可再生性。

②土地位置的固定性。每一块土地都有固定的空间位置，不能移动。

③土地质量的差异性。由于土地自身条件及相应的气候条件的客观差异，而造成了土地质量的差异性。

④土地利用的永续性。土地作为农业生产的基本生产资料，只要合理利用，地力就可以不断提高，并永续利用。

8.1.2.2　土地资源的经济特性

土地资源的经济特性是以土地的自然特性为基础的，综合起来主要有以下几个方面。

(1)土地资源供给的稀缺性　随着人口增长和社会经济的发展，对土地的需求量越来越大，土地供给与需求之间矛盾日益尖锐。

(2)土地资源用途的选择性　土地位置的差别使其经济用途具有了较强的选择性，人们在利用土地时，必须根据土地自身的自然环境条件和所处的社会经济条件的适宜性进行区位选择，发展最适宜的生产项目，以获取最大的经济效益。

(3)土地利用方向变更的困难性　同一块土地往往有多种用途，一旦开发利用投入某项生产之后，要改变其利用方向是十分困难的，还会造成巨大的经济损失。另外，土地利用方向变更的困难也决定了农产品的供给价格弹性较小，农业生产不能迅速地适应市场价格的变动进行调整。

(4)土地报酬递减性　在一定的科学技术水平下，在一定面积的土地上，连续追加投资，当投入超过了一定限度时，便产生报酬递减的现象。这一特性称为土地报酬递减规律，它要求在对土地增加投入时，必须寻找投入的适合度。

(5)土地利用后果的社会性　土地是一个自然综合治理整体，其利用的结果，不仅影响本地区内的自然生态环境和经济效益，而且可能影响到邻近区域甚至整个国家和社会的生态环境和经济效益，产生巨大的社会效果。

8.1.2.3　我国土地资源的特点

(1)土地总量大，人均占有量小　我国土地总面积为9.6亿 hm^2，为全球陆地面积的6.4%。但我国人口众多，人口平均占有的土地资源数量很少，人均占有土地只有0.72 hm^2，仅为世界平均水平的1/3，人均占有耕地面积只有0.09 hm^2，仅为世界平均水平的40%。

(2)土地资源复杂多样　我国的土地，从平均海拔50 m以下的东部平原，到海拔4 000 m以上的西部高原，形成平原、盆地、丘陵、山地等错综复杂的地貌类型；从南到北经历了从热带、亚热带到温带的热量变化，从东到西经历了从湿润、半湿润、半十旱的十湿度变化。在这广阔的范围内，不同的水热条件和复杂的地质、地貌条件，形成了复杂多样的土地类型。

(3)山地多，平原少　我国的山地、高原、丘陵占国土面积的69%，而平原、盆地只占31%。与世界上国土面积较大的国家如加拿大、美国、巴西等相比，我国的山地面积占国土面积的比重较大。

(4)农用土地比重小，分布不平衡　我国土地面积大，但可利用的农用土地面积仅占土地总面积的70%，且分布极不平衡。90%以上的农用土地分布在东部和东南部地区。

(5)土地后备资源潜力不大　目前我国绝大部分宜于耕作的土地已被开垦利用，剩余的宜于耕作的荒地不多，且大部分开垦成本高，在开发利用上存在很多障碍。

8.1.2.4　我国土地资源利用上存在的问题

(1)耕地面积不断减少　据统计，1957—1977年的20年间，我国平均每年净减少耕地面积60万 hm^2。改革开放以来，尤其是1985—1995年的10年间，平均每年净减少耕地面积19万 hm^2。随着城市化进程加快，耕地减少趋势很难逆转。虽然我国提出了严格的耕地保护制度和耕地总量动态平衡制度，但未来耕地面积减少将是一种不可避免的长期趋势，这种趋势只能减缓而不能遏制。公开资料显示，我国耕地特别是优质耕地减少势头未减。

(2)土地质量不断下降，土地资源破坏严重　保护耕地数量固然重要，但没有质量的数量同样令人担忧。由于人口多，许多不宜农用的土地被开垦为农田，耕地土壤整体质量偏低，中低产耕地土壤占65%。

①水土流失，耕作层变薄。据水利部统计，我国水土流失面积已从20世纪50年代的1.53亿 hm^2 发展至90年代的1.80亿 hm^2，2009年达3.56亿 hm^2，已占到国土面积的37.1%，每年因水土流失损失耕地约6.67万 hm^2。

②土地荒漠化、沙化、盐渍化严重。长期以来我国土地荒漠化、沙化面积呈不断扩大趋势，2002年《中华人民共和国防沙治沙法》实施以来情况有所好转。国家林业局根据2015年第五次全国荒漠化和沙化监测结果公布，截至2014年，我国荒漠化土地面积261.16万 km^2，占国土总面积的27.20%，分布18个省(自治区、直辖市)的528个县(旗、市、区)；沙化土地总面积172.12万 km^2，占国土总面积的17.93%，分布在除上海、台湾及香港和澳门特别行政区外的30个省(自治区、直辖市)的920个县(旗、区)。与2009年相比，5年间荒漠化土地面积净减少12 120 km^2，年均减少2 424 km^2；沙化土地面积净减少9 902 km^2，年均减少1 980 km^2。中国盐渍土地总面积99.13万 km^2，其中现代盐渍土壤36.93万 km^2，潜在盐渍化土壤17.33万 km^2，中国受盐碱化危害的耕地达1.4亿亩，约占耕地总面积的7%。

③土壤有机质含量下降，理化性状退化。除土壤养分退化外，由于重用轻养，耕作粗放，土壤结构遭到破坏，耕层板结的现象也越来越严重。

④土壤污染严重。随着工业的发展，工厂矿山生产建设中污染物的排放，农业环境污染日益加重，近1/10的耕地已被污染。

(3)山林、草原乱垦与荒山大量闲置现象同时并存　其原因主要是由于农业开发建设上缺少科学的指导和土地制度不能调动农民开发土地资源的积极性。

8.1.2.5　土地资源管理的任务及原则

土地资源的可持续利用是农业经济可持续发展的基础，要有效地保护我国的土地资源，客观上要求国家对土地资源实行有效的管理。

土地管理是国家在一定的环境条件下，综合运用行政、经济、法律、技术方法，为提高土地利用的生态、经济、社会效益，维持在社会中占统治地位的土地所有制，调整土地关系，监督土地利用，而进行的计划、组织、控制等综合性活动。

(1)土地资源管理的基本任务　我国土地资源管理的基本任务是维护社会主义土地公有制及土地所有者和使用者的合法权益，保护、开发、合理利用土地，切实保护耕地，促进社会经济的可持续发展。

现阶段，土地管理的具体任务是：加强耕地保护，实现耕地总量的动态平衡；加强土地资源的调查评价和科学规划；加强土地资源信息系统建设，实现信息服务社会化；深化改革，建立适应社会主义市场经济的管理新体制、新机制；健全法制，依法行政，实现土地管理秩序的根本好转。

(2)土地资源管理的原则　土地管理应遵循以下基本原则。

一是正确处理国家、集体、个人之间关系的原则。在我国，国家、集体、个人的根本利益是一致的，但在土地利用的一些具体问题上，各方利益也常出现不一致的现象。例如，占地盖房的问题，作为单位和个人希望占用交通便利、离城镇较近的耕地；作为国家则要求节约用地，并尽量利用荒地、劣地、旧宅基地。土地管理必须在保证国家长远利益、全局利益的前提下，本着既要保证 13 多亿人口的吃饭用地，又要保证各项建设用地的方针，正确处理好国家、集体、个人之间的土地分配和利用关系，以使土地利用的总效益最佳。

二是坚持生态、经济、社会三效益统一的原则。从全局的、长远的观点看，三效益是一致的，具有良好生态效益的土地利用，必然也会取得良好的经济效益和社会效益。但在土地利用中，常常出现只重视当前经济利益的短期行为，其严重后果，在当时并不明显，而是经过一段较长时间才暴露出来，在人们注意到时，为时已晚，如果补救，需付出高昂的代价。因此，土地管理工作必须从长远利益出发，在土地利用上，坚持生态、经济、社会三效益统一的原则。

三是坚持依法、统一、科学地管理土地的原则。土地是国家和全社会的财富，只有将土地管理纳入法制轨道，依法管理，才能有效地维护社会主义公有制和保证土地的合理利用。土地利用涉及城乡土地和各行各业用地，为了避免在管理上的政出多门、互相扯皮的混乱局面，必须对全国城乡土地实行统一管理，做到统筹兼顾城乡各部门、各行业对土地的需求，协调各部门、各行业的土地关系，提高土地管理的效率。土地是自然历史综合体，又是生产资料，因此，必须根据土地利用的自然、经济规律，采用先进的科学技术，科学地管理土地。

8.1.2.6　土地资源管理的内容

土地管理的基本内容由地籍管理、土地权属管理、土地利用管理、土地市场管理四大部分构成。

(1)地籍管理　地籍管理是指国家为获得地籍信息，科学管理土地，而采取的以土地调查、土地分等定级估价、土地登记、土地统计为主要内容的综合措施。

土地调查是以查清土地的位置、利用类型、数量、质量和权属状况而进行的调查。根据土地调查的内容侧重面不同，可分为土地利用现状调查、地籍调查和土地条件调查。

土地分等定级是在特定目的下，对土地的自然属性和经济属性进行综合鉴定，并使鉴定结果等级化的过程，是以获得土地质量状况和基准地价为目的的一项地籍管理工作。其中农用土地分等定级估价则是根据农用土地的质量或综合生产能力及其在社会经济活动中的地位和作用，综合评定农用土地等级和基准地价。

土地登记是国家依照法定程序将土地的权属关系、用途、面积、质量等情况记录于专门的簿册，并向土地所有者和土地使用者颁发土地证书，以确认土地所有权或者使用权的法律制度。

土地统计是国家对土地数量、质量、分布、利用和权属状况进行的调查、汇总、统计分析和提供土地统计资料的制度。

(2)土地权属管理　土地权属管理是国家为合理组织土地利用、调整土地关系而依法对土地所有权和使用权进行的科学管理。我国实行土地公有制，即全民所有和集体所有。在农村普遍实行了土地承包制，土地所有权依旧归集体所有，农户通过承包土地取得了土地使用权。

农村集体土地承包经营管理是指在土地承包经营合同的履行中，发包方对承包方使用土地和履行合同义务的情况依法或者依照合同约定予以监督检查的行为。其目的是保证土地的正当使用和土地承包经营合同的顺利履行。农村集体土地承包经营管理的内容主要有以下 3

个方面：一是对承包方使用土地的管理。发包方依法对承包方使用土地的情况予以监督管理，对增加投入、整修土地，提高地力者，予以奖励；对掠夺式经营或因土地失修导致水土流失以及弃耕撂荒者给予处罚，乃至收回承包的土地。二是对承包方转包和转让的管理。法律规定，承包方的转包和转让必须经过发包方的同意。发包方要依法对转包、转让的内容和第三人进行审查。对不符合法律规定的转包、转让，发包方有权解除合同，收回承包的土地。三是对承包方履行合同义务的管理。发包方有权对承包方履行合同义务的情况进行监督检查，对承包方不按合同约定履行义务的，发包方有权解除合同，并追究承包方的违约责任。

农村集体土地使用权流转是指农村集体土地使用权在不同的主体之间的流动和转移，主要有转包、租赁、"四荒"拍卖、反租倒包、转让和入股等几种流转形式。农村集体土地使用权流转管理应遵循因地制宜的原则；依法和自愿的原则；平等和有偿的原则。

(3)农地利用管理　农用地是土地资源的重要组成部分，主要包括耕地、林地和草地。

①耕地利用管理。保持耕地供需平衡是土地利用管理的一项十分艰巨的任务。实行"耕地总量动态平衡"，就是要确保省、自治区、直辖市行政区内耕地总量不减少；实行基本农田保护制度，指按照一定时期人口和社会经济发展对农产品的需求，依据土地利用总体规划确定的长期不得占用的耕地。基本农田保护区确定后，除特殊情况须经国务院批准外，任何单位和个人不得占用保护区内的耕地，也不得改变保护区的界限；提高耕地利用集约度，合理利用耕地，提高耕地质量；建立耕地预警系统，对耕地的未来状态进行预测，预报不正常状态的时空范围和危害程度并提出防范措施。

②林地利用管理。因地制宜的扩大森林覆盖面积。要充分利用一切荒山、荒地，铁路、公路两侧，江河两岸和田间空地大力植树造林，扩大森林覆盖面积，发挥林地的综合效益；加强对森林采伐的管理监督。要根据用材林的消耗量应低于生长量的原则，严格控制森林采伐量；加强森林保护。

③草地利用管理。实行草地产权股份化，促进生产方式和经营方式现代化；因地制宜，多方式保护和利用草地资源；积极发展草地林业，使草地生态经济系统的产出稳定并逐步实现高产优质高增值；完善草原管理的法制建设，严禁对草原的破坏行为；加强畜牧业的科学管理，实施禁牧舍饲；加强草原资源的科学研究；加强各类草原自然保护区的建设；加强退化草场的治理和草原建设。

8.1.2.7　农用土地市场管理

(1)我国农地市场现状与问题　目前，我国农地所有权的转移主要有两种情况：一是国家征用农村集体的土地；二是不同农村集体之间的土地流转。后者绝大部分是邻村之间为了生产或生活方便而进行的土地实物的交换，且量极少，因而土地所有权的流转主要是前者。农地虽然属于农村集体，但集体却无权直接进行交易，农地转为非农用地的过程基本上是由国家靠行政手段来实现的。这种靠行政手段实现的农地所有权的转移在实践中存在不少问题：首先，利益分配不当。国家征地时的价格是垄断价格，比较低；国家征地后的转让价格却是市场价格，非常高。政府一转手即可获得高额收益，作为农地产权所有者的农民却只得小头，而这个小头又要由集体和农民来分，到头来农民得到的很少。其次，操作成本高。最后，土地利用不合理现象较为严重。有的征地并非是真正为了"公共目的"需要，造成不合理用地；有的农地被征用后长期闲置，造成浪费。

在农地使用权流转的市场化方面，我国有些地区已取得了一些改革的实践，但总的来看发展仍比较缓慢。主要原因是土地使用权市场的不完善与不规范，交易组织发育滞后。大部分地方没有建立农地使用权交易场所、机构等交易载体，以及为土地使用权交易服务的中介服务组织，少数已建立的也不够规范，使土地使用权的交易缺乏透明度与公平性。

(2)我国农地市场体系的建立与完善　以市场为主配置农地可以提高农地的利用率和生产率，节约交易成本，使农地保值增值，有效调节多方面的利益关系，能够促使农业劳动力的转移，加快农业现代化、农村工业化与城镇化进程。我国应因地制宜地建立包括农地所有权市场、使用权市场及金融市场等相互联系的市场组成的完整配套的市场体系。

①农地所有权市场。农地市场所有权的转移意味着农地的利用由低效低值向高效高值的转化，因而搞好农地所有权市场的建设是极为重要的。一是适度放开农地所有权市场，建立农村集体与国家、集体与集体之间多项流动关系；二是规范政府的征地行为，进一步完善政府农用征地申请与审批制度，合理确定农用征地时的“转用价格”，同时加强监督与管理，防止农地征用后闲置现象的发生；三是培育土地产权交易组织。

②农地使用权市场。农地使用权一级市场是指农地所有者(集体)让渡土地使用权而形成的市场。在这一市场上，对于耕地使用权的让渡，应按照“公平优先、兼顾效益”的原则进行，国家要对其进行严格监管；对于四荒地和农田小水利使用权的让渡，可按照“谁购买、谁承包、谁治理、谁收益”的原则在集体成员内部和全社会范围内进行拍卖。二级农地使用权市场是指农地使用权获得者将农地使用权让渡给其他农地使用者所形成的市场。二级农地使用权市场建设的主要任务是要尽快建立起高效的农地使用权流转机制。要进一步规范和完善交易行为，政府有关部门要加强对农地使用权市场的运作方式、价格、期限、契约签订等方面的监督与管理，确保农地使用权市场的健康运行。

③农地金融市场。农地金融市场是指土地产权所有者以其拥有的土地所有权或使用权作为抵押获取贷款的关系总和。目前，我国农业发展面临的一大难题是资金十分短缺，因而应允许农民以土地所有权(股份)和土地使用权做抵押获取贷款。

8.1.2.8　“三权分置”土地制度改革

(1)“三权分置”改革的背景　近年来，随着工业化、城镇化深入推进，大量农业人口转移到城镇，农村土地流转规模不断扩大，土地承包权主体同经营权主体分离的现象越来越普遍。2016 年 10 月，中共中央办公厅、国务院办公厅印发了《关于完善农村土地所有权承包权经营权分置办法的意见》，这是中央再次以文件的形式，对“三权分置”予以确认。2018 年 12 月 29 日，全国人大常委会通过了对《农村土地承包法》的修订。新的农村土地承包法强调国家依法保护农村土地承包关系稳定并长久不变，为给予农民稳定的土地承包经营预期，耕地承包期届满后再延长 30 年。确定农村土地实行所有权、承包权、经营权“三权分置”，保护农村妇女的土地承包经营权，维护进城务工和落户农民的土地承包权益等。这意味着在坚持农村土地集体所有的前提之下进行“三权分置”，将成为未来土地制度改革的基本纲领。

(2)“三权分置”的内容及意义　“三权分置”是指对农村土地所有权、承包权、经营权 3 种权属科学界定内涵、权利边界及相互关系，逐步建立规范高效的“三权”运行机制，不断健全归属清晰、权能完整、流转顺畅、保护严格的农村土地产权制度，优化土地资源配置，培育新型经营主体，促进适度规模经营发展，进一步巩固和完善农村基本经营制度，为发展现代农业、增加农民收入、建设社会主义新农村提供坚实保障。“三权分置”下，所有权、承包权和经营权既存在整体效用，又有各自功能。从当前实际出发，实施“三权分置”的重点是放活经营权，核心要义就是明晰赋予经营权应有的法律地位和权能。

现阶段深化农村土地制度改革，顺应农民保留土地承包权、流转土地经营权的意愿，将土地承包经营权分为承包权和经营权，“三权分置”并行，着力推进农业现代化，是继家庭联产承包责任制后农村改革又一重大制度创新。“三权分置”是农村基本经营制度的自我完善，符合生产关系适应生产力发展的客观规律，展现了农村基本经营制度的持久活力，有利于明晰土地产权关系，更好地维护农民集体、承包农户、经营主体的权益；有利于促进土地资源合理利用，构建新型农业经营体系，发展多种形式适度规模经营，提高土地产出率、劳动生产率和资源利用率，推动现代农业发展。

(3)“三权分置”改革的基本原则　中央对完善农地“三权分置”提出了四项基本原则，特别提出了要守住“四不”的政策底线。

①尊重农民意愿。坚持农民主体地位，维护农民合法权益，把选择权交给农民，发挥其主动性和创造性，加强示范引导，不搞强迫命令、不搞一刀切。

②守住政策底线。坚持和完善农村基本经营制度，坚持农村土地集体所有，坚持家庭经营基础性地位，坚持稳定土地承包关系，不能把农村土地集体所有制改垮了，不能把耕地改少了，不能把粮食生产能力改弱了，不能把农民利益损害了。

③坚持循序渐进。充分认识农村土地制度改革的长期性和复杂性，保持足够历史耐心，审慎稳妥推进改革，由点及面开展，不操之过急，逐步将实践经验上升为制度安排。

④坚持因地制宜。充分考虑各地资源禀赋和经济社会发展差异，鼓励进行符合实际的实践探索和制度创新，总结形成适合不同地区的“三权分置”具体路径和办法。

(4)完善“三权分置”办法，逐步形成“三权分置”格局

①始终坚持农村土地集体所有权的根本地位。农村土地农民集体所有，是农村基本经营制度的根本，必须得到充分体现和保障，不能虚置。农民集体是土地集体所有权的权利主体，对集体土地依法享有占有、使用、收益和处分的权利，要充分维护农民集体对承包地发包、调整、监督、收回等各项权能，发挥土地集体所有的优势和作用。

②严格保护农户承包权。农户享有土地承包权是农村基本经营制度的基础，要稳定现有土地承包关系并保持长久不变。土地承包权人对承包土地依法享有占有、使用和收益的权利。不论经营权如何流转，集体土地承包权都属于农民家庭。任何组织和个人都不能取代农民家庭的土地承包地位，都不能非法剥夺和限制农户的土地承包权。要充分维护承包农户使用、流转、抵押、退出承包地等各项权能。

③加快放活土地经营权。赋予经营主体更有保障的土地经营权，是完善农村基本经营制度的关键。土地经营权人对流转土地依法享有在一定期限内占有、耕作并取得相应收益的权利。在依法保护集体所有权和农户承包权的前提下，平等保护经营主体依流转合同取得的土地经营权，保障其有稳定的经营预期。

④逐步完善“三权”关系。农村土地集体所有权是土地承包权的前提，农户享有承包经营权是集体所有的具体实现形式，在土地流转中，农户承包经营权派生出土地经营权。支持在实践中积极探索农民集体依法依规行使集体所有权、监督承包农户和经营主体规范利用土地等的具体方式，鼓励采用土地股份合作、土地托管、代耕代种等多种经营方式，探索更多放活土地

经营权的有效途径。鼓励在理论上深入研究农民集体和承包农户在承包土地上、承包农户和经营主体在土地流转中的权利边界及相互权利关系等问题。通过实践探索和理论创新，逐步完善“三权”关系，为实施“三权分置”提供有力支撑。

落实集体所有权，稳定农户承包权，放活土地经营权，充分发挥“三权”的各自功能和整体效用，逐步完善“三权”关系，形成层次分明、结构合理、平等保护的格局。

(5)“三权分置”改革实施程序

①扎实做好农村土地确权登记颁证工作。形成承包合同网签管理系统，健全承包合同取得权利、登记记载权利、证书证明权利的确权登记制度。提倡通过流转合同鉴证、交易鉴证等多种方式对土地经营权予以确认，促进土地经营权功能更好地实现。

②建立健全土地流转规范管理制度。规范土地经营权流转交易，因地制宜加强农村产权交易市场建设，健全市场运行规范，提高服务水平，加强流转合同管理，引导使用合同示范文本。完善工商资本租赁农地监管和风险防范机制，加强农村土地承包经营纠纷调解仲裁体系建设，完善基层农村土地承包调解机制，妥善化解纠纷，有效维护各权利主体的合法权益。

③构建新型经营主体政策扶持体系。完善新型经营主体财政、信贷保险、用地、项目扶持等政策。积极创建示范家庭农场、农民专业合作社示范社、农业产业化示范基地、农业示范服务组织，加快培育新型经营主体。

④完善“三权分置”法律法规。积极开展土地承包权有偿退出、土地经营权抵押贷款、土地经营权入股农业产业化经营等试点，总结形成可推广、可复制的做法和经验，在此基础上完善法律制度。

8.1.3 农业水资源的管理

8.1.3.1 水资源的概念

水资源通常是指对一个国家或地区来说具有经济利用价值并可以不断更新的那部分淡水量，包括地表水、土壤水和地下水。大气降水是恢复和更新水资源的基本来源。水资源是一种有一定限量、无法替代、极易受污染的宝贵资源。

水是农业的命脉。当前，水资源短缺的矛盾已被世界各国视作与粮食、能源等相提并论的一个严重的社会经济问题。

8.1.3.2 我国水资源的分布及其特点

(1)总量多、人均占有量少　我国陆地水资源总量为28 124亿 m^3，居世界第6位。但由于人口多，按2000年资料计算的人均水量却只有2 142 m^3，仅相当于世界人均水量的1/5；每公顷耕地占有水量20 851 m^3，仅相当于世界平均数的60%，是世界上40多个缺水国之一。

(2)地区分布不平衡　我国陆地水资源的地区分布是东南多、西北少，由东南向西北逐渐递减。地下水的分布也是南方多、北方少。占全国国土50%的北方地下水只占全国的31%。

(3)季节分布不均匀，年季变化大　我国大部分地区全年降水量的1/2～2/3集中在夏秋之交，其他时间雨量很少。同时不同年份之间的降水量差别较大，尤其是北方地区这种情况更加突出。

8.1.3.3 我国水资源开发利用中的问题

(1)浪费严重　许多人对水资源短缺认识不足,在利用上浪费严重,导致水资源供需矛盾越来越大。我国的天然降水利用率不足10%,农田灌溉用水的有效利用率仅为30%~40%。

(2)水利建设基础薄弱,抗灾能力差　我国水利建设投入不足,急需的水利工程无力兴建,原有的水利设施开始老化,缺乏维修,使得水利设施抗灾能力下降。

(3)地下水开采过度　近些年来,全国特别是北方地区旱灾发生的多而重,同时工业用水大量增加,由于大量超采地下水,造成地下水位迅速下降,一些地方出现地表下降、下流河水断流、海水倒灌等严重问题。

(4)水域环境污染严重　我国工业和生活污水数量巨大,大部分未经处理就直接排放,使地表水、地下水和大片农田受到污染,不少地区出现了农作物减产、生态恶化等一系列问题。

(5)可用水资源不断减少　水资源的开发利用普遍存在重建轻管,重用轻管等现象,使得水资源利用不充分,保护不得力,工农业间争夺水资源矛盾日益尖锐,可用水资源在不断减少。

8.1.3.4 水资源的合理配置与利用

(1)完善管理体制和管理组织机构,加强水资源的统一管理　水资源管理应把一定范围内的水以及水体周围的陆地作为一个整体来考虑,按照水循环的自然规律和水资源具有多种功能的特点建立水资源统一管理机构,以改变"多龙治水"的分散局面,加强对水资源的统一管理。建立国家的统一管理机构,组织和协调有关部门对水资源进行综合管理;按照水系、流域或地理区域建立区域性水资源管理区,对管辖范围内水资源开发利用、水质和水量进行监督和保护。

(2)完善水资源有偿使用机制,促进节约用水　水资源既然是一种重要的经济资源,就应该在水资源配置和利用过程中让市场机制发挥基础性作用。随着我国城市化和工业化水平的提高,城市居民和非农产业对水的需求必然大量增加,水的供给价格应该参照供给成本加平均利润加以核定,通过价格机制调节城市居民和非农产业对水的需求。可考虑通过政府收取水费的办法,来调节农村和农业用水量。从农业可持续发展的角度考虑,对农业的某些用水收取水费,将有利于节约用水。收取的水费应用于补贴节水灌溉的设施和设备,从而促进节水农业的发展。

(3)对水资源配置和利用进行利益调节或补偿　我国水资源在地区和季节的分布上严重不均,要充分利用水资源就要对水资源进行重新配置。一般来说,水资源的重新调配,收益多发生在用水区,成本则多发生在水源区,造成了不同地区之间经济利益的得失不同。因此,对水资源配置和利用进行利益调节或补偿有利于合理利用水资源,实现农业的可持续发展。

(4)防治污染,保护水资源　抓好水资源的保护,应贯彻"预防为主"方针。要加强水质监测,掌握水污染的动向和规律,查清污染源;全面实行排放水污染物总量控制,推行许可证制度,实现水量与水质并重管理。对排污严重又无条件防治的企业,要实行关停并转;调整现有水污染防治的经济政策,进行多学科、多途径的水资源综合开发利用和治理。

(5)加强水利工程建设,积极开发新水源　水资源具有时空分布不均衡的特点,因此,必须加强水利工程的建设,如修建水库、人工回灌等解决水资源年际变化大,年内分配不均的问题,使水资源得以保存和均衡利用。同时,国家要做好水资源利用的宏观调控,在地域上进行合理调配。

(6)推广使用农业高效用水技术　发展节水农业,除了经济、行政和法律的措施以外,还必须大力推广使用农业高效用水技术,如喷灌、滴灌和微灌技术以及耐旱高产作物等。

8.2　农业劳动力管理

8.2.1　农业劳动力的概念与特点

8.2.1.1　农业劳动力的概念

农业劳动力一般是指能参加农业劳动的劳动力数量和质量。农业劳动力的数量,是指农村中符合劳动年龄并有劳动能力的人的数量和不到劳动年龄或已超过劳动年龄但是实际参加劳动的人的数量。农业劳动力的质量是指农业劳动力的体力强弱、技术熟练程度和科学、文化水平的高低。农业劳动力的数量和质量因受自然、社会、经济、文化教育等各种因素的影响而处于不断变化之中。

8.2.1.2　农业劳动力资源的特点

农业劳动力资源与其他生产资源相比,具有以下特点。

(1)流失性　劳动力这种资源的服务能力(即劳动力)不能储藏。如果某一时间不予利用,则该一时间中可以利用的能力即自行消失,不能储藏为另一时期所用。

(2)可再生性　只要利用得当,劳动力资源是可以不断得到恢复和补充的。这一特性要求劳动力资源的再生产必须与社会再生产的其他方面协调一致。

(3)两重性　劳动力作为劳动者,一方面可通过劳动创造社会财富;另一方面又是消费者,需消费生活资料。当劳动力不能与生产资料相结合时,他便成为纯粹的社会财富的消费者了。

8.2.1.3　农业劳动力在农业发展中的重要作用

劳动是一切社会存在和发展的最基本条件。任何社会的一切社会财富,都是人们从事生产活动的结果,是人类劳动与自然界相结合的产物。没有农业劳动,就没有农业的存在与发展,也就没有整个国民经济或社会的存在与发展,因此,农业劳动是农业及整个国民经济和社会存在与发展的基础。

重视劳动力在农业发展中的重要作用,对我国来说具有特别重要的现实意义。我国农业劳动力规模巨大,而劳动力既是重要的生产要素,又是消费者,如果能充分合理地利用好这丰富的农业劳动力,就能促进农业的更快发展,如果不能充分合理地利用,就会成为农业和整个国民经济发展的沉重负担。因此,必须认真研究解决好农业劳动力的充分合理利用问题。

8.2.2　我国农业劳动力资源状况及其利用上的特征

8.2.2.1　我国农业劳动力资源状况

(1)农业劳动力资源十分丰富　农业劳动力供给资源主要是来自农村人口资源,所以,农村人口资源的状况直接决定着农业劳动力供给资源的状况。截止到2018年末，我国共有人口13.95亿，其中农村常住人口5.64亿，农村户籍人口超过8亿。改革开放之初我们有70%～80%的人都在务农，此后比例逐年减少。按照有关部门的统计，目前还有约28%的农业劳动力。和发达国家比，发达国家只有3%～4%的农业劳动力，我们的农业劳动力还是显得很多。

（2）农业劳动力文化素质偏低　新中国成立以来，农民的文化水平有了较大提高，但总体上仍普遍偏低。据对农村6.8万户农户的抽样调查，2009年末，平均每百个农村劳动力中，不识字或识字很少的占6.1%，小学文化程度的占25.3%，初中文化程度的占52.8%，高中文化程度的占11.4%，中专文化程度的占2.7%，大专及以上文化程度的占1.7%。近年来农民平均文化水平有所提高，但与城镇人口相比仍然明显偏低。农村劳动力不仅文化程度低，而且多数农民缺乏现代化知识与技术以及商品市场观念，严重影响了农村劳动力的转移和农业现代化进程。

8.2.2.2　我国农业劳动力资源利用上的特征

（1）劳动力总量过剩　随着人口的不断增长，城镇吸纳农村劳动力的速率下降，在一个相当长的历史时期内，农村中必将存在着大量的剩余劳动力。所谓剩余劳动力是指在现实的社会经济条件下，农业劳动力的供给大于农业生产经营合理需求的那一部分劳动力。表现为两种情况：一是常年性的剩余，即常年都是多余的劳动力；二是季节性剩余，即在农闲季节多余的劳动力。

①中西部地区农村剩余劳动力较集中。我国剩余农业劳动力大部分集中在粮棉主产区和中西部欠发达地区。

②存在结构性短缺和季节性短缺。由于各地经济发展不平衡，加上农业生产存在季节性特点，在整体上存在大量剩余农业劳动力的同时，在一些地区或部门和在一定时限内又存在农业劳动力的相对不足。

③农业剩余劳动力以体力型为主。在农业劳动力的知识和技术结构上，文化层次较高、技术与业务能力较强的农业劳动力严重不足，大量的剩余劳动力主要是文化层次较低、缺乏专业技术或业务特长的体力型农业劳动力。

（2）农业劳动生产率低　长期以来，大量劳动力人口滞留农村务农，70%～80%的人只生产了20%多的产值，也就意味着极低的农业劳动生产率。通过改革，农业劳动力大量转向非农产业，农业劳动生产率有所提高，但仍远远低于其他非农产业。2018年全国第一产业增加值占国内生产总值的比重为7.2%，而农业劳动力仍占全国劳动力总数20%以上。

8.2.2.3　评价劳动力资源合理利用的指标

反映农业劳动力利用情况的指标主要有劳动力利用率和劳动生产率。农业劳动力利用率是衡量农业劳动力实际参加农业生产程度的指标。在一定的劳动力资源和劳动生产率的条件下，劳动力利用率越高，其为社会生产的农产品就越多。

劳动生产率是衡量劳动者从事生产劳动的能力指标。农业劳动生产率一般用每个农业劳动者在单位时间内生产的农产品产量或产值来表示，也可用生产单位农产品消耗的劳动时间来表示。农业劳动生产率的提高，意味着单位农产品所包含的劳动量减少，或每个劳动力在单位时间内能生产出更多的农产品。

8.2.3　农业劳动力资源的管理

8.2.3.1　发展农业集约经营，提高农业劳动力的利用率

(1)加强农业农村基础设施建设，增加农民就业机会　结合美丽乡村建设，政府应继续增加对农业农村的公共基础设施建设的投入，如节水灌溉、人畜饮水、乡村道路、农村沼气、农村水电、草场围栏等"六小工程"和文化生活服务设施建设。同时各地要从实际出发，因地制宜地开展雨水集蓄、河渠整理、牧区水利、小流域治理、改水改厕和秸秆气化等各种小型设施建设。另外，应继续搞好天然林保护、退耕还林还草和湿地保护等生态工程建设。在开展上述工程时，政府可以采取以工代赈的形式动员当地农民参与，提高农业劳动力的利用率。

(2)发挥资源优势，依赖农业科技，大力发展劳动密集型农产品　我国的农业生产要素禀赋特点是土地稀缺而劳动力丰富，所以应根据农业生产资源情况和市场需求情况，制订规划，加强宏观指导，有计划、有组织地指导农民种植市场需求量大的劳动密集型农产品。现时期，在进行农村产业结构调整，提高农业多样化指数和复种指数的同时，面对农产品市场开放环境下，国外优质廉价农产品大举进入所带来的压力，我国农业应切实注重提高农产品的科技含量，发展绿色农业，实现精品农业，改粗放式经营为精耕细作，改追求产量为追求质量。这样，既可以增加单位耕地面积的农业劳动力的投入，又可以增加农民收入。

(3)加快发展农业产业化经营，拉长产业链条，吸纳更多的农业劳动力　不管哪种所有制和经营形式的龙头企业，只要能带动农户，与农民建立起合理的利益联结机制，都要在财政、税收、金融等方面给予支持。

8.2.3.2　加快农业剩余劳动力的转移

(1)我国农业剩余劳动力转移的特点　改革开放以前我国农业剩余劳动力转移量甚少，改革开放后转移速度加快，截至 2008 年底，全国农业劳动力转移就业总量为 2.26 亿人。近年来，我国农业富余劳动力转移就业呈现出新的特点。

①转移就业规模不断扩大，增速有所放缓。2017 年全国农民工总量达 28 836 万人，其中外出农民工达 17 266 万人，增长 0.5%；本地农民工达 11 570 万人，增长 0.9%。可见农业劳动力转移总量在持续增加，但增速有所放缓。

②从事第三产业的农民工比重在逐渐提高。2017 年农民工监测调查显示，从事第二产业的农民工比重为 51.5%，比上年下降 1.4 个百分点。从事第三产业的农民工比重为 48%，比上年提高 1.3 个百分点。

③农业富余劳动力转移就业的组织性有所增强。近年来，一些地方通过开展农业富余劳动力转移就业培训，实行订单式培训，将培训与就业结合起来；还有一些地方在输出地与输入地之间建立有机联系，创立了很多劳务品牌，农业富余劳动力外出务工的盲目性进一步减少。

(2)农业富余劳动力转移就业面临新形势　目前我国正处于经济转型升级的关键时刻，经济增长速度放缓，经济质量进一步提高。在提高发展质量的过程中，农业富余劳动力转移就业也面临很多新形势。以下 3 个问题尤其突出。

①农业富余劳动力在城镇能否得到充足的就业机会。我国目前依然处于城镇化的中期阶段，农业富余劳动力还在不断地向城镇和大中小城市转移，虽然速度有所放缓，但总规模依然

在扩大。预计这一增长趋势还会延续一段时期。随着规模的扩大和原有规模的较大基数，农业富余劳动力转移就业的压力将长期存在。在新的经济发展形势下，我国面临着经济结构和产业升级后对劳动者数量需求的减少和质量要求的提升，原来的某些传统就业岗位会大量减少，农业富余劳动力在城市的就业机会将会受到不同程度挤压，会面临就业压力和失业风险。

②农业富余劳动力还存在劳动技能和素质难以适应新形势要求的困境。随着大中型企业去过剩产能、促结构转型的进一步深化，一些附加值较低的行业和项目将会被淘汰，不可避免地使一部分劳动者面临失业。由于很多产业工人学历较低，掌握的技术比较单一，很难适应产业转型后新兴产业的技术需求，从而较难在新兴产业中实现就业。

③农业富余劳动力转移就业的质量值得关注。由于户籍制度和其他相关制度的不完善，导致农业富余劳动力在福利待遇、权益保障、医疗养老、就业服务等方面难以享受到与城镇职工同等的待遇。农业富余劳动力在城市就业，却游离于城市的社会管理和服务之外，这在很大程度上影响了农业富余劳动力转移就业的稳定性。目前我国农业富余劳动力转移就业还是候鸟式模式。他们中的绝大部分人没有完全脱离农业生产，通常是农忙时务农，农闲时出来务工，属于"钟摆式"的转移方式。有的虽然完全脱离了农业生产，但身份依然是农民，并没有融入市民群体，形成了春节后离家、春节前回家的候鸟式转移。由于这种情况的存在，他们始终是产业工人中的"游击队"，而无法成为"正规军"，无形中增加了农业富余劳动力转移就业的成本。

造成这种状况的主要原因是户籍制度的存在。我国现行的户籍管理制度是特定社会条件下的产物，它在某个阶段对社会管理起过一定作用，但是已经不适应目前社会经济发展的需要。户籍制度人为地把城市和农村隔离开来，切断了生产要素的合理流动。时至今日，虽然户籍制度改革一直在进行，一些城市也逐渐放宽了落户条件，但是城乡二元机制仍然没有被完全破除，户籍上仍然附着了一些不平等的福利待遇，所有这些都严重阻碍了农业富余劳动力的合理有序转移。

(3)加快农业剩余劳动力转移的途径　未来在解决农业富余劳动力转移就业的问题上，关键是要完善制度保障体系，提高农业富余劳动力就业质量。着力做好以下几个方面的工作。

①在经济发展和产业结构升级过程中，既要保证经济发展的质量，同时也要把扩大就业、保证充分就业作为国家的重大战略常抓不懈。只有创造了更加充足的就业岗位，才能既保障城镇户籍劳动者的就业，同时又为农业富余劳动力转移就业留有余地。加强制度保障是关键。城乡二元体制依然是制约农业富余劳动力转移就业的根本障碍，因此应加快城乡二元体制改革，促进城乡协调发展，同时加快户籍制度改革，有序推进农业转移人口市民化，努力实现城镇基本公共服务常住人口全覆盖。

②继续加大对农业富余劳动力在岗位技能方面的培训，提高他们的职业素质，以满足新形势下工作岗位对劳动者就业技能的要求，提高他们的就业成功率。提高劳动力素质的根本是加强基础教育，应当将办好农村基础教育作为各级政府政绩考核的目标。另外，不断加大职业技术教育的经费投入，有针对性地开展农民职业技能培训，增强农业富余劳动力的竞争力。

③切实推进农业转移人口市民化的进程，保障农村劳动力的就业权益，提高农业富余劳动力在城镇的就业质量，增加工作的稳定性。导致农村劳动力候鸟式转移的一个重要原因就是社会保障还不够完善，农民依然将土地视为自己的最后保障。如果能为这些农民提供相当于土地保障功能的生活保障，这些转移的农业富余劳动力就会在没有后顾之忧的前提下真正扎

根城市。

8.2.3.3 提高农业劳动生产率

1.提高农业劳动生产率的重要意义

①提高农业劳动生产率是发展农业生产的根本途径。通过提高劳动生产率,可以在现有条件下增加社会财富。在追加活劳动和物化劳动条件下,则能产生更大的效果。

②提高农业劳动生产率是增加积累和提高农民物质文化生活水平的决定条件。只有提高农业劳动生产率,才能降低单位农产品的成本,提高收益,增加积累;才能使农民缩短体力劳动时间,来从事文体娱乐活动,提高科技文化素质和生活质量。

③提高劳动生产率是保证农业剩余劳动力持续转移的前提。一个没有新的农业技术进步的农业,是停止萎缩的农业,它将引起非农产业工资成本的急速上升,从而限制非农产业的发展,使非农产业吸收农业剩余劳动力的过程处于停止状况,解决这一问题的唯一途径就是提高农业劳动生产率,保证农业迅速增长到足以满足越来越多的非农产业劳动力对农产品的消费需求。

④只有提高农业劳动生产率,才能更好地发挥农业作为国民经济基础的作用。提高农业生产率,一方面可以使农业劳动者提供更多剩余农产品,更好地满足国民经济其他部门的需要;另一方面可从农业中解放出大量劳动力,满足国民经济其他部门的需要。

⑤农业劳动生产率是衡量农业现代化水平的根本标志。劳动生产率高意味着农业科学技术水平、农业机械化、水利化、农业经营管理水平以及农民的科技文化素质就高,农业现代化程度就高。

2.提高农业劳动生产率的途径

①改进劳动力使用的物质技术装备。在农业中,采用现代化的机器、设备及化肥、农药等生产资料,可以大大节约活劳动和有效提高单产。但是,我国农业中存在劳动力过剩的情况,因此使用机器设备,必须在地区和作业项目上进行选择,力求使物化在机器中的劳动量低于它所能代替的活劳动量中的必要劳动部分,并使被取代的劳动力也能得到合理安排。

②合理利用自然资源与环境。农业劳动生产率是同自然条件紧密联系在一起的,因此,应该认识和利用自然规律,因地制宜的布局农业生产,开展农业基本建设,改善生态环境,保持生态平衡,通过人的劳动进一步改善自然力,从而提高劳动生产率。

③提高劳动力的科技水平。提高农业劳动生产率,归根结底必须依靠科学技术。一切先进的农业科技,只有真正武装了农业劳动者,才能成为现实的生产力。而我国农民普遍受教育程度低,整体素质不高,因此,要大幅度地提高农业劳动生产率,就必须加强对农民的智力投资,提高农民的科学文化素质。

④调动农民务农的积极性。农民的生产积极性是提高农业劳动生产率的根本保证。为此,国家和各级地方政府要不断完善和落实各项农业政策,进一步调动农民的劳动积极性。

⑤在稳定农业家庭承包经营的基础上促进生产的专业化,适当扩大经营规模。农业专业化生产和规模经营与“小而全”的农业家庭经营相比,更有利于先进科学技术和农业机械在生产过程中的推广和使用,因此,我们应按照自然规律和经济规律的要求,加强劳动管理,改善劳动组织形式,使农业自然资源、生产工具在现有条件下得到最佳结合,实现农业劳动生产率的提高。

8.3 农业科学技术管理

8.3.1 农业科学技术管理概述

农业科学技术是农业科学与农业技术的总称。农业科学是建立在农业生产经营实践和实验的基础上并加以严密论证的,有关农业自然生产与经济再生产过程的本质特征和运动规律的知识体系。农业技术是指人们在生产经营活动的实践中,在科学原理的指导下总结、积累、发展而成的操作方法、技能和技巧。农业科学和农业技术既有区别又有紧密的联系。农业科学着重于认识,农业技术着重于应用。农业技术是农业科学产生和发展的重要基础,农业科学是农业技术进步的基本前提。

农业科学技术管理是指对农业科学技术的研究、实验、开发、推广、技术方案的实施、技术经济效果以及技术教育和培训等一系列工作的管理。

8.3.1.1 现代农业科技发展的任务

科学技术是第一生产力,现代农业科技是现代农业发展的强大动力。21 世纪我国农业科技发展的主要任务是:为农产品增产特别是粮食安全提供可靠的技术保障;为调整农业和农村经济结构、提高农业整体效益、增加农民收入提供强有力的技术支撑;为生态环境建设提供全面的技术服务;为提高我国农业国际竞争力提供坚实的技术基础。

8.3.1.2 现代农业科技发展的重点

(1)实施作物良种科技行动,促进种植业结构调整　以优质高产作物新品种选育及其产业化为重点,加快种植业结构战略性调整;开发节本增效技术,发展优质高产高效种植业,促进种植业生产和产品标准化、布局区域化、经营产业化。

(2)实施优质高效畜牧水产科技行动,加速养殖业规模化、产业化、标准化进程　开展畜牧水产优良品种选育、饲料开发、生产设施设备研制、疫病综合防治等技术研究,加快畜牧水产业的专业化、规模化生产;建立健全畜禽水产品质量检测体系,推动畜牧水产业全面发展,大力开拓国际市场。

(3)实施农产品加工科技行动,培育新的农村经济增长点,增加农民收入　加速农产品加工业科技进步,推动加工原料基地建设,实现生产规模化、技术装备现代化,大幅度提高资源综合利用率和农产品附加值。培育区域性支柱产业,继续建设好星火技术密集区,带动农业产业升级。

(4)充分利用生物的遗传潜力,重视资源与环境问题　研究开发天然林保护与恢复、水土保持、退耕还林还草和节水灌溉技术和设备,为改善生态环境,实现农业可持续发展提供技术支撑。

(5)实施农业高新技术研究与产业化科技行动,推进传统农业技术的改造,提高农业科技整体水平　以生物技术、信息技术为重点,加强农业高新技术研究与开发,培育一批具有自主知识产权的农业科技企业,带动农业产业升级,大幅度提高我国农业国际竞争力。

(6)实施农业区域发展科技行动,开发区域优势产业和发展特色农业　加快西部地区农业结构的调整，应用先进科技推进优势资源的合理开发和深度加工，促进农村经济的稳定发展；建立具有西部特色的农业科技产业示范基地和区域性支柱产业，带动西部经济发展。

(7)实施农业科技能力建设行动，增强我国农业科技的实力和后劲　通过国家基础性重大项目计划、攀登计划、国家自然科学基金等多种途径，切实加强农业基础研究和基础性工作，不断提高我国农业科技的自主创新能力。

(8)实施人才培养科技行动，增加人力资本　加速造就一支由学术带头人、农业技术推广人才、农业科技企业家、高素质农民和农业科技管理人才共同组成的农业科技队伍。

8.3.1.3　农业科学技术管理的内容

1. 农业科学技术管理的主要特征

①与生产实践联系的紧密性。科学技术管理工作必须从生产实践出发，一切科技成果来源于生产实践，反过来又要为生产实践服务。

②超前性。科学技术要走在生产发展的前面，为未来的生产发展开拓道路，这就决定了科学技术管理必须具有超前性。

③长远性和预见性。科学技术的研究与开发周期较长，而科技发展速度又较快。因此，在管理上要有长远的观点和预见性，正确把握农业科学技术发展的趋势，以实现农业科学技术的不断进步。

④技术先进性与经济合理性的结合。在农业技术管理中一定要使科学技术的先进性与经济上的合理性有效结合起来，使科学技术产生最大的经济效益、社会效益和生态效益。否则，任何先进的科学技术都难以推广应用。

⑤农业科学技术管理必须符合国家发展科学技术方针、政策及具体规定。

2. 农业科学技术管理的内容

①农业科学技术研究的管理，包括研究机构、实验室、实验场地设置、研究项目、研究手段以及研究人员的管理。

②新技术及新产品的开发管理，包括技术开发、规划的制订、技术方案的选择、技术引进、技术经济评价及推广应用等。

③技术改造及设备更新的管理。

④科学技术信息、档案资料及技术标准的管理。

⑤建立与完善技术岗位责任制、技术考核和技术奖惩制度等。

⑥开展农业科学技术教育和人员培训，不断提高劳动者科学技术水平。

8.3.2　农业科学技术创新

农业的发展，最终要依靠农业科技的进步与创新。农业科技创新是一个农业科学技术知识的创造、流通和应用的过程。只有构建起完善的农业科技创新体系，才能有农业科技理论与知识、农业新技术的不断创新，才能加快农业技术进步的步伐。

8.3.2.1　农业科技创新的主要任务及方向

农业科技创新的主要任务是：加快农业发展中关键技术的创新和推广应用。加强信息技术、生物技术和传统农业技术的结合，研究开发一大批关键技术，特别是在优良品种培育和旱作节水农业两大领域集中力量尽快实现新的突破，为新阶段农业发展和实现农业现代化提供强有力的科技支撑。

农业科技创新要把握好以下方向：有利于促进科技与经济的紧密结合；有利于促进农业科技产业的发展；有利于科技持续创新能力的提高；有利于提高农业科技人员的整体素质。

8.3.2.2 加快农业科技创新体系建设的途径

加速我国农业科技创新体系的建设应从创新机构、创新基地、创新机制、创新资源和创新环境 5 个方面入手。

(1)创新机构　创新机构是创新活动的行为主体，主要组成单位是农业企业、科研机构和高等院校、教育培训机构、中介机构等。为了实现创新目标，应改革农业科研机构的布局，实行分类管理。对部分公益型的科研院所实行事业单位企业化管理；对多数科研院所应面向市场，放开搞活，使之逐步转变为科技型企业或中介机构。强化农业教育的改革与发展，加强重点学科建设，加快系统内外的联合与共建。积极推动科研院所和高等院校以不同形式进入企业，以及重大工程项目或与企业合作、共建；企业及重大工程项目要通过引进、消化、吸收，加强技术开发和技术改造，研究开发新技术、新产品，特别是高新技术产品，使企业尽快成为科研开发和投入的主体；提高企业的技术创新能力，真正实现农科教、产学研一体化。

(2)创新基地

①扶持一批科技先导型农业企业，作为技术创新基地。

②在深化科研院所改革的基础上，本着少而精的原则，逐步建立一批国家级或区域性研究中心，作为知识创新基地。

③加强国家级、省部级重点实验室的建设。

④加强国家级、省部级工程中心的建设，推进农业产业技术进步。对现有国家级工程中心，加强指导，强化管理，提高技术创新能力。

⑤加强重点学科建设。

⑥加强科技示范基地的建设。

⑦创建高新科技园区。采用设施农业和生物技术等现代科学技术，在经济发达地区与地方联合共建高新科技园区。

⑧建设科技信息网络。以国家级农业科技主管机构和科研院所为中心，与农业高等院校、各省(自治区、直辖市)农业科技主管部门、科研院所、推广中心、质检站、各类基地实行联网；建设农业科技管理数据库。

(3)创新机制　改革科技管理体制，建立与国际接轨并有我国特色的“开放、流动、合作、竞争”的高效运行机制和现代科研院所管理制度。

①在人事方面引入公平竞争机制，实行全员聘用制，同时应积极创造条件建立“科研人员聘任年限制度”和“科研院所研究理事会制度”，实行首席专家负责制。

②在分配上引入激励机制，院所长逐步实行年薪制，科技人员的报酬与业绩挂钩。对做出突出贡献的科技人员实行重奖制度和知识产权保护制度。

③在科研项目、课题及承担单位的选择方面，引入公开、公正的运作机制，采取资格认定招标竞争方式。

④在成果转让方面引入科学的评价监督机制，对科研机构、科研人员和科技成果进行科学

评价，以利于科研成果按照市场经济规律供需直接见面或通过中介组织实行有偿转让。

(4)创新资源 创新资源是创新活动的基础条件，包括人才、资金、自然资源和信息资源等。我国农业科技人才数量不足，质量不高，且分散、流失现象严重。因此，必须抓紧分层次培养各类科技人才，特别是要重点培养有知识、懂经营、会管理的复合型科技人才和学术技术带头人。在资金投入上，应以市场配置为基础，改革现行的单一投入体制，建立以国家投入为主的多元化科技投入体制，同时要引导企业和金融机构增加对农业科技的投入。提高资源利用效益是科技创新活动的根本目的，我国生态环境恶化的趋势是农业科技创新要着力解决的核心问题。农业本身经济实力差，产业不发达，因此应将科技产业化作为科技创新的突破口，不断增强总体实力。

(5)创新环境 创新环境包括法律、法规、政策、体制、市场和服务等内容，是创新活动的重要保障因素。加强农业科技在软环境方面的建设，应从以下3个方面着手。

①从法律、法规、政策等方面使科技活动不断向企业化、产业化、商品化方向转移，除基础研究和公益性研究外，其余研究活动应实现产业化和商品化，取得社会财富。

②在发挥好政府宏观调控作用的同时，强化市场牵引、调节的作用，增强市场竞争，使科技活动尽快进入市场。

③从管理制度上加大学科结构、人才结构等调整的力度，加强科技人员的绩效考核，辅之以公正、公平的评审、验收和奖惩制度。

另外，科学技术的国际化、全球性趋势已日益明显，我国农业科技创新必须站在国际化的高度来构想。争取在重点科研项目上参与国际大型联合研究计划。要利用拥有的科研院所进出口自主权，发展与有关国家的技术贸易，把我国新产品、新技术打入国际市场，增强国际竞争力。

8.3.3 农业技术推广的管理

8.3.3.1 农业技术推广管理的概念与任务

农业技术推广是指将农业适用技术，通过试验、示范、宣传和培训等方法同农业生产转移和扩散。它是把农业科学技术这个潜在的生产力转变为现实生产力的重要手段。农业技术推广是联系农业科学技术研究与农业生产实践的桥梁。只有大力开展农业技术推广，才能使农业科学技术由潜在的生产力转化为现实生产力。同时，也只有搞好农业技术推广工作才能及时反馈农业科技成果在农业生产实践中应用的信息，从而更好地推动农业科学技术的研究与开发。

农业技术的推广管理，是指在一定科学理论指导下，进行试验研究、技术推广、技术措施方案实施、技术经济效果分析评价等全部管理工作。

当前，我国农业技术推广管理工作的主要问题是：农业推广资金投入不足和推广体系不够完善；农民对现代农业高新技术接纳能力差，基层推广人员素质不高；加入WTO后，农业产量与品质、农民增产和增收的矛盾更为突出；技术市场和科技企业发展缓慢。因此，为了加快农业的发展，提高我国农业科技成果转化率，必须改善和加强农业技术推广管理工作。

现阶段，我国农业技术推广管理的主要任务：

(1)围绕农业生产和农村经济发展的技术需求特点，以及提高农产品在国际、国内市场竞争力的技术需求，加大农业技术推广和产业化过程，有效地服务于农业结构调整和农业增长方式转变。

(2)解决在产量与品质，增产与增收矛盾中的技术服务问题，保障国民经济和农业生产持续、稳定、健康发展。

(3)在农业推广方式上，从单纯技术服务与行政手段推广逐步向技术服务与农村教育结合的方式过渡，并且从产中服务为主逐步向产前和产后服务领域延伸。

(4)在体系建设上，改革运行机制，促进推广人员知识更新和专业技能提高。

(5)在强化政府行为基础上，继续发挥科研、教学部门作用，并鼓励技术市场发展和科技企业等积极参与，建立一个多元化的技术推广体系。

(6)建立一批稳定的农业技术推广示范基地，进行重点农业技术领域成果转化和辐射带动。

8.3.3.2 农业技术推广的程序

(1)选定推广项目 推广项目的来源主要有4个方面：科研成果、引进技术、农民生产经验和推广部门的技术改造项目。科研成果是指本地区农业科研部门提供的项目。引进技术是指从其他国家和本国其他地区农业科研部门引入的科研成果。农民生产经验是指当地农民在生产实践中摸索出来的先进生产方法。推广部门的技术改造项目是推广人员在推广过程中对所推广技术进一步改进完善后的研究成果。在上述四个项目来源中，后两个是主要的。选择推广项目要对有关的各种因素进行综合的分析比较，确定最适宜的科研成果作为推广项目。

(2)推广试验 也称中间试验或区域试验，是从科研到生产之间的关键环节。农技推广项目选定后，在大面积正式推广前，应进行推广试验，明确推广价值。推广试验包括新技术的引进试验、良种区域实验、计划配套实验。

(3)示范 示范是指推广工作者在田地里直接教农民如何使用推广项目的一整套操作方法，其主要任务是选择示范田和示范户，使新技术迅速有效地在本地扩散开来。一旦选定了示范田和示范户，推广者应经常与示范户农民保持密切联系，向他们传授有关的操作方法，提供有效的信息和必要的物质手段。

(4)推广 在示范的基础上，证明该项技术在该地区的推广价值后，即可进行大面积推广。

(5)反馈和改进研究 试验、示范和推广过程是科技成果的检验过程，在该过程中发现的问题，应及时反馈给科研部门，以便做出解释或进行深入研究。

8.3.3.3 农业技术推广的管理措施

(1)加强政策法规建设，保证农技推广事业健康发展 1993年通过的《中华人民共和国农业法》和《中华人民共和国农业技术推广法》是指导我国农业推广的最基本法律，对稳定农技推广机构、健全农技推广体系起着至关重要的作用。还需要制定实施加强农业科技产业发展的系列规定，并与相关的法律、法规体系相配套，逐步使农业科技产业化发展纳入法制化轨道。

(2)加强政府财政支持力度，增加农技推广资金投入 政府对“丰收计划”等国家重大推广计划项目应继续组织实施并加大支持强度，使各类项目的资助强度有明显提高；建立农业技术推广专项基金，并能逐步制度化地增加财政支农资金用于农技推广的份额；多渠道筹集资金，包括利用信贷资金扶持农技推广、涉农企业赞助等社会集资及农业部门经营收入提成用于农技推广等。

(3)加强推广体系建设,更新观念和鼓励创新 农技推广体系具有不可替代的社会公益性职能,是实施科教兴农战略的主要载体,是新阶段推动农业和农村经济结构战略性调整的依靠力量。由政府建立一支履行公益职能的农技推广队伍,不但是我国农业和农村经济发展的客观需要,也是绝大多数国家农业发展的共同经验。现行的农业技术推广工作必须更新观念和进行机制创新,按照市场经济发展要求,把服务领域由产中向产前、产后延伸,由单项向综合服务延伸,利用技术和信息引导农民进入市场,参与并促进农业产业化经营。

(4)加强科学普及和宣传力度,利用多种方式加快人才培训 充分发挥农业广播学校作用,深入农村对农民进行科普宣传;组织技术推广示范基地之间的相互观摩、交流;组织开办农民科技企业家培训班和不同层次的农业专业技术人才培训班;利用高等农业院校和中等农业学校的定向招生方式,培养一批基层技术推广人才,造就一批既有理论水平,又有实践经验的高级农业推广专家。

(5)发展和引导农业技术市场,规范农业技术推广市场行为 加强农业技术市场建设,促进农业技术转让,为农业科研机构、大专院校及民营科技企业的成果转化及市场化提供便利条件和措施保障;通过各种途径发布农业技术成果、专利等技术转让信息,密切技术供需双方的关系,促进农业技术贸易;鼓励农业生产资料及农产品购销企业积极参与农业技术推广和宣传教育活动,并且通过法规、管理办法等规范其行为,杜绝坑农害农现象的出现。

8.4 农业资金管理

8.4.1 农业资金的概念与分类

8.4.1.1 农业资金的概念与特征

农业资金是商品货币经济条件下,农业生产和流通过程中所占用的物质资料和劳动力的价值形式和货币表现,也是市场经济条件下,农业生产单位获取各种生产要素的不可缺少的重要手段。

农业资金除了具有资金的一般特征外,还包括以下特殊性。

(1)农业资金的低收益性 农业作为一个传统产业部门,在现代经济中处于相对劣势的地位,对农业一般项目的投资回报水平往往会低于工业或其他项目,而且由于农业生产与自然条件的紧密联系,使得农业资金的投资周期较长,并且承担比其他产业项目更多的自然风险。

(2)农业资金效益的外部性 农业生产不仅创造农业产品,而且附带较大的生态效益和社会效益。因此农业资金投入的收益就产生了外部性。在完全市场条件下,外部性会使得农业资金的私人投入量小于社会最优水平。

(3)农业资金的政策性 在发达国家的经济体系中,农业是受保护和支持的产业。在市场经济条件下,政府往往通过农业资金来干预农业主体的行为,以各种农业补贴、公共投资、公共服务等形式来达到国家农业发展的目的。因此,国家在农业计划中,农业资金往往和一定的农业政策联系在一起。

8.4.1.2 农业资金的分类

农业资金按不同的标准可以进行如下分类。

(1)按资金的来源,可分为生产单位的自有资金和借入资金 自有资金指生产单位自身所有,不需归还别人的资金。借入资金是指生产单位用各种方式取得的必须到期归还他人的资金。

(2)按资金在生产过程中所处的阶段,可分为生产领域的资金和流通流域的资金。

(3)按资金的价值转移方式,可分为固定资金和流动资金 前者是指房屋、农业设备、果树林木等劳动对象,其特点是可以在生产中多次参加生产,才能将其本身的价值完全转移到新的产品中去,后者是指种子、饲料、化肥、各种原材料等劳动对象,其特点是参加一次生产后就要被消耗掉,其价值完全转移到新的产品中。

不同类型的资金在使用和管理上有不同的要求,在经济管理中必须十分注意。

8.4.2 农业资金的来源

根据我国的情况,农业资金的来源主要有以下几个方面。

(1)农户自有资金的投入 我国农村实行家庭承包经营制度以来,农业生产资金的来源主要依靠农户自身的投入,而农户自身的投入主要取决于农民的收入。为了保证这部分资金来源的增加,应当在多方面促使农户增加收入的同时,引导农民正确处理发展生产和改善生活的关系,将每年收入的增长部分,较多的用于增加生产投入。

(2)财政资金的投入 农业财政资金是政府为农业发展而预算的各项农业支出,包括农业科研推广、农业基础设施、农业公共服务等公共支出以及为支持和调控农业而发放的各种农业补贴。农业财政资金的使用一般是无偿的,直接由政府财政预算并拨付。政府财政每年对农业的支持,新中国成立后有所增加,改革以后因农村收入增长和农民自身的资金投入增加,国家对农业的财政支持增长不多,但仍是农业资金的一个重要来源。

(3)信贷资金的投入 农业信贷资金是金融机构或个人给农业生产者融资所形成的各种农业贷款。这里,农业信贷资金的供给主体主要包括商业性金融机构(如中国农业银行)、政策性金融机构(如中国农业发展银行)、合作性金融机构(如农村信用合作社)、外资金融机构等正规金融组织以及非正式的民间金融组织和个体信贷供给者。农业信贷资金可以是用于公共投资领域,也可以是用于农业私人投资领域。

(4)企业或其他经济组织的投入 乡镇企业、农村集体经济组织、农业合作组织等也是农业资金的重要来源。我国乡镇企业的发展曾对农业生产的发展产生过积极的作用,但近些年由于其效益的下降,使得支农资金的绝对值有些偏低。另外,我国目前大部分农村集体经济的势力不强,原来集体拥有的一些企业许多承包给了私人,因此,集体供资能力也十分有限。

(5)国外资金的投入 随着经济开放和资本的国际流动,来自国外的资本成为农业资金的一个新来源。国外农业资金一是来自国际经济组织的资金;二是来自政府间的援助或农业项目投资;三是国外的金融机构、公司或个人进行的农业投资。农业中外资利用主要有贷款、援助和外商直接投资等 3 种形式。从 20 世纪 90 年代以来,我国农业外资利用的总量总体趋势是上升的。

8.4.3 我国农业资金使用中存在的问题

从我国各地区的农业资金使用情况来看，主要存在以下问题。

(1)农业资金投入总量不足 历史上我国农业投入长期严重不足。近年来虽然有较快增长，但按照农业现代化建设需要，总量仍然不足。

(2)农业资金投入结构还不合理 生产经营性项目上得多，基础性设施投入少，资金运作效果欠佳，政府还没有从竞争性投资领域完全退出。

(3)项目安排上撒“胡椒面”现象较为突出 顾及方方面面的利益，大项目少，小项目多，农业资金的整体效益得不到应有的发挥。

(4)缺乏统筹协调 一方面是一些重大项目需要集中投资时，由于部门之间各自为战，使有限的资金难以捆绑集中使用；另一方面是对一些经营性项目还存在重复投入的现象。

(5)重项目轻管理 支农资金监督检查力度不够，挤占、挪用现象仍有发生。

(6)农村金融体制不合理，农业资金大量流失 四大国有商业银行普遍存在着重吸储轻放贷、金融网点从农村撤退的现象；在农村金融体系中处于基础地位的农村合作社还没有转变成为国际意义上的合作金融组织。这使得农村资金大量流向城市，民营中小企业和农民个人贷款十分困难。

8.4.4 农业财政资金的管理

8.4.4.1 农业财政资金投入的原则

(1)效率原则 是指财政部门对农业财政资金支出进行有效配置，使既定的资金产生最大的产出或效益。这一原则要求政府合理使用总量稀缺的国家资金，不但农业财政支出本身讲求经济效率，而且要保证良好的社会效果和生态效果，达到社会资源的有效配置。

(2)公平原则 是指政府在农业财政资金的投向和数量上应做到统筹兼顾，协调好发达地区和欠发达地区的利益。需要指出的是，公平原则并不是要求对财政资金进行平均分配，而是要运用财政资金对市场机制所造成的地域或人群上的不公平状况进行矫正，以实现真正的公平。

(3)稳定原则 包括两层含义，一是农业财政资金投入本身要根据农业发展的要求保持一个稳定的增长率；二是要求农业财政资金成为农业经济波动的稳定器。

(4)持续原则 一方面要求农业财政资金投入要保证农业的可持续发展；另一方面还要求农业财政支出的可持续。

另外，在WTO的框架下，政府各种农业财政资金的支出还必须遵守WTO农业协议的有关规则和国际惯例。

8.4.4.2 农业财政资金管理的措施

农业财政资金管理的主要任务是切实重视和加强财政资金对农业的投入。主要措施如下。

(1)各级政府应高度重视农业投入问题 认真贯彻《中华人民共和国农业法》和各地制定的有关农业投资的地方性法规，确保支农资金增长幅度高于本级财政经常性收入增长幅度，努力增加政府财政支农资金投入总量，形成支农资金的稳定投入渠道。

(2)统一规划、明确分工、统筹安排　加强支农资金项目管理，整合现有各项支农投资，集中财力，突出重点，提高资金使用效率。

(3)严格财政监督，确保农业资金按时足额到位　一是加强专项资金跟踪管理和信息反馈；二是严格项目合同管理制度，明确有关部门和项目管理单位的权利、义务和责任。

(4)用好经济杠杆　积极运用税收、贴息、补助等多种经济手段，鼓励和引导各种社会资本投向农业和农村。

8.4.5 农业企业资金的管理

农业企业对其占有的农业资金管理的主要任务是努力提高其使用的经济效益。要提高农业资金使用中的经济效益，最主要的办法就是提高其资金的周转速度，使一定的资金能够在一年内多次在生产上发挥作用。具体措施如下。

8.4.5.1 加快固定资金的周转

(1)防止增置不必要的固定资产　购置固定资产要注意从实际出发，权衡轻重缓急，把资金使用在能取得经济效益最大的项目上。还要使购置的设备与企业的生产规模相适应，使各项固定资产互相配套完整，并且注意设备的通用性和适应性。

(2)尽可能提高固定资产的利用率　农业生产具有明显的季节性，农业中固定资产的利用率一般都要受生长季节的限制。因此，提高农业中固定资产的利用率，对加速固定资产的周转特别重要。

(3)合理安排生产性固定资产同非生产性固定资产的比例关系。

8.4.5.2 加快流动资金的周转

(1)尽可能缩短生产周期　在种植业上尽可能采用和选育生产周期短的优良品种；在林业上采用速生树种和快速育林技术；在畜牧业上尽量缩短牲畜的育肥期；在农产品加工业上，尽可能改善经营管理，改进劳动组织和生产工艺。

(2)合理储备　要合理的规定各种原材料的储备定额，要及时清仓挖潜，充分利用现有的流动资金。

(3)要节约生产过程中的种子、化肥、农药和其他原材料的消耗。

(4)要合理确定农业生产结构　专业化生产和多部门经营应互相配合，使收支在全年均衡分布，使流动资金周转加速。

(5)防止任意占用和挪用流动资金去进行基本建设或作其他用途。

(6)根据市场需要，生产适销对路的产品并加强产品的推销，以尽可能缩短产品的流通时间。

8.4.6 改革和创新农村金融体制

改革和创新农村金融体制的主要措施有。

(1)建立金融机构对农村社区服务的机制，明确县域内各金融机构为“三农”服务的义务。

(2)进一步完善邮政储蓄的有关政策，加大农村信用社改革的力度，缓解农村资金外流。

(3)农业银行等商业银行应创新金融产品和服务方式,拓宽信贷资金支农渠道。

(4)农业发展银行等政策性银行应调整职能,合理分工,扩大对农业、农村的服务范围。

(5)继续扩大农户小额信用贷款和农户联保贷款。

(6)鼓励有条件的地方,在严格监管、有效防范金融风险的前提下,通过吸引社会资本和外资,积极兴办直接为"三农"服务的多种所有制的金融组织。

(7)针对农户和农村中小企业的实际情况,研究多种担保办法,探索实行动产抵押、仓单质押、权益质押等担保形式;鼓励政府出资的各类信用担保机构和商业性担保机构积极开展农村担保业务。

(8)推进政策性农业保险制度的完善,扩大覆盖范围。

小　结

农业资源是农业生产和发展的基础。农业自然资源是指自然资源中可被人类用于农业生产的物质和能量及保证农业生产活动正常进行所需要的自然环境条件的总称。它具有地域性、整体性、动态稳定性、有限性和自然及社会经济性的特征。农业自然资源管理是指对农业自然资源进行综合性的调查、监测、评价、区划、规划,以农业可持续发展为目标,对农业自然资源的开发、利用与保护进行协调和监督。处理好农业自然资源利用与保护的关系是农业自然资源管理的核心问题。土地和水是两种最重要的农业自然资源。我国作为土地和水资源都非常稀缺的国家,必须加强对土地和水资源的合理开发利用和有效保护。土地资源的管理应正确处理国家、集体、个人之间的关系;应坚持生态、经济、社会三效益统一的原则;应坚持依法、统一、科学地管理土地。在坚持农村土地集体所有的前提之下,要推进"三权分置"的土地制度改革。劳动力作为社会生产要素中唯一能动的要素,在农业生产经营中起着关键作用。我国农业劳动力资源丰富,如何合理利用具有非常重要的现实意义。为此,要致力于提高农业劳动力的利用率和农业劳动生产率,在此基础上,要加快农业剩余劳动力的转移。科学技术是第一生产力,农业科学技术是农业发展的重要推动力,农业科学技术管理的重点是农业科学技术创新和农业科学技术推广。在市场经济条件下,资金是现代农业增长的重要支撑。针对我国农业资金使用中存在的问题,要改革和创新农业金融体制,加强对农业财政资金等各项资金的投入和使用管理,促进农业和国民经济的可持续发展。

复习思考题

1. 简述土地资源的自然特性和经济特性。
2. 我国土地资源利用中存在哪些问题?应如何加强土地资源的管理?
3. 如何充分合理利用我国农业劳动力资源?
4. 我国农业资金的主要来源渠道有哪些?农业财政资金投入的原则是什么?
5. 如何加强和完善农业技术推广体系的建设?

参考文献

1. 周慧秋. 农业经济管理. 北京：中国农业科学技术出版社，2008.
2. 许开录，孙志浩. 农业经济管理. 北京：化学工业出版社，2010.
3. 陆红生. 土地管理学总论. 北京：中国农业出版社，2002.
4. 叶文虎. 环境管理学. 北京：高等教育出版社，2002.
5. 骆世明. 农业生态学. 北京：中国农业出版社，2003.
6. 张忠根. 农业经济学. 杭州：浙江大学出版社，2010.

第 9 章　农业投资项目评估

本章学习要点

- 农业投资项目的概念与标准
- 农业投资项目的特点及管理周期
- 农业投资项目可行性研究报告的内容
- 农业投资项目评估的主要内容
- 农业投资项目的财务评估方法

9.1　农业投资项目概述

9.1.1　农业投资项目的概念与标准

投资项目有广义与狭义之分。广义的投资项目是泛指在一定的约束条件下(如资金、技术、资源、时间、空间、政策等),投资主体为获得未来预期效益,将货币资金或实物资本投入营利性或非营利性事业,从事生产或服务等经济活动,具有明确目标的一次性事业。狭义的投资项目是指既有投资行为,又有建设行为的工程建设项目。在农业领域,投资项目又具有特殊的内涵,是指为农业扩大再生产(即改善生产条件,增加生产手段,扩大生产能力)而投入的全部资源,它是在原来基础上的增量投入,包括追加的人力、物力、资金和科技等资源。农业投资规模较大,范围较广,投资量较多,常常以投资项目的形式出现。农业投资按资金来源可以划分为国家投资项目、银行贷款项目、联合投资项目、自筹资金项目、外商投资项目等。

作为农业投资项目,应符合以下标准:

(1)投资项目必须是扩大再生产的经济行为　投资项目不是作为维持简单再生产而发生的种子、化肥等日常性经营成本支出,而是通过增量投入,增加生产手段,改善生产条件,提高农业综合生产能力的扩大再生产的经济行为。

(2)投资项目必须有具体的建设内容和明确的效益目标　作为投资项目要马上付诸实施,其建设内容必须具体量化。同时,投资项目的效益目标除了投资者效益最大化,还要明确规定参加项目的农民人均收入的增加情况,以及农业投资项目对国民经济的净贡献。

(3)投资项目要有确定的开发治理区域范围和明确的项目建设起止时间　作为一个农业项目,要有明确的投资、生产、效益的时间顺序;有特定的地理位置和地区范围,明确规定项目区包括县、乡数及建设面积大小;同时应有明确的建设起止时间。

(4)投资项目必须有可靠的投资资金来源和切实可行的投资计划安排　包括资金筹集、分配、运用、管理等。对于农业外资项目来说国外资金与国内配套资金来源都应落实；对于国家级农业投资项目来说，国家投资与地方配套资金来源要落实，并做出具体的投资计划安排，保证资金及时足额投入项目建设。

(5)投资项目应有明确的投资主体(风险责任人)和健全的组织管理机构　投资主体是投资决策者、利益享受者和风险承担人。健全的科学合理的项目组织机构才能保证项目管理工作的高效率，促进项目目标顺利实现。

(6)投资项目是一个相对独立的执行单位　作为一个农业项目，它是农业发展总体规划中，在经济、技术、管理层面能够实行独立设计、独立计划、独立筹资、独立核算、独立执行的业务单位。农业发展总体规划包括若干个具体的项目，而项目的实施则是保证农业发展总体规划得以实现的具体措施，它使得总体规划中预计的经济行为更为明确和具体化。

9.1.2　农业投资项目的特点

农业投资项目不同于其他投资项目，与农业生产本身的特点密切相关。正确认识这些特点，对于把握投资项目评估的重点具有重要作用。

(1)农业投资项目具有较强的综合性　农业项目与周围的自然条件，生态环境紧密联系在一起，常常是一、二、三产业相融合。因此，农业投资项目评估中，既要注意农业项目的独立性，又要考虑该农业项目与其他产业的关联。要站在国民经济整体高度进行农业项目投资的经济分析，在投资方向、数量、时间等方面要统筹兼顾。

(2)农业投资项目受资源的限制　这里主要是土地资源的投入，在我国人多地少的情况下，任何一个农业项目的评估都要特别重视土地资源的经济有效利用。

(3)农业投资项目具有风险性和不稳定性　农业生产经营的对象是有生命的动植物，除了经济因素外，自然因素尤其是气候因素对农业生产影响较大。因此，农业项目投资在进行确定性分析的同时，还要对影响投资项目经济效果的敏感因素进行不确定性分析，预测不确定因素的变化对投资效益指标的影响。

(4)农业投资项目具有时效性和长效性　自然资源是农业生产的源泉，土地及自然资源的开发利用，不仅有时效性，而且具有长效性。例如，农产品加工项目的投资，见效较快，当年就可以见到效果。而大型水利工程项目投资，就要在相当长的时期内才能显现出效果。因此，在农业项目投资评估中，不能因某些农业项目投资回收期长而加以否定。

(5)农业投资项目受价格因素影响　由于历史原因，工农业产品的价格存在偏差。一方面工业品价格偏高，造成农业生产的投入物价格高；另一方面农产品价格低，造成农业生产的产出物价格低。为此，许多国家对农业采取补贴支持政策，这就使得农业项目的投入物和产出物在财务评估上使用的现行价格和该物品的真实价格之间存在扭曲现象。因此，农业项目在进行财务评估的基础上还要进行经济费用效益分析。

(6)农业投资项目评估具有复杂性　农业项目的参加者除了农业企业、农民合作社、家庭农场等新型生产经营主体，还有分散而独立经营的农户，这就增加了农业项目评估的复杂性，所以农业项目需要财务评估、经济评估和社会评估，也就是说，既要考虑投资者的经济回报，又要考虑项目为农民收入增加所做的贡献，还要考虑投资项目对国民经济带来的效益。

9.1.3 农业投资项目管理周期

农业投资项目评估是投资项目管理周期中非常重要的环节。所谓投资项目管理周期，是根据项目建设过程的活动规律，分阶段地对项目活动进行规范的程序化管理。我国农业投资项目管理还处在起步阶段，未来发展中还需要进一步规范与完善。总结以往经验，其程序可以分三个阶段。

(1)前期准备阶段　此阶段主要包括以下工作：投资机会研究，提出项目建议书，进行项目可行性研究和项目评估，正式立项，签订投资(或贷款)协议书，制定实施方案。

(2)项目实施阶段　在整个实施过程中工作重点是加强项目管理，严格按项目评估报告及扩初设计的要求实施项目。为保证项目实施达到预期目标，实施过程中要严格实行计划管理、资金管理、物资管理、工程技术管理，建立健全统计、会计核算制度，实行科学严密的监测，以保证项目顺利实施。

(3)竣工验收阶段　应根据项目评估报告和实施方案中提出的目标检查验收项目完成的内容、数量、质量及效果，进行竣工验收。并从项目决策、项目管理和项目绩效3个方面进行绩效评估。

9.2 农业投资项目可行性研究

9.2.1 可行性研究的基本概念与作用

9.2.1.1 农业投资项目可行性研究的概念

农业投资项目可行性研究是对拟建项目组织有关专家从市场营销、技术、环境、组织管理、财务、经济、社会等方面进行调查研究，分析各方案是否可行，并对它们进行比较，从中选出最优方案的全部分析研究活动。它是提高投资决策科学性的重要工具。

9.2.1.2 农业投资项目可行性研究的作用

农业投资项目可行性研究是根据国民经济长期规划、地区发展规划和畜牧业行业规划等要求，对拟建项目进行投资方案规划、技术论证、经济与社会效果预测和组织管理剖析，并经过多方面的计算、分析、论证和评估，为农业投资项目决策提供可靠的依据和建议，其作用主要包括以下几个方面。

(1)是申报立项和获得批准的依据　可行性研究报告需要向各级相关主管部门进行申报，主管部门根据农业发展规划和对农业投资项目可行性研究进行评估，得出审批立项的决策之后，才可获得批准实施。

(2)是向银行申请贷款的依据　农业项目向世界银行等国际金融机构，或者是从国内外银行机构申请贷款时都将可行性研究报告作为依据，对申请贷款的项目进行全面、细致的分析与评估，经济效益好、偿债能力强的农业项目才能申请到贷款。

(3)为项目初步设计提供依据　在项目投资可行性研究报告获得批准之后，可根据项目投资规模、厂址选择、产品方案、生产工艺、设备选型等具体内容进行初步设计。

(4)为各项谈判和签订有关合同或协议提供依据　农业项目可能需要引进技术设备,在与外界谈判时要以可行性研究为依据;项目实施时,需要供水、供电、供气和原材料等部门协作配合。因此,要根据可行性研究报告有关内容订立协议或者合同,以确保项目投资顺利实施,并按预期投入运行。

9.2.2 投资项目可行性研究的发展

国际上,农业项目的可行性研究从20世纪初诞生以来到现在,大致经历了三个阶段。

(1)20世纪初到50年代前期　这一阶段,项目的可行性研究主要采用财务分析方法,即从企业角度出发,通过对项目的收入与支出比较来判断项目的优劣。

(2)20世纪50年代初到60年代末期　这一阶段的可行性研究从侧重财务分析发展到同时从微观和宏观角度评价项目的经济效益,经济分析作为一种项目选择的方法被普遍接受。

(3)20世纪70年代初期到现在　在这一阶段可行性研究分析中产生了社会分析方法,把增长目标和公平目标结合在一起作为选择项目的标准。1972年,联合国工业发展组织颁布了《项目评价准则》;同年,世界银行J·普赖斯·吉延格出版了《农业项目经济分析》,第一次将项目评估理论和方法引入农业(1982年做了修订);1974年,《发展中国家工业项目分析手册》修订改名为《发展中国家项目评价和规划》;1980年,联合国工业发展组织与阿拉伯工业发展中心出版了《工业项目评价手册》,提出了适合发展中国家的项目评估理论和方法。

我国从20世纪70年代引进可行性研究,并于80年代开始实施。1983年,原国家计委颁布了《可行性研究试行管理方法》,并在全国试行。1987年,国家计委颁布了《关于印发建设项目经济评价方法与参数的通知》《关于建设项目经济评价工作的暂行规定》《建设项目经济评价方法》《建设项目经济评价参数》及《中外合资经营项目经济评价方法》。1993年颁布了《建设项目经济评价方法和参数》(第2版)。2006年,国家发展改革委、建设部联合颁布了《建设项目经济评价方法和参数》(第3版)(发改投资〔2006〕1325号)。这些规范性文件的颁布和实施极大地提高了我国项目评估方法的科学性、实用性、完整性和可操作性,并使其逐步实现科学化、规范化、程序化、民主化和制度化。

9.2.3 农业投资项目可行性研究的主要内容

农业投资项目的可行性研究包括以下6个方面的内容。

9.2.3.1 技术分析

农业项目在技术方面的可行性研究除了考虑土地、水资源、气候及农业生产现状等自然条件外,还应特别考虑以下主要问题。

(1)目标明确,技术方案设计要围绕项目目标进行,一定要有利于农村社会经济的发展,农民收入的提高,以及生态环境建设。

(2)农业项目采用的关键技术要因地制宜,应具有先进性,技术成熟适用,符合当地实际,有得力措施保证技术推广和农民采用。

(3)农业环境十分复杂,要有不同的可供选择的技术方案进行对比分析,技术参数的确定要科学合理。

(4)农业项目除了核心技术分析外,还要分析相关配套技术是否可行,以及与之相关的销售、储存、运输、加工等系统的技术可行性。农业生产的产前、产中、产后的产业化经营链在技术方案设计中要有明确体现。

(5)农业技术要在项目区做必要的小范围试验研究和推广示范,以确定正确可靠的技术参数,保证技术可行性分析的准确度。

9.2.3.2 组织管理分析

在一些农村地区,经济发展比较落后,往往缺乏有经验的管理人员、服务体系不健全、服务设施落后、工作水平低、数据资料及信息严重不足等问题,使得农业投资项目的组织管理可行性分析显得重要和复杂。分析要突出以下主要内容。

(1)项目管理机构设置是否科学合理。

(2)项目组织管理机构与国家或地区政府相关职能部门的关系是否协调。

(3)组织方案中权、责、利是否明确,尤其要注意保护农民的利益,要有必要的政策支持保证农民能够积极地参与到项目建设中来。

9.2.3.3 社会生态分析

由于农业项目建设存在着经济再生产和自然再生产的交织,在可行性分析研究中,必须充分注意社会生态方面,主要包括。

(1)是否有利于提高农民的收入水平,缩小贫富之间的差别,并在发展生产的同时保护好生态环境,保证农业的可持续发展。

(2)是否有效地创造就业机会,有利于吸纳和转移农村剩余劳动力。

(3)是否能够提高人们的生活质量。尤其在农村,发展项目应把改善农村文化教育事业,改善农村交通运输及通信网络条件等措施考虑进去。

9.2.3.4 市场营销分析

在市场经济条件下,农业投资项目的产品能否适销对路,决定着项目建设是否必要。由于农产品不耐储存的特点,农业项目的市场营销可行性分析变得尤为重要。

(1)项目产品能否在有利价格条件下及时、足量、通畅地销售出去;市场竞争能力及市场前景如何。

(2)项目建设所需的投入资源能否保质保量以合理的价格保证供给。

(3)政府对农产品销售尤其是土特名优产品的优惠政策,对项目会产生什么影响。

9.2.3.5 财务分析

在估算投资项目各项财务数据基础上,根据国家现行财税制度和市场价格,从项目财务角度出发,估算项目的效益和成本,编制基本财务报表,计算评估指标,以考察项目的获利能力和贷款偿还能力,判断投资项目的财务可行性。农业项目参加者除了独立经营的农户,还有家庭农场、农民合作社、农产品加工企业等。这就要求在财务分析中要为所有参加者分别编制财务现金流量表,并分析计算项目的财务净现值、财务内部收益率和投资回收期等财务评估指标,判断项目财务是否可行。

9.2.3.6 经济分析

投资项目的经济分析是从资源合理配置的角度，分析项目投资的经济效率和对社会福利做出的贡献，来评估项目的经济合理性。对农业项目进行经济费用效益分析，应主要考虑以下几方面内容：

(1)拟建项目对国民经济效益的增加起什么作用以及给国家增加了多少优质高效的农产品。

(2)有限的资源是否得到了最有效的利用。

(3)要在以上分析的基础上，剔除转移支付事项，调整价格失真，编制“项目投资经济费用效益流量表”，并分析计算项目的经济净现值和经济内部收益率，判断项目经济是否可行。

9.2.4 农业投资项目可行性研究报告的编制

一份规范的可行性研究报告一般包括封面、目录、报告正文、附表、附图和附件几个部分。

9.2.4.1 封面

封面要有项目建设单位、可行性研究承担单位、项目总负责人、技术和经济负责人，以及可行性研究承担单位出具的资质证明，最后列出项目建议书的批准单位和批准文号。

9.2.4.2 目录

一般应列出章、节二级目录，如果报告规模较大，可以列出章、节、点三级目录。

9.2.4.3 报告正文

(1)项目概况　主要论述项目提出的背景和依据、项目地理位置、主要负责人、注册资本、产品方案和生产规模，以及投资和效益概况，用一个综合的表格列出项目的基本技术经济指标。

(2)市场研究与项目产品方案　分析项目在国内外市场的销售状况是否可行，详细分析项目产品方案的设计依据，以及项目产品的市场前景。

(3)项目位置选择与项目规模　考察项目的选址，工程地质，水文地质，交通运输条件和水、电、气等配套条件，选择项目最佳的生产规模。

(4)项目技术方案与技术评估　分析项目技术是否可行。

(5)项目组织管理　分析项目组织管理方面是否可行，列示出组织管理框架图。

(6)项目实施进度安排　根据预定的建设工期和勘察、设计、设备选购、工程施工、安装、试生产所需时间与进度要求，确定整个工程项目的实施方案和总进度及项目实施费用，用网络图描述最佳实施方案的选择。

(7)投资估算和资金筹集　根据项目建设内容分项估算建设投资和流动资金投资，明确资金来源渠道、筹措方式以及贷款的偿还方式。

(8)项目财务评估　根据项目投资现金流量表、利润与利润分配表、资产负债表等基本财务报表，计算一系列财务评估指标，说明项目在财务上的可行性。

(9)项目经济评估　鉴别和度量项目的效益和费用，调整价格，确定各项投入物和产出物的影子价格，根据项目投资经济费用效益流量表，计算一系列经济评估指标，分析项目在经济上的可行性。

(10)项目生态效益及社会效益评估　分析项目在环境保护、节能减排措施及创造社会效益方面是否可行。

(11)结论和建议　综合以上分析，表明项目是否可行的结论性意见，并提出相关建议。

9.2.4.4　项目可行性研究报告主要附表

主要包括总投资估算、资金筹措、财务基础数据估算、财务效益分析辅助报表和基本财务报表、经济费用效益分析辅助报表和基本报表。

财务效益分析报表包括：

(1)建设投资估算表。

(2)流动资金估算表。

(3)项目总投资使用计划与资金筹措表。

(4)总成本费用估算表。

(5)营业收入、税金及附加和增值税估算表。

(6)利润与利润分配表。

(7)项目投资现金流量表。

(8)项目资本金现金流量表。

(9)投资各方现金流量表。

(10)财务计划现金流量表。

(11)资产负债表。

(12)借款还本付息计划表。

经济费用效益分析报表包括：

(1)建设投资估算调整表。

(2)流动资金投资估算调整表。

(3)经营费用估算调整表。

(4)项目效益估算调整表。

(5)项目投资经济费用效益流量表(全部投资)。

(6)项目投资经济费用效益流量表(国内投资)。

(7)国内资源流量表。

(8)经济外汇流量表。

9.2.4.5　项目可行性研究报告附图

一般应有项目地理位置图、现状图、总平面布置图、技术工艺流程图、项目进度条形图、组织机构系统图等。

9.2.4.6　项目可行性研究报告附件

主要是专家评审意见及有关农业新品种及农业新技术鉴定书，主管单位审批意见，可行性研究工作依据的各种文件、来往函件、会议纪要、调查报告及项目的各种合同协议以及其他必要的附件，如企业法人营业执照、财务审计报告、土地管理部门有关项目用地的批准文件、环保部门出具的环境批复文件等。

以上所述项目可行性研究报告的内容是比较规范和全面的，工作中应根据实际情况有所调整，突出重点，照顾全面。但一般重大投资项目可行性研究报告的各项内容都应包含，一些小型投资项目，其内容则可视情况酌减。

9.2.5 农业投资项目中模式农户的选择

农业项目中，由于参加的农户较多，在财务分析时无法对每个农户进行分析，可把项目区按不同特点划分为若干类型，选择能够代表这一类型的典型农户作为标准进行财务分析，我们把这些农户称为模式农户。

9.2.5.1 模式农户确定原则

要使所选择的模式农户具有代表性，必须遵循以下原则。

(1)模式农户必须在项目参加者中抽选，并且落实到户，不能用大范围的平均农户来代替。

(2)模式农户与项目区一般农户的内部生产条件应保持一致性，农户经营的土地面积、家庭劳动人数及文化程度、生产设施和劳动工具基本相同。

(3)外界生产环境相同。模式农户与它所代表的一般农户在外部生产环境，如地形、土壤质地、水资源及气候条件等基本相同。

(4)产品种类大体相同。模式农户与所代表的一般农户生产的产品大体相同。因此，可以按照生产品种划分为粮食生产模式农户、经济作物生产模式农户、林果生产模式农户、奶牛生产模式农户、蛋鸡生产模式农户、生猪生产模式农户等。

(5)投资前期生产现状和生产能力基本相同。

(6)建设期个体投资规模相同。

(7)在项目寿命期内要达到的目标和形成的新增生产能力基本相同。

(8)按随机抽样的原则抽选模式农户，避免模式农户确定中的主观随意性。

9.2.5.2 模式农户选择方法

(1)分类随机抽样法　这种方法是先将项目区内总体农户划分为若干类型或层次，然后在各类别中用随机抽样的方法选择模式农户。农户类别划分通常可按以下方法进行：

①按生产规模确定。

②按产品种类确定。

③按制约生产条件或环境确定。

(2)分类等距抽样法　这种方法是在分类的基础上，按照某一标志将农户按顺序排队，然后按相等距离或间隔抽取模式农户。等距抽样比随机抽样需要的农户更少却可以获得更大的代表性。

9.2.5.3 模式农户的调查与分析

(1)模式农户的现状调查　项目区内的模式农户确定之后，首先作全面的现状调查，调查内容包括基本情况，生产资源的利用，生产过程中各项投入、成本和收益等，为财务分析做好准备。

(2)模式农户的投资估算　在确定了模式农户并进行了现状调查后,应着手对模式农户进行各种估算,包括建设投资估算,项目投产所需的流动资金估算,总成本费用估算、营业收入、税金及附加估算,这些估算目的在于为模式农户的现金流量分析做准备。

(3)模式农户财务现金流量分析　在模式农户各项财务数据估算的基础上编制模式农户现金流量表,进行财务效益分析。

9.2.5.4　项目综合财务现金流量表的编制

在以上模式农户估算及分析的基础上,测算整体项目财务状况时,要编制投资项目综合财务现金流量表。方法步骤如下。

(1)根据项目区内自然条件、经济水平划分不同的经济类别或若干小区。

(2)在每种经济类别或小区内选择一定数量的模式农户,编制模式农户现金流量表并进行估算。

(3)以模式农户现金流量表和财务状况汇总小区现金流量表,在小区农户数量较多时可采用平均模式农户或加权模式农户法汇总小区财务现金流量表。

(4)以小区或部门现金流量表推算编制整个项目总体综合财务现金流量表并进行相应指标的计算分析。

9.3　农业投资项目评估的内容

项目评估是在项目可行性研究完成以后,组织有关方面专家对项目进行实地考察,并着重从国家宏观经济角度全面系统地检查项目涉及的各个方面,对项目准备提出的可行性研究报告的可靠程度做出评估,它对于项目是否执行有至关重要的作用。

项目评估与项目可行性研究既有联系又有区别。二者的理论基础、评估内容和要求、使用的方法都一致;研究目的都是为了减少项目投资决策的失误;工作性质都是项目投资决策前期工作,为项目决策提供依据。但他们在内容详简程度、研究时限、从事工作的单位、决策意义方面是不同的。可行性研究通常是委托有资质的咨询公司进行,内容更详尽、研究期限长、所需时间长。项目评估不必像可行性研究那样详尽,而是根据项目的具体情况及评估部门的要求有重点地进行评估,具有更大的决策意义。

9.3.1　项目必要性评估

主要从宏观和微观角度论述项目建设的必要性,如农业投资项目建设是否符合国家经济开发的总目标和农业产业政策,是否有利于增强农村地区经济活力,促进农业可持续发展;是否有利于合理配置和有效利用农业资源,并改善生态环境。

9.3.2　项目建设条件评估

任何项目都是在特定条件下进行的,它规定了项目实施是否可能。一个理论上分析研究认为很好的项目,如果所要求的条件不具备,项目仍然很难成功。尤其是农业项目受众多条件限制,在评估中更要重视项目条件评估。主要内容有以下几方面。

(1)资源条件评估　着重评估农业项目所需资源是否落实,是否符合项目要求,有无利用和开发价值。

(2)项目所需投入物供应条件评估　着重评估农业项目建设所需的良种、化肥、原材料、燃料、动力资源等能否保质保量按项目要求及时供应,供应渠道是否通畅,采购方案是否可行。

(3)项目产品销售条件评估　这是保证项目效益实现的重要内容。要重点评估农业项目生产基地的布局是否合理,市场、交通、运输、储藏、加工等各方面的条件是否适应项目要求。

(4)科学技术条件评估　重点评估科技措施和科技人员的研究能力;农民文化程度及接受新技术的能力,能否适应农业项目所采用的新工艺、新技术、新设备使用要求;有无培训条件及改善条件的措施。

(5)政策环境条件评估　要着重评估国家对拟建农业项目有什么特殊优惠政策,项目开展有无良好的政策环境条件。

(6)组织管理条件评估　要着重评估农业项目组织管理机构是否健全、高效;项目带动农民的方式是否合适;科技培训及推广措施是否落实;是否能为农业项目的顺利实施提供良好的组织管理条件。

9.3.3 开发方案评估

开发方案主要指农业项目规模及布局、产业结构、技术方案、工程设计以及时序安排。具体主要包括以下内容。

(1)项目规模及布局评估　重点评估农业项目开发的格局及范围大小,布局的地域范围及合理性,项目规模与项目具备的资源条件、技术条件等是否相适应。

(2)产业结构评估　重点评估农业项目的产业结构和生产结构是否合理,是否符合产业政策,是否有利于增强农村经济的综合生产能力。

(3)技术方案评估　重点评估农业项目所采用的农艺、工艺、技术、设备方案是否经济合理,是否符合国家的技术发展政策,是否能达到节能减排,是否符合农村实际情况。

(4)工程设计评估　特别是农田水利建设项目、农业基础设施建设项目、农产品加工项目等,要根据项目要求,重点评估工程设计的种类、数量、建设规格标准,进行不同设计方案的比较,做出设计合理性的鉴定。

(5)时序评估　农业投资项目涉及面广,参与的农民数量多,如何保证项目在规定起止时间内按计划执行,合理的时序安排是项目开发方案中的重要内容。应评估项目建设阶段的时序安排是否合理;项目的资金投入、物资设备采购及投放是否符合项目建设要求;项目实施进度是否科学合理。

9.3.4 开发投资效益评估

投资效益评估是农业投资项目评估的核心内容,以上评估内容也都是为了保证项目有良好效益,农业投资项目效益评估着重在以下方面。

(1)基本经济数据的鉴定　这是效益评估的依据,基本经济数据经过鉴定,确定其科学合理性,如各项投入估算,项目成本和效益估算,有无项目比较增量净效益的估算。此外,还要确定基本技术经济参数是否科学合理,如每亩播种量、耗水量、饲料转化率、草场载畜量、贴现率、影子汇率、影子工资等。

(2)财务效益评估　财务效益评估包括盈利能力评估和贷款偿还能力评估。盈利能力评估指标包括项目总投资收益率、资本金净利润率、财务净现值、财务内部收益率、投资回收期等;贷款偿还能力评估包括利息备付率、偿债备付率、资产负债率、流动比率、速动比率等。此外,还有评估项目对农民的带动作用以及农民收入的增加情况。

(3)经济评估　重点评估项目建设对整个国民经济带来的效益,如有限资源是否得到了合理有效的利用,经济净现值、经济内部收益率等经济评估指标是否满足要求。

(4)社会生态效益评估　农业投资项目尤其要注意各种资源如土地、水、气候等的合理开发利用,要特别注意保护生态环境。因此,必须结合具体项目的目标和内容,进行项目的收入分配效果、就业效果、自然资源耗损效果和环境保护效果等社会和生态效益评估。

(5)不确定性及风险评估　因为项目可行性研究是事前的预测性工作,未来涉及的不确定性因素较多,使得项目存在一定的风险,项目投资效益具有不稳定性。因此,要对项目进行不确定性分析,包括盈亏平衡分析、敏感性分析和概率分析,以测定不确定性因素的变化对项目财务效益和经济效益的影响程度,找出敏感性因素,判别项目的风险大小。

9.3.5　对有关政策和管理体制的建议

在完成以上各项评估的同时,会涉及有关政策和管理体制问题。农业是国民经济的基础,是国家重点发展的产业,国家对农业制定了许多扶持政策。农业项目如何利用这些政策,还应作什么修改和补充,以利于项目的顺利进行,评估中应对此提出建议。如资金投入政策、物资供应政策、价格政策、产品收购政策、税收政策、资源开发政策、产业发展政策、管理体制等。

9.3.6　评估结论

在完成以上评估内容后,应做出项目评估报告,并提出结论性意见。评估报告主要内容有以下几方面。

(1)项目是否必要。

(2)项目所需条件是否具备。

(3)项目开发方案是否科学合理。

(4)项目投资估算是否科学合理,投资资金来源是否落实,效益是否良好,风险程度有多大。

(5)项目开展应有什么政策措施。

(6)评估结论性意见。明确项目可行或不可行;或可行性研究报告及项目方案需作修改或重新设计;或建议推迟立项,待条件成熟后再重新立项。表明以上结论性意见时,应简要说明理由,供决策者参考。

9.4　农业投资项目的财务评估方法

9.4.1　农业投资项目财务基础数据预测分析

财务基础数据预测是评估项目财务效益好坏的基础数据,是各项经济评估指标的计算基础。因此,要认真地审查分析,保证数据准确性、科学性、合理性和可靠性。财务基础数据预测主要是对项目投资额、成本费用、营业收入、税金及附加、利润等进行估算。

9.4.1.1 总投资估算

农业项目总投资包括建设投资、建设期利息和项目建成投产后所需的流动资金。总投资估算是固定资产折旧、无形及其他资产摊销、借款还本付息的计算基础,也是编制项目投资现金流量表、利润与利润分配表、资产负债表等财务估算表的基础。

9.4.1.2 农业项目成本费用估算

成本费用是指生产经营过程中所耗费的生产资料转移的价值和劳动者报酬的货币体现,也就是项目在生产经营中所耗费的资金总和。农业项目的成本费用是指项目进入营运期后发生的各项成本费用。

我国项目财务分析中成本费用的划分方法主要有项目成本法和生产要素法两种。项目成本法是按生产费用的经济用途和发生地点划分为生产成本及期间费用。生产要素法是按生产费用的经济性质划分为各种费用要素,即按制造产品时所耗用的原始形态划分。企业生产要素一般包括原材料及主要材料、辅助材料、燃料、动力、工资福利费、修理费、利息支出、折旧与摊销及其他费用。生产要素成本反映企业在生产过程中的各种消耗,便于分拆、计划、控制各项费用的支出。生产要素法估算方便,易于掌握,且这种方法把折旧、摊销等非当期支出单独归类,有助于项目投资现金流量表的编制,因此在项目的成本费用估算中一般采用该方法。

9.4.1.3 农业项目营业收入估算

营业收入是指项目建成投产后在一定时间里(通常一年)销售产品或者提供劳务所取得的收入。营业收入估算的基础数据包括产品或服务的数量和价格。由于两者都与市场预测密切相关,在估算营业收入时应对市场预测的相关结果进行确认,特别是对采用价格的合理性进行说明。营业收入的计算公式为:

$$年营业收入=产品销售单价\times年销售量$$

需要指出的是,在具体评估过程中不考虑库存,假定产品年销售量等于年生产量。

9.4.1.4 农业项目税费测算

(1)税金及附加　税金及附加是指项目因销售产品而发生的消费税、资源税、城市维护建设税及教育费附加。消费税是以消费品为对象征收的一种税;资源税是对在我国境内从事开采应税资源的矿产品或者生产盐的行为所课征的税收;城市维护建设税是国家向缴纳增值税、消费税的单位和个人征收的专用于城市维护建设的一种附加税;教育费附加是国家向缴纳增值税、消费税的单位和个人征收的用于改善各地教学设施和办学条件的一种费用。

(2)增值税的处理与估算　增值税是以商品生产和流通中各环节的新增价值或商品附加值为征税对象的一种流转税。按照现行税法规定,增值税作为价外税不包括在税金及附加中。需注意的是,当采用含(增值)税价格计算销售收入和原材料、燃料动力成本时,利润与利润分配表、项目投资现金流量表中应单列增值税科目。采用不含(增值)税价格计算时,利润与利润分配表、项目投资现金流量表中不包括增值税科目。

在计算项目税后收益时,应先根据产品加工增值及营业收入计算出项目应缴税金及附加和企业所得税,再用总收益减去缴纳税额即可。目前我国农业项目大多享受减免税政策,在进行项目评估时可以进行简便处理。

9.4.2 农业投资项目财务效益评估

财务效益评估是在财务基础数据估算的基础上,按国家现行财税制度、价格和有关法规规定,分析评价项目的费用和效益,从而考察项目的盈利能力、偿还能力,以判断项目财务的可行性。

进行财务效益评估的基本原理就是利用财务基础数据,编制基本财务报表,进而计算财务评估指标,从评估内容上可分为财务盈利能力评估和财务偿还能力评估。

9.4.2.1 财务盈利能力评估

项目财务盈利能力评估主要是考察项目投资的盈利水平,是项目财务评估的主要内容。实践中,通常计算财务内部收益率、财务净现值、全部投资回收期等主要动态指标和总投资收益率、资本金净利润率等静态指标。

(1)财务盈利动态分析指标　包括财务内部收益率、财务净现值和全部投资回收期。

①财务内部收益率(*FIRR*)。财务内部收益率是指在项目整个寿命期内各年累计净现金流量现值等于零时的折现率。它反映项目整个寿命期内(即计算期内)总投资支出所能获得的实际最大收益率,即为项目内部潜在的最大盈利能力。这是项目接受贷款利率的最高临界点,是评估项目盈利能力的主要动态指标。可根据项目投资财务现金流量表,按下列公式计算:

$$\sum_{t=1}^{n}(CI-CO)_t(1+FIRR)^{-t}=0$$

式中:CI 为现金流入量;CO 为现金流出量;$(CI-CO)_t$ 为第 t 期的净现金流量;n 为计算期年数。

在财务评估中,可以将计算的 $FIRR$ 与行业基准收益率或最低期望盈利率 i 相比较,如果 $FIRR$ 大于 i,项目可行;$FIRR$ 小于 i,则项目不可行。对于 $FIRR$ 等于 i,项目可行与否视具体情况而定。实践中,一般认为只要是 $FIRR$ 大于等于 1,项目都是可以接受的。

②财务净现值(*FNPV*)。财务净现值是反映项目在整个寿命期内总的获利能力的动态评估指标,它是指项目按部门或行业基准收益率(i_c)或设定的折现率,将各年的净现金流量折现到建设年(基准年)的现值总和,即项目逐年净现金流量的现值代数和。

其判别标准为:财务净现值大于或等于零,表明项目的盈利能力超过或达到部门或行业规定的基准收益率或设定的折现率计算的盈利水平,项目在财务收益上是可以接受的。财务净现值计算方法见下列公式:

$$FNPV = \sum_{t=1}^{n} \frac{(CI - CO)_t}{(1+i_c)^t} = \sum_{t=1}^{n} \frac{CF_t}{(1+i_c)^t} \geqslant 0$$

式中：CF_t 为第 t 期的净现金流量，i_c 为设定的折现率。

③全部投资回收期（P_t）。它是反映投资回收能力的重要指标，是通过项目的净收益回收投资所需要的时间，一般以年为单位。项目全部投资回收期一般从项目建设开始年算起，若从项目投产开始年计算，应予以特别注明。其计算方法见下列公式：

$$\sum_{t=1}^{P_t} (CI - CO)_t = 0$$

实践中，项目全部投资回收期可根据财务现金流量表累计净现金流量求得，具体计算方法见下列公式：

$$P_t = T - 1 + \frac{\left| \sum_{i=1}^{T-1} (CI - CO)_i \right|}{(CI - CO)_T}$$

式中：T 为各年累计净现金流量首次为正值或零的年数，将求出的 P_t 与部门和行业的基准投资回收期 P_c 比较。如 P_t 小于 P_c 时，可以接受该项目。

（2）财务盈利能力静态分析指标　包括总投资收益率和资本金净利润率。

①总投资收益率（ROI）。它反映的是总投资的盈利水平，指项目达到设计能力后正常年份的年息税前利润或运营期内年平均息税前利润（$EBIT$）与项目总投资（TI）的比率。计算方法见下列公式：

$$ROI = \frac{EBIT}{TI} \times 100\%$$

式中：$EBIT$ 为项目正常年份的年息税前利润或运营期内年平均息税前利润；TI 为项目总投资。若总投资收益率高于同行业的收益率参考值，表明用总投资收益率表示的盈利能力满足要求。

②资本金净利润率（ROE）。资本金净利润率是指在项目达到设计生产能力后正常年份的年净利润或运营期内年平均净利润（NP）与项目资本金（EC）的比率。资本金净利润率高于同行业的净利润率参考值，表明用资本金净利润率表示的盈利能力满足要求。计算公式见下列公式：

$$ROE = \frac{NP}{EC} \times 100\%$$

式中：NP 为项目正常年份的年净利润或运营期内年平均净利润；EC 为项目资本金。

9.4.2.2　财务偿还能力评估

财务偿还能力评估主要分析项目的财务情况及偿债能力，对企业和银行均具有十分重要的意义。对于企业来说，通过项目偿还能力分析可以把握项目未来的财务状况；对于银行来说，项目偿还能力的强弱是贷款决策的主要依据。项目偿还能力指标主要有利息备付率、偿债备付率、资产负债率、流动比率和速动比率。

(1)利息备付率(ICR)　利息备付率是在借款偿还期已知的前提下，在借款偿还期内的息税前利润($EBIT$)与应付利息(PI)的比值，是从付息资金来源的充裕性角度来反映项目偿付债务利息的保障程度。计算公式为：

$$ICR = \frac{EBIT}{PI} \times 100\%$$

式中：$EBIT$ 为息税前利润；PI 为计入总成本的应付利息。利息备付率应分年计算，利息备付率高，表明利息偿付的保障程度高。利息备付率应当大于 1，并结合债权人的要求确定。

(2)偿债备付率($DSCR$)　偿债备付率是在借款偿还期已知的前提下，在借款偿还期内，用于还本付息的资金来源($EBITDA\text{-}T_{AX}$)与应还本付息金额(PD)的比值，反映的是可用于还本付息的资金偿还借款本息的保障程度。计算公式为：

$$DSCR = \frac{EBITDA - T_{AX}}{PD} \times 100\%$$

式中：$EBITDA$ 为息税前利润加折旧和摊销；T_{AX} 为企业所得税；PD 为应还本付息金额(包括还本金额和计入总成本费用的全部利息)。融资租赁费用可视为同借款偿还，运营期内的短期借款本息也应纳入计算。如果项目在运行期内有维持运营的投资，可用于还本付息的资金扣除维持运营的投资，偿债备付率应分年计算，偿债备付率高，表明可用于还本付息的资金保障程度高。偿债备付率应当大于 1，并结合债权人的要求确定。

(3)资产负债率($LOAR$)　资产负债率是反映项目各年所面临的财务风险程度及偿还能力的指标，是企业负债总额(TL)与资产总额(TA)的比值。其计算公式为：

$$LOAR = \frac{TL}{TA} \times 100\%$$

式中：TL 为期末负债总额；TA 为期末资产总额。

适度的资产负债率，表明企业经营安全、稳健，具有较强的筹资能力，也表明企业和债权人的风险较小。对该指标的分析，应结合国家宏观经济状况、行业发展趋势、企业所处竞争环境等具体条件判定。项目财务分析中，在长期债务还清后，可不再计算资产负债率。

(4)流动比率　流动比率是反映项目各年偿付流动负债能力的指标，是企业流动资产与流动负债的比率。这个比率越高，说明企业偿还流动负债能力越强。其计算公式见下列公式，结果在 1.2～2.0 较为合适。

$$流动比率 = \frac{流动资产总额}{流动负债总额} \times 100\%$$

式中：流动资产包括现金、应收账款、存货等，流动负债包括短期借款、应付账款、预收账款等。

(5)速动比率　速动比率是反映项目快速偿付流动负债能力的指标，其计算式为：

$$速动比率=\frac{流动资产-存货}{流动负债}\times 100\%$$

由于在评估企业短期偿债能力时，流动比率存在着一定的局限性。如果存货滞销，则其变现就比较难，偿债也难兑现。而速动比率恰巧弥补了流动比率的这一缺陷，在流动资产中扣除了存货，能真实反映企业快速偿付流动负债的能力。其值一般在1.0～1.2为合适。

小　结

本章首先在介绍农业投资项目概念和标准的基础上，阐述了农业投资项目可行性研究的概念、作用、程序、要求和内容。农业投资项目是指为农业扩大再生产（即改善生产条件，增加生产手段，扩大生产能力）而投入的全部资源，它是在原来基础上的增量投入，包括追加的人力、物力、资金和科技等资源。农业投资项目具有综合性、资源的限制性、风险性和不稳定性、时效性和长效性、复杂性等特点。农业投资项目可行性研究是项目前期工作最重要的内容，它是在项目投资决策前，通过对项目进行全面的技术、经济和社会分析，采用科学的方法对项目进行评估，判断项目投资的技术可行性、经济可行性和社会可行性；根据农业投资项目可行性研究的工作程序与编制要求，最终总结出农业投资项目可行性研究的主要内容，包括市场营销、技术、环境、组织管理、财务、经济和社会等方面。

在农业项目中，参加的农户较多，在财务分析时无法对每个农户进行分析，因此，本章介绍了模式农户的选择原则和选择方法，把项目区按不同特点划分为若干类型，选择能够代表这一类型的典型农户作为标准形式的农户进行财务分析。农业投资项目评估是在项目可行性研究完成后，组织有关专家对投资项目可行性研究报告的可靠性做出评估。项目评估与可行性研究都是以分析和论证投资项目可行与否为目的的工作，两者既紧密联系又有所区别。因此，农业投资项目评估要对可行性研究报告的各项内容进行逐项评估，其中包括：项目必要性评估、项目建设条件评估、开发方案评估、开发投资效益评估、对有关政策和管理体制的建议和评估结论。

本章最后阐释了农业投资项目的财务评估方法。财务评估是投资项目评估中的最重要内容，包括财务基础数据预测分析和财务效益评估；财务基础数据预测分析主要是对项目总投资、总成本费用、营业收入、税金及附加等进行估算；财务效益评估主要是考察项目投资的盈利水平，具体包括财务盈利能力评估和财务偿还能力评估。

复习思考题

1. 农业投资项目的概念和标准是什么？
2. 农业投资项目的特点有哪些？
3. 试述农业投资项目管理周期。
4. 什么是可行性研究？简述农业投资项目可行性研究报告的内容。
5. 农业投资项目可行性研究中应注意哪些特殊问题？

6. 简述农业投资项目评估的主要内容。

7. 农业投资项目评估的主要方法有哪些?

8. 农业投资项目的成本与效益确定的原则是什么?

9. 如何进行农业投资项目成本与效益估价?

参考文献

[1]国家发展改革委,建设部. 建设项目经济评价方法与参数. 3版. 北京:中国计划出版社,2006.

[2]杨秋林. 农业项目投资评估. 北京:中国农业出版社,2008.

[3]成其谦. 投资项目评价. 北京:中国人民大学出版社,2010.

[4]徐强. 投资项目评估. 南京:东南大学出版社,2010.

[5]王勇. 投资项目可行性分析:理论精要与案例解析. 北京:电子工业出版社,2012.

[6]马立强,温国锋. 投资项目评价与决策. 成都:西南交通大学出版社,2014.

第 10 章　农业经济核算

本章学习要点

- 农业经济核算的内容与方法
- 农业资金的核算
- 农产品成本的核算
- 营业收入、利润及其分配的核算

10.1　农业经济核算的概念及内容

10.1.1　农业经济核算的概念

农业经济核算是对农业生产经营过程中的生产资料占用、劳动耗费和成果进行记录、计算、对比、考核的一种经济管理方法。

农业经济核算是农业商品生产的客观要求。农业只有根据市场的需求,生产适销对路的农产品,并通过严格的经济核算,优化配置各种生产要素,提高农业生产的经济效益,才能最终实现利润最大化的目标。因此,加强农业经济核算具有十分重要的意义。

10.1.2　农业经济核算的内容与方法

10.1.2.1　农业经济核算的内容

农业经济核算包括农业基本建设中的经济核算和农业经营活动中的经济核算。这里主要介绍农业经营活动中的经济核算。具体包括:农业资金的核算、成本和费用的核算及生产经营成果的核算等内容。农业经济核算的内容是一个有机整体,每一项内容都是其中不可缺少的组成部分。

农业资金的核算是在农业生产过程中对农业资金的筹集、投入、分配及利用效益等情况进行的核算。这是农业生产经营活动的基础,也是农业经济核算的主要内容。

农业成本费用核算是对农产品生产过程中所消耗的活劳动和生产资料费用的核算,主要是通过计算各种农产品总成本和单位成本来反映农业生产经营过程中活劳动和物化劳动的消耗,以寻求降低成本费用的措施。

农业生产经营成果的核算是对农业企业生产经营成果(包括产品数量、质量、构成、利润、利润的分配等)的核算。通过农业生产经营成果的核算,可以考核农业的生产经营效果,促使农业企业不断降低成本,减少资金占用,加速资金周转,增加盈利。

10.1.2.2 农业经济核算的方法

农业经济核算的基本方法包括会计核算、统计核算和业务核算。

会计核算是用货币形式通过记账和算账来反映、监督农业生产经营活动的一种方法。这是农业经济核算的中心,通过会计核算可掌握企业资金的取得与运用、成本与费用、收入与盈亏等方面的情况。

统计核算是运用货币、实物等量度指标,对农业生产的经济现象进行计算和分析,反映农业生产和社会的经济活动。通过统计核算可获得农业生产的各种数量和质量方面的信息,如产品质量、劳动生产率、设备利用率、生产费用等。

业务核算是对农业经营单位和个别作业环节进行核算。通过业务核算将某种业务开展情况及时反映出来,使管理人员了解和掌握动态,进行有效调控。

上述 3 种方法并不是相互独立的,实际中只有把 3 种方法结合起来,才能全面地反映农业经营单位的状况,更好地发挥经济核算的作用。

10.2 农业资金的核算

10.2.1 农业中的资金

10.2.1.1 农业资金的含义

农业资金是农业再生产过程中物质资料的货币形态,是农业生产建设过程中所占用的各种财产物资的价值以及货币价值的总和。农业资金在农业生产经营过程中执行两个基本职能:一是保证农业再生产过程顺利进行;二是保证农业生产成本的垫支,参与价值的形成和新价值的创造。在农业生产经营中保持一定数量的资金,并使之周转流畅,是进行农业生产的重要条件,是实现农业现代化的一个重要保证。

10.2.1.2 农业资金的分类

农业资金按不同的标准有不同的分类。

(1)农业资金按其流动性不同,分为固定资金和流动资金　固定资金实物形态为固定资产。固定资产是指企业使用期限超过一年的房屋、建筑物、机器、机械、运输工具以及其他与生产、经营有关的设备、器具、工具等。不属于生产经营主要设备的物品,单位价值在 2 000 元以上,并且使用年限超过两年的,也应当作为固定资产。对于农业经营主体的房屋、建筑物、机器、设备、工具、器具和农业基本建设设施等劳动资料,凡使用年限在一年以上,单位价值在 500 元以上的列为固定资产,有些主要生产工具和设备,单位价值虽低于规定标准,但使用年限在一年以上的也可列为固定资产。固定资产的特点是单位价值较大,使用时间较长,多次参加生产过程,不改变原来的实物形态,其价值随着损耗逐步地转移到产品成本费用中去,并从产品营业收入中得到补偿。流动资金是垫支在劳动对象上的资金和用于支付劳动报酬及其他费用的资金。其特点是只参加一个生产过程即消耗掉,其价值一次转移到成本中去,并从营业收入中一次性得到补偿。

(2)农业资金按来源不同,可分为资本金和外来资金两类 资本金主要来自农业自身的积累、农户的非农兼业收入,专业合作社及农场等经营单位的非农收入等。外来资金主要指社会集资,引进的国外资金,国家下拨的资金或其他单位援助的资金,向银行、信用社或其他单位和个人的借款以及结算中的应付暂收款。农业资金应以资本金为主,同时要积极运用外来资金,以促进农业生产的发展。

(3)农业资金按用途不同,可分为基本建设资金、经营资金和专用基金三大类 基本建设资金是用于固定资产或扩大再生产的资金。如购置机器设备、牲畜、农具、建造厂房、兴修水利等。经营资金是指用于日常生产经营活动的资金。专用基金是指基本建设资金和经营资金以外,具有特定来源和专门用途的资金,如公益金、职工福利基金和折旧基金等。

10.2.1.3 农业资金的作用

农业资金作为生产要素之一,在农业再生产过程中的作用主要表现在以下几方面。

(1)农业资金投向的变化,可以导致农业生产结构的改变 现有的农业生产结构,就是各地区历年来资金投放的结果。如果农业资金更多地投向某一产业,那么,这一产业就会得到较快的发展。

(2)农业资金是一种"黏合剂",可以使原来处于分离状态的各种生产要素联结起来 农业资金不仅体现为农业物资,而且联系着再生产过程的各个阶段,使各种生产要素实现合理配置和优化组合。

(3)资金具有流通手段的职能 它在流通过程中出现是交换手段,使生产成果的社会价值得以实现,使商品在价值形式和实物形式都能得到补偿,使农业再生产过程得以周而复始地持续进行。

(4)农业资金具有核算手段的职能 运用资金的货币形态,对生产要素的消耗和生产成本进行核算,确定生产经营的经济效果,从中发现生产、销售过程中存在着的问题,验证经营的成败,寻求解决问题的途径和方法。

10.2.1.4 农业资金的特点

农业资金有以下特点:一是占用量大,周转速度慢,利用率低;二是流动资金占用不均衡,具有明显的季节性;三是母畜、种畜和役畜等生产性生物资产也占用农业资金。

10.2.2 固定资产的核算

固定资产核算是指在一定的财务时期,对固定资产进行重新估值、记录的财务处理过程。固定资产可多次参加生产经营过程而不改变其形态,其价值通过磨损逐渐转移到新产品中,构成产品成本的部分,以提取折旧的形式从产品销售收入中收回。投入到固定资产的资金周转速度比较慢,需要经历固定资产整个使用周期才能周转一次。在此期间,固定资产一部分价值存在于实物形态上;另一部分价值则分离出去变为货币,以折旧的形式存在。

固定资产计价方法有以下 3 种。

(1)按原始价值计算的原价 是指建造或购置某固定资产时所支出的货币总额。拥有全部固定资产的价值总量,可综合反映固定资产投资规模。

(2)按折余价值计算的净值　是指固定资产原值减去已折旧后的余额,反映固定资产存量的现有价值。通过原值和净值比较可考察固定资产磨损情况。

(3)按重置完全价值计价　是按当前生产技术条件和市场情况,重新购建该固定资产时所需的全部费用。用以考察一定时期固定资产的技术装备水平。

固定资产核算的主要内容有3项:一是固定资产折旧的核算;二是固定资产修理费的核算;三是固定资产利用效果的核算。

10.2.2.1　固定资产折旧的核算

(1)固定资产折旧　固定资产折旧是指固定资产在使用过程中,由于损耗而逐渐转移到产品中去的那部分价值。其损耗分为有形损耗和无形损耗两种,有形损耗是指固定资产在使用过程中由于使用和自然力的作用而引起使用价值和价值的损耗;无形损耗是指由于科学技术进步和劳动生产率的提高而引起固定资产在价值上的贬值。企业经提取折旧来补偿这两种损耗,通过折旧提取的货币资金,将来用于固定资产的更新改造,在未用之前就形成一种基金,这种基金称为折旧基金。折旧基金是农业资本金的重要来源。加强折旧的管理,可以正确地计算产品成本,实现生产设备及时更新换代,提高农业的技术装备水平。

(2)固定资产折旧的范围　应计提折旧的固定资产有:房屋和建筑物;在用的固定资产(如机器机械、仪器仪表、运输工具、产畜和役畜等);季节性停用、大修理停用和替换使用的机器设备;以经营租赁方式出租的固定资产;以融资租赁方式租入的固定资产。

不提折旧的固定资产有:以经营租赁方式租入的固定资产;房屋建筑物以外的未使用、不需用的机器设备;通过局部轮番大修理实现整体更新的固定资产;在建工程项目交付使用之前的固定资产;已提完折旧继续使用的固定资产;未提足折旧提前报废的固定资产,按国家规定应予淘汰的设备,由企业主管部门审批予以报废,其未提足的折旧应补提足额,但属于企业经营管理不善等原因,造成提前报废的固定资产,其未提足的折旧不得补提。

(3)固定资产折旧的方法　一般采用平均年限法,经财政部批准的技术进步快的企业,其机器设备还可以采用加速折旧法,企业可根据实际情况,选择具体的折旧方法和折旧年限,在开始实行年度前报主管财政机关备案。

①平均年限法。根据固定资产的损耗程度均衡地计提折旧的方法。平均年限法是按照固定资产的使用年限平均计算固定资产折旧。计算公式如下:

$$\text{某项固定资产年折旧额} = \frac{\text{该固定资产原值} - (\text{残值} - \text{清理费用})}{\text{预计折旧年限}}$$

$$\text{某项固定资产年折旧率} = \frac{1 - \text{预计净残值率}}{\text{预计折旧年限}} \times 100\%$$

$$\text{某项固定资产月折旧率} = \text{年折旧率} \div 12$$

$$\text{某项固定资产月折旧额} = \text{固定资产原值} \times \text{月折旧率}$$

净残值率按照原值的3%～5%确定,残值率低于3%或高于5%的,由企业自行确定,并报主管财政机关备案。

清理费用指固定资产使用期满后用于清理(拆卸、搬运等)的花费。

②工作量法。这种方法按固定资产从投入使用到报废,预计能完成的工作量来计算折旧额。对一些价值很大,而又不经常使用的大型设备,以及汽车等运输设备,可以按工作量计提

折旧。计算公式如下：

$$单位工作量折旧额=\frac{该固定资产原值-(残值-清理费用)}{预计总工作量}$$

$$月折旧额=月份内完成工作量\times单位工作量折旧额$$

这里的工作量是指机车或机器设备的行驶里程和工作小时等。

③加速折旧法。又称递减折旧费用法，是指固定资产预计计提折旧年限内，前期相对多提折旧，后期相对少提折旧的方法。主要有双倍余额递减法和年数总和法。

双倍余额递减法是在不考虑固定资产残值的情况下，按双倍直线折旧率和固定资产净值来计算折旧的一种方法。随着固定资产净值的逐年减少，各年计提的折旧额也逐年减少。计算公式如下：

$$年折旧率=\frac{2}{预计折旧年限}\times100\%$$

$$月折旧率=年折旧率\div12$$

$$月折旧额=固定资产期初账面净值\times月折旧率$$

$$固定资产期初账面净值=固定资产原值-累计折旧-固定资产减值准备$$

按现行财务制度的规定，采用双倍余额递减法计提折旧的固定资产，应在其固定资产折旧年限到期前两年内，将固定资产净值扣除预计净残值后的净值平均摊销。

年数总和法是将固定资产的原值减去残值后的净额乘以一个逐年递减的分数计算每年的折旧额。计算公式如下：

$$年折旧率=\frac{(预计折旧年限-已使用年限)}{折旧年限\times\frac{(折旧年限+1)}{2}}\times100\%$$

$$月折旧率=年折旧率\div12$$

$$月折旧额=(固定资产原值-预计净残值)\times月折旧率$$

折旧方法和折旧年限一经确定，不得随意更改。需要变动更改的，须在变更年度以前，由企业提出申请，报主管财政机关批准。

总之，企业固定资产折旧，应当按月计提。月份内开始使用的固定资产当月不提折旧，从下月起计提；月份内减少或停用的固定资产，当月仍计提折旧，从下月起停止计提；提足折旧的逾龄固定资产不再计提折旧；提前报废的固定资产，不得补提折旧；企业应按规定提取折旧，计入成本费用中，不得冲减资本金。

10.2.2.2　固定资产修理费的核算

为了使固定资产经常处于良好的状态，维护其原有效能，保持其生产能力，必须有计划及时地对其进行检查维修，因而固定资产修理费的核算也是其核算的重要内容之一。企业发生的固定资产修理费计入当期成本费用。修理费发生不均衡，数额较大的，可采用分期摊销或预提的办法，并报主管财政机关备案。采用预提办法的，实际发生的修理费用冲减预提费用，实际支出数大于预提费用的差额，计入有关费用；小于预提费用的差额冲减有关费用。

10.2.2.3 固定资产利用效果的核算

对固定资产利用效果进行核算，可以确定固定资产占用的合理额度；正确计提折旧；加强固定资产管理，定期盘点，对未使用的固定资产减少积压和浪费；建立经济责任制，加强对固定资产的保管、维修、改造和使用。

反映固定资产利用效果的指标有两类：一类是单项技术经济指标；另一类是综合性价值指标。但要全面反映固定资产的利用情况，必须运用综合性价值指标。反映固定资产利用情况的综合性价值指标，主要有固定资产产值率和固定资产利润率两种。

(1)固定资产产值率　是企业在一定时间内所完成的总产值同固定资产平均占用额的比率。通常以每百元固定资产所创造的产值来表示。每百元固定资产创造的产值越多，说明固定资产的利用效果越好。

$$\text{固定资产产值率} = \frac{\text{年总产值}}{\text{固定资产年平均占用额}} \times 100\%$$

(2)固定资产利润率　是指企业在一定时期内所实现的利润总额同固定资产平均占用额的比率。一般以每百元固定资产所提供的利润来表示。每百元固定资产所提供的利润越多，说明固定资产的利用效果越好。

$$\text{固定资产利润率} = \frac{\text{年利润总额}}{\text{固定资产年平均占用额}} \times 100\%$$

10.2.3 生产性生物资产的核算

生产性生物资产是指为产出农产品、提供劳务或出租等目的而持有的生物资产，包括经济林、薪炭林、产畜和役畜等。生产性生物资产按照直线法计算的折旧，准予扣除。企业应当从生产性生物资产投入使用月份的次月起计算折旧；停止使用的生产性生物资产，应当从停止使用月份的次月起停止计算折旧。企业应当根据生产性生物资产的性质和使用情况，合理确定生产性生物资产的预计净残值，预计净残值一经确定，不得随意变更。林木类生产性生物资产最低折旧年限为10年；畜类生产性生物资产为3年。

自行营造或繁殖的生产性生物资产的成本，应当按照下列规定确定：

(1)自行营造的林木类生产性生物资产的成本，包括达到预定生产经营目的前发生的造林费、抚育费、营林设施费、良种试验费、调查设计费和应分摊的间接费用等必要支出。

(2)自行繁殖的产畜和役畜的成本，包括达到预定生产经营目的(成龄)前发生的饲料费、人工费和应分摊的间接费用等必要支出。

生产性生物资产的前提是以利益为最终目的，这就有区别于常规的自然生态的生物资产。

10.2.4 流动资金的核算

10.2.4.1 流动资金的特点

流动资金经常处在流动状态，一般以库存物质、在产品、待摊费用、产成品和货币形态存在于生产经营中；具有3个“一次性”：一次性参加生产，一次性全部转移到产品中，一次性在销售中得到补偿。流动资金在产、供、销 3 个阶段中不断循环和周转，由货币资金转化为储备资金，再转化为生产资金，又转化为成品资金，最后又回到货币资金形态。

作为农业流动资金还具有以下特点：

(1)由于农业生产周期长，大量流动资金在生产阶段停留，周转流动时间长，速度较慢。

(2)自产自用产品不经流通领域，从产成品直接转化为储备物资或直接投入生产，形成流动资金的局部小循环。

(3)资金在生产中陆续投入，在产品销售后一次收回，全年资金占用不平衡。

(4)资金投放和回收受自然规律影响大，考核分析流动资金的管理要注意自然规律的作用。

10.2.4.2　流动资金的分类

为便于对流动资金核算管理，常按以下方法进行分类：

(1)按流动资金在循环周转中所处的领域不同，分为生产领域中的流动资金(包括储备资金、生产资金)及流通领域的流动资金(包括成品资金、货币资金、结算资金)。

(2)按流动资金管理的方式不同，分为定额流动资金和非定额流动资金。定额流动资金指在供产销活动中必须占用的最低资金数额，包括储备资金、生产资金和产品资金。这些资金的需要量可根据生产任务、消耗水平及销售条件核定一个正常生产经营需要的最低限度的资金定额，实行严格的定额管理。非定额流动资金指流通领域中的货币资金和结算资金。这部分资金受外界条件影响较大，数量不稳定，在流动资金总额中占比重较小，一般不需要确定资金足额。

(3)按流动资金来源不同，分为自有流动资金与借入流动资金。

10.2.4.3　流动资金的形态

流动资金在企业生产经营过程中不断循环和周转，随着生产的不断进行，流动资金依次经过供应、生产、销售 3 个阶段，表现为 3 种不同存在形态。

(1)储备资金　它的实物形态主要包括种子、肥料、饲料等各种生产资料。这时候流动资金准备投入农业生产。但是还没有实际进入生产过程，是处于生产准备阶段的资产形式。

(2)生产资金(在产品)　它的实物形态主要包括农作物、幼畜和育肥畜等。在产品就是流动资产投入生产后和取得完整形态产品之前的资产形态。

(3)成品资金(产成品)　一个生产过程结束后，得到最终产品，从而脱离生产过程，进入销售阶段。

10.2.4.4　流动资金核算的内容

流动资金包括现金、银行存款、短期投资、应收及预付款、存货等多项内容。

(1)现金和银行存款核算　现金和银行存款具有很强的流动性，收支活动频繁，涉及农业经营单位大部分的经营业务，反映着企业财务状况及其经济效益。现金和银行存款核算就是要求农业经营单位严格遵守国家对现金和银行存款结算制度的规定，强化现金和银行存款收支的内部控制制度，以便严格控制和监督现金和银行存款的收支。

(2)短期投资核算　短期投资是指企业向其他单位投入的能够随时变现，并且持有时间不超过一年的有价证券以及不超过一年的其他投资。农业经营单位进行短期投资的目的在于能够使其正常生产经营中暂时闲置的资金有效利用，通过向其他单位投资，从而获取一定的短期经济利益，并且当农业经营单位需要资金时，又可通过证券市场，将所有的有价证券售出变现，再投入企业的资金周转。

企业短期投资种类很多，主要有：债权性有价证券、权益性有价证券和其他短期投资等。农业经营单位短期投资核算就是要通过对各种短期投资的计算、记录和对比，反映和做好企业短期投资的取得、转让或出售结余情况。

(3)应收及预付款项的核算　企业应收及预付款项主要包括：应收账款、应收票据、其他应收款、预付货物等。这些项目均属于短期性债权，即一年或长于一年的一个经营周期可以收回的债权。

应收及预付款的核算，要求按照具体内容进行严格的记录、计算，以便企业能及时完整地收回，保证企业资金的正常周转。

应收账款周转率是用于反映企业应收账款流动程度的指标，其计算公式如下：

$$应收账款周转率=\frac{赊销收入净额}{平均应收账款余额}\times 100\%$$

$$赊销收入净额=销售收入-现售收入-销售退回、折让与折扣$$

$$平均应收账款余额=\frac{(期初应收账款+期末应收账款)}{2}$$

(4)存货核算　存货是指农业企业生产经营过程中为销售或耗用储存的各种资产，包括商品、产成品、半成品，在产品以及各种材料、燃料、包装物、低值易耗品等。

存货核算主要包括两方面内容：一是存货数量的确定；二是存货的计价。

存货数量的确定有实地盘存法和永续盘存法。实地盘存法是用清点实物的方法来确定存货的期末结余数，根据单价算出结存存货的金额和发出货物的金额。其缺点是把由于浪费、被盗以及自然损耗而发生的短缺数都包括在发生数量中，不利于存货管理和确定真实的收发和结存情况。永续盘存法是企业对各项存货均设置数量和金额账簿，根据有关凭证，逐日逐笔登记，特点是真实、详细。在实际中，它和实地盘存法常结合起来使用。

存货的计价一般以实际成本计价。根据企业经营管理的不同要求和存货的不同特点，可以按计划成本、市场价格或固定价格计价。对于存货的发出，如果企业是按照实际成本进行核算，具体的计价方法有：先进先出法、加权平均法、移动加权平均法和个别计价法等。企业可以确定其中一种方法。

存货周转率是衡量企业销售能力和存货是否过量的经济指标。计算公式如下：

$$存货周转率=\frac{销货成本}{平均存货}\times 100\%$$

$$平均存货=\frac{期初存货+期末存货}{2}$$

10.2.4.5　流动资金利用效果核算

流动资金在各个周转阶段上占用量的多少，与流动资金利用效果密切相关。在农业生产经营成果不变的条件下，占用流动资金越少，资金利用效果越好。流动资金利用效果常用流动资金周转率、流动资金产值率和流动资金利润率等指标来体现。

(1)流动资金周转率　流动资金周转率反映流动资金的周转速度，通常用年周转次数或周转一次所需天数表示，其计算公式为：

$$流动资金周转次数=\frac{年营业收入总额}{年流动资金平均占用额}$$

$$流动资金周转一次所需天数=\frac{1}{年流动资金周转次数}\times 360=\frac{年流动资金平均占用额}{年营业收入总额}\times 360$$

在生产规模确定的条件下，流动资金周转越快，需要的流动资金越少；流动资金周转越慢，需要的流动资金越多。加快流动资金周转，是提高企业资金利用效果的重要环节。可以利用现有的流动资金为更大的生产规模服务，加速生产的发展。

(2)流动资金产值率　流动资金产值率是反映流动资金使用效果的指标，通常用每百元流动资金创造的产值表示。其计算公式为：

$$每百元流动资金产值=\frac{年总产值}{年流动资金平均占用额}\times 100$$

每百元流动资金提供的产值越多，说明流动资金利用的效果越好。

(3)流动资金利润率　流动资金利润率是指企业在一定时期内所实现的利润总额同流动资金平均占用额的比率。通常用每百元流动资金所实现的利润表示。其计算公式为：

$$每百元流动资金实现的利润=\frac{利润总额}{年流动资金平均占用额}\times 100$$

流动资金利润率越高，流动资金利用效果越好；反之，流动资金利用效果越差。企业应尽可能地加速流动资金的周转。

10.2.5 无形资产、递延资产与其他资产的核算

10.2.5.1 无形资产

无形资产指的是企业长期使用(一般为一年以上)但没有实物形态的资产，包括专利权、商标权、著作权、土地使用权、非专利技术、商誉及其他无形资产。无形资产从开始使用之日起，要在有效使用期限内平均摊入管理费用。

无形资产的摊销期限，按下列原则确定：

(1)合同规定了收益年限，法律也规定了有效年限，按摊销年限不应超过收益年限和有效年限两者之中较短者的原则确定。

(2)法律没有规定有效期限的，企业合同或申请书中规定有受益年限的，按合同或申请书中的规定确定。

(3)合同没有规定收益年限但法律规定有效年限的，按法律规定的有效年限确定。

(4)法律、合同或企业申请书都没有规定有效期限与受益年限的，按预计受益期确定；受益期难以预计的，按不少于10年的期限分期摊销。

10.2.5.2 递延资产与其他资产

递延资产是指不能全部计入当年损益,需要在以后年度内分期摊入成本的各项费用,包括开办费、土地开发费和租入固定资产的改良支出以及开发期在一年以上的长期待摊物等。开办费是指企业在筹建期间发生的费用,包括筹建期间前期研究实验费、人员培训费、工资、办公费、差旅费、印刷费、注册登记费以及不计入固定资产和无形资产构建成本的汇兑损益、利息支出等。开办费从企业开始生产经营月份的次月起,按照不短于5年的期限分期摊入管理费用。土地开发费是指企业1994年以后在土地开发过程中实际发生的全部支出,自交付使用月份的次月起,按照不短于5年期限分期摊入制造费用或管理费用;以经营租赁方式租入的固定资产改良支出,在有效租赁期限内分期摊入制造费用或管理费用。

其他资产是指除以上各项资产以外的资产,包括特准储备物资、银行冻结存款、冻结物资、涉及诉讼中的财产等。其中特准储备物资是指不参加农业生产经营的经国家批准储备的特种物资。

10.3 农产品成本的核算

农产品成本是评定农业生产经济效果的综合性指标,是衡量农产品生产耗费的重要尺度,是监督和控制生产支出的有力手段。因此,开展农产品成本核算工作,是整个农业经济核算的重要组成部分。

10.3.1 农产品成本核算及其特点

10.3.1.1 农产品成本

农产品成本是指为生产农产品所消耗的物化劳动(物质资料)价值和活劳动(劳动者)报酬支出的总和。农产品成本是一项重要的综合性指标。劳动生产率的高低,原材料和机器设备的利用程度,以及经营管理水平等,都会通过成本指标反映出来。成本降低,意味着活劳动和物化劳动消耗的节约。

单位农产品成本是指生产每一单位农产品所消耗的物化劳动价值和活劳动报酬支出的总和,某种农产品的单位成本是该种农产品成本与该种农产品总产量的比值。可见,单位农产品成本的高低既取决于农产品的产量,又取决于农产品成本。从这个意义上说,降低单位农产品成本就意味着企业以同样的物化劳动和活劳动的消耗,生产出更多的农产品。通过成本核算,可以对各种生产消耗进行控制和监督,促进企业或核算单位人力、财力、物力的节约,降低成本,增加盈利,也可为国家制定农产品价格政策等提供依据。可见,搞好农产品成本核算,对提高农业企业或核算单位的管理水平,实现增产节约,加强国家对农业生产的宏观领导和调控都有十分重要的意义。

10.3.1.2 农产品成本核算的特点

(1)农业经营单位生产一般是以一两种产品为主的多产品生产,因而产品种类多,成本核算比较复杂。

(2)流动资金与生产性生物资产经常互相转化。如在畜牧业生产中,基本母畜、种公畜等是生产资料,属生产性生物资产;当被淘汰育肥时,成为生活资料,纳入消耗性生物资产核算,属于流动资产中的存货(在产品或产成品)范畴。

(3)由于农产品生产周期参差不齐,有的一年一个生产周期,有的一年几个生产周期(如家禽),成本核算也只能在产品收获后才能完成,因而成本核算在时间上也参差不齐。

10.3.2 农产品成本费用项目构成

要正确地核算农产品成本,就应明确农产品成本由哪些费用构成。不同的农产品其成本费用构成是不同的,但都包括以下几个方面内容。

(1)直接费用 是指为生产农产品或提供劳务所发生的直接支出。包括直接生产资料费用、直接人工费用以及其他直接支出。直接生产资料费用是在生产过程中直接耗费的生产资料,如种子、肥料、农药、燃料、动力、饲料、其他辅助材料等费用。直接人工费用是直接参加农产品生产人员的工资、奖金、津贴等。其他直接支出指除直接生产资料、直接人工费以外的其他直接费,包括生产设备折旧费与修理费、产畜摊销、畜牧医疗费等。

(2)间接费用 是指为组织和管理生产活动而发生的各项费用,包括办公用品费、差旅费、管理人员工资、福利费、固定资产折旧费、机务料消耗、低值易耗品摊销、租赁费、土地开发费摊销、水电费、保险费、机械作业费、排灌费、季节性和修理期间的停工损失、取暖费及其他间接费。

(3)期间费用 是指农业经营单位本期发生的、不能直接或间接归入产品成本,而是直接计入当期损益的各项费用。它包括管理费用、财务费用和营业费用 3 类,它们与产品产量无直接联系。

我国会计制度规定,直接费用直接计入生产成本,间接费用通过分配计入生产成本,期间费用不计入生产成本,直接计入当期损益。因此,生产成本仅指为企业生产各种产品所发生的直接费用和间接费用,它只是费用的一个组成部分,而不是费用的全部。

10.3.3 农产品成本核算的要求

为了达到成本核算的目的,发挥成本核算的作用,在进行农产品核算时,必须做好以下工作,以确保成本全面、真实、合理、准确。

(1)做好成本核算的基础工作 做好成本核算的基础工作,就是要健全原始记录,建立定额制度,严格执行物资的计量、收发和盘存制度等。只有成本核算的基础工作做好了,才能为核算各种消耗,分摊各项费用奠定基础,提供可靠的依据。

(2)正确划分成本费用的界限 在农产品成本核算时,应严格划分成本费用的界限。首先,应正确划分成本费用和期间费用的界限。凡是为生产产品所发生的一切费用,都必须计入产品成本,与产品生产无关的费用支出不能计入产品成本。只与某种产品生产有关的费用可直接计入某种产品的成本;与几种产品生产有关的费用如排灌费、管理费等应采用一定的方法分摊计入产品成本。其次,应正确划分不同时期成本费用的界限。凡属于应由本期产品承担的成本费用,都应该计入本期产品的成本,凡不属于应由本期产品承担的成本费用都不能计入本期产品的成本。再次,应正确划分完工产品的成本费用和在产品的成本费用。凡应由完工产品承担的成本费用,都必须计入完工产品的成本,凡不应由完工产品承担的成本费用均不得计入产品成本。最后，应正确划分不同产品之间成本费用的界限。该由本产品承担的成本费用，都应该计入本产品成本，不该计入本产品成本的费用，不得计入本产品成本。

(3)正确核算人工费用　人工费用的多少取决于活劳动的消耗量和活劳动的工值。因此，要准确核算人工费用既要正确计算活劳动的消耗量，又要正确确定活劳动的工值。

活劳动的消耗量一般按标准劳动日计算。通常把一个中等劳动力工作定为一个标准劳动日。平时只登记每个劳动力从事产品生产的实际劳动时间，期终再折算为标准劳动日，折算时按下面公式进行：

$$标准劳动日 = 劳动时间 \div 8 \times 折算系数$$

式中：折算系数根据各个劳动者的实际劳动能力确定，如一个中等劳动力的折算系数是1，上等劳动力的折算系数定为1.2或1.5，下等劳动力的折算系数定为0.8等。

计入产品成本的活劳动消耗量包括直接用工和应分摊的间接用工两部分。

劳动工值的确定以劳动力再生产所必需的生活费用为计算标准。劳动力再生产所必需的生活费是指在衣、食、住、燃料、各种用品、文教卫生及其他方面的总支出。标准劳动日值的计算可用公式表示为：

$$标准劳动日值 = \frac{全年必需生活费用支出总计}{全年所做标准劳动日数总计}$$

10.3.4 农产品成本核算

农产品从广义上说包括种植业产品、畜牧业产品、水产品和林业产品等多种类别，每类别中又有不同的产品项目，计算成本的方法也有很大差别。

10.3.4.1 种植业产品成本核算

种植业产品成本包括物质与服务费用和人工成本。物质与服务费用包括直接费用和间接费用。

(1)直接费用

①种子费。用各作物的实际用种量乘以种子的单价计算计入各作物成本的种子费。外购种子按买价加上运杂费、途中的合理损耗、税金及入库前的挑选整理费计价；自产自用种子按国家规定的价格计价。

②肥料费。外购的肥料按实际买价加上运杂费计价；自产自用的绿肥按市价计价；农家肥按有关部门统一的价格或估价计价。

③农药费。外购的农药按采购价、途中的合理损耗和运杂费计价；自产的按市价计价。

④机械作业费。外单位代为耕作的，如果只是某一种农作物，按实际支付的作业报酬计算；如果是多种作物，先按实际支付的作业报酬记录，然后，根据各作物的实际作业量计算应分摊的机械作业费；自有机械进行耕作的，应按同类作业市价先计算出单位面积成本，然后按各作物的实际机械作业量计算应摊的机械作业费。公式如下：

$$\text{机械作业单位面积成本}=\frac{\text{机械作业费总额}}{\text{全年机械作业完成标准单位面积}}$$

$$\begin{array}{c}\text{某作物应摊}\\\text{机械作业费}\end{array}=\begin{array}{c}\text{该作物机械作业}\\\text{标准单位面积}\end{array}\times\begin{array}{c}\text{机械作业}\\\text{单位面积成本}\end{array}$$

⑤排灌作业费。支付给水电部门的生产水电费，按实际支付数计入各作物成本；自有排灌设备发生的费用，核算方法同机械作业费的类似，只是作业量的单位变为单位面积数。

⑥畜力作业费。各作物在成本核算期内使用役畜从事田间作业和运输的费用，如果是外雇畜力，按实际支出计算；如果是自己拥有的畜力，则应按实际费用计算，包括饲草和饲料费、固定资产折旧费、修理费、役畜医药费和其他相关支出。畜力作业费的计算通过以下公式进行：

$$\text{畜工作日成本}=\frac{\text{畜力作业费成本总额}}{\text{畜标准工作日总数}}$$

某作物应摊的畜力作业费＝为该作物完成的工作量(畜标准工作日)×畜工作日成本

式中：畜标准工作日是以一种役畜为标准，根据役畜的劳动效率折合的，不同地区折合办法不一致，可以当地主要役畜作为基准来折合。

⑦燃料动力费。机械在运转或施工作业中所耗用的企业自制或外购的固体燃料(如煤炭、木材)、液体燃料(汽油、柴油)、电力、水和风力等费用。根据生产过程中的实际耗费计入成本。

⑧其他直接费。以上没有包括的直接费用支出。

(2)间接费用　主要包括固定资产折旧、税金、保险、管理费、财务费、销售费等支出，按实际开支金额和一定的分摊标准分别计入各作物的成本。

(3)人工费用　人工费用的核算用各作物的用工量(即标准劳动日)乘以标准劳动日值，计算计入各作物成本的人工费用。

$$\text{某作物人工费用}=\text{该作物的标准劳动日}\times\text{标准劳动日值}$$

(4)产品成本的计算　以上各项费用核算出来以后，就可以结合各作物的面积和产量计算产品成本了。每一作物一般都需计算总成本、单位面积成本和单位产品成本 3 个指标。计算公式分别为：

$$\text{某作物总成本}=\text{该作物人工费用}+\text{该作物物质消耗费用}+\text{该作物分摊的间接费用}$$

$$\text{某作物单位面积(亩)成本}=\frac{\text{该作物总成本}}{\text{该作物播种面积}}$$

$$\text{某作物主产品单位(kg)成本}=\frac{\text{该作物总成本}-\text{副产品价值}}{\text{该作物主产品总产量(kg)}}$$

公式中副产品价值，如稻草、秸秆等价值可用估价法(按市场价格)进行估算，也可用比例法(按主、副产品比例)进行成本分摊。

在实际工作中，农产品成本的计算一般都通过成本计算单进行，成本计算单的格式如表 10.1 所示。

表 10.1 农作物产品成本计算单 （××年度）

项目	单位	作物种类		
		小麦	玉米	棉花
播种面积	hm^2			
总产量	kg			
种子费	元			
肥料费	元			
农药费	元			
机械作业费	元			
排灌作业费	元			
畜力作业费	元			
其他直接费	元			
固定资产折旧	元			
税金	元			
保险	元			
管理费	元			
财务费	元			
销售费	元			
人工费	元			
合计	元			
生产总成本	元			
单位面积成本	元			
副产品价值	元			
主产品成本	元			
主产品单位(kg)成本	元			

以上方法只适合一般情况，对几种特殊情况的成本计算应分别按以下方法进行：

①间种、套种和混种作物产品成本的计算。农作物栽培在采用间种、套种方式时，其所发生的费用，凡能明确划分为某种作物的费用，应直接计入该作物；对于不能明确属于哪种作物的共同费用，可按各作物所占播种面积的比例进行分配，播种面积可按播种量折算。分配时可按下列公式计算：

$$某种作物产品总成本=\frac{各种作物成本费用总额}{各种作物播种面积之和}\times某作物播种面积$$

$$某种作物的播种面积=\frac{该作物的实际播种总量}{该作物单播时单位面积定额播种量}$$

$$某作物主产品单位成本=\frac{该作物产品总成本-副产品价值}{该作物主产品总产量}$$

②多年生作物产品成本计算。一次收获的多年生作物，应按各年累计的生产费用计算成本。计算公式如下：

$$\begin{matrix}一次收获的多年生\\某作物的主产品单位成本\end{matrix}=\frac{该作物截止到收获月份累计费用-副产品价值}{该作物主产品总产量}$$

多次收获的多年生作物，在未提供产品以前的累计费用，作为待摊费用处理，按计划总产量的比例计入投产后各年产出产品的成本。本年产出产品的成本包括往年费用的本年摊销额和本年发生的全部费用。计算公式如下：

$$\begin{matrix}多次收获的多年生\\某作物主产品单位成本\end{matrix}=\frac{往年费用本年摊销额+本年全部费用-副产品价值}{该作物主产品本年总产量}$$

③农作物非常损失的处理。作物遭受严重自然灾害而大面积死亡失收，其已发生的费用按规定报批后，可不计入产品成本，转作非常损失。参加保险的，应扣除保险赔款后计入非常损失。如果作物死亡后又重新补种，其灾害损失只计算补种前发生的种子费和播种费，该作物从补种开始发生的费用，均计入重播作物的成本。

④计入农作物成本费用的时间范围。粮豆生产成本算至入仓入库和场上能销售为止；不入库、入窖的鲜产品生产成本，算至销售为止；入库入窖的鲜产品生产成本，算至入库为止；棉花的生产成本算至加工成皮棉为止；纤维作物、香料作物和人参等农产品的生产成本，算至加工完成为止；年底尚未脱粒作物的生产成本，算至预提脱粒费用为止。

10.3.4.2　畜牧业产品成本核算

(1)畜牧业生产费用的核算　畜禽饲养的生产费用包括人工费用、饲料饲草费、燃料动力费、固定资产折旧费及修理费、其他费用。各项费用的核算方法如下。

①人工费用。指在畜禽饲养过程中的全部劳动报酬。从数量上看，是总用工量(折合的标准工作日)乘以工日单价而得的乘积。其中：总用工量包括直接用工和间接用工两部分。直接用工包括饲养、放牧、捡蛋、挤奶、剪毛等用工。这些用工可以直接计入有关产品成本；间接用工包括饲料调制、用具修理以及管理用工。如只饲养一种畜禽，间接用工也可直接计入产品成本；若饲养两种以上畜禽，间接用工可按各畜群收入或直接用工的比例分摊。某种畜禽的直接用工加上应分摊的间接用工就是总用工量。工日单价仍可采用劳动力再生产必需生活费用调查的工值计算。

②饲料饲草费。指在畜禽饲养过程中消耗的全部饲料饲草的价值。外购的按买价加上运杂费、途中的合理损耗和相关的税金计算，自产的按实际成本或国家牌价计算。

③燃料动力费。指粉碎和蒸煮饲料、雏鸡孵化及畜禽舍内取暖等耗用的燃料和电力费用，应按实际支出的金额计算。若生产多种畜禽应对此项费用进行分摊。

④固定资产折旧费及修理费。指畜舍、禽笼等饲养专用设备的折旧费和修理费。

⑤其他费用。指畜禽的医药费、饲养工具的购置费、管理费和其他支出。对能直接计入某种畜禽(群)成本的费用,直接计入畜禽(群)成本;对不能直接计入畜禽(群)成本的间接费用,应按各畜群用工比例分摊。

(2)畜牧业产品成本核算　畜禽产品的成本主要用以下指标反映:

$$\text{畜禽产品单位成本}=\frac{\text{生产总成本}-\text{副产品价值}}{\text{产品产量}}$$

$$\text{某畜禽(群)增重单位成本}=\frac{\text{该畜禽(群)饲养费用}-\text{副产品价值}}{\text{该畜禽(群)增重量}}$$

$$\text{该畜禽(群)增重量}=\text{期末存栏活重}+\text{本期离群活重(包括死畜禽重量)}-\text{期初结存及期内购入、转入的活重}$$

$$\text{某畜禽(群)活重单位成本}=\frac{\text{期初活重总成本}+\text{购入转入总成本}-\text{副产品价值}-\text{死畜禽残值}}{\text{该畜禽(群)活重量}}$$

$$\text{某畜禽(群)饲养(头日)成本}=\frac{\text{该畜禽(群)饲养费用}}{\text{该畜禽(群)饲养头日数}}$$

$$\text{离乳幼畜活重成本}=\frac{\text{该畜禽(群)饲养费用}-\text{副产品价值}}{\text{离乳幼畜禽(群)活重量}}$$

10.3.4.3 林业产品成本核算

(1)林业产品生产费用的核算　林业生产费用的核算比照农业生产费用的核算进行。

(2)林业产品成本计算　果、桑、茶、胶等经济林是多年生长期作物,一般都要经过育苗、幼林抚育管理、投产提供产品3个阶段。各阶段的成本计算公式如下。

育苗阶段:

$$\text{起苗前单位面积苗圃成本}=\frac{\text{该苗圃起苗前生产费用}}{\text{该苗圃总面积}}$$

$$\text{每株树苗成本}=\frac{\text{起苗面积}\times\text{单位面积苗圃成本}+\text{起苗费用}}{\text{起苗总株数}}$$

幼林抚育管理阶段:

$$\text{每年单位面积幼林成本}=\frac{\text{当年应负担的全部费用}}{\text{抚育管理面积}}$$

成林投产提供产品阶段:

$$\text{单位主产品成本}=\frac{\text{该产品当年应负担的生产费用}-\text{副产品价值}}{\text{主产品产量}}$$

10.3.4.4 水产业产品成本核算

水产业即渔业,其生产分为人工养殖和天然捕捞两种,其产品成本核算办法不同。

(1)人工养殖的水产品成本核算　人工养殖成本核算对象包括成鱼和鱼苗两种。成鱼成本应包括苗种费或幼鱼成本、饵料费、人工费、燃料动力费、折旧与摊销费、修理费和其他费用。鱼苗或幼鱼成本包括鱼苗或幼鱼培养过程中的全部费用。

反映渔业产品成本的主要指标有成鱼单位成本和鱼苗单位成本。其计算公式为：

$$\text{成鱼单位成本}=\frac{\text{上年结转鱼池的全部费用}+\text{全年转入鱼池鱼苗或幼鱼成本}+\text{全年成鱼池全部费用}}{\text{成鱼总产量}}$$

$$\text{鱼苗单位成本}=\frac{\text{育苗期全部费用}}{\text{育成尾数(万尾)}}$$

(2)天然捕捞的产品成本计算　当年的全部捕捞费用，全都计入当年捕捞的产品成本，必要时可按计划成本或销售价格的比例在不同产品之间分摊。分摊方法如下：

$$\text{产品成本占售价比例}=\frac{\text{全部产品成本总额}}{\sum(\text{某种产品某种产量}\times\text{该产品单位售价})}\times 100\%$$

$$\text{某种产品总成本}=\text{某种产品产量}\times\text{该产品单位售价}\times\text{产品成本占售价比例}$$

$$\text{某种产品单位成本}=\frac{\text{某种产品总成本}}{\text{某种产品总产量}}$$

10.4　营业收入、利润及其分配的核算

10.4.1　营业收入与税费的核算

10.4.1.1　营业收入

营业收入是指农业经营单位销售产品取得的销售收入(即主营业务收入)及其他业务收入。其他业务收入，包括材料销售、固定资产出租、无形资产转让(不包括对国家划拨的土地实行有偿转让的土地使用权)，以及技术转让和包装物出租等取得的收入。营业收入的核算可以补偿总成本费用，上缴税金，偿还债务，保证企业再生产正常进行。

主营业务收入减去营业税金及附加和主营业成本即是企业实现的主营业务利润总额。主营业务成本是按照制造成本法计算的农业企业已销产品、商品和劳务的生产经营成本。

其他业务收入减去其他业务支出则是其他业务利润。其他业务支出是指农业企业除产品、商品销售以外的其他销售或其他业务所发生的支出，包括材料出售成本、出租固定资产应提折旧、出租包装物摊销以及按照其他业务收入计算的应交税金及附加等。

营业收入利税率(销售利税率)是衡量企业营业收入的收益水平指标。计算公式如下：

$$\text{营业收入利税率(销售利税率)}=\frac{\text{利税总额}}{\text{营业收入}}\times 100\%$$

10.4.1.2　税金及附加核算

税金及附加是用来核算农事企业日常主要经营活动应负担的相关税费，包括消费税、城市

维护建设税、教育费附加、资源税、房产税、城镇土地使用税、车船税、印花税等。

(1)消费税　国家为了调节消费结构,正确引导消费方向,在普遍征收增值税的基础上,选择部分消费品,再征收的一个税种。应税消费品包括14类产品,即烟、酒及酒精、化妆品、贵重首饰及珠宝玉石、鞭炮及焰火、成品油、汽车轮胎、摩托车、小汽车、高尔夫球及球具、高档手表、游艇、木制一次性筷子、实木地板等。

消费税的税率,有两种形式:一种是比例税率;另一种是定额税率,即单位税额。消费税税率形式的选择,主要是根据课税对象情况来确定,对一些供求基本平衡,价格差异不大,计量单位规范的消费品,选择计税简单的定额税率,如黄酒、啤酒、成品油等;对一些供求矛盾突出、价格差异较大,计量单位不规范的消费品,选择税价联动的比例税率,如烟、白酒、化妆品、护肤护发品、鞭炮、汽车轮胎、贵重首饰及珠宝玉石、摩托车、小汽车等。实行比例税率的有21个,实行定额税率的有4个。共有13个档次的税率,最低3%,最高56%。

消费税的税率计算公式为:

应纳税额=销售额×税率

应纳税额=销售数量×单位税额

(2)城市维护建设税　为了加强城市的维护建设,扩大和稳定城市维护建设资金的来源,国家开征了城市维护建设税。城市维护建设税的纳税人包括缴纳增值税、消费税的各类企业、单位、个体经营者和其他个人。城市维护建设税按照纳税人所在地实行差别税率:市区税率为7%,县城、建制镇税率为5%,其他地区税率为1%。此税以纳税人实际缴纳的增值税、消费税为计税依据,计算公式为:

应纳税额=实际缴纳的(增值税+消费税)税额×适用税率

(3)教育费附加　国家为了发展我国的教育事业,提高人民的文化素质而征收的一项费用。教育费附加以单位和个人实际缴纳的增值税、消费税为计征依据,附加率为3%。

计算公式为:

应纳教育费附加额=实际缴纳的(增值税+消费税)税额×3%

(4)资源税　国家对国有资源,如我国宪法规定的城市土地、矿产、水流、森林、山岭、草原、荒地、滩涂等,根据国家的需要,对使用某种自然资源的单位和个人,为取得应税资源的使用权而征收的一种税。2016年7月1日,我国实行资源税改革,资源税征收方式由从量征收改为从价征收。计算公式为:

应纳税额=销售额×税率

(5)房产税　房产税是以房屋为征税对象,按房屋的计税余值或租金收入为计税依据,向产权所有人征收的一种财产税。依据国务院1986年9月15日颁布,当年10月1日起实施的《中华人民共和国房产税暂行条例》规定,产权属于全民所有的,由经营管理的单位缴纳。产权出典的,由承典人缴纳。产权所有人,承典人不在房产所在地的,或者产权未确定及租典纠纷未解决的,由房产代管人或者使用人缴纳。房产税按年征收,分期缴纳。纳税期限由省,自治区,直辖市人民政府规定。

房产税税率采用比例税率。房产税应纳税额的计算分为以下两种情况,以房产原值为计税依据的，依照房产原值一次减除 10%～30%后的余值计算缴纳。具体减除幅度，由省、自治区、直辖市人民政府规定。其计算公式为：

应纳税额＝房产原值×[1－(10%～30%)]×税率(1.2%)

以房产租金收入为计税依据的，其计算公式为：

应纳税额＝房产租金收入×税率(12%)

房产税是中外各国政府广为开征的古老的税种。我国目前只对营业用的房产征税，关于公民非经营用住宅房产税并未广泛征收。

(6)城镇土地使用税　城镇土地使用税是指国家在城市、县城、建制镇、工矿区范围内，对使用土地的单位和个人，以其实际占用的土地面积为计税依据，按照规定的税额计算征收的一种税。

城镇土地使用税采用定额税率，即采用有幅度的差别税额。按大、中、小城市和县城、建制镇、工矿区分别规定每平方米城镇土地使用税年应纳税额。城镇土地使用税每平方米年税额标准具体规定如下：大城市 1.5～30 元；中等城市 1.2～24 元；小城市 0.9～18 元；县城、建制镇、工矿区 0.6～12 元。

应纳税额的计算公式为：

应纳税额＝实际占用的土地面积×适用税额

(7)车船税　车船税是指在我国境内应依法到公安、交通、农业、渔业、军事等管理部门办理登记的车辆、船舶，根据其种类，按照规定的计税依据和年税额标准计算征收的一种财产税。按照 2007 年 1 月 1 日实施的《中华人民共和国车船税暂行条例》免征车船税的有：①非机动车船(不包括非机动驳船)；②拖拉机；③捕捞、养殖渔船等。2018 年 8 月 1 日，财政部、税务总局、工业和信息化部、交通运输部下发《关于节能新能源车船享受车船税优惠政策的通知》，要求对符合标准的新能源车船免征车船税，对符合标准的节能汽车减半征收车船税。车船税一般可以随交强险一起，由保险公司代收代缴。

(8)印花税　印花税是对经济活动和经济交往中书立、领受凭证征收的一种税。以应纳税凭证所记载的金额、费用、收入额和凭证的件数为计税依据，按照适用税率或者税额标准计算应纳税额。

应纳税额计算公式：

应纳税额＝应纳税凭证记载的金额(费用、收入额)×适用税率
应纳数额＝应纳税凭证的件数×适用税额标准

10.4.1.3　企业所得税核算

企业所得税是指在我国境内独立核算的企业或组织，就其生产、经营所得和其他所得，依法缴纳的税收。企业每一纳税年度的收入总额，减除不征税收入、免税收入、各项扣除以及允许弥补的以前年度亏损后的余额，为应纳税所得额。

企业以货币形式和非货币形式从各种来源取得的收入，为收入总额。包括：销售货物收入、提供劳务收入、转让财产收入、股息、红利等权益性投资收益、利息收入、租金收入、特许权

使用费收入、接受捐赠收入，以及其他收入。收入总额中涉及的财政拨款、依法收取并纳入财政管理的行政事业性收费、政府性基金为不征税收入。

企业实际发生的与取得收入有关的、合理的支出，包括成本、费用、税金、损失和其他支出，准予在计算应纳税所得额时扣除。但以下支出不予扣除：包括向投资者支付的股息、红利等权益性投资收益款项，企业所得税税款，税收滞纳金、罚金、罚款和被没收财物的损失、赞助支出，未经核定的准备金支出和与取得收入无关的其他支出。

在计算应纳税所得额时，企业按照规定计算的固定资产折旧，准予扣除。下列固定资产不得计算折旧扣除：房屋、建筑物以外未投入使用的固定资产、以经营租赁方式租入的固定资产、以融资租赁方式租出的固定资产、已足额提取折旧仍继续使用的固定资产、与经营活动无关的固定资产、单独估价作为固定资产入账的土地、其他不得计算折旧扣除的固定资产。

企业按照规定计算的无形资产摊销费用，准予扣除。下列无形资产不得计算摊销费用扣除：自行开发的支出已在计算应纳税所得额时扣除的无形资产、自创商誉、与经营活动无关的无形资产、其他不得计算摊销费用扣除的无形资产。

企业发生的下列支出作为长期待摊费用，按照规定摊销的，准予扣除：已足额提取折旧的固定资产的改建支出、租入固定资产的改建支出、固定资产的大修理支出、其他应当作为长期待摊费用的支出。

企业对外投资期间，投资资产的成本在计算应纳税所得额时不得扣除。企业使用或者销售存货，按照规定计算的存货成本，准予在计算应纳税所得额时扣除。企业转让资产，该项资产的净值，准予在计算应纳税所得额时扣除。企业在汇总计算缴纳企业所得税时，其境外营业机构的亏损不得抵减境内营业机构的盈利。企业纳税年度发生的亏损，准予向以后年度结转，用以后年度的所得弥补，但结转年限最长不得超过 5 年。

《中华人民共和国企业所得税法》规定，企业所得税税率为 25%。符合条件的小型微利企业(所得减按 50%计入应纳税所得额)税率为 20%，国家重点支持的高新技术企业减按 15%的税率征收企业所得税，技术先进型服务企业税率为 15%。

计算公式为：

应纳税额＝应纳税所得额×税率

应纳税所得额＝收入总额－准予扣除项目支出

10.4.2 利润的核算

利润是考核企业经营成果的重要指标，任何企业都力争取得较多的利润。企业的利润总额按照下列公式计算：

利润总额＝营业利润＋营业外收入－营业外支出

营业利润＝营业收入－营业成本－税金及附加－销售费用－管理费用－财务费用－资产减值损失＋公允价值变动收益(－损失)＋投资收益(－损失)＋资产处置收益(－损失)＋其他收益

营业外收入和营业外支出是指与企业生产经营活动没有直接关系的各项收入和支出。

营业外收入包括：非货币性资产交换利得、出售无形资产收益、债务重组利得、企业合并损益、盘盈利得、因债权人原因确实无法支付的应付款项、政府补助、教育费附加返还款、罚款收入、捐赠利得等。

营业外支出包括：非流动资产处置损失、非货币性资产交换损失、债务重组损失、公益性捐赠支出、非常损失、盘亏损失等。

营业收入是指企业经营业务所确认的收入总额，包括主营业务收入和其他业务收入。

营业成本是指企业经营业务所发生的实际成本总额，包括主营业务成本和其他业务成本。

营业税金及附加是企业在取得收入后，按照一定的比例，需要向当地税务机关缴纳的相关费用。

销售费用是指出售产品或提供劳务过程中发生的费用，包括应由企业负担的运输费、装卸费、整理费、包装费、保险费、展览费、检验费、广告费、租赁费(不含融资租赁费)及销售部门人员的工资及福利费、差旅费、办公费、折旧费、修理费、物料消耗、低值易耗品摊销等。

管理费用是指管理部门及其派出机构，为管理和组织经营活动而发生的各项费用。包括公司经费、工会经费、职工教育经费、劳动保险费、技术开发费、无形资产摊销、开办费摊销、土地开发费摊销、业务招待费、坏账损失、存货盘亏等。

财务费用是指企业为筹集资金而发生的各项费用，包括生产经营期间发生的利息支出(减利息收入)、汇兑净损失、金融机构手续费以及其他财务费用。

资产减值损失是指企业计提各项资产减值准备所形成的损失。

公允价值变动收益(减损失)是指企业交易性金融资产等公允价值变动所形成的，应计入当期损益的利得(或损失)。

投资收益(或损失)是指企业以各种方式对外投资所取得的收益(或发生的损失)。

资产处置收益是反映企业出售划分为持有待售的非流动资产(金融工具、长期股权投资和投资性房地产除外)或处置重组时确认的处置利得或损失，以及处置未划分为持有待售的固定资产、在建工程、生产性生物资产及无形资产而产生的处置利得或损失。债务重组中因处置非流动资产产生的利得或损失和非货币性资产交换产生的利得或损失也包括在本项目内。

其他收益是指用于核算与企业日常活动相关，但不宜确认收入或冲减成本费用的政府补助。

10.4.3　利润分配核算

利润分配是企业实现的利润按照国家规定或投资人的决议进行分配的活动。企业必须正确组织利润分配，以维护国家、企业和投资者的权益。对实现的利润，首先应依法缴纳所得税，缴纳所得税后的利润应按规定提取盈余公积金，并向投资者分配利润。

按照现行财税制度的规定，企业利润分配程序和原则如下：

(1)弥补以前年度的亏损　缴纳所得税的企业，其发生的年度亏损，可以用下一年度的利润弥补，下一年度不足以弥补的，可以在 5 年内延续弥补，5 年内不足弥补的，用税后利润弥补。

(2)缴纳所得税　我国现行企业所得税税率为 25%。特殊情况按国家规定，可以适当减免。

(3)弥补税前利润弥补后仍存在的亏损。

(4)按规定提取法定盈余公积金　盈余公积金是企业从税后利润中提取的积累资金，包括法定盈余公积金和任意盈余公积金。按现行财务制度规定，企业至少提取利润的10%作为公司法定盈余公积金，当法定盈余公积金累计额为公司注册资金的50%时，可不再提取。任意公积金指企业为了适应经营管理、控制利润分配水平以及调整各年利润分配波动等方面的需要，在向投资者分配利润时，按照公司章程或董事会决议，从税后利润(减去弥补亏损)中按一定比例提取的一种准备金。

(5)应付现金股利或利润，即向投资者分配的利润，是企业税后可供分配的利润减去盈余公积金的余额。向投资者分配利润应按有关合同、协议或决定执行。企业以前年度未分配的利润，可以并入本年度分配。

(6)转作股本的股利，是指企业按照利润分配方案给股东的股票股利，也包括非股份有限公司以利润转增的资本。

小　结

本章主要介绍了固定资产核算、流动资金核算、总成本费用核算、营业收入核算和利润及其分配的核算等主要内容，并分别介绍了各项核算的内容、方法及相关财务指标。通过本章的学习，可以初步掌握农业经济核算方法，并且能够运用相关方法优化配置各种生产要素，降低农业生产成本，提高农业生产的经济效益。

复习思考题

1. 简述农业经济核算的概念、内容及方法。
2. 简述农业资金的概念及特点。
3. 固定资产折旧的方法有哪些？
4. 简述流动资金核算的内容。
5. 农产品成本费用由哪些项目构成？
6. 如何进行畜牧业产品成本核算？
7. 企业利润分配的程序是怎样的？

参考文献

1. 陈娆. 农业经济管理. 2版. 北京：高等教育出版社，2012.
2. 乔娟，潘春玲. 畜牧业经济管理. 北京：中国农业大学出版社，2010.
3. 戴德明，林钢，赵西卜. 财务会计学. 7版. 北京：中国人民大学出版社，2014.

第 11 章　农业技术经济效果评价

本章学习要点

- 农业技术经济效果及经济效益的概念
- 农业技术经济效果的特征
- 评价农业技术经济效果的理论及原则
- 评价农业技术经济效果的方法

11.1　农业技术经济效果的概念及特点

人类社会的一切实践活动都是有目的的。这种实践活动的目的性就是为了取得相应的成果,这种成果就是有用效果,也就是实践活动达到预期目的的程度。在人类的生产实践中之所以要讲求经济效果,首先是由人类进行生产活动的目的所决定的。人们从事生产经营活动都是为了取得一定的劳动成果,获得一定的经济效益。通过劳动,生产出越来越多的产品,以满足人类的生活需要和再生产的需要,以求得人类的生存和社会的发展进步;其次,生产资源的稀缺规律决定必须讲求经济效果。在生产要素中,有许多资源是属稀缺资源,即有限资源,不可再生,是不能根据生产发展的需要及时增加。如土地,具体到耕地、草原、山林等资源都属有限资源。所以就要求对这些资源的利用要讲求经济效果,要合理节约,有效利用。我国资源的有限程度更加迫使我们必须讲求经济效果。我国虽称地大物博,资源总量大,但人均拥有量和世界其他国家相比相差很多,如表 11.1 所示。

表 11.1　我国同一些国家人均占有资源比较　hm^2

国别	人均耕地面积	人均草地面积	人均森林面积
中国	0.09	0.22	0.11
加拿大	1.83	0.96	13.09
美国	0.79	1.06	1.21
俄罗斯	0.82	1.37	3.38
法国	0.23	0.23	0.27
德国	0.12	0.06	0.12
英国	1.12	0.20	0.04
日本	0.04	0.01	0.21
世界平均	0.28	0.68	0.88

资料来源:据《中国统计年鉴》、世界粮农组织(生产年鉴)整理。

由表 11.1 可看出，我国人均占有耕地、草地、森林等资源量不仅低于多数发达国家，也低于世界平均水平。这就要求我们在生产中更要讲求经济效果。

现代农业的发展，主要依靠科学技术的进步和运用。要发展农业，就必须采用先进的科学技术措施，而不同的生产技术措施，它所取得的有效成果与采用时所付出的代价又是不相同的，这就要求对所采用的农业生产技术措施进行技术经济论证和评价，择优选用在生产上可行的、经济上合理的、技术上先进的生产技术措施或方案。

11.1.1 农业技术经济效果的概念

11.1.1.1 经济效果

所谓效果就是实践活动所达到预期目的的程度。而经济效果是指在既定条件下，劳动消耗量或劳动占用量与所取得的有用效果或劳动成果的比例关系。可以简单地称为，所费与所得的比例关系，或投入与产出的比例关系。在商品生产条件下，商品的使用价值量或价值量表现为有用效果。那么经济效果就是所取得的有用效果与为此而消耗或占用的劳动量的比例关系。用公式表示为：

$$\text{经济效果}=\frac{\text{有用效果}}{\text{消耗或占用的劳动量}}=\frac{\text{所得}}{\text{所费}}=\frac{\text{产出}}{\text{投入}}$$

这种比例关系表现为，当投入的劳动消耗和劳动占用为一定量时，产出的有用效果与经济效果成正比，或者当产出一定量的有用效果时，投入的劳动消耗和劳动占用量与经济效果成反比。因此，物质资料生产讲求经济效果，就是在一定量的劳动消耗或劳动占用下，生产出更多更好的有用价值；或者生产一定的有用价值，投入更少的劳动量。

物质资料生产过程中所消耗和占用的劳动量包括两个方面：活劳动和物化劳动，活劳动指当时参加生产活动的劳动，可用劳动时间直接计量；物化劳动指由过去的劳动时间凝结起来的各种物质生产资料，而实际消耗的物化劳动量，在实际中往往不能简单、准确地再还原为劳动时间。为了能统一准确计算劳动消耗，通常都用价值形式来表示。活劳动的节约表现为人力的节约；物化劳动的节约表现为物力的节约；而人力和物力节约的价值形式就表现为财力的节约，从而劳动消耗量与有用效果的比较就表现为所费与所得的关系。

农业的生产过程，不仅要消耗劳动，而且还要占用劳动，即物化劳动。占用的物化劳动包括四部分：一是机械、房舍、设备等固定资产；二是产畜、役畜等生产性生物资产；三是土地（使用权）等无形资产；四是种子、化肥、饲料、农药、油料等流动资金。从劳动占用来考察生产的经济效果时，是考察一定时期内所取得的有用效果量同该时期内占用的物化劳动量的比例关系。一定的劳动占用量所取得的有用效果越多，经济效果越大；反之，经济效果就越小。由于物化劳动量是以货币形态来表示的，物化劳动占用量也就是资金占用量。资金占用量一定而生产效率提高时，表明资金利用效果较好。

11.1.1.2 经济效益

经济效益指产值、成本和纯收入之间的消长关系，用公式表示为：

$$\text{经济效益}=\text{产值}-\text{成本}$$

经济效果和经济效益是经济学中的两个基本概念，在现实经济评价中，常常交替使用。这两个概念既有密切联系，又有一定的区别。二者的区别是：经济效果着重研究生产过程投入与产出，所得与所费的比例关系，所以它注重生产过程。经济效益则着重研究生产全过程的实际利益，强调生产产品必须符合社会需要，必须给企业和社会带来实际利益，所以它注重生产成果的好坏。但二者还有一定的联系：经济效果的好坏往往成为经济效益好坏的一种表现，即经济效益好坏是通过经济效果体现出来的，而经济效益的提高是建立在生产过程提高经济效果的基础上的。

11.1.1.3　农业技术经济效果

农业生产技术经济效果（简称农业技术经济效果）是农业上所采用的不同技术措施、不同技术方案的劳动耗费和劳动占用与农业有用效果的比例关系。农业生产不同于其他物质生产部门，农业生产的最大特点是经济再生产与自然再生产相互交织在一起。然而农业生产同其他物质生产部门也有相同之处，在生产过程中必须投入各种生产资源，才能生产出产品；合理分配和使用各项农业生产资料，才能取得显著的农业技术经济效果。

生产技术措施或方案，如果仅从自然科学的角度考虑其先进性，而没有和劳动消耗联系起来，只能是技术效果，而不是技术经济效果。

确立农业技术经济效果概念的重要性在于：选择技术措施或技术方案，不但要考虑到技术的先进性，增产效果，还要考虑这些增产效果花费了多少劳动耗费换来的。这就要求所采用的技术措施和技术方案，不仅要符合农作物和畜禽的自然生长发育规律，而且还必须能够节约生产每单位农畜产品的劳动耗费。只有这样，才有生产应用和推广的现实意义。所以，从经济角度考虑农业生产中所采用、实施的技术措施或方案，必须在技术上是先进的；在条件上是可行的；在经济上是合理的。即农业生产技术必须具有先进性，可行性和合理性。

11.1.2　农业技术经济效果的特点

评价农业技术的经济效果，必须对它固有的某些特点进行研究。因为它们直接影响着经济效果的大小，认识和掌握这些特点，才能正确地评价农业技术经济效果。

（1）农业技术经济效果具有综合性　农业生产的对象是有生命的动植物，其生长发育要求同时满足各种必要的生活条件，如果缺少其中任何一种或几种要素，都会制约生产能力的发挥，影响产品产出的数量和质量。所以，实践中常采取综合性的措施，其效果往往大于各个单项技术措施效果的总和。选择先进适用技术，因地制宜地组成农、林、牧、渔业的技术—生产体系，发挥综合措施作用，对于提高农业技术经济效果关系重大。

（2）农业技术经济效果具有多样性　很多农业技术措施具有多功能，多效益的特点。如土地综合治理、兴修水利、草原建设、营林造林、建立合理的耕作制度、放牧制度和生产结构以及其他农业基本建设，它们不仅具有明显的直接效益，还有较大的间接效益；不仅可以得到经济效益，还可得到社会效益和生态效益。在评价农业技术效果时，需要全面分析各种效果，重视农业生产技术经济效果多样性的特点。

（3）农业生产技术经济效果具有相关性　各项农业生产技术措施，既互相促进，又相互制约，从而引起技术经济效果的不同变化。在各项农业技术措施之间，既有水平方向的横相关，又有垂直方向的纵相关；既有正相关，又有负相关。如品种、水、肥之间表现为横相关，上茬作物与下茬作物之间表现为纵相关。良种良法相结合，其效果表现为正相关，施用化肥随之大水漫灌，则表现为负相关。不同技术方案、技术措施的评价，应研究这种相关性的影响。

(4)农业技术经济效果具有持续性　某些农业生产技术措施，其效果不仅表现在当时，而且，往往具有技术后效。如农田基本建设、深耕改良土壤、草地改良、良种培育和选育、增施有机肥等，都可在若干个生产周期内发挥其效用。但如果措施不当，所产生的不良后果同样具有持续性，如毁林开荒、树种选择失误、灌溉技术不当，则可导致生态破坏、土壤盐渍化等严重后果的发生，甚至造成难以挽回的损失。

(5)农业技术经济效果具有不稳定性　农业生产技术措施的实施要受到外部客观环境条件的影响。同样的技术措施、技术方案，同样的劳动消耗，经济效果常因不同年份、不同季节、不同地域，不同气候条件而产生明显差异；加之农业生产本身受自然条件影响较大，所以农业生产技术经济效果表现为明显的不稳定性。

(6)农业技术经济效果具有极限性　农业生产是培植和饲养有生命动植物的生产活动，受自然再生产规律支配。动植物都有各自的繁殖、发育和生长的生理特点，只有采取各自适合的有针对性的技术措施或方案，才能取得预期效果。但人们的认识在一定时期内受到科学技术水平的限制，采用的农业技术措施所起作用范围、作用大小、动植物生长发育规律及外界环境的融合程度常有一定的局限性。在既定条件下，牲畜饲养到一定体重后，再继续进行喂饲，则每单位的饲料报酬将逐次递减，直到出现负值。所以，在农业生产中，必须适应一定的技术条件，确定最适的生产资源投入量，才能取得满意的技术效果。

11.2　农业技术经济效果评价的理论及原则

11.2.1　农业技术经济效果评价理论

11.2.1.1　经济效果界限理论

经济效果实际上就是生产投入与产出间的对比关系。

$$\text{经济效果界限}=\frac{\text{有用效果}}{\text{劳动消耗和劳动占用}}>1\text{ 或}=\frac{\text{产出}}{\text{投入}}>1$$

或经济效果界限：有用效果－劳动消耗和劳动占用＞0(产出－投入＞0)。

农业生产中采用新的技术措施或方案，可能出现：投入＞产出；投入＝产出；投入＜产出 3 种情况。这 3 种情况表现为不同的经济效果，当投入＞产出时为负效果；投入＝产出时为零效果；只有投入＜产出时才能产生真正的经济效果，是正效果。因此，评价某项农业生产技术措施或方案时，其产生的经济效果只有达到经济效果界限或经济效益界限以上的数值，才有经济上的合理性；低于界限的数值，在经济上就是不合理的。

经济效果界限涉及 3 个重要概念：经济效果临界点、经济效果适合度和经济效果最佳值。经济效果临界点，表示经济效果发展变化的界限。经济效果的临界点是经济适合度的下限和上限界限；经济效果适合度是由经济效果临界点所规定的区间，也就是可以取得经济效果的数值范围，在这区间或数值范围内经济效果保持相对稳定；经济效果最佳值是在经济适合度所规定的区间内根据生产目的符合要求的某一具体数值，如最高产量、最大产值或最大纯收入等。

11.2.1.2　生产资源因素互相替代理论

生产资源是进行物质资料生产所必须具备的人力和物质因素以及物质条件的总称。在农业生产中，有些生产资源的用途是固定不变的和不可代替的，如光热、水、土地等都属于这一类。而有些生产资源，如劳动力、畜力和机械力之间就可以互相替代，并产生相同的经济效果。另外，低产劣质品种也可为高产优质品种所代替，精料可被粗料所代替等。生产资源因素之间的互相替代，一般说来，都是同质异值的，即具有相同的功能和效用，因为可替代生产资源价格不同，那么我们进行农业生产，就要选择高质量低成本效果好的资源来代替低质量高成本效果差的，从而取得较好的经济效果。

11.2.1.3　边际报酬递减理论

这一理论也叫增量变动比率规律理论、资源报酬变动理论。这一理论的内容简要地说，就是在一定时期，一定技术条件下，假定其他条件不变，只有一种变动资源因素增加投入量。开始时，随着变动资源因素的增加，产品产量也随之增加，但投到一定限度后，若继续投入，产品产量就不再增加，反而减少，即增量为负数。单位增量也称边际产量，就是每增投一个单位的资源量所引起的产品量的增减量。边际产量是边际报酬的一种。除此之外，还有边际产值、边际收益等。这种现象在农业生产中普遍存在。例如，农业生产中单位化肥投入量和农作物产品产出量的关系；畜牧业生产中单位饲料投入量和畜产品产出量的关系。

农业中资源投入和产品产出往往表现为函数关系，称之为生产函数。可以写成：

$$Y = f(x)$$

根据投入与产出的比例关系，生产函数一般可分为 3 种类型：

(1)固定报酬关系　生产中投入每一单位资源所转化成的产品数量都相同，产量的变化与资源投入量的变化成固定比例，生产函数为线性关系，总产量曲线为直线，如图 11.1(a)所示。传统农业时代，相当多的农业生产表现为固定报酬关系。现代农业生产中，固定报酬一般不常见，但在生产资源投入量变动范围较狭窄时，常假定其为固定报酬。

(2)递增报酬关系　这类生产函数关系是指当某一变动资源投入量不断增加时，每一单位投入的变动资源引起的总产量增加量逐渐增加，总产量以递增的比率提高，总产量曲线呈向下凸出的形态而上升，如图 11.1(b)所示。

这种现象常出现在生产的某一阶段中。例如，植物一直在缺乏某种稀有元素的土壤条件下种植，一旦补充该种元素后，常会呈现上述递增报酬现象。不过，当该稀有元素的补给量达到适当程度以后，再增加补给量，生产函数曲线将出现拐点，而转向报酬递减型曲线。

(3)递减报酬关系　报酬递减规律在农业生产中是常见的。即向生产中增加资源投入时，每增加变动资源的投入而引起总产量的增加量逐渐减少，总产量以递减的比率不断增加，总产量曲线以向上凸出的形态上升，如图 11.1(c)所示。在递减报酬关系中，一般总是在开始时，增加投入一单位变动资源换回的产品多，资源转化效率高，随着资源投入量的不断增加，每单位资源转化的产品量越来越少，直到增加资源投入不再增加产出，甚至减少。这种现象通常被称为报酬递减规律。

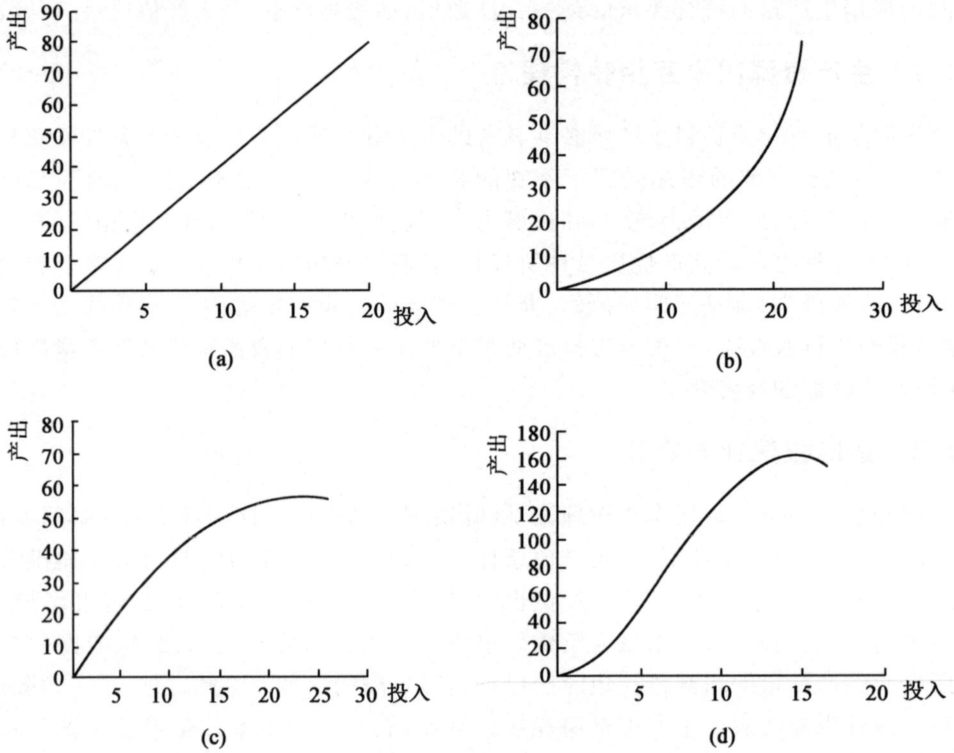

图 11.1 不同形态的生产函数(总产量)曲线

在实际生产中,3 种报酬关系往往同时并存于一种生产活动中。这种生产函数的图形是典型的曲线形式,表现为 S 形曲线,如图 11.1(d)所示。

为什么要研究生产函数呢?作为生产者,总是希望通过生产经营获得尽可能多的产出和更多的利润。生产需要投入资源,而资源总是稀缺的(有限的)。因此,我们应当用尽可能少的资源生产出尽可能多的产品,获得尽可能多的利润。要达到这个目的,我们就必须要研究生产中投入与产出之间的规律性。而生产函数正是我们分析研究这种规律性的有力工具。此外,研究生产函数还可以利用“资源互相替代的原理”来找出不同资源间适宜的投入比例,以缓解某些资源的稀缺程度。

在现代生产经营中,定量化方法的应用是现代管理的重要标志。因此,我们应当尽可能地运用定量化的方法来进行管理。

11.2.2 农业技术经济效果评价原则

(1)把技术效果与经济效果统一起来 技术效果是指某项技术措施运用于生产、消费和服务领域所取得的有用效果,讲求的是某一项措施能否达到技术性目的以及达到的量和质。但对技术措施的“所费”如不计较,不将技术措施的“所得”与“所费”进行对比,那就很难达到既增产又增收的目的。因此,评价技术措施和技术方案时,必须把技术上的先进性和经济上合理性统一起来,力争在给定的条件下,选择优质、高产、高效的技术措施。具体应用这一原则时,要注意以下两点:

①对有相同增产效果的技术措施或技术方案，要选择投资少、劳动耗费少，资源利用合理，有利于生态平衡的方案和措施。

②对需要增加投资的新技术或新方案，要选择技术适应性强、生产可行性强、增产幅度大、投资费用增加幅度小的新技术或新方案。

（2）保护和改善生态环境，把当前经济效果和长远经济效果结合起来　农业生产过程既是动植物生命系统与环境系统矛盾统一的过程，又是物质和能量相互转化的过程。因此，评价农业技术经济效果，除考察经济上是否合理外，还要考察它的应用对保护和改善生态环境的影响和作用，力争把经济效益和生态效益统一起来。在农区要特别重视农牧结合，提高农牧之间物质循环利用率；在牧区提高草原生产能力，要以保护和提高草原生态系统的结构和功能为前提。同时畜禽生产具有周期长和持续性的特点，可在若干个畜禽再生产过程中表现出来，因此评价农业技术经济效果时，要研究各项技术效果之间的相关性，把当年经济效果与长远经济效果结合起来，以取得持久的最大经济效果。

（3）正确处理单项技术效果与综合技术效果的关系　农业技术本身有单项措施，也有综合性的技术措施。农业生产效果往往是由多种技术措施综合作用的结果，但各项技术措施对产品、产量和劳动耗费的影响又是不同的，其中某一项技术措施所取得的增产效果往往是以采取其他技术措施为前提的。如果处理得当，综合技术措施所取得的效果，将会大大超过各单项技术效果的总和。反之，如果各项技术在综合方案中处理不当，技术经济效果有可能互相抵消，从而降低综合技术措施的经济效果。再者，局部经济效果与全局经济效果二者有时是一致的，有时则是矛盾的，正确处理的原则是把局部经济利益与全局经济利益统筹兼顾起来。为此，必须处理好经济效果与生态效果，局部效果与整体效果，当前经济效果与长远经济效果的关系，讲求整体效果最佳，为科学决策提供技术经济依据。

（4）定性和定量相结合的原则　任何事物包括技术措施在内都有质和量两个方面。不了解事物的性质，便无从了解事物的数量。定性分析就是定方向、定性质，以确定事物运动的因果关系以及相关的原理，避免定量上迷失方向。在定性的同时，还必须分析事物内在联系的数量关系，确定事物相互关系性质的数量界限，即做好定量分析。坚持定性和定量分析相结合，才能把技术经济论证工作建立在更加科学的基础之上。

11.3　农业生产技术经济效果的评价方法

要评价农业生产技术应用的经济效果，就必须搜集必要的数据，对各种技术方案进行比较、评价和选优。为此，必须选择适当的方法，包括获取数据资料的方法，数据分析方法和评价选优方法。这里，介绍评价工作中所采用的几种方法。

11.3.1　一般分析方法

11.3.1.1　调查研究法

调查研究法是科学研究中获取数据资料普遍采用的共同方法，也是技术经济评价中经常采用的一种方法。搞好调查研究，首先必须确定调查的目的。要明确为什么要做调查，怎么做调查，搜集哪些数据资料。其次，根据调查的目的，确定调查的具体内容，列出需要调查的项目及有关因素和事项。调查内容尽量详细具体，但也要有重点。再次，根据调查目的和内容，确定调查方法、对象和范围，拟订调查提纲，制订调查表格。每个调查项目的含义、范围、计量单位必须确切、明了。就调查研究进行的方式来说，有实地调查和通信调查；就调查范围来说，有宏观调查和微观调查。前者主要是从全国或省、市、区有关业务部门做调查，从统计资料中获取投入产出数据，因此，本质上是普遍统计调查；后者主要是向有关科研单位、推广单位、示范基点以及有关业务管理部门做调查，本质上是典型调查，主要是查阅实验资料、会计核算资料和科研管理资料，召开专业人员调查会进行询问评估等。

11.3.1.2 对比实验法

通常是以新科研成果或新技术方案为实验对象，以它所取代的原有成果或原有的技术方案做对照进行对比评价。因而它是获取技术经济数据，评价技术效果最重要和最可靠的方法。许多农业科技成果就是通过新技术方案与对照方案对比，逐步筛选而成的。而要进一步明确新技术成果比它所取代的对照技术有多大程度的技术先进性，生产条件的适应性到底怎么样，增益潜力到底发挥到什么程度，只有经过对比试验才能计算出来，才可以得知它的先进性、可行性和合理性。当然，实验方法是否科学，也取决于实验对象与对照技术的可比性和实验条件的代表性。

11.3.1.3 比较分析法

比较分析法是技术经济效果评价中普遍采用的基本方法。即将调查或实验所取得的数据资料，通过一定的整理计算，用对比分析的方法进行各种技术措施或方案经济效果的评价。技术经济效果的对比是多方面的，例如，对几种技术措施间和不同地区、不同企业间可以进行平行对比；对不同组别、不同年份的经济效果可以进行垂直对比。进行对比分析时，必须注意指标间的可比性。例如，以实物形态表示的使用价值量和以货币形态表示的价值量，以及不同年份的价值量，由于价格不同，就缺乏可比性。生产成果为多种因素共同作用的结果，一项技术措施取得的最终效果是综合性的，因此在对比分析时必须注意各个因素之间的依存关系，通过分析找出最有决定性作用的因素，以得出对个别因素的调整和改进。分组法和平均数法是分析多种因素依存关系的常用方法。即将调查或实验取得的数据按照一定的数量指标和质量指标进行分组，然后用各组的平均数作对比的方法。

比较分析法不仅适用于事后总结实践经验的对比分析，而且适用于新的技术措施或方案经济效果的预测，有的称试算或预算分析法，由于试算分析往往要与一种标准方案相比较，国外又叫标准比较法或标准方案设计法，例如，某一技术措施或方案制订后，可以通过试算预计其经济效果大小，然后与标准技术措施或方案进行对比，就可预知在一定条件下某一技术措施或方案的经济效果。

比较分析法是技术经济效果中应用最广的方法，但它只适用于单项新技术成果或新的技术方案与其对照的经济效果比较。

11.3.1.4 综合评价选优法

当多方案采用多项标准进行比较时，采用平行标准比较法显然很难判断对比方案的优劣，必须进行综合评价计分才能选出最优方案。

综合评价选优法是以多标准综合评分多少为判断方案优劣和位次的根据。这种方法有一个显著优点，就是先把各项指标的优劣综合起来，最后用一个数字表示新技术成果与其对照技术的情况，从而从总体上概括评价对比方案的优劣。根据具体需要，评分可采用百分制，也可采用五分制。根据各项评价标准重要性不同，确定它们的加权值，即给出每个标准占总分的比例。经过逐项指标分别打分，求出各项指标的加权得分，各项分数相加，即得出每个方案的总评分。综合评分比较后，哪个方案总分数最高，哪个方案就是最优方案。

11.3.2　现代分析方法

11.3.2.1　投入产出分析法

投入产出分析法，又叫边际分析法，是通过揭示农业生产中变量与变量之间相关关系的一种数学方法。这种方法是由美国著名经济学家，1973 年诺贝尔经济学奖金获得者沃西里·里昂惕夫（W. Leontief）首先提出来的，被广泛采用。

农产品的生产是由生产过程中投入各种生产资源经配合转变而成的。投入是指这些生产资源在生产过程中的投放或耗费，如土地、劳力、资金、饲料、机械、水利等；产出就是某一投入活动的结果，通常用产品产量或产值来表示。投入与产出的关系，在数学上表现为一种函数关系，即产品数量因资源投入量或耗费量的变化而变化。产品数量为投入资源的函数，称生产函数。生产函数可表示为：

$$y=f(x)$$

式中：y 为某一产品数量；x 为生产资源投入量；f 为函数关系的符号，这种形式仅表示一种资源和产品数量的函数关系，如果因多种资源因素互相配合来共同生产某一产品，那函数式表示为：

$$y=f(x_1,x_2,x_3,\cdots,x_n)$$

式中：$x_1,x_2,x_3,\cdots,x_n$ 为生产产品 y 时各种资源的耗费量。在某一种产品的生产过程中，投入的资源因素很多，如何研究这种投入与产出的关系呢？通常的办法是假设其他投入资源不变，就一种资源的投入量发生变化，而引起的产品数量的变化。用公式表示为：

$$y=(x_1 \mid x_2,x_3,\cdots,x_n)$$

如果是研究两种资源配合利用生产某一种产品，其他资源因素不变，可表示为：

$$y=f(x_1,x_2 \mid x_3,\cdots,x_n)$$

但这种表达方式，仅能表示出投入与产出的函数关系，而不能表示出它们的数量关系，所以我们可以用代数形式来表示，如：

$$Y=a+bx,\ y=a+bx+cx^2,\ y=a+bx+cx^2+dx^3$$

这是表示一种资源的变化和产品数量的关系式，如果是两种资源的变化和产品数量的关系，可有：$y=ax_1^b x_2^c$ 等。

在农业生产实践中，资源的利用与产品数量之间的关系，一般存在以下 3 种情况。

第一，利用一种有限资源因素生产一种产品，属于资源—产品关系。进行这类问题的分析时，在于研究该资源因素投入到什么程度，才能得到最大的经济效果，即必须确定资源利用的最适度或最佳点。

第二，利用两种资源因素生产同一种产品(产量一定)，属于资源—资源的关系。进行这类问题的分析，在于研究两种有限资源因素同时使用时，各投入到什么程度，即采用什么样的资源因素配合方式，才能使资源消耗的成本最低。

第三，运用一种有限资源因素生产多种产品，属于产品—产品关系。进行这类问题的分析时，在于确定每种产品各生产到什么程度，即采用何种产品生产配合方式，才能达到最大的经济效果。

以上 3 种生产情况，分析研究其经济效果时，所采用的具体方法是各不相同的，以下分别叙述。

(1)一种变动资源因素生产同一种产品时最佳投入水平的确定　当一种变动资源因素以一定数量投入生产同一种产品，其产品量与资源投入量的关系，呈现一种生产函数关系。如果把这种函数关系用图示表示，就是生产函数的一般曲线图，如图 11.2 所示。

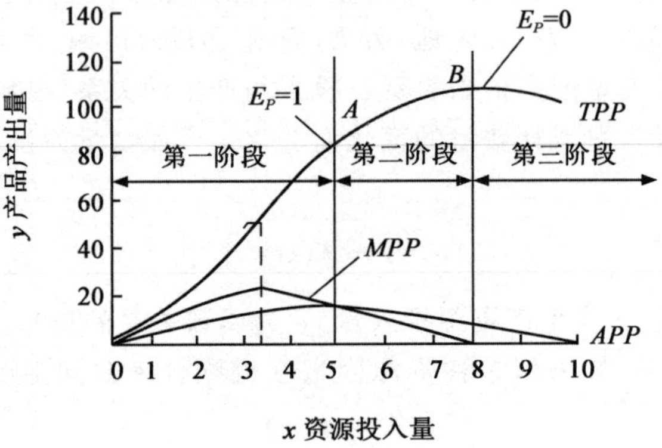

图 11.2　产品量与资源投入量的关系

在这一生产函数曲线图中，存在总产量、平均产量、边际产量之间的关系。

总产量(TPP)是指在既定的技术水平条件下，资源投入总量所产出的产品总量。

平均产量(APP)指平均单位投入资源量生产的产品产量，表示为：

$$APP = \frac{y}{x}$$

式中：y 为总产品量；x 为变动资源因素投入量。

边际产量(MPP)指每增投一个单位的变动资源因素所能增减的总产品量。其数学公式为：

$$MPP = \frac{\Delta y}{\Delta x}$$

式中：Δy 为总产品量的增加量；Δx 为变动资源因素的增加量。边际产量就是两个变量之间增量之比，从数学角度来考虑是生产函数的一阶导数，即 $MPP = y'$。

为了便于分析问题，把生产函数一般曲线图划分为 3 个阶段：从 0 到 A 为第一阶段；从 A

到 B 为第二阶段；B 点以后为第三阶段。这三阶段中总产量曲线，平均产量曲线和边际产量曲线的关系是：

第一阶段：随着投入资源的不断增加，总产量、平均产量和边际产量都以不同的速度增加。其中，总产量增加的速度最快，其次是边际产量，边际产量达到最大值，然后开始下降。平均产量增加的速度最慢，从 0 增加到最大值，并在这一点和边际产量相交，即 $MPP=APP$，在这一点 E_P（生产弹性）$=1$。

第二阶段：总产量仍然继续增加，直到达最大，而边际产量继续递减直到等于 0，即 $MPP=0$，平均产量开始递减，但速度仍缓慢，并为正数，在 B 点 $E_P=0$。

第三阶段：总产量开始递减，边际产量开始为负值（在 X 轴下方），平均产量仍继续下降，但仍为正数。

图 11.2 中的 E_P 代表生产弹性。生产弹性是指产品数量变动百分率与生产资源因素变动百分率之比，即产品产出对变动资源因素投入量的反应程度，这一反应程度可用生产弹性系数表示：

$$E_P=\frac{\text{产品数量变动百分率}}{\text{资源数量变动百分率}}=\frac{\dfrac{\Delta y}{y}}{\dfrac{\Delta x}{x}}=\frac{\dfrac{\Delta y}{\Delta x}}{\dfrac{y}{x}}=\frac{MPP}{APP}$$

可见，生产弹性可用边际产量与平均产量之比求得。它反映边际产量与平均产量之间变动的幅度，其关系如下：

当 $E_P>1$ 时，$MPP>APP$，平均产量上升到与边际产量相交，$E_P=1$，故在第一阶段 $E_P\geqslant 1$。

当 $E_P<1$ 时，$MPP<APP$，平均产量下降，边际产量继续下降直到等于 0，所以在 B 点 $E_P=0$，第二阶段 $0\leqslant E_P\leqslant 1$。

当 $E_P<0$ 时，边际产量为负数，总产量开始下降，故第三阶段 $E_P\leqslant 0$。

生产函数的 3 个阶段，就是根据以上各点的关系而划分的。划分这 3 个生产阶段，对经济效果分析的重要意义在于：

生产函数的第一阶段，每增投一定量的变动资源因素，平均产量不断上升，从而总产量不断上升。故应使生产资源尽可能投入到最大报酬点；即当生产弹性等于 1 时为止，在变动资源因素充分的条件下，其投入量若停止在该阶段的任何一点都是不经济的，所以第一阶段是生产的不合理阶段。

生产函数的第二阶段，每一定量变动资源因素的投入，都可使总产量有一定的增加，在变动资源价格低，而且比较充分，为了多生产产品，尽可能投到总产量的最高点，即边际产量等于零时的 B 点，故把这一阶段称为合理生产阶段。这是单纯以资源因素和产品量的实物形式考虑的。若从经济效益角度出发，整个生产过程追求的是经济效益最大，即利润最大，那就必须联系资源因素和产品价格，计算投入的价值和产出的价值。研究变动资源因素投到什么程度，才能得到最大的经济效益。

生产函数的第三阶段，自 B 点以后，边际产量小于零，平均产量和总产品量均在不断减少，变动资源因素若继续投入就是不经济的，所以该阶段也是生产的不合理阶段。

由以上分析可知，变动要素投入量不论在第一阶段还是在第三阶段都属于不合理的生产行为，第一阶段没有充分发挥固定要素的潜力，第三阶段造成了变动要素的浪费，只有第二阶段才是生产行为较合理的阶段。因此，要讲究要素利用的经济效益，就应把变动要素投入在生产的第二阶段。

根据经济计算，最佳经济收益的投入水平，既不是总产量最高点，也不是边际产量或平均产量最高点，而是边际收益能够补偿(等于或近似)边际费用的那一点。用公式表示：

$$\Delta X \cdot P_X \approx \Delta Y \cdot P_Y$$

式中：ΔX 为资源量的改变量；P_X 为投入资源单位价格；ΔY 为产品产量的改变量；P_Y 为产出产品的单位价格。

边际收益($\Delta Y \cdot P_Y$)指每增加一个单位可变生产资源总收益的增加额。

边际费用($\Delta X \cdot P_X$)也叫边际成本，指增加一个单位的产量所增加的总成本。

关系式 $\Delta X \cdot P_X \approx \Delta Y \cdot P_Y$ 称作边际平衡原理，也就是当边际收益等于边际费用的时候，即资源投入的最佳点，也是生产过程取得最大经济效益的那一点。

举例说明边际平衡原理的运用，如表 11.2 所示。

表 11.2 某一变动资源因素的适当投入量(假设资料)

阶段	X	MPP	$TPP(Y)$	$APP(TPP/X)$	P_X	P_Y	$\Delta X \cdot P_X$	$\Delta Y \cdot P_Y$	$P_Y \cdot Y - P_X \cdot X$
第一阶段	0	0	0	0	16	2	0	0	0
	1	8	8	8	16	2	16	16	0
	2	15	23	11.5	16	2	16	30	14
	3	21	44	14.6	16	2	16	42	40
	4	26	70	17.5	16	2	16	52	76
第二阶段	5	23	93	18.6	16	2	16	46	108
	6	14	107	17.8	16	2	16	28	118
	7	8	115	16.4	16	2	16	169	118
	8	4	119	14.8	16	2	16	8	110
第三阶段	9	−6	113	12.6	16	2	16	−12	82
	10	−10	103	10.3	16	2	16	−20	46

由表 11.2 可见，当投入 8 个单位资源 X 时，即可获得总产量最高值。但是农业生产不仅要获得高产量，还要取得最大的经济效益。这就要涉及变动资源价格 P_X 和产品价格 P_Y。根据表 11.2 计算整理，以最大纯收益为目标，来确定资源最佳投入量，依照边际平衡原理：$\Delta Y \cdot P_Y = \Delta X \cdot P_X$，当 X 投入 7 个单位时，为资源投入的最适度或最佳点。如继续增加投入，X 投入 8 个单位时，虽然总产量增加，但纯收入减少，边际收益小于边际费用，经济上是不合算的。当 X 投入到 9 和 10 个单位时，既不增产，也不增收，亏损严重，这便是无效投入。为了减少这种无效投入，我们应当尽可能地缩小资源因素投入的单位。

从表 11.2 可看出，当 X 投入为 6 个单位时，纯收益最大，为什么不选择这一点为最佳投入量呢？因为在这一点上，边际收益大于边际费用，继续增投仍可使总产量增加，选取 X 投入为 7 个单位，既能增产又能增加纯收益。

(2)有限资源利用最佳配合比例的确定　在饲养业中，经常使用多种饲料资源生产同一种等量畜产品，而饲料具有互相替代性，如果能用数量较少或价格较低，而饲养效果与另一种饲料相当的饲料来代替，就可降低饲养成本，取得较好的经济效果。如“以粗代精”，在畜产品产量相同的条件下，可用较多的粗料去替代被减少的精料，但每次代换出精料的数量越来越少。因此，以粗代精到什么程度，即二者配合到什么程度，所用的饲料费用最低？这是两种饲料利用中要研究的一个重要问题。

例如，利用干草和精料饲喂奶牛，以干草替代精料，在奶产量相等的条件下，干草替代到什么程度，饲料费用最低？根据经济计算，当边际替代率与其颠倒的价格比率相等时(或近似时)，就是两种饲料配合利用时费用的最低点。用公式表示：

$$\frac{\Delta X_1}{\Delta X_2}=\frac{P_{X_2}}{P_{X_1}}$$

式中：X_1 为精料；X_2 为干草；P_{X_1} 为精料单位价格；P_{X_2} 为干草单位价格。

$\Delta X_2/\Delta X_1$ 为两种饲料的边际替代率。所谓边际替代率是指在一定条件下，生产一定数量的产品所使用的可以互相替换的资源数量之间增减变化的比率。

【例 11.1】根据国外实验资料，使荷兰牛生产 1 万磅奶，干草和精料可有 12 个配方进行饲喂。干草每磅价格 0.2 元，精料每磅价格 0.5 元，结果如表 11.3 所示。

表 11.3　干草和精料的替代比率关系

饲料配方	干草磅数 X_1	精料磅数 X_2	每 500 磅干草代替的精饲磅数 ΔX_2	饲料替代率 $\Delta X_2/\Delta X_1$	饲料费用 /元
1	5 000	6 125	—	—	4 062.5
2	5 500	5 450	675	1.35	3 825
3	6 000	4 925	525	1.05	3 662.5
4	6 500	4 450	475	0.94	3 525
5	7 000	4 050	400	0.80	3 425
6	7 500	3 700	350	0.70	3 550
7	8 000	3 410	290	0.58	3 305
8	8 500	3 160	250	0.50	3 280
9	9 000	2 925	235	0.47	3 262.5
10	9 500	2 700	225	0.45	3 250
11	10 000	2 540	160	0.32	3 270
12	10 500	2 400	140	0.28	3 300

将饲料单价代入公式：

$$\frac{P_{X_1}(\text{干草})}{P_{X_2}(\text{精料})}=\frac{\text{干草单价}}{\text{精料单价}}=\frac{2}{5}=0.4$$

即饲料边际替代率为 0.40 时，这个配方的饲料费用最低。同样由于饲料替代投入单位不能分割过细，上例为每次投入 500 磅干草替代精料，所以很难使边际替代率恰好等于 0.40，只是替代率最接近 0.40 的即可。在表 11.3 中，即边际替代率为 0.45 时最接近，所以第 10 个配方，用 9 500 磅干草和 2 700 磅精料生产 1 万磅牛奶，饲料费用最低。干草 9 500×0.2=1 900 元，精料 2 700×0.5=1 350 元，共 3 250 元，可以照此验算其余配方的费用都高于此数。从经济效果看，第 10 个配方则是最佳方案。

(3)产品配合最佳比例的确定　在农业生产中，经常遇到一种有限资源生产多种产品，使产品产量有多种可能配合。在这种情况下，如何分配资源，生产什么产品，各生产到什么程度，经济效果最佳，这是技术经济评价中要解决的一个重要问题。

【例 11.2】某生产单位只有生产资金 5 000 元，若分五批投放，即每次投入 1 000 元，仅生产一种产品，因受市场供求关系的影响价格会降低，因而每投入 1 000 元所得到的收入也将不断降低。假设该单位只把 5 000 元用来养蜂，或者只用来养鸭，每投入 1 000 元的收入及其总收入如表 11.4 所示。

表 11.4　5 000 元资金分次投放收益比较　　元

5 000 元资金分 5 次投放，每次投 1 000 元	养蜂每次投入 1 000 元的收入	养鸭每次投入 1 000 元的收入
第 1 次	2 000	1 600
第 2 次	1 800	1 300
第 3 次	1 400	1 200
第 4 次	1 200	1 100
第 5 次	900	1 000
总收入	7 300	6 200

可以看出该生产单位如果将 5 000 元资金全部用来养蜂，总收入可得到 7 300 元；而如果全部用来养鸭，总收入只能得到 6 200 元。显然养蜂有利。但是也应看到，养蜂业第 3 次投入的收入仅 1 400 元，而养鸭业第一次投入的收入可得到 1 600 元，当然把第 3 个 1 000 元不再投到养蜂业，而投到养鸭业更有利。第 4 个 1 000 元若继续投到养鸭业收入仅 1 300 元，不如养蜂业的第 3 次投入收入多(1 400 元)，当然把这个 1 000 元投到养蜂业是合算的。这时还剩 1 000 元，若再投到养蜂业，其收入仅 1 200 元，又不如养鸭业第二次投入的收入多(1 300 元)，显然将这 1 000 元投到养鸭业更有利。根据分析，5 000 元的生产，共可得总收入 8 100 元，比单纯养蜂或养鸭都有利。

由此可见，当某些稀缺的生产资源，同时用于不同的产品生产时，其单位资源的收益相等或最为接近时，总收入最大。

11.3.2.2　线性规划分析法

这种方法首先是由苏联著名经济学家康托罗维奇(Л. В. Контрович)和美国的希奇柯克(F. L. Hitchcock)于 1939 年提出。其后美国数学家丹奇格(G. B. Dantzig)在 1947 年发现了单纯形法，这样才引起重视，目前线性规划法在运输、生产布局、资源分配以及生产结构等方面应用广泛。特别是电子计算机普及后，这种方法应用更加广泛。

线性规划分析法就是在具有确定目标，而实现目标的手段和资源又有一定限制，并且目标和手段之间的函数关系是线性的条件下，从所有可供选择的方案中求解出最优方案的数学方法。所谓确定的目标，就是生产活动要达到的经济指标，而线性关系是指两个变量按一定比例增加或减少，在坐标图上表现为直线。

线性规划的结构由确定的目标函数、约束条件、变量和投入产出系数构成。

目标函数：在生产中人们为了满足某种需要，用函数关系表示的所要达到的经济目标。可表示为 $Z=CX$，Z 为要实现的经济目标，C 为系数，X 为变量。

约束条件：实现目标的限制性因素，如资金、土地、饲料、劳动力等。约束条件涉及资源的数量、国家的法律、政策以及生产技术的要求等，可表示为：

$$AX \geqslant (AX) \leqslant B$$

其中：A 为系数，X 为变量，B 为约束条件。

变量：就是要求得的数值，用 X 表示，在农业生产实践中，一般要求变量为非负数，即 $X \geqslant 0$。

投入产出系数，也叫技术系数，常用 a,b,c,d 等表示。

$$\begin{cases} Z=CX \\ AX \geqslant (\leqslant) B \\ X \geqslant 0 \end{cases}$$

例如
$$\begin{cases} Z=70X_1+150X_2 \\ X_1+X_2 \leqslant 350 \\ 4X_1+9X_2 \leqslant 1\,600 \\ X_1 \geqslant 0, X_2 \geqslant 0 \end{cases}$$

在农业生产中，用线性规划方法求解的课题有：

(1)最大限度地增加产品产量而最合理的分配各种生产资源因素，如土地、劳力和其他生产资源等。

(2)以最少的资源耗费达到一定的生产量。

(3)以最少的资源耗费，获得最大的纯收益。

线性规划的一般求解方法有：图解法、代数法和单纯形法。

图解法就是利用坐标图把每个约束条件方程的直线划上，从而确定可行解区域，然后在可行解区域内找出符合目标函数的点，图解法主要用于 3 个以下变量的分析。下面以两个约束条件、两种产品为例，说明图解法的运用。

【例 11.3】某农业生产者经营 350 亩耕地，有 1 600 个劳动日可投入种植业生产。若种甲作物每亩用 4 个劳动日，亩产值 700 元；种植乙作物每亩用工 9 个劳动日，亩产值 1 500 元。应该种植甲、乙作物各多少亩，才能使总产值达到最高。

解：设种植甲作物为 X_1，种植乙作物为 X_2，它们对土地的利用 $X_1+X_2=350$ 亩，对劳动力的利用 $4X_1+9X_2=1\,600$ 个劳动日，在此生产结构下，总产值将为 f 元，则目标函数为：

$\max f=70X_1+150X_2$ 达最大值，其约束条件为：

$$X_1+X_2 \leqslant 350 \quad \text{土地资源约束} \tag{1}$$

$$4X_1+9X_2 \leqslant 1\,600 \quad \text{劳动日约束} \tag{2}$$

$X_1,X_2\geqslant 0$ 必须是正整数才有实际意义。

这样，(1)和(2)不等式关系可变为等式关系，即

$$X_1+X_2=350$$

$$4X_1+9X_2=1\ 600$$

设 $X_2=0$，则 $X_1=350$；$X_1=0$，$X_2=350$

$X_2=0$，则 $X_1=400$；$X_1=0$，$X_2=177.8$

用纵坐标代表 X_1，横坐标代表 X_2，可绘制直角坐标图，如图 11.3 所示。

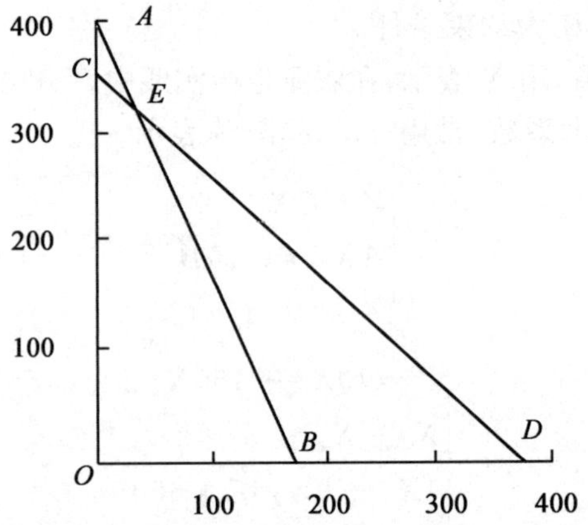

图 11.3 线性规划直接坐标图

画出 $X_1+X_2=350$ 这条直线，即图 11.3 中的 CD 线，这条直线与 X_1 轴的交点为 $C(350,0)$；在 X_2 轴上的交点为 $D(0,350)$。土地资源这一约束条件的可行性区域，必须在 CD 线的左下方，即 COD 这一三角形为范围。划出 $4X_1+9X_2=1\ 600$ 这条直线，即图 11.3 中的 AB 线，这条直接与 X_1 轴交于 A 点(400,0)；在 X_2 轴上的交点为 $B(0,177.8)$，劳动日这一约束条件的可行性区域，必然在 AB 线的左下方，即 BOA 这一三角形为范围。

满足本题两个约束条件的可行性区域必然是$\triangle COD$ 和$\triangle BOA$ 的相交部分，即 $CEBO$ 范围内。可以看出在此多边形的边线和转折上的任意一点，都能满足本例所有约束条件的要求。

多边形 $CEBO$ 的 4 个顶点，即 C,E,B,O 点为本题的基本可行解。$C(350,0)$，$E(310,40)$，$B(0,177.8)$，$O(0,0)$根据 $\max f=70X_1+150X_2$ 的目标函数式，对 4 个点逐一进行经济试算，O 点为零；C 点为 245 000 元；E 点为 277 000 元；B 点为 266 700 元。

也就是说，E 点是最优解，是我们应选择的方案，即 X_1种植甲作物 310 亩，X_2种植乙作物 40 亩，劳动日和土地两个稀缺资源因素恰好用完，而生产收益最大。

以下再举一个用图解法求最小值的例子。

假设有饲料 A 和 B 两种，用其制作混合饲料，饲喂某种牲畜，其营养需要量和 A，B 两种饲料每单位所含营养成分及单价如表 11.5 所示。

表 11.5　甲乙两种饲料的营养成分及单价

项目	蛋白质/g	脂肪/g	碳水化合物/g	价格/分
饲料 A	10	0.5	10	5(每单位)
饲料 B	5	1	10	4(每单位)
需要量	100	10	180	

问 A 和 B 饲料各用多少克，费用最低，且能满足混合饲料营养成分的需求。

解：设 X 为 A 饲料的单位数，Y 为 B 饲料的单位数。根据以上资料可以列出以下方程组：

$$\begin{cases} 10X+5Y \geqslant 100 & (1) \\ 0.5X+Y \geqslant 10 & (2) \\ 10X+10Y \geqslant 180 & (3) \end{cases}$$

约束条件目标函数 $C=5X+4Y$ 为 min(最小值)，$X,Y \geqslant 0$ 为正整数。

当 $X,Y \geqslant 0$ 时，求解区间在第Ⅰ象限区。将以下方程化为等式。

解：方程(1)令 $X=0, Y=\dfrac{100}{5}=20; Y=0, X=\dfrac{100}{10}=10$

方程(2)令 $X=0, Y=\dfrac{10}{1}=10; Y=0, X=\dfrac{10}{0.5}=20$

方程(3)令 $X=0, Y=\dfrac{180}{10}=18; Y=0, X=\dfrac{180}{10}=18$

可绘出直角坐标图，如图 11.4 所示。

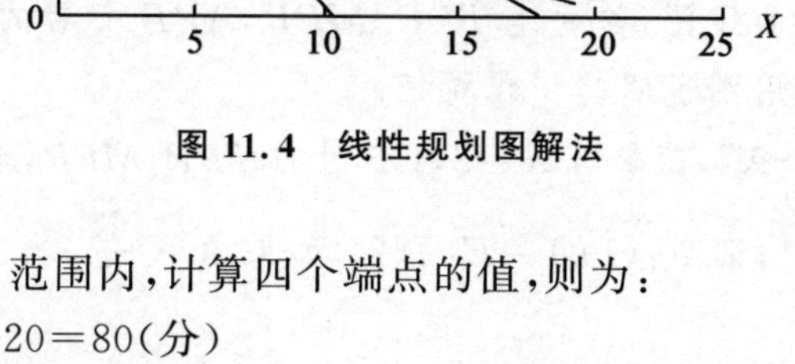

图 11.4　线性规划图解法

可行解区域在 $ABCD$ 范围内，计算四个端点的值，则为：

$A(0,20)=5\times0+4\times20=80$(分)

$B(2,16)=5\times2+4\times6=74$(分)

$C(16,2)=5\times16+4\times2=88$(分)

$D(20,0)=5\times20+4\times0=100$(分)

可知最小值在 B 点，即 $X=2, Y=16$，说明 2 个单位的 A 饲料和 16 个单位的 B 饲料混合在一起费用最低。

上面用两个实例说明了线性规划分析中的图解法，这种方法的约束条件在 2～3 个比较适宜。当约束条件较多时，用代数法或单纯形法进行手算是很复杂的。遇到这类问题，可借助于电子计算机进行运算，这里不再举例。

线性规划分析要求有以下几方面数据：

①反映约束条件的有关准确可靠的数字。

②利用该地有限生产资源因素，可以生产哪些产品及其数量。

③各项资源因素和产品价格的资料。

④生产消耗定额资料等。数据不准确，必然造成求解结果不可靠，这往往成为线性规划分析法在实践中不能普遍应用的重要原因。

必须指出，在农业生产技术经济效果分析中，应当重视定量分析，但同时也不能忽视定性分析，只有在定量和定性的相互作用中，才能使我们更深入、更全面地认识事物的本质。

小　结

农业生产技术经济活动中，要追求投入和产出的合理有效比例，要讲求经济效果。这是由资源稀缺和人类生产活动的目的所决定的。经济效果是劳动耗费或劳动占用与所取得的有用效果的比例关系。农牧业生产技术经济效果具有综合性、多样性、相关性、持续性、不稳定性和极限性的特点。对农牧业生产技术经济效果的评价要遵循把技术效果与经济效果统一起来的原则；把当前效果和长远效果结合起来的原则；把单项技术效果和综合技术效果结合起来的原则。同时采用定量分析和定性分析相结合的原则及方法，对农牧业生产技术效果进行分析和评价。

复习思考题

1. 什么是农业技术经济效果？

2. 边际报酬递减规律是什么？

3. 什么是边际产量、平均产量、总产量？

4. 画出生产函数一般曲线图，并阐述 TPP，MPP，APP 三者的关系。

5. 什么是生产弹性？用图说明其变化特征。

6. 生产函数 $Y=10X-X^2$，试求当 $X=2,4,5$ 时的 TPP，MPP，APP 和 EP 分别为多少？

7. 生产函数 $Y=10X^A$，证明：(1) $A=E_P$；(2) 如果 $A=\frac{1}{2}$，当 $X=4,9,16,25$ 时的 MPP 和 APP 各为多少？

8. 某一投入产出关系如下：

X：0　10　20　30　40　50　60

Y：0　100　125　160　180　190　185

如果 $P_X=1.20$ 元，$P_Y=0.60$，求最大利润和最佳投入为多少？

参考文献

1. 冯汝英. 农业经济管理概论. 北京：中国农业出版社，2001.
2. 郭庆海. 农业经济管理. 北京：中国农业出版社，2002.
3. 刘家顺，等. 技术经济学. 北京：机械工业出版社，2002.
4. 孟令杰. 农业技术经济学. 北京：中国农业出版社，2007.
5. 乔娟，潘春玲. 畜牧业经济管理. 北京：中国农业大学出版社，2010.

第 12 章　农产品国际贸易与国际竞争力

本章学习要点

- 比较优势理论
- 农产品国际贸易的特点
- 农产品比较优势计量方法
- 农产品国际竞争力状况

12.1　国际贸易基本理论

早在 15～16 世纪,西欧重商主义就开始对国际贸易问题进行研究。这一时期资本主义发展处于资本原始积累阶段,除在国内对农民进行剥削之外,国际贸易和海外掠夺成为西欧国家资本原始积累的手段。重商主义对贸易的研究主要集中在如何进行贸易,如何通过限制进口、鼓励出口增加黄金或货币的流入,从而增加社会财富。随着资本主义的发展,国际贸易理论的研究也获得发展,古典经济学家的重要代表亚当·斯密(Adam Smith)、大卫·李嘉图(David Licardo)以及后来的约翰·穆勒(Juhn Stuart Mill)等为国际分工理论奠定了基础。此后,经过马歇尔等人的努力,国际贸易理论获得进一步发展。从亚当·斯密的地域分工理论到当代国际分工与贸易理论,其发展大体上经历了 3 个阶段:

(1)古典国际贸易理论　以亚当·斯密的绝对优势论和李嘉图的比较优势论为代表。

(2)新古典贸易理论与发展　以赫克歇尔(Eli F. Heckscher)、俄林(B. Ohlin)的要素禀赋论为基础,并由萨缪尔森(Samuelson)、斯托尔珀(Stolper)、雷布津斯基(Rybczynski)加以扩展,里昂惕夫(Wassily Leontief)对要素禀赋论进行了实证检验。

(3)当代国际贸易理论　主要围绕第二次世界大战后国际贸易发展出现的新现象,如产业内贸易、发达国家之间的贸易、国家产业领先地位转移等问题,寻求理论上的解释,提出许多观点,如技术差距论、产品生命周期理论、需求偏好相似说、产业内贸易理论等。

12.1.1　比较优势理论

比较优势理论是建立在绝对优势理论的基础之上的,因此先来介绍绝对优势理论。

12.1.1.1　绝对优势理论

绝对优势理论是由亚当·斯密提出的。在其代表作《国富论》中,通过对家庭和国家的对比分析来描述国际分工和贸易的必要性,由此提出国际分工与自由贸易的理论,并以此作为反对重商主义和保护贸易政策的重要武器，对国际分工和国际贸易理论做出了重要贡献。

亚当·斯密认为分工可以提高劳动生产率。其原因在于：分工能够提高劳动的熟练程度；分工使每个人专门从事某项作业，能节省与生产没有直接关系的时间；分工有利于发明创造和改进生产工具。如果一件物品的购买成本小于自己生产的成本，那么就不应该自己生产，这是每一个精明的家长都知道的。裁缝不需要自己做鞋子，只需要向鞋匠购买就可以了；鞋匠也不需要自己裁剪衣服，应从裁缝那里购买，因为裁缝更擅长裁制衣服，生产的成本更低。

(1)理论分析的假设条件　在国际贸易的理论阐述中，为集中说明基本的理论内容，常常需要作某些假设。设置这些假定的基本原则，是不能影响问题的说明的。一般而言，这些假定撤除的过程，就是理论逐步接近实际的过程。绝对优势理论的阐述做如下假定：

①生产过程中只投入一种生产要素(劳动力)。

②世界上只有两个国家。

③这两个国家都能生产两种产品。

④劳动力或生产要素在一国范围内的各部门之间自由流动，这意味着经济资源可以从一个部门自由转移到另外一个部门。

⑤当经济资源或生产要素从一个部门转向另一个部门时，其机会成本不变。

⑥商品可以在各国之间自由流动，但是生产要素在各国之间不能自由流动。

⑦两国的经济资源都被充分利用。这意味着，在一国范围内，当经济资源从一个部门转向另一个部门时，其中一个部门资源的流入就是另外一个部门资源的流出。

⑧在两个国家之间，商品流出的价值和商品流入的价值相等。

⑨没有运输成本和其他交易成本。

⑩不考虑关税及非关税壁垒。

(2)绝对优势理论的基本内容　在基本假设的前提下，斯密认为，国际分工和贸易形成的原因或基础是各国存在的劳动生产率和生产成本的绝对差别。一国如果在某种产品生产上具有比别国高的劳动生产率，该国在该种产品生产上就具有绝对优势；相反，如果一国在某种产品生产上具有比别国低的劳动生产率，该国在该种产品生产上就具有绝对劣势。至于导致劳动生产率存在差异的原因，斯密归结为历史条件和一国地理环境、土壤、气候等因素构成的自然条件。斯密认为各国应集中生产并出口其具有劳动生产率和生产成本“绝对优势”的产品，进口其不具有“绝对优势”的产品，其结果要比没有依照“绝对优势”进行分工之前有利。

依照“绝对优势”进行分工与贸易，对各参与国来说，能得到什么利益呢？为了说明问题，下面举例说明。假设英国、葡萄牙两国都生产葡萄酒和毛呢两种产品，如表12.1所示。

表12.1　绝对优势条件下的国际分工与贸易利益

项目	国家	酒产量/单位	所需劳动投入/(人/年)	毛呢产量/单位	所需劳动投入/(人/年)
分工前	英国	1	120	1	60
	葡萄牙	1	80	1	100
	总产量	2		2	
分工后	英国			3	180
	葡萄牙	2.25	180		
	总产量	2.25		3	
交换后	英国	1		2	
	葡萄牙	1.25		1	

依照斯密的"绝对优势"分工原则，英、葡两国应进行分工。英国每单位酒需要的劳动投入是 120 人/年，葡萄牙是 80 人/年；每单位毛呢在英国的生产成本是 60 人/年，葡萄牙是 100 人/年。通过比较我们可以得知，酒的生产成本英国高于葡萄牙，毛呢的生产成本英国低于葡萄牙，英国的"绝对优势"产品是毛呢，葡萄牙的"绝对优势"产品是酒。分工前，英国和葡萄牙各享有 1 单位酒和 1 单位毛呢。世界产品总量是 2 单位酒和 2 单位毛呢。依照"绝对优势"分工以后，英国生产和出口毛呢，葡萄牙生产和出口酒。在现有劳动投入水平下，英国毛呢的生产总量是 3 单位，葡萄牙酒的生产总量是 2.25 单位。假定酒与毛呢的交换比价是 1∶1(1∶1 的交换比价正好处于英、葡两国国内交换比价之间，这一假设符合客观要求)，则分工后通过交换，英国享有 1 单位酒和 2 单位毛呢，比分工前增加了 1 单位毛呢；葡萄牙享有 1 单位毛呢和 1.25 单位酒，比贸易前增加了 0.25 单位酒。两个国家都从国际贸易当中获得了自己的利益。

值得注意的是，斯密认为，由于历史和自然禀赋条件的原因，一国在某种产品的生产上总会处于比其他国家有利的地位，这就是斯密分工理论的局限性所在。在现实社会中，有些国家在生产所有产品上都具有效率，而有的国家在生产所有产品上效率都很低，前者每种产品都是绝对优势产品，后者每种产品都是绝对劣势产品。这样一来，按照斯密的分工原则，两国之间就不存在贸易的可能性，而实际上贸易仍然会在两个国家之间进行，对于此类现象，斯密的理论无法解释。

12.1.1.2　比较优势理论的主要内容

英国经济学家大卫·李嘉图提出了比较优势理论，在其代表性著作《政治经济学及赋税原理》中，李嘉图以对有关国际贸易具有解释力的一般理论支持了自己自由贸易的观点，这就是比较优势理论。从此，比较优势理论称为人们广泛接受的"真理"，后来被无数经济学者们引用并发展。

(1)理论分析的假设条件　李嘉图"比较优势论"的基本假设与斯密基本相同，只有一个例外，就是两国之间劳动生产率存在着相对差异，而不是绝对差异。该理论的前提条件具体包括以下 9 个假定：

①只考虑两个国家(英国与葡萄牙)和两种产品(葡萄酒和毛呢)。

②坚持劳动价值论，并假定所有的劳动都是同质的。

③生产是在成本不变的情况下进行的。

④没有运输费用。

⑤包括劳动在内的生产要素是充分就业的，他们在国内完全自由流动，在国家之间不能流动。

⑥生产要素市场和商品市场都是完全竞争的。

⑦收入分配没有变化。

⑧贸易按物物交换的方式进行。

⑨不存在技术进步和经济发展。

(2)比较优势理论的主要内容　李嘉图认为，在两国都能生产同样两种产品的条件下，其中一国在两种产品的生产上劳动生产率均高于另一国。该国可以专门生产优势较大的产品，处于劣势地位的另一国可以专门生产劣势较小的商品。通过国际分工和贸易，双方可以从国际贸易中获得利益。简而言之，"两利相权取其重，两弊相权取其轻"。

为了说明依据比较优势原则进行分工交换，参加各国都可以从国际贸易中获益，下面举例说明。假设世界上只有两个国家：英国和葡萄牙，两国都能生产两种产品：葡萄酒和毛呢，两国在生产两种产品过程中只有劳动力一种生产要素的投入，其余假设条件均满足，如表12.2所示。

表12.2 比较优势条件下的国际分工与贸易利益

项目	国家	酒产量/单位	所需劳动投入/(人/年)	毛呢产量/单位	所需劳动投入/(人/年)
分工前	英国	1	120	1	100
	葡萄牙	1	80	1	90
分工后	英国			2.2	220
	葡萄牙	2.125	170		
交换后	英国	1		1.2	
	葡萄牙	1.125		1	

从表12.2可以看出，葡萄牙每单位酒和毛呢的生产成本分别是80人/年和90人/年，所需劳动投入均少于英国，从而英国在这两种产品的生产上都处于不利地位。根据斯密的绝对优势理论，两国之间不会进行国际分工，从而也不会发生国际贸易。而李嘉图认为，葡萄牙生产每单位酒所需劳动投入比英国少40人/年，生产毛呢只少10人/年，即葡萄牙每单位酒的生产成本为英国的67%，每单位毛呢的生产成本是英国的90%。显然，葡萄牙在酒的生产上优势更大一些；英国在两种产品生产上都处于劣势，但在毛呢生产上劣势较小一些。根据李嘉图的论点，应根据“两优取最优，两劣取次劣”的原则进行分工和贸易。葡萄牙应取优势较大的酒进行生产，英国应该取劣势较小的毛呢进行生产。按这种原则进行国际分工，在两国劳动投入没有发生变化的条件下，两国产量都会增加，通过进行国际贸易，两国都会获得利益。在本例中，分工后，英国毛呢产量达到2.2单位，葡萄牙酒的产量达到2.125单位，在各国保持需要交换产品的需求量与分工前相同的情况下，也就是说，英国仍然需要1单位酒，葡萄牙仍然需要1单位毛呢，假定国际交换比较是1∶1，分工后两国拥有的产品总量都增加了，英国增加了0.2单位毛呢，葡萄牙增加了0.125单位的酒。由此可见，通过分工和贸易，各参与国都能从国际分工和贸易中获得各自的利益。

12.1.2 比较优势来源的解释

在传统的比较优势理论中，没有对比较优势来源做专门的分析。李嘉图的比较成本理论指出，各国开展国际贸易的原因是它们在生产上存在着成本的相对差别，但对造成这种成本差异的原因，只是笼统地归结为劳动生产率的差异。劳动生产率显然不是自我实现的，它的背后有着许多的因素，如技术的进步、生产的制度结构、劳动力的素质等。李嘉图对这些因素并没有做进一步的探讨。比较优势的来源是多方面的，首要的一个问题是对各种比较优势来源进行归纳和分类。

我们这里把比较优势来源分为外生比较优势和内生比较优势。外生比较优势是由那些外生给定的因素决定的，而内生比较优势也就是经济体系运作内部起作用的各种因素。在李嘉图的比较成本理论中，各国之间的比较成本差别的原因源自技术水平生产率的差异，把技术视为外生的，所以李嘉图理论中的比较优势可以称为“外生技术比较优势”。要素禀赋理论作了两国技术上相同且不变的假设，各国之间的比较优势在于劳动力、资本等有形的资源禀赋差异，而这些有形的资源禀赋在俄林的模型中也是外生的，所以俄林论述的比较优势也可以称为“外生资源比较优势”。

随着现代经济学的发展，出现了内生增长理论。内生增长理论把技术视为经济增长的一个内生要素，技术进步是经济实现持续增长的决定因素，也是决定国际贸易模式的重要因素。成为新时代比较优势的一个重要来源。与此对应，我们对传统的比较优势理论把技术视为外生因素的假设做出修正，把技术视为一种内生的比较优势来源。

传统的比较优势理论受到诸多的挑战以后，许多学者进行了对比较优势动态化的分析。在对比较优势理论动态化的过程中，一个重要的方面是放松了把资本视为外生资源的假定，而把资本视为经济发展的一种自然结果。即在经济动态发展过程中，资本也是一种内生的比较优势来源。

12.1.2.1 外生比较优势来源

外生比较优势是传统的比较优势理论的重点。李嘉图和俄林已指出的外生比较优势来源有：劳动、资本、土地等，但忽视了对自然资源的分析。而更为重要的一种外生比较优势来源——外生制度禀赋，基本上为各种国际贸易理论所忽视。

(1)自然资源　包括国土面积、地理位置、自然气候、水、矿藏、林产、渔业资源等。自然资源是一个国家先天获得的，一国拥有的此种资源禀赋不会随着经济发展和社会变迁而发生任何改变。一个国家和其他国家间的地理位置关系会影响它对市场、供应、运输成本等有关贸易的许多方面。由自然资源所决定的国际贸易的比较优势是明显的，如澳大利亚地广人稀，土地资源丰富，便可以大量生产并出口在生产过程中密集使用土地的羊毛；欧佩克国家石油矿藏极其丰富，出口石油换来的外汇使得这些国家十分富有；新加坡地理位置使得其航运业在国际上占有独特的优势。

(2)劳动力　在长期的历史发展过程中，一国劳动力的供给是由人口的自然出生率决定的。有的学者认为发展中国家在实现工业化过程中，经济呈现出一种非均衡增长状态，存在着非充分就业现象，此时该国劳动力的供给就不是外生的，而变成由经济发展所提供的就业机会内生决定的。但从更一般的角度来考察，把劳动力的供给视为外生更为合理。部分新兴国家和地区经济起步阶段都是依靠本国劳动工资率相对低的优势，大力发展劳动密集型的行业，以劳动密集型的产品打入国际市场，换回国内经济发展必需的资本、技术等。

在人力资本理论出现以前，劳动力一向被认为是一种同质的生产要素，而没有对其进行细分。人力资本是经过教育和培训的高素质劳动力。没有经过培训或只经过简单培训的非熟练劳动力，特点是数量众多、可替代性强、工资水平低。但是有些行业对非熟练的劳动力的需求具有很强的不可替代性，如服装、鞋类、农副产品生产等。虽然有些发达国家在这些行业上通过加大技术、人力资本的投入，实现了对非熟练劳动力一定程度的替代，但从全球经济总体来看，这些行业的优势仍然在非熟练劳动力供给充足的发展中国家，发达国家仍处于劣势，而且并没有逆转的趋势。

(3)外生制度禀赋　西方主流经济学一直以来都忽视了制度在经济发展中的重要作用。近些年来，新制度经济学的兴起使得对制度的研究成为经济学界的一个焦点所在，制度对贸易所引起的作用理应受到重视。

制度是人类相互交往的规则，使人们的行为更可预见并由此促进着劳动分工和财富创造。可见，制度是通过对人们行为的约束或激励来影响着生产和交易行为。制度经济学更进一步把制度分为内在的制度和外在的制度。内在的制度是从人类经验中演化出来的，包括习惯、伦理规范、良好礼貌和商业习俗等，违反内在制度通常受到共同体中其他成员的非正式惩罚；外在制度是被自上而下地强加和执行的。它们由一批代理人设计和确立，这些代理人通过一个政治过程获得权威，典型的例子就是司法制度。外在制度配有惩罚措施，这些惩罚措施以各种正式的方式强加于社会并可以靠法定暴力的运用来强制实施。

比较两种制度可以发现，对生产和贸易起着直接和强大作用的是外在制度。新制度经济学派的杰出代表诺斯(North)就提出了"国际贸易由制度启动"的命题，荷兰和英国早年的比较优势得以充分发挥，更多的是靠国家制度变迁、法律制定、意识形态变化，以及由此而形成的有效率的经济组织。制度因素显得比一般的经济要素更为重要，一些发展中国家的比较优势并没有发挥出来，而诸多市场发育较早、制度安排较为完善的国家却能够启动和创造竞争优势。说明制度是人们创造并约束人们的游戏规则，有竞争力的游戏规则能激励人类潜能的发挥和启动比较优势。因此，制度能启动贸易和比较优势，有激励作用和不断创新的制度是一种比较优势的来源。

12.1.2.2 内生比较优势来源

(1)资本　发展中国家的劳动密集品同发达国家的资本密集品相交换，是最重要的国际贸易模式之一，资本同劳动一样是比较优势重要的来源之一。把资本作为内生比较优势来源，原因在于：在生产中发挥作用的资本其实就是再生产循环中用于投资的资本量，而一国用于投资的资本供给量，有两个重要来源，一是本国的储蓄，二是国外资本的流入。一国自身的资本积累在其经济发展中起着决定作用。一国的资本积累(即储蓄额)由国民收入和储蓄率决定，国民收入显然是由经济运行内生地决定的。在经济起步阶段，由于资本的稀缺性较大，使得资本的价格——利率处于较高水平，较高的利率使得人们更愿意多储蓄一些，也能吸引国外资本流入国内。

(2)人力资本　人力资本理论是由对"里昂惕夫之谜"的解释引发出来的。同样是劳动密集型商品，但劳动力的技能水平在国际间的差异是巨大的。高素质劳动力对产量和质量提高的贡献是在长时期内持续发挥出来的，其特点类似于折旧期完结前实物资本的性质，故而这种劳动力被定义为人力资本。

从贝克尔(Gary S. Becker)等的分析中我们可以得出人力资本作为内生要素的结论。在贝克尔等的模型中，内生生育和人力资本相互作用，人力资本投资收益率是人力资本存量的递增函数。当人力资本丰裕时，人力资本投资收益率就高于生育小孩的收益率；当人力资本匮乏时，人力资本投资收益率就低于生育小孩的收益率。结果，人力资本稀少的社会就会选择大家庭且对每一成员投资甚少，而人力资本丰富的社会则会选择小家庭并对每一成员大量投资。可见，人力资本存量对人力资本投资有正效应，而人力资本存量是由经济运行本身形成的。

(3)技术　长期经济增长在相当大程度上是由技术进步引起的，技术进步会弥补要素的不足，对国际贸易形式和福利产生影响，从而也成为一国比较优势重要的来源。大多数技术进步是源于利润极大化的经济主体应市场刺激而做出的有目的的投资决策的产物，技术的全面增长是与人们投入的资源成比例的。

(4)需求　决定需求的因素：一是实际需求，指地理气候等环境的差别造成的需求差异；二是消费偏好，对商品的不同偏好主要是由不同的历史文化、宗教信仰和风俗习惯造成的；三是收入水平，随着人类社会生产力的进步，收入水平成为决定一国需求结构最主要的因素。收入水平是经济发展内生决定，所以这里把需求看作一国的内生比较优势来源。当一国随着人均收入的提高，某种消费品的需求增加时，本国该产品的生产也会增加。为了满足市场需求，生产者不断地扩大生产，结果产量增加超过需求增加，从而使该国有能力向别国出口。而且，在国内市场上的竞争也使得厂商不断降低成本，提高产品质量，国内市场上的演练也使得企业具备了参与国际竞争的能力。可见，需求作为一国内生比较优势来源是不可忽视的。

12.1.3　国际贸易理论新发展

里昂惕夫对生产要素禀赋论的实证性研究开辟了现代国际贸易理论研究的道路。学者们从完善和怀疑古典的国际贸易理论入手，提出各种新的能够从理论上解释国际贸易现实的理论。这些理论主要包括：技术差距论、产品生命周期理论、需求偏好相似说、产业内贸易理论等。

12.1.3.1　技术差距论

技术差距论是由美国经济学家波斯纳(M. U. Posner)提出，后经格鲁伯(William Gruber)和弗农(Raymond Vernon)等进一步论证。其主要论点是，技术领先的国家具有较强的开发新产品和新工艺的能力，形成或扩大了国际间的技术差距，从而有可能暂时享有生产和出口某类高新技术产品的比较优势。

波斯纳认为，人力资源是过去对教育和培训进行投资的结果，因而可以将其作为一种资本或独立的生产要素，而技术是过去对 R&D 进行投资的结果，也可以作为一种资本或独立的生产要素。但是，由于各国技术投资和技术革新的进展不一致，而存在着一定的技术差距。这样就使得技术资源相对丰裕或者在技术发展中处于领先的国家，有可能享有生产和出口技术密集型产品的比较优势。

为了论证这个理论，格鲁伯和弗农等根据 1962 年美国 19 个产业的有关资料作进一步的统计分析，发现其中 5 个具有高技术水平的产业(运输、电器、工具、化学、机器制造)的 R&D 经费占 19 个产业全部 R&D 经费总数的 89.4%，5 个产业中的技术人员占 19 个产业总数的 85.3%，5 个产业的销售额占 19 个产业总销售额的 39.1%，5 个产业的出口量占 19 个产业总出口量的 72%。这一研究表明，美国在上述 5 个技术密集型产品的生产和出口方面确实处于比较优势。因此，可以认为，出口科研和技术密集型产品的国家也就是资本要素相对丰裕的国家，而美国就是这样的国家。

12.1.3.2　产品生命周期理论

产品生命周期理论由美国经济学家弗农提出，并由威尔士(L. T. Wells)等加以发展。它是用来解释国家进出口贸易模式变化的理论。弗农将新产品的生命周期划分为 3 个阶段。

(1)新产品阶段　产品属于创新时期，只有少数在技术上领先的创新国家的创新企业根据本国资源条件和市场需求首先开发出新产品，而后在国内投入生产，并满足国内外对新产品的需求。具有较多科研经费的国家拥有生产产品的比较优势，这一阶段生产的产品属于技术密集型或知识密集型产品。在这一阶段，创新企业在产品的生产和销售方面享有垄断权，几乎没有竞争对手。同时，企业也会根据市场的反映来改进和完善新产品。由于国外还没有该产品的生产，当地对新产品需求完全依靠创新国家创新企业的出口来满足。

(2)成熟阶段　随着技术的不断成熟，产品的产量不断增大，生产企业不断增加，企业之间的竞争增强了，对企业来说，产品的成本和价格变得日益重要。与此同时，随着技术的外溢，国外该产品市场不断扩展，出现了大量仿制者。因为技术已经成熟，大量生产成为需要，所以具有大量资本和熟练劳动力的国家开始拥有生产产品的比较优势，这一时期生产的产品应属于资本密集型产品。在这种情况下，企业若想保持和扩大对国外市场的占领就必须选择对外投资，即到国外建立子公司，在当地生产和销售。在不大量增加其他费用的同时，由于利用了当地各种廉价资源，减少了关税、运费、保险费用的支出，大大降低了产品成本，增强了企业产品的竞争力，巩固和扩大了市场。

(3)标准化阶段　这一阶段技术和产品都已经实现标准化，技术优势已丧失殆尽，新技术已经被设计到生产产品的机器设备当中了，购买了机器就拥有了生产产品的技术。在产品生产中，只需要简单的非熟练工人就可以操作，拥有大量简单劳动力的国家开始拥有生产产品的比较优势。由于非熟练劳动投入大幅度地增加，产品的要素密集度也相应地转变为劳动密集型产品。这一时期，参与此类产品生产的企业日益增多，竞争更加激烈，产品成本与价格在竞争中的作用十分突出。在这种情况下，企业通过对各国市场、资源、劳动力价格进行比较，选择生产成本最低的地区建立子公司或分公司从事产品的生产活动。此时往往由于发达国家劳动力价格较高，生产的最佳地点从发达国家转向发展中国家，国内对产品的需求转向从国外进口。图 12.1 可以用来说明产品生命周期过程中相关国家的贸易演进方式。

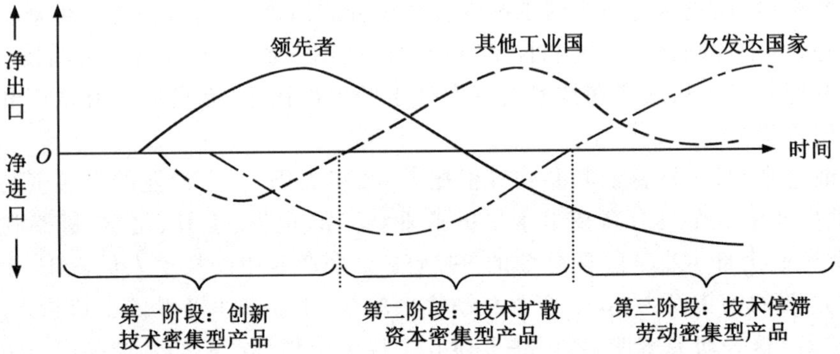

图 12.1　产品生命周期过程中国际贸易模式的演进

图 12.1 中的相关国家包括技术创新国家、与创新国家收入水平相近的其他工业国、后起步的处于发展进程中的国家。从图 12.1 中我们可以看到，随着产品生命周期的展开，产品生产的比较优势在相关国家之间进行转移，先从技术创新国家，转向与创新国家发展水平相当的其他工业国家，而后又转向经济发展层次或水平较低的国家。比较优势转移的具体表现就是产品出口国家的变迁，产品出口国从开始的技术创新国，到最后经济欠发达国家成为该产品的出口国，而创新国家最终演化为产品的进口国。

12.1.3.3　需求偏好相似说

需求偏好相似说是由瑞典经济学家林德提出的，是用国家之间需求结构相似性来解释工业制成品贸易发展的一种理论。

林德认为，生产要素禀赋理论只适用于工业品生产国和初级产品生产国之间的贸易，而无法解释工业品生产国之间的贸易。工业品生产的初期是为了满足国内的需求，随着生产规模的扩大，才会想到扩大销售范围，将产品推向国际市场；由于该产品是为满足国内市场偏好和收入水平而产生的，故该产品较多的是出口到那些偏好相似的国家；影响一国需求结构的因素主要是人均收入水平，人均收入水平越相似的国家，其消费偏好和需求结构越相近，产品的相互适应性就越强，贸易机会就越多，国家间的需求结构和偏好越相似，其贸易量就越大；人均收入水平低的国家，其选择的消费品质量也较低，人均收入水平较高的国家，其选择的消费品质量与档次也较高。因此，即使一个国家拥有比较优势产品，但由于其他国家的收入水平的差距，而对其产品没有需求，这种比较优势的产品也不能作为贸易产品。

12.1.3.4　产业内贸易理论

第二次世界大战后，世界同类产品贸易增长迅速，古典和新古典贸易理论认为贸易的根源在于各国生产方面存在的差异，如劳动生产率的差异、资源禀赋条件的差异。依照他们的论点，国家之间技术和要素禀赋条件差异越大，贸易机会就越多。现实中，由技术和要素禀赋决定的贸易属于产业之间的贸易。而在第二次世界大战后，许多国家的贸易更多地转向产业内部，具体表现为，在同类产品中有进口也有出口。一些经济学家用产业内贸易指数来测度国家的产业内贸易状况。

首先对产业内贸易进行研究的是美国经济学家格鲁贝尔(H. G. Grubel)和劳埃德(W. F. Lioid)，他们力图解释产业内同类产品贸易增长的特点和原因。后来，产业内贸易理论为默瑞·坎普(Murray C. Kemp)、克鲁格曼(Pual R. Krugman) 等进一步发展完善。他们认为，国际贸易的产品结构可以分为产业间贸易和产业内贸易。前者是指不同产业之间进行的商品交换，后者是指同一个产业内部同类产品之间的贸易。

产业内贸易形成的原因及前提条件可以归纳为以下几个方面：

(1)同类产品的差异性是产业内贸易形成的重要基础　认为同类产品可以由于商标、品牌、款式、包装、规格等方面的差异而被视为差异产品。这些同类的差异性产品可以满足不同消费心理、消费欲望和消费层次的消费需求。消费者在消费过程中，消费了越接近消费欲望的产品，其获得的满意程度就越高。而产品的差异性可以使市场呈现出垄断竞争的特性，同类产品的生产者可以依据自己的优势，或对消费者的吸引力生产具有一定垄断性的产品，从而导致不同国家之间产业内贸易的产生和发展。

(2)规模收益递增是产业内贸易的重要成因　产业内贸易论者认为，生产要素禀赋相似的国家之间能够进行有效的国际分工，从而获得贸易利益，其主要原因是企业规模经济的存在。一国的企业可通过大规模专业化生产，取得规模经济利益，其成本将会随着产量的增长而递减，使该国企业的生产成本具有比较优势，从而打破各生产企业之间原有的比较优势均衡状态，使自己的产品处于相对的竞争优势，国际市场上具有更强的竞争力，以扩大产品出口。这样，产业内部的分工和贸易也就形成了。

(3)经济发展水平是产业内贸易的重要制约因素　经济发展水平越高,产业部门内部差异产品的生产规模也就越大,产业部门内部分工就越发达,从而形成差异产品的供给市场。同时,经济发展水平越高,人均收入水平也较高,较高人均收入层上的消费者的需求会变得更加复杂和多样化,呈现出对差异产品的强烈需求,从而形成差异产品的需求市场。当两国之间人均收入水平趋于相等时,其需求结构也趋于接近,产业内贸易发展倾向就越强。

12.2 农产品国际贸易

农产品国际贸易是指世界各国(或地区)之间农产品商品和服务的交换活动,它是各个国家(或地区)在国际分工的基础上相互联系的主要形式。农产品国际贸易的规模在一定程度上反映了经济国际化、全球化的发展与趋势。

12.2.1 农产品国际贸易格局的演变

根据《联合国国际贸易标准分类》,农产品包括:①食品及供食用的活动物;②饮料及烟草;③燃料以外的非食用农业原料;④动植物油、油脂。世界粮食市场一般由谷物类、薯类和豆类构成。其中谷物是最主要的粮食,主要品种有小麦、稻谷(大米)、玉米、大麦、高粱、小米等。

16世纪初以前,农业生产是在相互隔绝的条件下进行的,农业技术进步缓慢,商品经济不发达,国际间农产品贸易量极少。直到通向东方和新大陆的航路打通以后,东西方各大陆之间农产品交易才成为可能。在15～16世纪,荷兰的阿姆斯特丹成为国际粮食贸易中心,欧洲的粮食贸易已具相当规模。17～18世纪,世界谷物的出口方主要是美洲新大陆,主要进口方是欧洲、西印度群岛。到19世纪大商船和蒸汽机火车发明之后,运输成本下降,农产品贸易空间扩大。第一次世界大战之后,随着农业生产科技的进步,农业劳动生产率的提高以及人们食物消费结构从谷物的单一需求转向对畜产品、蔬菜、水果的多样化需求,大大推动了国际非谷物贸易的发展。

第二次世界大战后,国际农产品贸易有了新的发展。发达国家的农产品出口贸易增长较快,发展中国家的出口贸易增长相对较慢。发达国家不仅在增加工业品出口,而且依靠先进的科学技术和雄厚的资金投入发展农业,在提高农产品自给率的同时还有大量剩余产品出口,发达国家不仅是许多主要农产品的生产者,而且是主要的出口者。

从国际农产品贸易的商品结构看,农业原料贸易萎缩,以纤维(棉、麻等)为代表的农业原料贸易在世界农产品出口贸易中的份额下降了11个百分点。谷物及其制品以及农产品中的三大饮料(可可、咖啡、茶)的出口贸易额尽管有绝对增长,但其增长明显慢于世界农产品贸易发展的整体平均速度。因此,这些产品在世界农产品贸易中的比重都有不同程度的下降。林产品、水产品、水果和蔬菜、肉类及其制品、乳制品、烟草等在战后农产品贸易中的地位上升,这些产品贸易的发展速度明显快于世界农产品贸易发展的平均速度。国际农产品贸易由低价初级产品为主向高附加值农产品转变,而食品加工、包装、保鲜技术的发展在一定程度上推动了这类商品贸易的发展。

从国际经济发展程度看,区域内农产品贸易比重趋于上升。自20世纪80年代后期,发达国家与发展中国家之间组成的“南北混合型”区域一体化组织大量涌现,如北美自由贸易区和亚太经合组织,欧盟的“东扩”和“南下”战略等,农产品贸易区域化趋势不断加强。实际上,

WTO 关于区域贸易自由化的制度安排，也对区域一体化趋势起到推波助澜的作用。

就中国农产品贸易来说，在 2006—2015 年间，中国农产品进出口贸易总额、进口额、出口额整体都呈现持续增长的态势，但增幅并非完全一致。10 年间，中国农产品出口额由 310.3 亿美元增长到了 701.8 亿美元，增长了 2.26 倍，年均增速达 12.62%；进口额由 319.9 亿美元增长到了 1159.2 亿美元，增长了 3.62 倍，年均增速达 26.24%，增长数量和增长速度都远远超过了出口增长。虽然 10 年来中国农产品贸易总体呈逆差状态，但这不等于中国所有的农产品都处于贸易逆差状态，还有一些农产品贸易表现为贸易顺差。如食用蔬菜；水、海产品；水果、坚果等制品；水产品制品等四类农产品出口合计占农产品出口总额的比重一直保持在 50%～55%，合计顺差从 2006 年的 123.18 亿美元，增至 2015 年的 259.34 亿美元；而油料、工业用或药用植物、稻草、秸秆及饲料，动植物油脂及其分解产品和乳品、蛋品、蜂蜜及其他食用动物产品贸易则一直表现为逆差，此三类农产品进口合计占农产品进口总额的比重经历了先上升后下降的过程，从 2006 年的 39.40%上升到了最高值，即 2008 年的 59.77%，2015 年又回到了 46.45%，合计逆差从 2006 年的 123.18 亿美元，增至 2015 年的 259.34 亿美元，成为中国农产品贸易逆差的主要品类。

12.2.2　农产品国际贸易的特点

与工业品相比，农产品在贸易上具有不同的特性。首先，农产品生产受自然条件的影响，具有明显的季节性、地区性和分散性；其次，大多数农产品是人们日常必需品，供求都缺乏弹性；第三，农产品大多是有机体，体大、量多、水分多，比较笨重且鲜活易腐，并且质量不均匀，因此，在收购、包装、运输、保管、销售方面要求较高，需要特定的贸易设施，成本高，风险大。由农产品的这些贸易特性所决定，在国际市场上，大多数农产品的贸易表现出下述重要特征。

(1)农产品的产地、季节、市场比较集中　自然地理环境对农产品生产的影响是首要的决定性因素，不同的作物有与其生长条件相适应的相对固定的产地。因此，一般来说，对于某一地区或出口国只有有限的农产品种类可供出口，并且类似品种相对集中于该地区的一定范围内。例如，马来西亚出口橡胶、棕油，孟加拉国出口黄麻等。农产品生产有特定的生产周期，尤其农作物表现明显。各农产品的出口国在不同的季节将供给不同数量和质量的农产品，表现出淡季的供不应求和旺季的供大于求。国际贸易中农产品的销售多集中在某一特定区域，这有一定的历史原因。其中肉类和水果通常的销售市场集中于少数工业国家；茶叶、咖啡、可可主要在欧洲销售，另外，北美和澳大利亚也有一部分市场；我国出口的松香、羽毛主要集中在西欧销售。

(2)农产品价格不稳定　农产品价格常因气候、季节、环境等因素引起波动。由于市场环境难以控制，在农产品市场上的供给常出现过剩或不足，产生因供需失衡导致的市场价格波动。另外，农产品的需求价格弹性小，国际市场上过多的农产品供给将导致农产品价格下降，但因缺乏需求弹性，降低出口价格却难以增加需求，出口收入减少是难免的。最后，随世界经济的增长和人均收入的提高，国际贸易中对农产品的需求并无明显增长，扩大农产品出口受到限制。

(3)农产品质量不易控制　生产者或经营者对农产品的质量很难完全控制。在生产过程中，多变的自然条件可以使同一种产品在质量上产生差异。任何生产者都无法保证田地里的谷物粒粒饱满，甚至同一棵植株上也难以保证。对于买卖双方来说，如何迅速确立双方认可的质量标准，如何进行准确升级、检验同样是一个难题。

(4)农产品的运输费用高　出口的农产品多为未经过加工或经初级加工的产品，具有体积大、价值低、易腐烂变质的特性。因此，在国际农产品贸易中，农产品的运输、储存、包装、保鲜等要花费较高的成本，经营者本人也将承担较大风险，降低了其在国际贸易中的收益。

(5)农产品在国际贸易中的市场竞争不完全　由于农产品的产地、季节和市场比较集中，多数农产品在供应数量上有限制，在出口国家上也有局限，这使少数的农产品出口大国产生了控制力。因此，农产品贸易中常出现垄断，致使市场偏离完全竞争的轨道。例如，在20世纪80年代，缅甸和泰国大米的出口量占世界大米出口额的20%以上；印度尼西亚和马来西亚的橡胶占世界出口额的70%左右；美国的玉米出口占世界出口量的70%。出口比重大的国家通常通过商品协定、国有贸易及其他方式垄断市场，以维持较满意的出口产品价格，谋取利润。此外，还有一些人为的农业政策同样会引发不完全竞争市场，如发达国家对农产品的出口补贴等。

12.3 农产品比较优势计量方法

12.3.1 显示性比较优势法

显示性比较优势指数(index of revealed comparative advantage)是美国经济学家贝拉·巴拉萨 (Balassa Bela)于1965年测算部分国际贸易比较优势时采用的一种方法，可以反映一个国家(地区)某一产业的比较优势。现实中由于难以获得各国各类产品的生产成本数据，在计算时用实际的贸易状况来间接表现各国生产领域的比较优势。

所谓显示性比较优势指数(*RCA*)，简单地说，是指一个国家某种商品的出口值占该国所有出口商品总值的份额，与世界该类商品的出口值占世界所有商品出口总值的份额的比例。测算公式如下：

$$RCA=\frac{\frac{X_i}{X}}{\frac{TX_i}{TX}}$$

式中：X_i 为一国 i 产品对世界的出口额；X 为一国产品的总出口额；TX_i 为产品 i 的世界总出口额；TX 为世界产品总出口额。

RCA 指数考虑了不同国家和不同产品在国际市场上的份额，侧重一国的出口绩效，X_i/X 为 i 产品出口占该国出口的比例，i 产品出口越多，该比例越大，比较优势越明显。一般认为，若 *RCA* 指数值大于2.5，表明该产品具有极强的国际竞争力；若 *RCA* 指数值小于2.5而大于1.25，表明该商品具有较强的国际竞争力；若 *RCA* 指数值小于1.25而大于0.8，则表明该商品国际竞争力一般，且处于不稳定状态；若 *RCA* 指数值小于0.8，则表明该商品的国际竞争力较弱。

12.3.2 国内资源成本法

国内资源成本法(domestic resource costs,DRC)由美国斯坦福大学的皮尔森(Scott R・Pearson)教授于1976年提出,意在从边际产量的社会机会成本和产品的边际价格的比较中,得出国内生产和进口贸易哪个更有利的结论。

国内资源成本是指赚取或节省一边际单位外汇,而从事某项生产活动,所需要消耗国内资源成本的价值。将国内资源成本 *DRC* 除以影子汇率可得一系数,即国内资源成本系数,简称 *DRCC*。

$$DRCC=\frac{\text{生产所消耗的国内资源以机会成本计算的成本}}{\text{以影子价格计算的产品产值}-\text{进口投入要素以机会成本计算的成本}}$$

DRCC 实际上可看作生产活动过程中,国内资源使用转换成外汇的平均效率。*DRCC* 本身没有价值单位,不受货币单位限制,因此,可作为国际间利益比较的指标。如果 $DRCC<1$,表明使用国内资源进行生产时,该产品如果是出口品,其成本小于净外汇所得,可以增加外汇收入;该产品如果是进口替代产品,则成本低于从国际市场购买这种商品的外汇支出,国内生产可以节约外汇支出,表明该国在该产品的生产上具有比较优势。相反,当 $DRCC>1$ 时,由于生产该产品的国内资源成本高于净外汇所得(或净外汇节省),该国在这种产品生产上不具有比较优势,而应该进口。如果 $DRCC=1$,表明使用国内资源进行生产,生产处于利益均衡状态。产品生产的 *DRCC* 值越高,表明比较劣势越强,而 *DRCC* 值越低,则表明比较优势越强。

国内资源成本法用生产成本数据和贸易数据,并且按照影子价格和机会成本计算生产的成本收益,从而在很大程度上消除了政策的保护和扭曲作用,可以反映生产真正经济意义上潜在的比较优势;此外,*DRCC* 值可直接用于国内外同类产品和不同类产品之间比较优势的比较。因此,与大多显示性比较优势指标和其他从生产层次测算比较优势的方法相比,国内资源成本法有其一定的优越性。同时这一方法也有其自身的局限性,主要表现在:

(1)国内资源成本法是一种静态的方法,在分析中只能通过测定不同时期的 *DRCC* 以考察比较优势的动态变化。

(2)这一方法需要掌握一套完整的机会成本和影子价格资料。受资料限制,实际研究中应用该方法进行影子价格计算的难度很大。因此,实际研究中往往根据国民经济评估的原理,按照机会成本原则估算农产品和投入要素的影子价格。

(3)由于外部效果较难量化,目前尚未有科学而完善的计算方法。实际测算中往往都假设外部效果为零,这在一定程度上将影响比较优势测定结果的准确度。

12.3.3 劳动密集指数法

劳动密集指数是指某种商品的资本投入量与劳动力投入量之比与该国所有商品的资本投入量与劳动力投入量之比的比例。用公式表示为:

$$L_i=\frac{\frac{V_i}{N_i}}{\frac{V}{N}}$$

式中：L_i 为劳动密集指数；V_i 为第 i 种商品的资本投入量；N_i 为第 i 种商品的劳动力投入量；V 为该国所有商品的资本投入量；N 为该国所有商品的劳动力投入量。

L_i 越高，意味着第 i 种商品的资本密集性越强；L_i 越低，意味着第 i 种商品的劳动密集型越强。劳动密集指数只有与显示比较优势指数联系起来使用时才具有意义，因为劳动密集指数只考虑了资本和劳动力这两种生产要素，而且在世界范围内，生产成本数据没有贸易数据更具可比性。

12.4 农产品国际竞争力分析

12.4.1 农产品国际竞争力的概念

市场竞争是市场经济体制的基本特征，也是市场经济条件下资源可以有效配置的奥妙所在。我国的农产品要想在市场经济条件下成功发展，唯一可以靠的就是其在市场具有较强的竞争力。所谓竞争力，最关键的是两条，一是物美，二是价廉。“物美”“价廉”都是相对的概念，是相对于其竞争对手的产品而言。在同时、同地、同质的情况下，谁的产品价廉谁就有竞争力，或者说在同时、同地、同价的情况下，谁的产品质量好，谁的竞争力就强。一般来说，“物美”“价廉”这两个条件对市场竞争力所起的作用会随着消费者购买力的变化而变化。在经济不发达、消费者购买力不高的时候，“价廉”对竞争力的决定作用就大；而随着人们收入的增加、购买力较强时，“物美”就成为人们追求的目标。

农产品的国际竞争力是一个国家的农产品在参与国际市场竞争中表现出来的一种对市场的占有能力和能够持续获得利润的能力。这可以从农业生产效率、农产品质量、农产品价格、市场营销和满足消费者需求程度等方面表现出来，并贯穿于农产品生产、加工、销售的各个环节。农产品国际竞争力的发挥要求有适合的市场制度与之相适应。

12.4.2 农产品国际竞争力的构成要素

农产品国际竞争力是由多方面因素构成的，包括价格要素和非价格要素。总体上看，可以分为三个方面：价格竞争力、质量竞争力和信誉竞争力。这 3 方面是互为补充、相辅相成的。

（1）农产品的价格　价格竞争力是由成本决定的，包括生产成本、流通成本和政策性成本。其中生产成本是基础，主要是物质装备成本和劳动力成本。农产品的流通成本决定于农产品的流通效率，如果农产品在流通的过程中效率较低，其流通成本必然增高，会使生产成本方面的优势无法表现为价格优势。农产品的政策性成本，包括税费和补贴。税费使农产品的成本增加而补贴则降低了农产品的成本，使农产品价格变得低廉。因此，对农业实施有效补贴政策，是降低农产品成本，提高农产品在国际市场上的竞争力的一个重要因素。

（2）农产品的质量　评判农产品质量的好坏，主要有两类指标：一是产品本身的生物学特性指标；二是食物卫生安全指标。生物学特性指标包括产品的大小、形状、色泽、口感、养分含量、易于储藏、适于加工需要等。食物卫生安全指标主要指产品是否有病害、各种药物和有害物质含量是否超标等。产品的质优，是提高农产品国际竞争力的首要因素。农产品没有一定的质量，价格就无法保证，质量是实现价格的前提条件。

（3）商业信誉　商业信誉涉及产品、品牌和企业或经营单位的诚信等方面的内容。品牌是区别于其他同类产品的重要标志，它代表商品的特色和质量特征，也代表着一种产品的竞争特色。对于消费者来说，有时候很难判断和检验产品的质量，只好根据产品的声誉和口碑来选择。所以具有著名品牌和驰名商标的产品，容易取得消费者的信任。

12.4.3　农产品国际竞争力的计量方法

12.4.3.1　出口竞争力指数

出口竞争力指数(CI)也称贸易专业化指数，用公式可表示如下：

$$CI=\frac{X_i-M_i}{X_i+M_i}$$

式中：CI 为产品 i 的出口竞争力指数，X_i 为产品 i 的出口额，M_i 为产品 i 的进口额。由公式可知，该指数的值可以有如下情形：

如果 $0<CI\leqslant 1$，表明一国是 i 类产品的净出口国，在 i 类产品上具有较强的出口竞争力，且正值数值越大则竞争力越强；当 $CI=1$ 时，表明该国的该种产品只有出口而没有进口。

如果 $-1\leqslant CI<0$，表明一国是 i 类产品的净进口国，i 类产品出口竞争力较弱或处于比较劣势，且绝对值越大则竞争力越弱；当 $CI=-1$，表明该国的该种产品只有进口而没有出口。

一般认为，当 $-1\leqslant CI<-0.5$ 时，该类产品的竞争劣势较强；当 $-0.5\leqslant CI<0$ 时，该类产品的竞争劣势较弱；当 $0\leqslant CI<0.5$ 时；该类产品的竞争优势较弱；当 $0.5\leqslant CI\leqslant 1$ 时，该类产品的竞争优势较强。

12.4.3.2　国际市场份额

国际市场份额(IMS)即一国出口总额占该产品的世界出口总额之比，公式为：

$$\text{国际市场份额}=\frac{X_i}{TX_i}\times 100\%$$

式中：X_i 为一国 i 产品的出口额；TX_i 为产品 i 的世界总出口额。

国际市场份额指标表示了一国某产业或产品的出口总额占世界同类产业或产品的出口总额之比，如果这一比例长期呈上升趋势，说明该产品的出口竞争力不断增强；反之，则表示出口竞争力下降。国际市场占有率越高，意味着该类商品的出口竞争力越强，反之则越弱。

12.4.3.3　出口业绩相对指数

出口业绩相对指数(index of relative export performance，IREP)的计算公式为：

$$IREP_{ij}=\frac{\dfrac{X_{ij}}{\sum_i X_{ij}}}{\dfrac{\sum_j X_{ij}}{\sum_i\sum_j X_{ij}}}$$

式中：X_{ij} 为 i 国 j 产品出口额；$\sum_{i} X_{ij}$ 为世界各国 j 产品出口总额；$\sum_{j} X_{ij}$ 为 i 国出口总额；$\sum_{i}\sum_{j} X_{ij}$ 为世界出口总额。

式中分母的含义是 i 国出口额在世界出口总额中所占的比例，分子的含义是 i 国 j 产品出口额在世界 j 产品出口总额中所占有的比例。如果 $IREP_{ij}$ 大于 1，说明 i 国 j 产品出口占世界 j 产品出口额的比例大于 i 国出口总额占世界总出口额的比例，表明 i 国在 j 产品生产与出口上拥有竞争优势；如果 $IREP_{ij}$ 小于 1，则表明 i 国在 j 产品上不具有出口竞争能力。

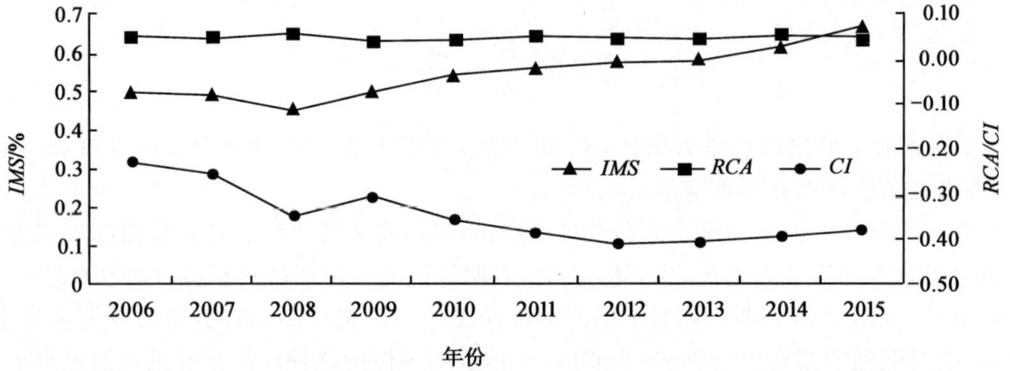

图 12.2　2006—2015 年中国农产品显示性比较优势指数与出口竞争力指数

数据来源：计算 RCA 和 IMS 所需要中国农产品出口额、中国商品出口总额、世界农产品出口额和世界商品出口总额四项数据均来自 WTO 网站。其中，世界农产品出口额由各国农产品出口额加总得出。

图 12.2 给出了 2006—2015 年中国农产品显示性比较优势指数和出口竞争力指数。从显示性比较优势指数(RCA)这一指标来看，从 2006 年起，中国农产品的显示性比较优势指数一直稳定在 0.5 左右，低于 0.8，对应的出口竞争力水平为较弱；农产品出口竞争力系数(CI)一直在−0.5～0 之间，对应的出口竞争力水平为竞争劣势较弱，但是在 2012 年以后这一情况稍有好转，农产品出口竞争劣势在逐渐下降。从国际市场占有率(IMS)这一指标来看，在 2006—2015 年 10 年间，中国农产品的国际市场占有率在波动中缓慢上升着，2006—2008 年有一个较小幅度的下降，从 2009 年之后则是一直在稳定地上升着。2008 年，中国农产品国际市场占有率仅为 0.45%，到了 2015 年，这一数值增长到了 0.67%，年均增幅为 6.03%。总体而言，这 3 项指标的数值说明了中国农产品出口竞争力虽然较弱，但一直在提升。

12.4.4　WTO 框架下农产品国际贸易规则

12.4.4.1　世界贸易组织

世界贸易组织(World Trade Organization，WTO)，简称世贸组织，它是根据乌拉圭回合多边贸易谈判达成的《建立世界贸易组织协定》(以下简称《WTO 协定》)于 1995 年 1 月 1 日成立的正式国际经济组织，它在组织形式上完全取代了 GATT。WTO 是规范国际经贸规则的多边经济组织，是当今世界上唯一处理国与国之间贸易规则的国际组织，也是独立于联合国的永久性的国际组织。

(1)《WTO协定》的宗旨与目标　WTO协定的序言部分,规定了WTO的宗旨。该宗旨基本上承袭了GATT的基本宗旨,但又随着时代的发展而做了适当的补充和加强。概括起来,有以下几点。

①提高生活水平,保证充分就业,大幅度稳步地提高实际收入和有效需求。

②扩大货物与服务的生产和贸易。

③持续发展,合理的利用世界资源,保护环境。

④保证发展中国家(或地区)成员贸易、经济的发展。

⑤建立一体化的多边贸易体制。

WTO的目标是建立一个完整的包括货物、服务、与贸易有关的投资及知识产权等更有活力、更持久的多边贸易体系。以包括GATT贸易自由化的成果和乌拉圭回合多边贸易谈判的所有成果。

WTO实现目标的途径是协调管理贸易。具体而言,为了有效地实现上述宗旨和目标,WTO规定各成员应通过互利互惠的安排,大幅度削减关税和其他贸易壁垒,在国际经贸竞争中消除歧视性待遇,坚持非歧视贸易原则,对发展中国家成员给予特殊和差别待遇,扩大市场准入程度及提高贸易政策和法规的透明度,以及实施通过与审议等原则。从而协调各成员间的贸易政策,共同管理全球贸易。

(2)WTO的管辖范围　《WTO协定》第2条规定,WTO为其成员在处理有关WTO协定、协议而产生的贸易关系时,提供一个统一的制度框架。具体地说,WTO管辖的范围有以下几点。

①有关货物贸易的13个多边协议。

②《服务贸易总协定》(GATS)及其附件。

③《与贸易有关的知识产权协定》(TRIPS协定)。

④《关于争端解决规则与程序的谅解》(DSU)。

⑤贸易政策审议机制(TPRM),即负责审议各成员贸易政策法规是否与WTO相关协议、条款规定的权利义务相一致。

⑥马拉喀什部长会议的决定、宣言和谅解。

此外,4个诸边贸易协议,对于接受的成员,也属于WTO协定的一部分,并对这些成员具有约束力;但对于未接受的成员,则既不产生权利也不产生义务。

(3)WTO的职能与法律地位　WTO作为一个专门性的国际组织,有其特有的工作范围和职能。根据《WTO协定》第3条,WTO作为一个正式国际组织为处理和协调成员方之间的多边贸易关系提供了一个重要的完整的机制。其职能概括起来主要是以下几点。

①组织实施WTO负责管辖的各项贸易协定、协议,积极采取各种措施努力实现各项协定和协议的目标,促进WTO协定和多边贸易协定的切实执行、统一管理和有效运作,这是WTO最主要的职能。

②为成员方提供处理各协定、协议有关事务的谈判场所,并为WTO发动多边贸易谈判提供场所、谈判准备和框架草案。

③管理实施争端解决机制的规则与程序,解决成员间发生的贸易争端,避免和限制贸易摩擦和贸易战,以利于贸易的平衡和公平发展。

④管理实施贸易政策的评审机制,对各成员的贸易政策与法规进行定期审议。

⑤协调与国际货币基金组织(IMF)、世界银行(world bank)等影响国际贸易政策的国际经济组织的关系,以保障全球经济决策的凝聚力和一致性,避免政策冲突。

根据《WTO 协定》第 8 条规定,WTO 具有法人资格,在行使有关职责时享有必要的特权和豁免权,即 WTO 官员及成员代表拥有外交豁免权。WTO 与 IMF 和 WB 不同,它不是联合国的专门机构,其成员不仅包括主权国家,也包括单独关税区。

(4)WTO 的组织结构　WTO 的各项职能是由其各类组织机构实施的,这些机构的设置和运作,对于促进 WTO 宗旨的实现,充分有效的履行 WTO 的职能,具有十分重要的意义。WTO 的机构主要有部长级会议、总理事会、委员会、总干事和秘书处等。

12.4.4.2　WTO 框架下农产品国际贸易规则

在国际贸易中,农产品贸易是极为敏感、极为复杂的问题,它涉及一国的粮食安全战略、政治因素、地理环境与气候、生产结构、就业、出口国与进口国的利益等诸多方面问题。然而,由于 GATT 原来的农产品贸易规则存在一个严重缺陷,即允许各缔约方利用非关税措施,如进口配额、补贴等,对农产品实施保护。因此,许多国家纷纷对进口农产品实施高关税或非关税措施,严重扰乱了农产品贸易的正常秩序。在乌拉圭回合多边贸易谈判中,经过各方共同努力,终于达成并通过了《农业协议》(agreement on agriculture),使偏离贸易自由化轨道的农产品贸易,重又回归 GATT 体制的约束之下。此外,乌拉圭回合一揽子协议中的其他两项内容也直接与农产品贸易有关。

农业协议主要涉及对农产品政策几个领域的规定,即市场准入、国内支持、出口补贴和动植物卫生检疫措施的规定。要求 WTO 各成员遵守这些新的规则和承诺。

(1)市场准入　鉴于各成员方对农产品进口的限制不但表现为较高的进口关税,而且更多的是通过各种非关税措施,因此农业协议便从"贸易措施关税化"和"削减关税"等方面着手,以提高农产品市场准入程度,维护公平竞争。

①关税化。简而言之,关税化就是将所有的非关税措施转化为同等保护程度的关税措施,即贸易措施关税化,然后再逐步降低关税税率(关税化的结果作为关税减让的基础税率)。但非关税措施的关税化有 3 个例外:为了维护国际收支平衡而采取的措施;根据《GATT 1994》一般保障措施或 WTO 其他协定而采取的,尤其是与农业无关的非关税措施不受关税化的约束;如果某成员自愿承诺提供最低的市场准入标准,则可以选择继续维持非关税措施。

②关税减让。农业协议要求发达与发展中成员的农产品进口关税分别在 1995 年开始的 6 年和 10 年内平均削减 36%和 24%,每项产品最少削减关税分别为 15%和 10%,每年实施等量减让;最不发达国家尽管也对其关税进行了"上限约束",但并不承担关税减让的义务。

③关税配额。农业协定规定,关于关税化的产品(主要指关税化后保护程度仍较高的产品)要以关税配额的形式承诺最低准入机会或现行准入机会。对于发展中国家成员以上限约束代替关税化的产品,也要承诺最低或现行准入机会。实施关税配额的成员方必须承诺每年的关税配额准入量。在准入量内的进口,征收低关税;超过准入量的进口,按关税化税率征收关税。

④特殊保障措施。农产品的非关税措施关税化以后,如果进口急剧增加,并对国内产业造成较严重影响,WTO 成员可援引《GATT 1994》保障条款、《保障措施协议》及《农业协议》规定的特殊保障措施,以维护自身的贸易利益。但只能在上述协议所规定的措施中,选择其中一

种，不能同时并用。任何成员在引用特殊保障措施时，需提前或采取行动的 10 天内通知 WTO 农业委员会，且应给予有利害关系的成员方以磋商的机会。

(2)国内支持　除了高的贸易壁垒以外，农产品国际贸易中长期存在着各国尤其是发达国家对农业生产的各种形式的补贴，即国内支持，这是造成农产品贸易扭曲的又一重要因素。根据农业协议，各成员方对农产品的国内价格支持必须逐步减少，使其更接近于市场价格。因此，协议中所指的“国内支持承诺”是指各成员方对给予农产品生产者的各种支持措施的削减承诺。

必须指出，农业协议并不笼统地禁止成员方对国内农业采取支持政策。为此，该协议将国内支持(即补贴)分为绿箱和黄箱补贴两大类，并比较详细地规定了各自的范围与纪律。

①绿箱补贴。绿箱补贴指没有或只有微小的贸易扭曲影响生产作用以及没有对生产者提供价格支持的补贴。协议允许使用这类补贴，并可免于削减义务。但这些补贴措施的运用应受 WTO 的监督，以防止变成对农产品的国内价格支持。

②黄箱补贴。黄箱补贴指普遍适用于所有农产品的生产补贴和收入补贴，主要包括国内价格支持补贴。该类补贴对贸易有扭曲作用，属于削减范围内的国内农业支持。协议规定以，1986—1988 年的平均补贴水平作为基数水平，自 1995 年起，发达成员在 6 年内削减 20%；发展中成员在 10 年内削减 13.33%；最不发达成员无须削减。同时，农业协议规定，下列补贴不属于黄箱补贴，不承担削减义务：①每年给予某项具体产品的补贴额不超过该项产品年产值的 5%(发达国家)或 10%(发展中国家或地区)；②不按具体产品划分的国内补贴，如果其补贴总量不超过当年农产品生产总值的 5%(发达国家)或 10%(发展中国家或地区)。此外，旨在限制产量的高补贴(将有关农产的产量限制在基期水平的 85%以下)，也不再削减承诺范围。

(3)出口补贴　许多国家和地区对农产品出口给予的巨额补贴严重扭曲了国际农产品贸易，因此农业协议规定各种出口补贴措施必须予以逐步削减。协议要求各成员不仅要削减用于补贴的资金额，而且还要削减接受出口补贴的产品数量。以 1986—1990 年的平均水平作为基期金额和数量，发达成员的削减承诺是从 1995 年起的 6 年内分别削减 36%和 21%，发展中成员则是从 1995 年起的 10 年内分别削减 24%和 14%，而最不发达成员则无须进行任何削减。

与乌拉圭回合其他协议相同，农业协议规定设立一个常设机构——农业委员会。以保证该协议条款的实施。委员会的工作职责主要是定期审议 WTO 成员履行各自承诺义务的情况，特别是他们在减让表中有关农产品市场准入、国内支持和出口补贴的承诺。

(4)动植物检疫措施的规定　在乌拉圭回合谈判中，动植物卫生检疫措施谈判一直与农业谈判联系在一起，并以一项决议的形式作为农业协议的组成部分，最终该协议是以独立的法律文件的形式出现，成为多边货物贸易之一《实施动植物卫生检疫措施协议》(简称 SPS 协议)。协议规定，各成员动植物卫生检验检疫措施符合国际标准、准则或建议，则该措施被视为保护人类、动植物的生命或健康所必需的措施，各成员应保证以科学原理为依据，在风险评估基础上实施检疫措施。

农产品贸易改革是一个复杂而漫长的过程，农业协议只是为此迈出了第一步。值得指出的是，除了传统的阻碍市场准入问题外，一系列新的议题正成为农产品贸易中的焦点，如食品的安全、国有贸易公司的作用、基因工程作物(CMOS)以及劳工和环境标准等。特别是基因工程作物的贸易对整个现行的农产品贸易具有潜在的巨大影响。

12.4.5 提高农产品国际竞争力的对策

近年来,我国政府在提高农产品竞争力方面已经采取了一些措施,比如改变了过去对农业的补贴方式,由流通环节发展到生产环节,由间接补贴转向直接补贴;加大了对农村公共物品的投资力度,包括农村的教育、卫生、公共交通;加快了农业、农村体制改革步伐,如税费改革、粮油体制改革等;农业农村政策更加透明化。但面对发达国家在国际贸易中制定的阻碍我国农产品出口的技术壁垒和绿色壁垒,要进一步提高我国农产品的国际竞争力,需要政府、农民和企业的共同努力。

(1)加大资金投入和政策支持力度 我国加入 WTO 后,对农业的价格补贴和出口补贴逐步降低或取消。但我们同时可以充分利用 WTO 农业协定及“绿箱”政策措施和“蓝箱”政策措施支持农业发展。加大农业科研投入和对农民的农业科技教育和培训工作的投入,加大政策性农业信贷、保险的补贴力度。通过建立国家粮食安全生产、储备体系,保护东北地区、中部地区等粮食主产区生产能力,保护农民利益。

(2)加快农业结构调整,做好优势农产品的区域规划 农业产业结构调整应适合国内外市场的需求变化,适当地向有竞争优势的产业转变。提高农产品的品质,提高其专用性和适用性。我国农产品中的畜牧产品、林果蔬菜、水产品既属于劳动密集型产品又具有较强的竞争力,在结构调整中可以引导农民加大对这些产品的生产力度,增加产品的品种,提高产品的质量和档次,只有向市场提供“名、优、特、新”的产品才会提高产品的竞争力,并以较高的价格获得较高的收益。依据资源条件、生产基础和技术条件、市场区位、产业化基础、环境质量等因素,做好优势农产品区域规划。

(3)积极应对农产品绿色贸易壁垒,实施绿色品牌战略 在我国农产品屡遭绿色壁垒限制的情况下,要采用农业新技术,选择合理的发展模式,生产出我国自己的绿色名牌农产品,形成我国农产品的特殊竞争优势,才能带来农产品贸易持续稳定的发展。要从农产品质量标准、认证、监管等方面引导农产品的生产,大力发展绿色农产品,牢固树立可持续发展观念。从产品设计、包装质量到技术、安全、卫生、环境等多方面均应增加环保因素,顺应绿色消费的要求,同时开发环保成本低、质量高、符合国际环境标准的绿色农产品,实现真正的绿色经济。同时,国家应尽快完善有害有毒物质的残留限量标准及检测方法,满足农产品质量安全管理的需要。借鉴国外成功经验,推行农产品等级标准,鼓励生产优质优价的农产品,促进农产品市场的良性发展,逐步建立起既符合我国国情,又同国际接轨的农产品质量安全标准体系和检测体系。同时进一步加强农产品规格化、标准化研究,完善农产品规格标准体系,按农产品技术标准组织生产,实施绿色品牌战略。

(4)努力提高我国农业的科研水平,引导农产品出口由数量型向质量型转变 美国农产品单位面积产量、畜禽产品率和劳动生产率均高于我国,特别是劳动生产率为世界之最,其成功的基本因素之一是有一个完整的农业教育、科研投入和科技成果推广体系。今后,我国要加强农业科研、技术推广工作,逐步建立和完善适合我国国情的农业教育、科研和科技成果推广体系。尽快缩短在生产技术、品牌、规格、等级以及农产品产后处理和市场营销方面的差距,促进具有优势的劳动密集型农产品的出口增长。积极推进农业产业化,引导从事农产品加工、经营的企业与农民建立多种形式的合作。要通过市场竞争,加快企业兼并与淘汰,建立起一批大型骨干企业,引导农产品出口由数量型向质量型转变。

(5)制定农产品进出口的新战略,建立健全农产品进出口信息预警机制

①农产品进口配额措施要实行关税化。在我国农产品关税化的过程中,应该逐步减少一些农产品关税优惠,并要完善关税征收手段,使关税多样化,适当限制国外农产品过度进入而冲击国内农业生产。

②构建农产品市场准入体系。根据国内农产品供求的长期发展趋势,利用WTO争端解决机制,既要防止国外有补贴的农产品过度地进入国内而冲击我国的农业生产,又要避免我国农业成为国际反倾销的巨大受害者。

③制定适合我国国情的农产品贸易战略。对受国际市场供求关系影响明显的敏感性产品适度保护;对竞争性农产品,如肉类、蔬果类、加工食品等,给予一定的政策支持,使其在国际市场竞争中占有一定的地位;对没有发展前途的农产品或农业产业,应下决心予以调整,优化我国的农业产业结构。增加具有比较优势的产品出口,如畜牧产品、水产品、蔬菜、花卉、茶叶、水果等。适当增加我国相对劣势产品的进口,这既体现我国认真履行了农业方面的入世义务承诺,同时又可以获得较好的国际分工利益。

④应该尽快建立起有效的国际农产品信息发布机制,及时跟踪、收集、分析并发布国际农产品生产、需求动态和主要集市贸易伙伴的政策动态。同时,建立农产品进出口预警和防御机制。参照WTO中特殊保障措施的数量触发和价格触发的原理,分别从进出口数量和价格两个方面确定临界点,只要达到两个标准中的一个,就发出预警信息并立即采取防御措施。

除此之外,中国应该积极参与WTO谈判关于农产品贸易条款的制定。在经济和贸易全球化的背景下,中国要借鉴国际先进的经验,并从自己的基本国情出发,以争取农产品国际贸易的主动性,保持农产品贸易持续、健康、稳定地发展。

小　结

比较优势理论包括绝对优势理论和比较优势理论(或相对优势理论)。斯密的绝对优势理论认为,国际分工及贸易的原因和基础是各国间生产同种产品时存在着劳动生产率和生产成本的绝对差别。各国应集中生产并出口具有绝对优势的产品,进口不具有绝对优势的产品,贸易双方都能从国际贸易中获得利益。李嘉图的比较优势理论认为,国际分工及贸易的原因和基础是各国在生产产品时存在着劳动生产率和生产成本的相对差别。每个国家都应该生产并出口具有比较优势的产品,进口具有比较劣势的产品,双方仍然可以从贸易中获得利益。第二次世界大战后,产业内贸易、发达国家之间的贸易量大大增加,国际产业领先地位发生转移。针对这些新现象,产生了许多新贸易理论,包括产业内贸易理论、技术差距论、产品生命周期理论、需求偏好相似说等。

第二次世界大战后,国际农产品贸易由低价初级产品为主向高附加值农产品转变,农产品贸易区域化趋势不断加强。表现出了产地、季节、市场比较集中;在国际贸易中的市场竞争不完全;运输费用高;产品价格不稳定;质量不易控制等特征。

农产品比较优势的计量方法有显示性比较优势法、国内资源成本法和劳动密集指数法,其中使用最多的是显示性比较优势法。农产品的国际竞争力是一个国家的农产品在参与国际市场竞争中表现出来的一种对市场的占有能力和能够持续获得利润的能力,包括价格竞争力、质量竞争力和信誉竞争力3个方面。农产品国际竞争力的计量方法有:贸易竞争力指数、国际市

场份额和出口业绩相对指数。

我国农产品的总体比较优势处于明显的下降趋势，出口产品结构由以土地密集型农产品为主转向以劳动和资本密集型农产品为主。通过进行农业产业结构调整、加大农业科研投入等方式提升农产品国际竞争力势在必行。

复习思考题

1. 为什么说比较优势理论是绝对优势理论的继承和发展？
2. 产品生命周期理论是如何解释产业优势地位在不同国家或地区间进行转移的？
3. 需求偏好论是如何解释要素禀赋相似的国家间的贸易行为的？
4. 产业内贸易理论是如何解释产业内贸易形成的原因的？
5. 农产品国际贸易有哪些特点？
6. 如何衡量一国农产品的国际竞争力？
7. 针对我国农产品贸易现状，你认为应如何提高我国农产品国际竞争力？

参考文献

1. 田维明，武拉平. 农产品国际贸易. 北京：中国农业大学出版社，2005.
2. 张玮. 国际贸易. 北京：高等教育出版社，2006.
3. 海闻，P·林德特，王新奎. 国际贸易. 上海：上海人民出版社，2003.
4. 田江. 中国农产品出口竞争力. 中国经贸导刊，2010(16).
5. 骆伟，王政. 关于提升我国农产品国际贸易竞争力的建议. 中国发展，2010(6).
6. 李秉龙，薛兴利. 农业经济学. 3版. 北京：中国农业大学出版社，2015.

第 13 章　农业标准化与农产品质量安全管理

本章学习要点

- 农业标准化的内涵
- 农产品质量安全管理的内涵
- 有机食品、绿色食品、无公害食品认证
- 食用农产品质量安全管理体系的认证

13.1　农业标准化

13.1.1　农业标准化的概念

13.1.1.1　标准与标准化

标准是指为在一定范围内获得最佳秩序，对活动或其结果规定共同的和重复使用的规则、指导原则或特性的文件。该文件需经协商一致制定并经一个公认的机构批准。标准应以科学、技术和经验的综合成果为基础，以促进最佳社会效益为目的。

标准化是指为在一定的范围内获得最佳秩序，对实际的或潜在的问题制定共同的和重复使用的规则的活动。

13.1.1.2　标准与标准化的关系

(1)标准化是对标准制定、组织实施和对实施情况进行监督进而修订标准的过程　这个过程是一个不断循环、螺旋式上升的运动过程。

(2)标准是标准化活动的核心　标准化的目的和作用，都是要通过制定和贯彻具体的标准来体现的。因此，标准化活动不能脱离制定、修订和贯彻标准，这是标准化的基本任务。

(3)标准化的根本目的是在一定范围内"获得最佳秩序"，是从整个国家和全社会考虑的，涉及各个领域　只有当标准在社会实践中实施，标准化的意义才能被体现出来。

总之，标准化的活动包括制定、发布及实施标准的过程。标准是标准化活动的核心。制定、发布和实施标准是标准化活动的基本任务和主要内容。

13.1.1.3　农业标准化的概念

农业标准化是指以农业为对象的标准化活动。具体来说，是指为了有关各方面的利益，对农业经济、技术、科学、管理活动中需要协调统一的各类对象，制定并实施标准，使之实现必要而合理的统一的活动。通过制定标准和实施标准，促进先进的农业成果和经验的迅速推广，确保农产品的质量和安全，促进农产品的流通，规范农产品市场秩序，指导生产，引导消费，从而取得良好的经济、社会和生态效益，以达到提高农业竞争力的目的。

农业标准化的对象包括农产品、种子的品种、规格、质量、等级、安全、卫生要求；试验、检验、包装、储存、运输、使用方法；生产技术、管理技术、术语、符号、代号等。

13.1.2 农业标准化的内容

农业标准化的内容十分广泛，主要有以下 8 项。

(1)农业基础标准　是指在一定范围内作为其他标准的基础并普遍使用的标准，主要是指在农业生产技术中所涉及的名词、术语、符号、定义、计量、包装、运输、储存、科技档案管理及分析测试标准等。

(2)种子、种苗标准　主要包括农、林、果、蔬等种子、种苗、种畜、种禽、鱼苗等品种种性和种子质量分级标准、生产技术操作规程、包装、运输、储存、标志及检验方法等。

(3)产品标准　是指为保证产品的适用性，对产品必须达到的某些或全部要求制订的标准。主要包括农林牧渔等产品品种、规格、质量分级、试验方法、包装、运输、储存、农机具标准、农资标准以及农业用分析测试仪器标准等。

(4)方法标准　是指以试验、检查、分析、抽样、统计、计算、测定、作业等各种方法为对象而制定的标准。包括选育、栽培、饲养等技术操作规程、规范、试验设计、病虫害测报、农药使用、动植物检疫等方法或条例。

(5)环境保护标准　是指为保护环境和有利于生态平衡，对大气、水质、土壤、噪声等环境质量、污染源检测方法以及其他有关事项制定的标准。例如，水质、水土保持、农药安全使用、绿化等方面的标准。

(6)卫生标准　是指为了保护人体和其他动物身体健康，对食品饲料及其他方面的卫生要求而制定的农产品卫生标准。主要包括农产品中的农药残留及重金属等其他有害物质残留允许量的标准。

(7)农业工程和工程构件标准　是指围绕农业基本建设中各类工程的勘察、规划、设计、施工、安装、验收，以及农业工程构件等方面需要协调统一的事项所制定的标准。如塑料大棚、种子库、沼气池、牧场、畜禽圈舍、鱼塘、人工气候室等。

(8)管理标准　是指对农业标准领域中需要协调统一的管理事项所制定的标准。如标准分级管理办法、农产品质量监督检验办法及各种审定办法等。

13.1.3 农业标准的体系及分类

农业标准体系主要是指围绕农林牧渔各业制定的以国家标准为基础，行业标准、地方标准和企业标准相配套的产前、产中、产后全过程系列标准的总和，还包括为农业服务的化工、水利、机械、环保和农村能源等方面的标准。是由众多农业标准组成的一个庞大而复杂的系统。

根据不同的目的和用途，可以多角度地对农业标准化进行分类。按照农业标准的内容分类，农业标准可划分为术语标准、基础标准、品种标准、产品标准、质量标准、分级标准、包装标准、试验标准、方法标准、安全标准、卫生标准等；根据农业标准实施的强制程度，可分为强制性农业标准和推荐性农业标准。按照农业标准的属性，可以把农业标准分为农业基础标准、农业技术标准和农业管理标准等。

此外，按农业标准发生作用的范围或标准的审批权限，分为不同的级别。根据《中华人民共和国标准化法》和国务院颁发的《中华人民共和国标准化法实施条例》的规定，我国标准分为四级：国家标准、行业标准、地方标准和企业标准。在这些标准中，上级标准是下级标准的依据，下级标准是上级标准的补充。我国国家或行业的产品标准，多数为推荐性标准，企业可以结合本企业产品实际参照执行或根据本企业产品特点制定企业标准。制定企业标准时应当在充分消化吸收各种上级标准的基础上，制定出高于上级标准的产品主要技术指标。

农业国家标准需要在全国范围内按照统一的农业技术要求制定。强制性标准的代号为 GB，推荐性标准的代号为 GB/T。对没有国家标准，又需要在全国行业范围内统一的技术要求，制定行业标准。对没有国家标准和行业标准，但需要在省、自治区、直辖市范围内统一的技术要求，制定地方标准。在农业企业（单位）范围内，对需要协调统一的技术要求、管理要求和工作要求可以制定企业标准。企业标准一般以 Q 作为企业标准的开头。如 Q/XXX J2.1—2017，XXX 为企业代号（可以是企业简称的汉语拼音大写字母）；J 为技术标准代号（G 为管理标准，Z 为工作标准）；数字 2.1 表示某个标准在企业标准体系中的位置号，其中的 2 为技术标准体系中的第二序列产品标准，1 为其中的第一个产品标准；最后数字 2017 为标准制定的年份。

13.1.4　实施农业标准化的意义

当今的农业发展更加强调参与世界经济全球化、一体化的角逐和竞争，竞争的范围明显扩大，竞争的核心突出了农产品的质量安全和环境保护。农业标准化是提升我国农产品国际竞争力，增强农业综合生产能力，优化农业生产结构，促进农业和农村社会发展的重要技术基础工作，是规范国内外农产品贸易市场，保护农业生产者和消费者合法权益的重要手段。因此，加快推进我国的农业标准化工作，对于加快农业现代化建设，实现农业的可持续发展，具有不可替代的作用。其重要性表现在以下几个方面。

（1）农业标准化是发展农业现代化的基础　农业标准化集现代科技成果和现代管理技术于一体，把通过把先进的科学技术和成熟的经验转化成农业标准，推广应用到农业生产产前、产中、产后全过程，把科学技术成果转化为现实的生产力，实现高产优质高效的目的。因而农业标准化是推动现代农业技术应用的必要措施和重要手段。我国由于人均资源占有量少，耕地下降的趋势难以在短时间内扭转，因此我国农业的根本出路在于农业科技的广泛应用。科技成果转化为标准，可以成倍地提高推广应用的覆盖面，同时，标准的提高又会推动科技创新，加速农业的科技进步步伐。生产质量合格的产品是农业现代化的首要目标，没有农产品质量的改善就不能提高其附加值，就无法提升农业竞争力，最终导致农产品在市场上得不到认可甚至为市场所淘汰。

（2）农业标准化有助于提高我国农业的国际竞争力　农业国际化一个有效途径就是农产品必须适应国际消费需求。而今，追求农产品质量安全成为有效开拓市场、提高竞争力的重要措施。我国按照加入 WTO 的承诺，逐步放开农产品市场，外国农产品必然以其在安全、品质、价格等方面的优势冲击我国农产品市场，我国农产品也在发挥劳动力等资源要素优势走出国门，参与国际竞争。但是，由于国际贸易竞争的日益激烈，各国常常把技术标准作为贸易保护的措施，特别是经济发达的国家，常利用发展中国家科技水平低，难以达到严格的安全、卫生指标，有意识地增加一些苛刻的检测项目作为限制进口和进行不平等交易的工具。农业标准是进行农产品国际贸易的共同语言和规则，我们只有依靠高水平的农业标准，生产出符合国际市场安全、卫生、质量要求的农产品，才能获得国际市场准入，以强大的竞争力抵御国外农产品的冲击，进而进入国际市场。

(3)农业标准化是保障农产品质量和消费安全的基本前提　近年来，因农药残留、兽药残留和其他有毒有害物质超标导致的农产品污染和中毒事件时有发生，严重威胁到广大消费者的身体健康和生命安全。解决此问题的一个重要前提，就是要建立起与中国农业和农村生产力发展阶段相适应的农产品质量安全标准体系、检验检测体系和认证认可体系。在这三大体系中，农产品质量安全标准体系具有基础性的作用。随着人们收入水平的提高，消费者的农产品质量安全意识日益增强，在满足"吃饱"之后更关注的是优质、安全有保障的农产品。要适应这种要求，实现"吃好"这个目标，就必须推行农业标准化。

(4)农业标准化是实现农业可持续发展的有效措施　我国的生态环境和自然资源由于历史和经济等种种原因，没有得到应有的保护。资源和环境压力已成为我国经济和社会发展的重要因素。耕地锐减，土地严重盐渍化和沙漠化，水土严重流失，草原严重退化，工业"三废"污染耕地，农业生产中化肥农药等的不当使用，造成农产品中有毒有害物质残留量超标严重等问题，影响着人类健康和贸易的发展。针对上述问题，制定和实施有关方面的农业标准，对改善生态环境，保护人们身体健康，促使农业走可持续发展道路具有重要作用。

13.1.5　我国农业标准化发展现状及问题

13.1.5.1　我国农业标准化实施现状

(1)农产品质量安全标准体系框架基本形成　建立了以国家标准为主体，行业标准、地方标准和企业标准相衔接配套的产前、产中、产后全过程的农业标准体系。截至2018年4月，原农业部共制定发布农业国家标准和行业标准12 695项，其中国家标准6 678项，农业行业标准6 017项，国家标准中农药残留限量标准4 140项，兽药残留限量标准1 548项，饲料安全标准67项，转基因安全标准166项，检测方法等标准757项。行业标准方面，围绕粮食安全和优势农产品区域布局规划，针对大宗粮食作物、优势和特色果蔬以及畜禽制定了产品标准1 500多项；围绕重大动植物疫病防治，针对禽流感、口蹄疫等制定了动植物疫病测报和诊治标准近400项；围绕农业生态安全，配套制定了转基因生物安全评价与检测、外来生物入侵防控和天敌饲养及防治标靶生物田间药效试验标准200余项，制定种植资源相关标准110项；围绕生产过程控制，制定了产地环境标准40余项、过程控制技术规范200余项，包括测土配方施肥技术规程、水肥一体化技术规范、畜禽粪污处理场建设标准、农作物秸秆综合利用技术通则、有机肥、微生物复合肥料标准等；制定农药生物试验准则等农药风险评估技术标准260余项。现行农业标准体系贯通了从农业产地环境、投入品、生产规范、产品质量、安全限量、检测方法、包装标识、储存运输等方面，农产品生产全过程标准体系基本建立，初步形成了以国家和行业标准为骨干、地方标准为基础、企业标准为补充的4级标准体系框架。

(2)农业标准化实施成效显著　农业标准化示范区建设有效推进。近年来，围绕《优势农产品区域布局规划》和《特色农产品布局规划》，以经济附加值高的大宗农产品、出口农产品和优势特色农产品为重点，通过无公害农产品标准化生产示范县、示范农场、农产品标准化生产综合示范区、优势农产品标准化生产示范基地和农业标准化示范县等多个项目建设。通过开展示范区建设，规范了农业生产、农产品加工和贸易，保障了农产品质量安全，打造了绿色优质农产品品牌，实现农业增效、农民增收，提高农业可持续发展能力。以无公害农产品标准、绿色食品标准、有机农产品标准为代表的全程控制标准体系在有效指导和规范农业生产行为、提升农业绿色发展和消费水平方面发挥了积极的引导和促进作用。截至 2017 年底，全国共建成绿色食品原料标准化生产基地 678 个，涉及百余种地区优势农产品和特色产品；建成有机农业示范基地 24 个，初步形成了茶叶、水果、蔬菜、稻米、畜牧产品、水产品等各具特色的有机种养示范模式，带动 2 000 多万农户，对促进地方经济、增加农民收入发挥了积极的作用；创建了 37 个国家级农产品地理标志示范样板。

农产品标准化初见成效。截至 2017 年底，全国“三品一标”（无公害农产品、绿色农产品、有机农产品及地理标志农产品）产品总数达到 121 546 个。其中，无公害农产品企业总数 43 171 家，产品 89 431 个；绿色食品企业总数 10 895 家，产品 25 746 个；有机农产品企业总数 1 068 家，产品 4 127 个；登记农产品地理标志产品 2 242 个。

推进水稻、小麦、玉米等大宗农产品标准化种植。2013 年，原农业部结合绿色高质高效创建和增产模式攻关，组织育种、栽培、农机、植保等多领域的专家和各地农业部门，制定了涵盖东北、黄淮海、长江中下游、西南西北 4 大区域、29 个粮食生产优势区域，涉及玉米、小麦、水稻、马铃薯、油菜 5 大作物，以不同主推技术为核心的 58 个区域性、标准化高产高效技术模式。2015 年，将 58 个区域性、标准化技术模式升级完善，组装成 5 大区域、5 大作物的 20 种集成技术模式，更加注重绿色、节本、高效，为种植大户、家庭农场、农民合作社、社会化服务组织等新型经营主体量身打造了可学可用的“技术套餐”，为各地推进粮食标准化生产提供了可供选择的技术规程。

（3）建立了比较完整的监测体系　已建成部级以上农业质量监测中心 130 多个。许多省、市、县也建立了相应的监测机构，形成了国家级和部级农业质检机构，地方农业质检机构和第三方及其他检测机构构成的较完整的监测体系，为农业标准化的实施提供了较完善的技术支撑手段。

检测标准和技术水平日益提升。随着全社会标准化意识的增强和农业科技成果转化的加快，农业标准科技含量明显提升。色谱-质谱联用技术、酶联免疫技术、分子生物技术等一批高新技术在检测方法标准中得到普遍应用，多残留和快速检测方法标准为农产品质量安全执法监管提供了有力支撑。同时，我国农产品质量安全标准的国际接轨程度和国际影响力不断提升。在我国农残限量标准中，符合或严于 CAC（国际食品法典委员会）标准的比例达到 90.6%。我国已推动茶叶上硫丹和稻米上乙酰甲胺磷等 8 项国家农药残留限量标准转化为 CAC 标准，主导提出茶叶上农药残留评估引入茶叶浸出率的概念获得多个国际组织和权威机构认可，并且在茶叶评估中得到应用，我国参与国际标准化活动的话语权明显增强。

（4）初步建立起了适应市场经济要求的农业标准化管理体制和运行机制　在行政管理上，各级质量技术监督和农业行政管理部门都有相应的机构和人员管理农业标准化工作；在技术方面，全国已组建农业标准化技术委员会和农业标准化技术归口单位 20 多个；在运行机制上，积极采取措施，建立与国内外市场需求相适应的农业标准结构，提高了农业标准的适用性和质量水平。总结推广了“企业＋基地＋标准（科技）＋农户”等实施模式，加快了农业标准的应用步伐。按照原国家标准委员会的部署，各地农业综合标准化示范区项目积极推进。如北京市海淀区四季青镇农业综合服务中心承担的国家观光休闲农业综合标准化示范区项目，是都市型现代农业的典型。该中心以农业标准化引领全镇一、二、三产融合发展，建立的标准从《休闲农业园区服务设施条件要求》《休闲农业园区植物病虫害综合防治通则》《休闲农业园区服务规范》《休闲农业园区科普教育服务规范》《休闲农业园区卡丁车竞技服务规范》到《休闲农业园区突发公共事件应急规范》等，涵盖了从农业到服务业领域的13项标准。

(5)农业标准化执法体系和认证体系取得了新进展　我国已经根据农业标准化的要求，制定了较为完善的农产品认证办法，开展了无公害农产品、绿色食品、有机食品认证工作。认证农产品在促进农业标准化方面发挥了积极作用。同时，为持续加强农业质检机构能力建设，不断提高农业质检机构质量控制与运行管理水平，确保检测数据准确可靠，农业部还定期组织对全国农产品质量安全检测技术能力验证工作。围绕农产品标准，制定了一些地方法规，进行综合执法，把农业标准化纳入了法制化轨道。

13.1.5.2　农业标准化存在的问题

我国农业标准化虽然做了大量的工作，但还存在许多问题亟须解决。

(1)农业标准化体系尚不健全　农业标准化配套的相关的法律法规、农业标准化信息和管理科学、农业标准化实施推广、农业标准化监测与监督、农产品认证等体系的建设方面虽有很大进展，但仍不是很健全。有些农产品质量安全标准、基础标准等缺乏，相应的技术操作规程、方法标准等配套不完善。制定的标准中，产中技术规范多，产后标准和系列标准少，且标准与市场结合不紧；制定标准时与国际市场接轨的少，引用国际标准的速度不快。现行农业标准还无法构成适合我国农业生产和经济建设需要的农业标准体系。

(2)标准水平低　现行农业标准中，基础标准，包装、储存、运输标准占比重都很低。在分类标准中各标准之间比较混乱，结构不合理。农业标准采标率很低，只有部分检测方法标准采用了国际标准，大多质量标准只是部分指标采用了国际标准，与国际标准接轨存在较大差距；标准水平不高，对于技术指标的要求普遍低于国际标准和国外先进标准。

(3)缺乏统一规划　制定和实施标准还处于自发和分散状态，针对性不强，导致标准的重点不突出，主导产品缺少配套和完整性，不能适应农业产业化的要求。国家标准、行业标准以及相关行业之间项目交叉重复，技术要求不一。由于农业行业自身固有的多样性、复杂性的特点，部分国家标准与行业标准之间，特别是相关行业之间农业标准出现标准间交叉重复，技术要求不一，严重影响了标准的实施和管理。

(4)标准化知识尚未普及　农业标准化在我国还属于新生事物，从全国情况看，政府虽然已经重视农业标准化，但宣传不够，推广、实施力度不大；理论研究还停留在作用、意义的探讨和单过程、单方面的标准化研究阶段；实践经验不足，范围不广，表现在地区差异大、品种限于名优特、工作重点主要在产后等方面，而且多数农产品不是没有标准，就是标准内容过于落后，严重制约了农产品进军市场的步伐；支撑体系较为混乱，检测不权威、认证不规范、执法不严格，支撑力度低。

(5)标准的制定与实施缺乏有效的组织和配套措施　目前标准的制定已经逐渐被重视，但是轻视标准实施的现象还比较普遍。主导产品缺少配套和完整性，不能适应农业产业化的要求。国家标准、行业标准以及相关行业之间项目交叉重复，技术要求不一。由于农业行业自身固有的多样性、复杂性的特点，部分国家标准与行业标准之间，特别是相关行业之间农业标准出现标准间交叉重复，技术要求不一，严重影响了标准的实施和管理。

(6)标准化实施过程中存在的“过度”问题　一是“过度规模化”。近年来随着国家财政资金扶持导向，各地发展很多农业项目盲目追求大规模，包括标准化规模种植、标准化养殖小区等，似乎规模越大越好，很多项目由于缺乏科学评估论证，项目实施后经济效益不佳，造成资金巨大浪费。二是“过度一刀切”。比如养殖粪污处理标准化问题，养殖中的畜禽粪污不是短时间造成的，也不可能一天就治理好，需要有一个颁布标准、引导实施、监督检查、处罚处置、全面提高的过程。但一些地方执行标准中，对暂时排放未达标的规模养殖企业设施采取强力拆除或“一关了之”的简单做法，对生产者和社会资源都造成很大损失，对某些养殖企业或规模养殖农户更是造成重创。

13.1.5.3　推进农业标准化工作的重点

(1)建立健全农业质量标准体系　这是实施农业标准化的基础和前提，没有标准就谈不上标准化，使农业生产的每一个环节都纳入标准化管理的轨道，从而形成一整套完善的全程标准指标体系。

(2)尽快建立健全农产品质量检测体系　这是确保农产品质量的重要手段。要努力形成布局合理、功能齐全、服务便捷的农产品质量检测网络。在检测体系建设中，要遵循高起点、高标准的原则，同时，要在搞好检测体系建设的基础上，加强对质检人员的培训，严格检验制度，对农产品实行全程监控，确保网络的有效运转。

(3)进一步搞好农业标准化示范基地建设　在创建国家级、省级农业标准化示范区的基础上，结合优势农产品产业化发展需要，以经济效益和生态效益为中心，发挥示范区的示范、辐射、带动作用，推进农业标准的推广实施，提高农产品质量安全水平，提升农产品质量档次，增强市场竞争力。创新农业标准化示范区建设机制，把示范基地、企业、农民通过标准化紧密联系，在农产品生产的产前、产中、产后全过程实现统一技术要求、统一规范化生产管理，提高标准实施的到位率。

(4)推进农产品流通领域标准化管理　进一步完善农产品流通领域的标准体系和监测体系，实行收购、储存、加工、运输、销售等全过程质量安全控制，大力推进农产品质量安全、质量等级、计量、包装标识等标准的实施，满足新形势下市场对农产品质量安全的需求。积极探索开展农产品批发市场的标准化工作，用标准化规范农产品批发市场。

(5)加快推进认证制度，积极创建农业品牌　积极引导和鼓励农业龙头企业、生产单位、经济合作组织等开展 GAP，HACCP，ISO 9000，ISO 14000 等标准体系的认证，促进农产品生产、加工与国际接轨。扶持农业龙头企业、各种经济联合体、专业大户，引导他们按照标准对产前、产中、产后进行全程质量控制，培育优势、特色名牌农产品。

(6)积极采用国际标准和国外先进标准，扩大农产品出口　建立农业标准化信息服务体系，结合农产品特点，做好有毒有害物质限量指标及检验方法、动植物防疫措施和检疫方法等国际标准和国外先进标准的收集和采标工作，推动农产品生产企业采用国际标准或国外先进标准组织生产，提高企业抵御技术性贸易壁垒的能力，扩大农产品出口。

(7)大力普及农业标准化知识，提高全社会的标准化意识　多形式、多渠道搞好农业标准化知识培训，增强全社会对实施农业标准化生产的紧迫感和责任感，在全社会形成人人关注标准化、自觉实施标准化的良好氛围。

13.2 农产品质量安全概述

13.2.1 农产品质量安全的概念与特点

13.2.1.1 农产品质量安全的概念

农产品质量安全的定义是随着时代的发展不断演变的。总体上看，有 3 种定义与说法值得探讨。

(1)广义的概念　质量安全既包含质量又包括安全，是一个是农产品安全、优质、营养要素的综合体，这个概念被现行的国家标准和行业标准所采纳，但与国际通行说法不一致。

(2)狭义的概念　专指农产品质量中的安全。所谓质量从广义上讲是指产品、过程或服务满足规定要求的特征和特性总和，应当包括安全。之所以叫质量安全，是要在质量的诸因子中突出安全要素，引起人们的关注和重视。也就是说，提高质量是主线，保证安全是前提和根本。这种说法符合我们目前的工作实际和工作重点。

(3)指质量和安全的组合　质量是指农产品的外观和内在品质，即农产品的使用价值、商品性能；不安全是指农产品的危害因素，如农药残留、兽药残留、重金属污染等对人和动植物以及环境存在的危害与潜在危害。这种说法符合国际通行原则，也是我们将来管理的方向。

从对 3 种定义的分析不难看出，农产品质量安全概念是在不断发展变化的。国际上常用的“食品安全”一词实际上是泛指一般的农产品安全，英文表达为 Food Security 或 Food Safety，它们的含义并不一样：Food Security 指因食物短缺和营养不良造成的生命和健康问题，强调的是数量不足，质量不佳等问题，尤其强调数量短缺；而 Food Safety 则是因为食品污染或者营养失衡造成的生命和健康问题，主要是质量上的安全和生命、健康的保障。

综上所述，本章所讲的农产品质量安全是 Food Safety，即在重点解决好农产品数量安全的同时，提高农产品的质量。同时本章所研究的农产品质量安全是食用农产品。

13.2.1.2 农产品质量安全的特点

一般来说，危害农产品质量安全的来源有物理性污染、化学性污染和生物性污染。提高农产品质量安全就是要防范这些污染对人体健康可能产生的危害，我们可以看出对农产品造成质量安全威胁的特点如下。

(1)危害的直接性　农产品的质量不安全主要是指其对人体健康造成危害而言。大多数农产品一般都直接消费或加工后被消费。受物理性、化学性和生物性污染的农产品均可能直接对人体健康和生命安全产生危害。

(2)危害的隐蔽性　农产品质量安全的水平或程度凭借人的直观感觉难以辨别和评价，需要通过仪器甚至是专业试验才能确定。由于受科技发展水平等条件的制约，部分参数或指标的检测难度大、检测时间长。因此，质量安全状况难以及时准确判断，危害具有较强的隐蔽性。

(3)影响的渐进性和累积性　在多数情况下，农产品的不安全对生命和健康的影响是慢性的、长期的，如农药（"六六六"的影响可持续几十年）、重金属残留以及营养缺乏或失衡对健康的影响都需要较长时间才能显现。尤其是转基因食品，其对人类健康是否有影响，有什么影响，都需要经过相当长时期才能体现出来。

（4）影响的传递性　农产品的同质性及经验品、信任品的特性，导致了一旦某类个别农产品出了质量安全事故，消费者往往会对这类产品的所有品牌都不信任。这是因为在信息不对称情况下，消费者要在这类产品中找出质量可靠，有安全保障的产品，成本往往很高，他们理性的、本能的办法就是整体抛弃，以减少风险。

（5）多环节性和复杂性　农产品从田间到餐桌任何一个环节不安全，都可能对人体造成伤害。我国农业小规模分散经营的特点，导致了农产品质量安全管理涉及面广，管理成本高，管理难度大。同时，农业生产周期长，是自然再生产和经济再生产的有机结合，在农产品质量安全管理方面很多因素不可控，因此农产品质量安全面临着自然和市场的双重风险。

13.2.2 农产品质量安全的意义

近年来，农产品质量安全已成为广大消费者及农业和食品行业最为关注的问题，无论是政府还是民间都在探索解决这一关系国计民生的热点问题，并已开始在许多方面付诸实践。开展农产品质量安全工作有其重要意义。

（1）有利于保护资源和生态环境，促进农业可持续发展，走出一条发展生产和保护环境相结合的新路子，引导农业生产方式的变革　开发安全农产品，有利于保护生态环境和合理利用土地资源。

（2）有利于实行标准化生产，提高农产品质量，满足城乡居民对高质量食物日益增长的需求　按照优势农产品区域布局，以标准化，规范化生产为基础，组织农民生产市场所需要的优质安全农产品，是新时期农业与农村工作的重大任务。无公害农产品、绿色食品、有机食品均已建立起一整套较完备的标准体系，能够实现"从土地到餐桌"全程质量控制。

（3）有利于拓展生产领域，拉长产业链条，促进农业产业化发展　以创新的制度设计为核心的安全农产品生产和认证管理是农业向深度和广度拓展的有效载体，通过产品认证，密切了产业上下游间的利益联结机制，提高了农民的组织化程度和农业整体素质，强化了基地与企业、企业与市场的关联度，拉长了产业链条，促进了农业增效，带动了农民增收。

（4）有利于农业结构调整和新时期农业管理方式的变革　农业结构调整的核心是大幅度提高农产品质量，增加市场份额，促进农民增收。保障安全是对农产品质量的最低要求。

（5）有利于冲破"绿色壁垒"，扩大农产品出路，提升我国农产品国际竞争力　保证和加强农产品质量安全是适应经济全球化趋势，扩大农产品出口的当务之急。我国的农产品在出口中如何适应遇到的越来越多的技术性贸易壁垒，在世界上占据应有的位置，是摆在我们面前刻不容缓的问题，而解决这个问题的关键是提高农产品的质量安全水平。

13.2.3 农产品质量安全管理体系

农产品质量安全体系是指各个相关部门或系统为完成农产品质量安全目标进行分工合作所形成的一体化工作网络，具体包括质量标准体系、检验检测体系、认证体系、科技支持体系、示范推广体系、法律法规体系、信息服务体系、市场营销体系等。

鉴于我国农产品质量安全管理体系建设的现状，重点介绍以下几个体系：

(1)农产品质量安全监测体系　我国中央政府一级的农产品质量安全监测工作主要由国家市场监督管理总局、农业农村部、林业和草原局、国家卫生健康委员会、生态环境部、商务部和海关总署等部门共同负责。这些机构各成体系,在省市县一级都分别设有相应的部门。此外,还有一些部门在农产品质量安全监测体系中处于重要地位,如交通运输部等在自己职责领域内参与农产品质量安全检验工作。

(2)农产品质量安全法律、法规体系　20 世纪 80 年代以来,国家陆续制定并实施了《中华人民共和国产品质量法》《中华人民共和国食品卫生法》等一系列与农产品质量安全监督管理有关的法律法规,2006 年 11 月 1 日颁布实施了《中华人民共和国农产品质量安全法》,为中国农产品质量安全的监管工作奠定了法律基础。农业行政部门也制定并实施了《农产品产地安全管理办法》《农产品包装和标识管理办法》《农产品质量安全检测机构考核评审员管理办法》《绿色食品标志管理办法》《农产品质量安全监测管理办法》《无公害农产品管理办法》等行政法规。经过长期的建设,中国农产品质量安全法律法规日趋完善,形成了以总体性法律为基础,以涉及大量技术标准的法规为主体,以各省及地方政府的规章制度为补充的农产品质量安全法律法规体系。

(3)农产品质量安全认证体系　中国的农产品质量安全认证包括无公害农产品、绿色食品、有机食品认证。

(4)农产品质量安全标准体系　完善的农产品质量安全标准体系可以分为投入品标准、过程操作标准、环境标准和产品标准 4 个组成部分。

(5)农产品质量安全保障体系　健全的农产品质量安全保障体系包括良好操作规范(GMP)、危害分析关键控制点(HACCP),ISO 9000 系列标准等。

(6)农产品质量安全风险分析体系　风险分析的根本目的在于保护消费者的健康和促进公平的食品交易,它是通过对影响食物安全的各种生物、物理和化学危害进行评估,定性或定量描述风险的特征,并在参考了各种相关因素后,提出风险管理措施。

13.3 食用农产品质量安全管理体系

13.3.1 有机食品认证

"认证"一词的英文原意是一种出具证明文件的行动,是"由可以充分信任的第三方证实某一经鉴定的产品或服务符合特定标准或规范性文件的活动"。

我国农产品质量安全认证主要是产品认证。在产品认证当中主要是对食用农产品的认证,即无公害农产品、绿色食品、有机农产品(有机食品)。

有机食品认证是对生产系统、质量系统、生产方法、生产产品的认证,即对土壤、水、环境空气、添加剂、肥料、饲料以及最终产品进行认证。有机产品必须通过检测明确有机含量,贴上认证标志,向消费者证明其是获得认证的合格产品,以明确产品档次销售。

13.3.1.1 有机食品的概念

有机食品一词是从英文 organic food 直译过来的,其他语言中也有叫生态或生物食品等。有机食品指来自有机农业生产体系,根据有机农业生产要求和相应标准生产加工,并且通过合法的、独立的有机食品认证机构认证的农副产品及其加工品。目前经认证的有机食品主要包括一般的有机农作物产品（粮食、水果、蔬菜等）、有机茶产品、有机食用菌产品、有机畜禽产品、有机水产品、有机蜂产品、采集的野生产品以及以上述产品为原料的加工产品。国内市场销售的有机食品主要有粮食、蔬菜、水果、茶叶、蜂蜜、奶制品、禽畜产品等。

"有机"主要是指采取一种有机的农业耕作和生产加工方式。有机农业（organic farming）指在动植物生产过程中不使用化学合成的农药、化肥、生产调节剂、饲料添加剂等物质，以及基因工程生物及其产物，而是遵循自然规律和生态学原理，采取一系列可持续发展的农业技术，协调种植业和养殖业的平衡，维持农业生态系统持续稳定的一种农业生产方式。

13.3.1.2　有机食品生产及加工的基本要求

有机食品生产要求生产基地在最近3年内未使用过农药、化肥等违禁物质；种子或种苗来自自然界，未经基因工程技术改造过；生产单位需建立长期的土地培肥、植保、作物轮作和畜禽养殖计划；生产基地无水土流失及其他环境问题；作物在收获、清洁、干燥、储存和运输过程中未受化学物质的污染从常规种植向有机种植转换需两年以上转换期，新垦荒地例外；生产全过程必须有完整的记录档案。

有机食品加工要求原料必须是自己获得有机颁证的产品或野生无污染的天然产品；已获得有机认证的原料在终产品中所占的比例不得少于95%；只使用天然的调料、色素和香料等辅助原料，不用人工合成的添加剂；有机食品在生产、加工、储存和运输过程中应避免化学物质的污染；加工过程必须有完整的档案记录，包括相应的票据。

13.3.1.3　主要国内外认证机构

一个产品要作为有机产品进入市场就必须经过权威的监督和认证机构的认证。世界各国均有不同类别的认证机构，如：荷兰的Control Union、瑞士的生态市场研究所IMO、日本的JONA、法国的IFOAM、英国土壤协会、瑞士有机农业组织协会BIOSUISSE、德国有机农业组织协会AGOL、荷兰的SKAL、德国的BCS和GFRS、法国和德国的ECOCERT、瑞典的KRAV和加拿大有机认证合作有限公司等。

中国的认证机构是中国合格评定国家认可委员会（China National Accreditation Board for Certifies，CNAB），它是中国国家认证认可监督管理委员会批准设立并授权的国家认可机构，负责对从事各类管理体系认证和产品认证的认证机构进行认证能力的资格认可。

13.3.2　绿色食品认证

绿色食品认证的运作方式为政府推动、市场运作，质量认证与商标转让相结合。它依据《绿色食品标志管理办法》，强调从土地到餐桌的全过程质量控制，检查检测并重，注重产品质量。

13.3.2.1　绿色食品的分类

绿色食品在中国是对无污染的安全、优质、营养类食品的总称，是指按特定生产方式生产，并经国家有关的专门机构认定，准许使用绿色食品标志的无污染、无公害、安全、优质、营养型的食品。1990年5月，农业部正式规定了绿色食品的名称、标准及标志。从1996年开始，绿色食品区分为AA级和A级绿色食品。

(1)AA级绿色食品　生产过程中不使用任何化学合成的农药、肥料、兽药、食品添加剂、饲料添加剂及其他有害于环境和身体健康的物质。按有机生产方式生产，产品质量符合绿色产品标准，经专门机构认定，许可使用AA级绿色食品标志的产品。在AA级绿色食品生产中禁止使用基因工程技术。

(2)A级绿色食品　生产过程中严格按照绿色生产资料使用准则和生产操作规程要求，限量使用限定的化学合成生产资料。产品质量符合绿色食品产品标准，经专门机构认定，许可使用A级绿色食品标志的产品。

它们的区别概括如下：

①为了和国际相关食品接轨，目前AA级绿色食品标准已达到国际有机农业运动联盟的有机食品基本标准的要求，AA级绿色食品已具备了走向世界的条件，这是AA级与A级的根本区别。

②在AA级绿色食品生产操作规程上禁止使用任何化学合成物质。而在A级绿色食品生产中允许限量使用限定的化学合成物质。

③A级绿色食品产品包装上以绿底印白色标志，其防伪标签的底色为绿色；而AA级绿色食品包装上以白底印绿色标准，防伪标签的底色为蓝色。

13.3.2.2　绿色食品标志申报范围

绿色食品标志是经中国绿色食品发展中心注册的质量证明商标，按国家商标类别划分的第29～33类中的大多数产品均可申报绿色食品标志，如第29类的肉、家禽、水产品、奶及奶制品、食用油脂等，第30类的食盐、酱油、醋、米、面粉及其他谷物类制品、豆制品、调味用香料等，第31类的新鲜蔬菜、水果、干果、种子、活生物等，第32类的啤酒、矿泉水、水果饮料及果汁、固体饮料等，第33类的含酒精饮料。新近开发的一些新产品，只要经国家卫生健康委员会以“食”字或“健”字登记的，均可申报绿色食品标志。经卫生健康委员会公告的既是食品又是药品的品种，如紫苏、菊花、白果、陈皮、红花等，也可申报绿色食品标志。药品、香烟不可申报绿色食品标志。按照绿色食品标准，暂不受理蕨菜、方便面、火腿肠、叶菜类酱菜的申报。

13.3.2.3　绿色食品标志办法

凡具有绿色食品生产条件的单位与个人均可作为绿色食品标志使用权的申请人。想从事绿色食品生产并欲获得绿色食品标志的单位或个人，应按如下程序办理。

(1)申请人填写绿色食品标志使用申请书，报所在省(自治区、直辖市、计划单列市)绿色食品管理部门。

(2)省绿色食品管理部门委托通过省级以上计量认证的环境保护监测机构，对该项产品或产品原料的产地进行环境评价。

(3)省绿色食品管理部门对申请材料进行初审，并将初审合格的材料报中国绿色食品发展中心。

(4)中国绿色食品发展中心会同权威的环境保护机构，对上述材料进行审核。合格的，由中国绿色食品发展中心指定的食品监测机构对其申报产品进行抽样，并依据绿色食品质量和卫生标准进行检测；对不合格的，当年不再受理其申请。

(5)中国绿色食品发展中心对质量和卫生检测合格的产品进行综合审查(含实地核查),并与符合条件的申请人签订"绿色食品标志使用协议",由农业农村部颁发绿色食品标志使用证书及编号,报国家市场监督管理总局商标局备案,同时公告于众。

13.3.3 无公害农产品认证

为解决我国农产品基本质量安全问题,经国务院批准,原农业部于 2001 年启动"无公害食品行动计划",并于 2003 年开展了全国统一标志的无公害农产品认证工作。近年来,无公害农产品保持了快速发展的态势,具备了一定的发展基础和总量规模,已成为许多大中城市农产品市场准入的重要条件。目前,无公害农产品认证已成为促进农户、企业和其他组织提高生产与管理水平、保障农产品质量安全、保护环境和人民身体健康、规范市场行为、指导消费、促进贸易的重要手段。

13.3.3.1 无公害农产品的概念

无公害农产品是指产地环境符合无公害农产品的生态环境质量,生产过程必须符合规定的农产品质量标准和规范,有毒有害物质残留量控制在安全质量允许范围内,安全质量指标符合《无公害农产品(食品)标准》的农、牧、渔产品(食用类,不包括深加工的食品)经专门机构认定,许可使用无公害农产品标识的产品。广义的无公害农产品包括有机农产品、自然食品、生态食品、绿色食品、无污染食品等。这类产品生产过程中允许限量、限品种、限时间地使用人工合成的安全的化学农药、兽药、肥料、饲料添加剂等,它符合国家食品卫生标准,但比绿色食品标准要宽。无公害农产品的质量要求低于绿色食品和有机食品。

13.3.3.2 无公害农产品标准

无公害农产品标准是无公害农产品认证和质量监管的基础,其结构主要由环境质量、生产技术、产品质量标准 3 部分组成,其中产品标准、环境标准和生产资料使用准则为强制性国家及行业标准,生产操作规程为推荐性国家行业标准。

13.3.3.3 无公害农产品认证特点

开展无公害农产品认证工作是促进结构调整、推动农业产业化发展、实施农业品牌战略、提升农产品竞争力和扩大出口的重要手段。无公害农产品认证有以下几个特点。

(1)认证性质　无公害农产品认证是为保障农产品生产和消费安全而实施的政府质量安全担保制度,属于政府行为,公益性事业,不收取任何费用。

(2)认证方式　无公害农产品认证采取产地认定与产品认证相结合的模式。无公害农产品认证的过程是一个自上而下的农产品质量安全监督管理行为;产地认定是对农业过程的检查监督行为;产品认证是对管理成效的确认,包括监督产地环境、投入品使用、生产过程的检查及产品的准入检测等方面。

(3)技术制度　无公害农产品认证推行"标准化生产、投入品监管、关键点控制、安全性保障"的技术制度。从产地环境、生产过程和产品质量 3 个重点环节控制危害因素含量,保障农产品的质量安全。

13.3.4 有机食品、绿色食品与无公害食品的区别

有机食品是指完全不含人工合成的农药、肥料、生长调节素、催熟剂、家畜禽饲料添加剂的食品。绿色食品是指遵循可持续发展原则，按着特定生产方式，经专门机构认定、许可使用绿色食品标志的食品，分 A 级和 AA 级。无公害食品是指产地环境、生产过程和终端产品符合无公害食品标准及规范，经过专门机构认定，许可使用无公害食品标志的食品。

有机食品、绿色食品、无公害食品都是安全食品，安全是这三类食品突出的共性，它们从种植、收获、加工生产、储藏及运输过程中都采用了无污染的工艺技术，实行了从土地到餐桌的全程质量控制，保证了食品的安全性。但是，他们又有不同点。

(1)标准不同　就有机食品而言，不同的国家、不同的认证机构，其标准不尽相同。在我国，国家环境保护总局有机食品发展中心制定了有机产品的认证标准。

我国的绿色食品标准是由中国绿色食品发展中心组织指定的统一标准，其标准分为 A 级和 AA 级。A 级的标准是参照发达国家食品卫生标准和联合国食品法典委员会(CAC)的标准制定的；AA 级的标准是根据 IFOAM 有机产品的基本原则，参照有关国家有机食品认证机构的标准，再结合我国的实际情况而制定的。

无公害食品在我国是指产地环境、生产过程和最终产品符合无公害食品的标准和规范的产品。这类产品中允许限量、限品种、限时间地使用人工合成化学农药、兽药、鱼药、肥料、饲料添加剂等。

(2)标识和认证机构不同　有机食品标识在不同国家和不同认证机构是不同的。在我国，国家环境保护总局有机食品发展中心在国家工商总局注册了有机食品标识，中国农业科学院茶叶研究所亦制定了有机茶的标识。

绿色食品的标识在我国是统一的，也是唯一的，它是由中国绿色食品发展中心制定并在国家工商总局注册的质量认证商标。

无公害食品的标识在我国由于认证机构不同而不同，山东、湖南、黑龙江、天津、广东、江苏、湖北等省先后分别制定了各自的无公害农产品标识。

(3)级别不同　有机食品无级别之分，在生产过程中不允许使用任何人工合成的化学物质，而且需要 3 年的过渡期，过渡期生产的产品为“转化期”产品。

A 级绿色食品产地环境质量要求评价项目的综合污染指数不超过 1，在生产加工过程中，允许限量、限品种、限时间地使用安全的人工合成农药、兽药、鱼药、肥料、饲料及食品添加剂；AA 级绿色食品产地环境质量要求评价项目的单项污染指数不得超过 1，生产过程中不得使用任何人工合成的化学物质，且产品需要三年的过渡期。

无公害食品不分等级，在生产过程中允许使用限品种、限数量、限时间的安全的人工合成化学物质。

(4)认证方法不同　在我国，有机食品和 AA 级绿色食品的认证实行检查员制度，在认证方法上是以实地检查认证为主，检测认证为辅，有机食品的认证重点是农事操作的真实记录和生产资料购买及应用记录等。A 级绿色食品和无公害食品的认证是以检查认证和检测认证并重为原则，同时强调全程质量控制，在环境技术条件的评价方法上，采用了调查评价与检测认证相结合的方式。

13.4　农产品地理标志登记管理

13.4.1　农产品地理标志保护概述

农产品地理标志是标志农产品源于特定地域，产品品质和相关特征主要取决于自然生态环境和历史人文因素，并以地域名称冠名的特有农产品标志。它不仅是知名的农产品产地标志，而且也是重要的农产品质量标志。加强农产品地理标志保护，对于保护我国重要的地理资源遗产，推进我国优势特色农产品的区域布局，规范农业生产，提高农产品质量安全水平和市场竞争力，保护我国传统优势农产品及加工工艺，促进农产品出口和增加农民收入具有十分重要的意义。

“地理标志”(又译为地理标记)是在产地标记、原产地名称概念的基础上，通过长期发展，目前被普遍接受的一个概念。人类社会从自然经济向商品经济转变中，最初交换及贸易的产品，主要是当地特定条件及独特工艺密切相关的初级加工品；这些产品中大多数用以相互区别的方式及标志主要是产地名称。因此，在这种交易过程中，当某种产品的品质、质量及特色得到人们的认知和接受，其产地的名称往往就成为这种产品的代称。这也是我国及世界各国许多传统名、特、优农产品形成的过程，也正是地理标志的渊源和背景。

世贸组织于 1994 年通过的《与贸易有关的知识产权协议》(TRIPS 协议)采用了“地理标志”这一概念，其中第 22 条第 1 款规定：“本协议的地理标志系指下列标志：其标示出某商品来源于某成员地域内，或来源于该地域中某地区或某地方，该商品的特定质量、信誉或其他特征，主要与该地理来源相关联。”

我国原农业部于 2007 年 12 月 25 日颁布了《农产品地理标志管理办法》，并于 2008 年 2 月 1 日起施行。该办法中对农产品地理标志做出了明确定义：“农产品地理标志是指标示农产品来源于特定地域，产品品质和相关特征主要取决于自然生态环境和历史人文因素，并以地域名称冠名的特有农产品标志。”此处所称的农产品是指来源于农业的初级产品，即在农业活动中获得的植物、动物、微生物及其产品。

农产品地理标志既是一个质量标志，也是一个地域标志，是二者的有机结合。

13.4.2　农产品地理标志登记管理

国家对农产品地理标志实行登记制度，经登记的农产品地理标志受法律保护。农业部发布的《农产品地理标志管理办法》自 2008 年 2 月 1 日起施行，对规范农产品地理标志的使用，保证地理标志农产品的品质和特色，提升农产品市场竞争力，树立农产品品牌形象，具有十分重大的意义。农产品地理标志实行公共标识与地域产品名称相结合的标注制度。

13.4.2.1　申请地理标志登记需要具备的条件

申请地理标志登记的农产品需要符合以下 5 项条件。

①称谓由地理区域名称和农产品通用名称构成。

②产品有独特的品质特性或者特定的生产方式。

③产品品质和特色主要取决于独特的自然生态环境和人文历史因素。

④产品有限定的生产区域范围。

⑤产地环境、产品质量符合国家强制性技术规范要求。县级以上人民政府择优挑选“具有监督和管理农产品地理标志及其产品的能力；具有为地理标志农产品生产、加工、营销提供指导服务的能力；具有独立承担民事责任的能力”的农民专业合作经济组织、行业协会等作为农产品地理标志登记申请人。

13.4.2.2 农产品地理标志的申报要求

农产品地理标志的使用单位和个人符合以下4项条件的可以向登记证书持有人申请使用农产品地理标志。

(1)生产经营的农产品产自登记确定的地域范围内。

(2)已取得登记农产品相关的生产经营资质。

(3)能够严格按照规定的质量技术规范组织开展生产经营活动。

(4)具有地理标志农产品市场开发经营能力。

使用农产品地理标志应当按照生产经营年度与登记证书持有人签订农产品地理标志使用协议，在协议中载明使用的数量、范围及相关的责任义务。

农产品地理标志登记证书持有人不得向农产品地理标志使用人收取使用费用。农产品地理标志使用人应当自觉接受登记证书持有人的监督检查，保证地理标志农产品的品质和信誉，正确规范地使用农产品地理标志。

13.4.2.3 农产品地理标志登记程序

符合农产品地理标志登记条件的请人可以向省级人民政府农业行政主管部门提出登记申请。省级人民政府农业行政主管部门对申请材料进行初审和现场核查，并提出初审意见将符合条件的申请材料和初审意见报送农业部农产品质量安全中心，农业部农产品质量安全中心对申请材料进行审查、提出审查意见，并组织专家评审。经专家评审通过的，由农业部农产品质量安全中心代表农业部对社会公示，有关单位和个人有异议的应当自公示截止日起20日内向农业部农产品质量安全中心提出。公示无异议的，由农业部做出登记决定并公告颁发《中华人民共和国农产品地理标志登记证书》，公布登记产品相关技术规范和标准，农产品地理标志登记证书长期有效，登记证书持有人或者法定代表人发生变化的以及地域范围或者相应自然生态环境发生变化的，登记证书持有人应当按照规定程序提出变更申请。

13.5 ISO 9000、HACCP与GAP认证

13.5.1 ISO 9000质量管理体系认证

13.5.1.1 基本概念介绍

ISO 9000是质量管理体系标准，是指由ISO/TC176国际标准化组织(英文缩写为ISO)于1987年制订、后经不断修改完善而成的系列标准。现已有100多个国家和地区将此标准等同转化为国家标准。该标准可帮助组织实施并有效运行质量管理体系，是质量管理体系通用

的要求或指南。它不受具体的行业或经济部门限制，可广泛适用于各种类型和规模的组织，在国内和国际贸易中促进相互理解。

ISO 是世界上最大的国际标准化组织。它成立于 1947 年 2 月 23 日，其前身是 1928 年成立的“国际标准化协会国际联合会”（简称 ISA）。ISO 现有 200 多个成员，最高权力机构是每年一次的“全体大会”，其日常办事机构是中央秘书处，设在瑞士的日内瓦。ISO 9000 是 ISO 发布的 12 000 多个标准中最畅销、最普遍的产品。

13.5.1.2　ISO 9000 族标准的内容

ISO 9000 族标准并不是产品的技术标准，而是针对组织的管理结构、人员、技术能力、各项规章制度、技术文件和内部监督机制等一系列体现组织保证产品及服务质量的管理措施的标准。具体地讲，ISO 9000 族标准就是在以下 4 个方面规范质量管理。

(1)机构　标准明确规定了为保证产品质量而必须建立的管理机构及职责权限。

(2)程序　组织的产品生产必须制定规章制度、技术标准、质量手册、质量体系操作检查程序，并使之文件化。

(3)过程　质量控制是对生产的全部过程加以控制，是面的控制，不是点的控制。从根据市场调研确定产品、设计产品、采购原材料，到生产、检验、包装和储运等，其全过程按程序要求控制质量，并要求过程具有标识性、监督性、可追溯性。

(4)总结　不断地总结、评价质量管理体系，不断地改进质量管理体系，使质量管理呈螺旋式上升。

13.5.2　HACCP 认证

HACCP 是 Hazard Analysis Critical Control Point 的英文缩写，表示“危害分析及关键控制点”。此技术主要有危害分析和关键控制点两部分组成，它是一个分析食品危害病预防和控制这些危害的系统，但并非是一个零风险系统，而是设法使食品安全危害的风险降到最低限度，是一个使食品供应链及生产过程免受生物、化学和物理性危害污染的管理工具。它作为一种科学的、系统的方法，应用在从初级生产至最终消费过程中，通过对特定危害及其控制措施进行确定和评价，从而确保食品的安全。HACCP 在国际上被认为是控制由食品引起疾病的最经济的方法，并就此获得 FAO/WHO 食品法典委员会(CAC)的认同。它强调企业本身的作用，与一般传统的监督方法相比，其重点在于预防而不是依赖于对最终产品的测试，它具有较高的经济效益和社会效益。被国际权威机构认可为控制由食品引起的疾病的最有效的方法。

13.5.2.1　HACCP 的概念及基本含义

国家标准 GB/T 15091—1994《食品工业基本术语》对 HACCP 的定义为：生产（加工）安全食品的一种控制手段；对原料、关键生产工序及影响产品安全的人为因素进行分析，确定加工过程中的关键环节，建立、完善监控程序和监控标准，采取规范的纠正措施。国际标准 CAC/RCP-1《食品卫生通则 1997 年修订 3 版》对 HACCP 的定义为：鉴别、评价和控制对食品安全至关重要的危害的一种体系。

HACCP 基本含义是：为了防止食物中毒或其他食源性疾病的发生，应对食品生产加工过程中造成食品污染发生或发展的各种危害因素进行系统和全面的分析。在此分析的基础上,确定能有效地预防、减轻或消除各种危害的"关键控制点",进而使"关键控制点"对造成食品污染发生或发展的危害因素得到控制,并同时监测控制效果,随时对控制方法进行矫正和补充。HACCP 通过这种"分析—控制—监测—纠正"的系统方法,保证了食品的安全卫生,所以 HACCP 方法被称为 HACCP 系统。HACCP 沿着食品生产加工的整个过程,连续、系统地对造成食品污染发生和发展的各种危害因素进行分析和控制。

13.5.2.2 HACCP 的起源与发展

HACCP 的概念起源于 20 世纪 60 年代的美国,在开发航天食品时开始应用 HACCP 原理,1971 年在美国第一次国家食品保护会议上提出了 HACCP 原理,立即被 FDA 接受并采用。近 30 年来,HACCP 已经成为国际上共同认可和接受的食品安全保证体系,主要是对食品中微生物、化学和物理危害的安全进行控制。近年来,政府及消费者对食品安全性的普遍关注和食品传染病的持续发生是 HACCP 体系得到广泛应用的动力。HACCP 已逐渐从一种管理手段和方法演变为一种管理模式或者说管理体系。

美国、加拿大、澳大利亚、英国、日本等国及欧盟也都在推广和采纳 HACCP 体系,并分别颁发了相应的法规,针对不同种类的食品分别提出了 HACCP 模式。中国食品和水产界 1996 年开始了较大的规模的 HACCP 培训活动,2002 年 12 月中国认证机构国家认可委员会正式启动对 HACCP 体系认证机构的认可试点工作,开始受理 HACCP 认可试点申请。

目前,在 HACCP 体系推广应用较好的国家,大部分是强制性推行采用 HACCP 体系。

13.5.2.3 HACCP 认证的意义及重要性

HACCP 是预防性的,而不是反应性的,它是一种用于保护食品免受生物的、化学的、物理的危害的管理工具。就保证和提高食品卫生质量而言,这一系统方法具有低耗高效的显著特点。HACCP 从生产角度来说是安全控制系统,是产品从原料开始至成品全过程质量安全的保证体系,使用 HACCP 管理系统最突出的优点有以下几方面。

①HACCP 验证、补充和完善了传统的检验方法,使食品生产对最终产品的检验(即检验是否有不合格产品)转化为控制生产环节中潜在的危害(即预防不合格产品)。

②集中在影响产品安全的关键加工点上,强调加工过程控制。

③强调执法人员和企业之间的交流。

④安全检验集中在预防性上。

⑤不需要大的投资,可使其既简单又有效,应用最少的资源,做最有效的事情。

⑥制订和实施 HACCP 计划可随时与国际有关食品法规接轨。

HACCP 是决定产品安全性的基础,食品生产者利用 HACCP 控制产品的安全性比利用传统的最终产品检验法要可靠,实施时也可作为谨慎防御的一部分。

13.5.3 GAP 认证

13.5.3.1 GAP 认证的内涵

1997 年欧洲零售商农产品工作组(EUREP)在零售商的倡导下提出了"良好农业规范

(Good Agricultural Practices,GAP)”,简称为 EUREPGAP。2001 年 EUREP 秘书处首次将 EUREPGAP 标准对外公开发布。EUREPGAP 标准主要针对初级农产品生产的种植业和养殖业,分别制定和执行各自的操作规范,鼓励减少农用化学品和药品的使用,保证初级农产品生产安全质量,形成关注动物福利、环境保护、职工的健康、安全和福利的整套规范体系,提倡动态管理、循序渐进、自我完善的新概念。

GAP 是以危害分析与关键控制点(HACCP)、良好卫生规范、可持续发展农业和持续改良农场体系为基础,避免在农产品生产过程中受到外来物质的严重污染和农事过程不当操作带来的产品危害。该标准主要涉及大田作物种植、水果和蔬菜种植、畜禽养殖、牛羊养殖、奶牛养殖、生猪养殖、家禽养殖、畜禽公路运输等农业产业。

13.5.3.2 GAP 在中国的发展

China GAP 意为中国良好农业操作规范,该规范是国家认监委参照国际上较有影响力的良好农业规范标准,结合中国农业国情而起草的中国农产品种养殖规范。主要针对作物、果蔬、肉牛、肉羊、奶牛、生猪和家禽的种植或养殖所进行的认证。

2003 年 4 月国家认证认可监督管理委员会首次提出在我国食品链源头建立“良好农业规范”体系,并于 2004 年起,国家认监委组织有关方面的专家参照 EUREPGAP 标准的控制条款,并结合中国国情和法规,已制定并由国家标准委发布了 24 项 GAP 国家标准,内容涵盖种植、畜禽养殖、水产养殖。国家认监委还发布了《良好农业规范认证实施规则》,建立了我国统一的 GAP 认证体系。国家认监委会同国家标准委在 23 个省、自治区、直辖市开展了 GAP 标准化和认证试点工作。目前,我国良好生产规范(GMP)认证认可的领域数量业务范围类型数量都很少。

为促进我国农产品出口,原国家认监委从 2005 年起与全球良好农业规范组织进行协调,分别于 2005 年和 2006 年签署技术合作和基准性比较(互认)备忘录,就标准制定和互认方面开展实质性合作。经过两年多的努力,我国 GAP 与 GLOBALGAP 完成了互认工作。互认避免二次认证,大大促进了我国农产品贸易。

China GAP 认证是原国家认监委推出的一种自愿性产品认证。认证方式有农业生产经营者和农业生产经营者组织认证两种。农业生产经营者组织必须和每个注册农业生产经营者签署协议,并确定一个承担最终责任的管理代表,如农村集体经济组织、农民专业合作合作社、农业企业+农户组织。

小　结

农业标准化是指以农业为对象的标准化活动,包括农业基础标准、种子种苗标准、产品标准、方法标准、环境保护标准、卫生标准、农业工程和工程构件标准、管理标准等。按照农业标准的属性,可以把农业标准分为农业基础标准、农业技术标准和农业管理标准等。按农业标准发生作用的范围或标准的审批权限,分为国家标准、行业标准、地方标准和企业标准 4 个级别。

农业标准化是保障农产品质量安全的有效途径。我国农产品质量认证目前主要有 3 类:有机食品认证、绿色食品认证和无公害食品认证。3 种产品实行了从土地到餐桌的全程质量控制,保证了食品的安全性。但是,从标准、标识和认证机构、级别、认证方法等方面存在许多的不同点。有机食品为要求最为严格的安全食品。农产品地理标志是标志农产品源于特定地域,产品品质和相关特征主要取决于自然生态环境和历史人文因素,并以地域名称冠名的特有农产品标志。国家对农产品地理标志实行登记制度,经登记的农产品地理标志受法律保护。

企业除产品申请上述认证外,也可以根据需要申请 ISO 9000,HACCP 和 GAP 等体系认证。ISO 9000 族国际标准将产品质量以最终检验与实验的最终把关转化为对产品全过程加以管理和实施监督;HACCP 相容于 ISO 9000 质量管理体系,是在质量管理体系下管理食品安全的一种系统方法。GAP 以 HACCP、良好卫生规范、可持续发展农业和持续改良农场体系为基础,避免在农产品生产过程中受到外来物质的严重污染和危害。我国基本上形成了以产品认证为重点、体系认证为补充的农产品认证体系。

复习思考题

1. 什么是农业标准化?
2. 我国实施农业标准化的意义是什么?
3. 农产品质量安全的概念和特点是什么?
4. 试论述有机食品、无公害食品、绿色食品的区别。
5. 什么是农产品地理标志,如何进行登记保护?
6. 试说明 ISO 9000,HACCP 和 GAP 各自的含义及关注点。

参考文献

1. 国家标准化管理委员会. 农业标准化. 北京:中国计量出版社,2004.

2. 欧阳喜辉. 农产品质量安全认证理论与实践. 北京:中国农业出版社,2009.

3. 农业农村部. 对十三届全国人大一次会议第××××号建议的答复. http://www.moa.gov.cn/govpublic/ncpzlag/201808/t20180809_2018.8.9

第 14 章　农业现代化

本章学习要点

- 农业现代化的内涵、内容与目标
- 国外农业现代化的模式
- 我国农业现代化的道路

14.1　农业的发展阶段

人类农业发展的历史总体上经历了原始农业、传统农业和现代农业 3 个发展阶段，它们之间由于生产力水平不同而具有质的区别。这种区别是由生产工具、劳动者的生产技能和生产力的结合方式不同而表现出来的。当今，发达国家已进入了现代农业阶段，一些发展中国家正处于从传统农业向现代农业转化的过程中，另一些发展中国家还停滞在传统农业阶段。

14.1.1　原始农业

原始农业是指以石器、棍棒等为生产工具，以传统的直接经验为生产技术，采用刀耕火种的耕作方法，主要依靠自然循环来恢复地力的农业。它是农业发展的初级阶段，始于新石器时代，到铁器农具出现为止。原始农业是由“采掘农业”发展而来的，它的突出贡献是对野生动植物的驯化，实现了由采集向种植业、由狩猎向畜牧业的转变。恩格斯指出：原始农业“是学会经营畜牧业和农业的时期，是学会靠人类的活动来增加天然生产物的方法的时期。”

原始农业的特点主要有以下几点。

①生产工具主要是简陋的石器、骨头和木棒等，这是原始农业的主要特点。

②生产方法是刀耕火种，广种薄收。原始农业的生产条件和生产技术非常简陋、低下，所进行的只是粗放的饲养和栽培，其生产力十分低下。

③只能利用自然而不能改造自然，只会从土地上掠取物质和能源，而不懂良性循环、自然生态等。

④实行以简单协作为主的集体劳动，缺少社会分工，自给自足，农业是当时唯一的社会生产部门。

但是，原始农业的发展扩大了生活资料来源，是人类经济史上的第一次革命，它所驯化的一些动植物品种经过演变，一直传到现在。

14.1.2 传统农业

传统农业是以铁器农具为生产工具，以人力、畜力为动力，主要依靠手工操作的农业，它是农业的早期发展阶段。传统农业起源于新石器末期，止于19世纪后期。传统农业的重大成果主要有如下几项。

(1)精耕细作，用地和养地结合，基本上维持了自然生态平衡，环境污染少，人、畜力是农业生产的主要动力。

(2)传统农业的物质和能量，主要是在狭小农业系统内部周而复始地转换。取之于农业，又返回农业。它通过施肥、灌溉、轮作休闲等技术措施，使物质和能量形成农业内部的"半封闭循环"，投入的物质和能量较少，生产力虽有提高，但产量仍较低。

(3)生产规模狭小，社会分工有了一定程度的发展，但"万物俱全"的自给自足的自然经济仍处于主导地位。

(4)人们所掌握的生产技巧，全凭世代积累下来的经验，依靠人的器官直接观察和操作。

(5)在传统农业中长期形成的经济平衡是在所有的生产活动中长期建立了一套墨守成规的制度，在这种制度下，生产要素基本上只是数量上的变化，很少有质量的改进，生产方法长期不变，农业技术状态长期不变，农业生产只能维持简单再生产，很难进行扩大再生产。

14.1.3 现代农业

现代农业是与传统农业相对而言的，是广泛应用现代科学技术、现代工业提供的生产资料和科学管理方法的社会化大生产的农业。它萌芽于资本主义的工业化时期，第二次世界大战以后，逐渐形成了完整的体系。现代农业的基本特征有以下几点。

(1)一整套农业科学技术运用到生产实践中。在整个农业生产的各个领域和全过程中，广泛应用育种、栽培、饲养、土壤改良、植物保护等农业技术。

(2)机器在农业中得到普遍采用。

(3)现代科学的尖端技术如电子、原子能、激光、遗传工程、无人机、智能机器人等开始为农业生产服务和运用。

(4)农业生产走上了专业化、区域化、社会化的道路。

(5)逐渐形成了良性的农业生产系统和生态系统。

14.2 农业现代化的含义、内容、目标与指标体系

14.2.1 农业现代化的含义

农业现代化是一个包含多层次含义的概念。从技术含义看，它是指在农业领域广泛采用现代化科学技术和现代工业提供的技术装备，使落后的、传统的以体力劳动为主的农业转变为知识密集的农业；从经济含义看，它是指具有不断提高的农业劳动生产率、不断提高的土地生产率、高度的社会化分工以及具有掌握现代科学知识和经营管理方式的农业劳动者这样一个不断实现的过程；从制度含义看，它是指具有较为发达的市场经济制度，较为完善的政府干预农业的制度和运行良好的农业服务体系；从社会含义看，它是农业社会化的过程，由封闭的、自

给自足的小农经济转变为高度商品化、社会化的经济，并由此带动农村社会结构、农村文化结构、农民知识结构和价值观念的改变；从生态含义看，它是人类在认识自然和改造自然的过程中，保持和维护生态平衡，使得人类能够与大自然和谐相处，从而能在优美、健康的自然环境中生活，推进人类文明的进程。

总之，农业现代化可以概括为：用现代科学技术和生产手段装备农业，以先进的科学方法组织和管理农业，提高农业生产者的文化、科技素质，把落后的传统农业逐步改造成为具有高度生产力水平和可持续发展的现代农业的过程。

农业现代化的特点有以下几个方面。

(1)农业现代化是一个动态的概念　随着技术、经济和社会的进步而变化，不同时期农业现代化有不同的内涵。从这个意义上讲，农业现代化只有阶段性目标，而没有终极目标，即在不同时期应当选择不同的阶段目标和在不同的国民经济水平层面上有不同的表现形式和特征。根据发达国家现代农业的历史进程，一般可将农业现代化分 5 个阶段：即准备阶段、起步阶段、初步实现阶段、基本实现阶段及发达阶段。一个国家、地区要推进农业现代化进程，必须分析区域社会经济发展水平，特别是农业发展现状，只有这样才能做出符合实际而又便于操作的决策。

(2)农业现代化具有综合性的特点　农业生产是自然环境—生物—人类社会交织在一起的复杂系统。农业现代化不仅包括农业生产条件的现代化、生产技术的现代化和生产组织管理的现代化，同时也包括资源配置方式的优化，以及与之相适应的制度安排。因此，在推进农业现代化的过程中，就要在重视“硬件”建设的同时，也要重视“软件”建设，特别是农业现代化必须与农业产业化、农村工业化相协调，与农村制度改革、农业社会化服务体系建设以及市场经济体制建设相配套；既要注重提高当代农业生产水平，又要注重环境的改善、资源的永续利用和农业的可持续发展。

(3)农业现代化具有区域性的特点　西方发达国家现代农业的成功经验非常丰富，但它们有自身的历史背景、经济发展水平以及生态资源条件。我们借鉴发达国家现代农业经验时，需要对其实现的条件进行分析。因为农业生产具有很强的区域性特点，不同国家的区域性特点不同，即使同一个国家不同区域，同一区域的不同地区，农业生产的条件都存在很大的差异。因此，农业现代化内涵具有区域性的特点。

(4)农业现代化还是一个世界性的概念　衡量一个国家是否实现了农业现代化，不能把本国已经达到的技术、经济水平仅仅同本国过去的情况相比，而且还应该同当时已经实现了现代化的大多数国家相比较。只有在经济上、技术上赶上或接近世界先进水平时，才算实现或基本实现了农业现代化。虽然各个国家或者地区的条件和情况各不相同，不具有完全的可比性，但是在最基本的特征方面，应当是共同的，这也得到了国际社会的公认。

实现传统农业向现代农业的转变，是世界农业发展的必然规律。农业现代化是生产力发展的必然结果。生产力是生产方式中最活跃、最能动的因素，它的发展具有连续性，处在不断的发展变化中。发达国家在实现工业化之后，有能力加大对农业的投入，生产大量先进的农用生产资料装备农业，促进农业现代化的实现。而农业自身的发展，也要求实现这种转变。农业现代化也是国民经济不断发展的客观要求。第二次世界大战以来，西方经济发达国家随着工业和整个国民经济的迅速发展，面临的突出问题是劳动力的不足，这促进了农业中机械的广泛应用与推广，以便节省劳动力并及时向非农业部门转移。国民经济的发展和人民生活水平的提高也要求农业提供更多更好的农产品。而这一切，传统农业是无法满足的，必然要求实现传统农业向现代农业的转变。

14.2.2 农业现代化的内容

虽然农业现代化的具体内容和要求将随着时代的进步和社会的发展而不断更新和发展，但根据现代农业的特征，农业现代化的基本内容应包括以下几个方面。

14.2.2.1 农业生产手段的现代化

农业生产受土地、动植物、气候等自然因素的影响和制约。因此，需要用现代化的物质技术装备来武装农业，为农业提供良好的生产条件和生产手段，用现代农业机械代替落后的手工操作，在一切能使用机器操作的部门和单位尽可能多地使用机器进行生产，实现农业机械化、电气化、水利化和园林化。

(1)农业机械化是农业现代化的中心环节　农业机械化指在农业生产中广泛地使用机器，以代替人力、畜力和传统的手工工具的过程，它凝聚着现代科学技术的最新成果，并配合农业生物等农业技术，成为发挥增产作用的基本手段和提高劳动生产率、减轻繁重体力劳动的必要条件和根本途径。例如，精量播种需要高质量的精量播种机；节水技术要用喷灌、滴灌设备；大型联合收割机不仅劳动效率高，而且能有效地减少农产品损失。农业机械还能完成许多人力、畜力不能完成或不便完成的作业，它可以带来生产力质的飞跃。

已经实现农业机械化的国家的共同特点是：农业机械数量多，农机具配套齐全，向大马力、通用性和高效自动化发展；电子监视、自动控制以及卫星定位等先进技术已广泛应用；种植业从播种、中耕、施肥、灌排、喷药、收获到加工各个环节，全部实现了机械化。畜牧业开始从机械化、电气化走向工厂化生产。随着科学技术的发展和农业机械生产水平的提高，农业机具的质量、品种、结构、功能必将更高、更全、更合理，农业生产的各个环节、过程都可以使用农业机械。

(2)农业电气化是实现农业高产、高效、低耗、少污染的重要手段　电气化是在农业生产中广泛使用电能的过程，它不仅可以促进农业机械化，而且可使农业实现自动化。目前在一些农业的固定作业上，如脱粒、排灌、温室栽培等方面，电力已经得到广泛的应用，尤其是在畜牧业生产和农产品加工业中使用更为普及。

(3)农田水利化是每个国家农业现代化的基本任务　水利是农业生产正常进行的重要条件。只有搞好水利设施建设，建立起旱能灌、涝能排的完善的水利基础设施，农业的高产稳产才有保证。由于水资源的相对缺乏及其对农业的重要影响，各国对水利化给予了越来越多的关注，水利化的程度和合理利用水资源的水平越来越高。从我国水资源缺乏、分布极不平衡的现实看，水利条件的变革和发展，在我国现代化的进程中，更具有重大意义。

(4)大地园林化是现代农业实现可持续发展的重要保障　土地是农业最基本的生产资料，在目前和未来的农业发展中，土地仍然是农作物生长发育赖以吸收养料的不可缺少的物质条件。植树、种草不仅能有效地防风固沙、涵养水源、改善生态环境、保障农业高产稳产，而且能为农业生产和人民生活提供良好的环境。特别是在水土流失严重的地区，大力开展以整治土壤、植树种草为主要内容的农业基本建设，对山、水、林、田、路进行统一规划和综合治理，实现大地园林化，可以有效地保护水土资源及人类赖以生存的自然资源。大地园林化既是农业现代化的需要，也是农业可持续发展的需要，还是人类生存的需要。

14.2.2.2 农业生产技术的现代化

科学技术是第一生产力。广泛运用先进的农业科学技术,实现农业生产技术现代化,是农业现代化的一项重要内容。以自然要素作为生产要素直接参加生产过程是农业生产的特点之一,农业产量的高低,归根结底取决于动植物的生长情况。因此,对自然力的利用与控制、对农作物和畜禽的性状和生长环境的改善、调整和控制,就成为农产品产量增加、农业劳动生产率提高的决定性因素。农业机械、化肥、农药等生产资料的投入和人们的劳动,只有符合生物本身的生长发育规律,才能取得良好的经济效果。为此,就必须借助于现代科学理论特别是农业科学理论来指导农业生产,以实现传统农业向现代农业的转变。农业生产技术现代化的主要内容包括以下几方面。

(1)运用现代科学技术,培育优良品种,实现良种化　农业生产是通过有生命的动植物自身的生长发育过程来完成的,种子、种苗、种畜、种禽等是最基本的生产资料。从世界农业现代化的历史看,农业产量的突破基本上是由良种引起的。例如,20 世纪 60 年代"墨西哥小麦""菲律宾水稻"良种的育成和推广,使世界粮食产量有了大幅度增长,使一些粮食短缺的发展中国家受益匪浅,被誉为"绿色革命";又如,近年来我国水稻育种专家袁隆平院士培育籼粳杂交稻品种使水稻单产实现了重大突破,为缓解世界粮食紧张做出了贡献。遗传学理论与新技术应用于农业以后,为良种培育和使用奠定了扎实的基础,如基因工程、生物技术的应用,杂交育种技术、人工授精技术的推广以及育种基地的建立和良种管理、推广网络的形成等,都对良种化起到了积极的促进作用。

(2)合理采用化学技术和化工产品,促进农业生产的发展　1837 年德国化学家李比希(Justus von Liebig)分析了土壤的化学成分,提出了营养元素的平衡和补偿学说,这为在农业中施用化学肥料奠定了理论基础。化肥的普遍施用,对农业增产起到了积极的作用。如今各国的无机肥料正向着浓缩化、复合化、长效化、专用化方向发展,针对不同土壤的不同物理、化学性状,按照不同作物的需要,实行科学施肥,并同有机肥料结合使用,大力推广绿肥、豆科作物,以培养地力。在防治病虫害和杂草为害方面,过去所使用的低效、高毒、高残留农药正在被高效、低毒、低残留的农药代替,并把药物防治和生物防治结合起来。消灭杂草已普遍使用了除草剂。另外,动植物生长激素、农用塑料薄膜等化工产品也广泛应用于农业生产,极大地改善了作物营养状况,促进了农业大幅度增产。

(3)改革耕作技术　人类由原始的刀耕火种发展到轮作、间套复种、移栽覆膜,再到温室栽培、工厂化生产等现代先进的设施农业,实现了环境设施与技术设施的相互配套、有机结合,改善了农业生产条件,创造了有利于动植物生长发育的空间,提高了资源的利用效果,也提高了土地生产率和经济效益。

(4)信息技术在农业领域广泛应用　特别是遥感技术(RS)、地理信息系统(GIS)、全球定位系统(GPS)的应用,因具有宏观、实时、低成本、快速、高精度的信息获取,高效数据管理及空间分析的能力,从而成为重要的现代农业资源管理手段,广泛应用于土地、土壤、气候、水、农作物品种、动植物类群、海洋渔等资源的清查与管理,以及全球植被动态、地地利用动态监测、土壤侵蚀监测。

14.2.2.3 农业劳动者的现代化

劳动者是生产力中最活跃的因素。无论是先进的机器设备、生产技术，还是科学的管理方法，都需要高素质的农业劳动者来落实。实现传统农业向现代农业的转变，实质上是农业生产力系统的全面革新和进步，这其中必然包括农业劳动者素质的全面提高，以适应现代农业的要求。提高农民的素质，实现农业劳动者现代化的主要内容如下。

(1)转变传统观念，适应现代农业的要求　现代农业要求劳动者的思想观念不能因循守旧、墨守成规，要有开拓进取精神，树立起市场意识、竞争意识、科技意识和法律意识，具备经营现代农业、驾驭市场的能力。

(2)增加人力资本，提高农民的文化科技素质　现代农业要求劳动者掌握先进的现代农业科技知识，具备科学种田、科学养殖的能力。造成发展中国家与发达国家农业差距大的一个重要原因是人力资本缺乏。农民的文化科技、市场营销、组织管理素质低下，对新知识、新技术的接受能力就差，就难以从事现代农业经营。实践证明，那些单凭经验、依靠体力的劳动者不可能使农业现代化。为此，在普及义务教育的同时，还应搞好农民的继续教育、“绿色证书”教育，提高现有农业劳动者的文化知识水平；发展农业职业教育，培养新型职业农民；加大农业教育的投资力度，培养面向知识化农业的高素质农民群体。

14.2.2.4 农业组织管理的现代化

农业组织管理的现代化主要指在农业生产的全过程中，即生产、交换、分配、消费和产前、产中、产后等方面和各环节的经营管理，采取先进的管理手段和科学的管理方法。组织管理现代化是农业现代化的重要内容之一。

农业组织管理现代化要求提高农业生产社会化水平，合理布局农业生产。必须根据因地制宜的原则，实行农业区域化、专业化生产，以充分利用自然资源，提高农业劳动生产率和农产品商品率；还必须建立合理的农业产业结构，正确处理农林牧渔各业的比例关系，保持自然界的生态平衡，保持农业内部各部门的协调发展，并在高度社会化、专业化的基础上实行农工商综合经营。

农业组织管理现代化要求注重农业的经济效果评价。各项农业基本建设投资，各项新技术措施的采用等，不仅要求在技术上是先进的、可行的，还必须在经济上是合算的。要充分考虑投入与产出的关系，考虑追加投资的适合度，做出符合经济原则的决策。农业组织管理现代化要求改进农业经济管理体制，正确处理各方面的利益关系，建立健全各项经营管理制度，使生产关系与生产力水平相适应。

农业组织管理现代化还要求运用现代化的管理方法和手段，如电子计算机、通信网络、经济数学等，搞好经济信息的传递及经营预测、决策，实现经济计划、指挥和调节的科学化。

14.2.3 农业现代化的目标与指标体系

14.2.3.1 农业现代化的目标

虽然不同的国家在实现农业现代化的问题上有自己的特点，但农业现代化作为一个科学范畴和世界性的概念，具有共同的目标。从已经实现农业现代化的国家看，其主要目标可以概括为以下几个方面。

(1)建立一个高产、优质,低耗的农业生产系统　“高产”追求的不仅是各单项生产的土地生产率、劳动生产率和商品率的提高,而且要建立合理的农业生产结构,使各业全面协调发展,提高农业生产系统总的生产能力。“优质”是指在增加农产品数量的同时,要不断提高农产品质量,以更好地满足市场和社会的需要。“低耗”是要努力降低单位农产品的个别劳动消耗,使一定的投入获得最大的产出,使有限的生产资源能获得最大的经济效益。

(2)建立一个合理、高效、稳定的农业生态系统　农业生态系统是由生物因素和非生物因素构成的复合体。农业生态系统的合理性是指在各生物因素之间、非生物因素之间、生物因素与非生物因素之间以及所有这些因素与社会人口之间保持合理的比例关系,不超过各因素自身的负荷能力,经常维持整个生态系统的自我调节能力与良性循环。农业生态系统的高效性是指在不断进行的能量转换和物质循环中,要通过各种措施减少生态系统的运转障碍,力求物质和能量的多级利用和综合利用,实现“无废料循环”,要使系统的物质能量转换率最高、转换量最大。农业生态系统的稳定性是指其合理性和高效性能够动态地保持综合平衡,当一个因素发生变化时,其他因素能及时调节,在新的基础上实现新的平衡。人类应当尊重自然规律,但不应当消极地对待自然,而应当根据自然规律的客观要求,依靠科学技术,采用各种积极措施,不断促进生态系统在新的基础上实现新的平衡,使其合理性、高效性和稳定性有机地统一起来。

(3)建设一个繁荣、富庶、文明的现代农村　农业现代化的发展要从根本上改变传统农村的落后面貌,消除城乡二元社会经济结构,促进农村经济、社会的综合发展和全面繁荣,实现农村生产、生态和生活环境的彻底改观,使广大农村居民过上富庶、文明的生活,并实现其自身的全面发展。

14.2.3.2　农业现代化的指标体系

衡量农业现代化的程度和水平,要通过设置一系列具体的指标来考察。

(1)农业现代化指标体系的设置原则　由于农业现代化是一个综合性、世界性、历史性的概念,其指标体系的设置应符合以下基本原则。

①全面性原则。农业现代化是一项包括社会、经济和生态系统在内的系统工程。这就要求指标体系在内容上要能涵盖农业现代化的基本方面,使指标从不同层次上全面反映现代农业生产力发展水平以及农村经济总量、农民生活水平、农业生态环境状况等重要内容。

②重点性原则。在系统反映出农业现代化各个方面的基础上,指标体系应重点体现现代农业的发展水平,突出现代农业发展中的生产手段、生产条件、技术水平、社会化服务状况、市场化水平等。

③可比性原则。衡量农业现代化的标志应当采用在国际间、地区间可以相互比较的指标,选择可以比较的指标统计口径,从而提高指标体系的使用范围。

④可操作性原则。指标体系设计的目的主要在于对农业现代化水平的测评,因此,确定指标体系,一方面要根据不同国家和地区的实际情况,考虑指标的科学合理性;另一方面要从可获取的角度选择指标,使指标便于统计和计算,易于操作,具有实际意义。

(2)衡量农业现代化水平的指标体系　衡量农业现代化水平的主要指标有以下几种。

①农业劳动生产率。是反映一定时期内人均生产农产品多少的重要指标,劳动生产率高

是现代农业的基本特征。农业劳动生产率的高低直接取决于农业机械化水平、经营规模的大小,同时也与农业科技的应用状况、投入水平和经营管理的好坏等多种因素有关。因此,农业劳动生产率既是农业产出水平的直接反映,也是农业投入水平的间接反映。农业劳动生产率越高,农业就业人员越少,就会使更多的农业劳动力转向其他产业,促进非农产业的发展,充分发挥农业的基础作用。农业劳动生产率的量化主要表现在劳均产量和劳均产值上。

②土地生产率。是反映构成农业生产基本要素的土地的利用效率的指标。对土地进行物化劳动和活劳动的投放,实行集约经营,其最终成果将由单位土地面积所取得的产量、产值的多少反映出来。土地生产率的高低,取决于土壤肥力和肥料、农药、水利设施、种养技术等科技、物质的投入水平,也与人类对农业生产环境的调控能力有关,它与农业劳动生产率一样,既反映农业的产出水平,又反映农业投入水平的多个侧面,是一个综合性指标。土地生产率可以从单位面积产量和产值两方面进行量化。

③农产品商品率。反映农业同社会其他部门经济联系的密切程度、农业由自然经济向商品经济转变的状况,特别是农业生产与市场联系的紧密程度。同时,农产品商品率的高低与劳动生产率和土地生产率的高低有直接的关系。因此,农产品商品率是一个衡量农业生产社会化、市场化程度的综合性指标。

④农业科技进步贡献率。农业现代化的关键是把农业的发展转移到主要依靠科技进步的轨道上来。农业增长方式的转变、农业生产效益和农产品质量的提高、农业生产成本的降低应主要依靠科技的进步。农业科技进步贡献率是综合反映农业生产技术与教育发展水平的重要指标。

⑤农业资源与环境指标。农业的资源与环境指标主要用来衡量土地潜在生产能力的稳定性与持久性程度。一般通过森林覆盖率、自然灾害成灾率、水土流失面积比重、旱涝保收面积比重、耕地污染面积比重、土壤养分含量、土壤酸碱度等具体指标来反映。

⑥农民人均纯收入。反映了农村经济发展水平和农民生活质量的高低,也反映了农业投入产出的比率和农业生产的经济效益,是衡量农业现代化水平的重要指标。农业现代化要求农民生活质量科学化、生活方式现代化。随着农业现代化的实现,农民的收入应该接近或超过城市居民,使生活条件和消费水平得到改善和提高。

14.3 国外农业现代化

14.3.1 国外农业现代化的不同模式

一个国家实现农业现代化究竟采用哪种起步方式,一般来说,主要是由当时的土地、劳动力和工业化水平决定的。人少地多的国家,首先从生产工具上进行改革,发展机械化,以节约劳动力;人多地少的国家,则从多投入非耕地要素,充分利用土地以提高单产入手。在世界范围内,农业现代化的起步方式存在 3 种模式,即美国模式、日本模式和西欧模式。

14.3.1.1 美国模式

美国的特点是地广人稀,人均土地资源丰富。这一资源禀赋特征,使得土地和机械相对价格长期下降,而劳动力相对价格不断上升,促使农场主不得不用土地和机械动力替代人力,这种替代包含着农业机械技术的不断改进。在这种替代机制的作用下，美国农场中使用的大型机械和机械动力迅速增加，而使用的工人数迅速减少，即人机比例在不断降低。这种替代是一个连续的过程。拖拉机的引进是农业中最重要的机械技术的进步，它使每个农场工人能够更容易地使用更多的机械动力。大功率拖拉机替代小功率拖拉机，多功能农业机械替代单一功能农业机械，结果是使美国成为当今世界上机械化水平最高，从而劳均负担耕地最多的国家。20 世纪 20 年代，每个农场工人能够使用的耕地面积的增长速度开始下降，而化肥价格的下降促使单位面积耕地上化肥施用量上升，补偿了土壤自然肥力的耗竭，从而使发展生物技术成为迫切需要。1920 年以后，美国的农场主和试验站人员也开始进行大规模生物技术的革新，20 世纪 30 年代杂交玉米在美国广泛种植，90 年代转基因作物发展迅速。但是，美国生物技术的发展总是和机械技术发展的需要结合在一起的，新的作物品种总是更加适合机械收获，如培育出了具有强壮枝条而且同时成熟的西红柿。

美国农业现代化的发展历程，按照机械化发展的进程可划分为 3 个阶段。第一阶段是半机械化阶段，这是以人力和畜力驱动、按机械原理设计制造的改良农机具取代传统农具的过程，是农业机械化的初始阶段。从 18 世纪末起，先后发明、改良了许多重要农机具，如轧棉机、铁犁、耘田机、割草机、收割机、脱粒机、联合收割机、钢犁、打捆机、玉米割捆机等。第二阶段是主要田间作业机械化阶段，是以电力驱动的大型现代农机具代替非机械动力农机具的过程。在 19 世纪中期开始的第二次科技革命带动下，农业开始了以内燃机（拖拉机、汽车）和电力代替畜力，以机引（或电动）的大型农业机器代替改良的农机具的过程，从而开始了主要田间作业机械化的进程。第三阶段是全盘机械化阶段，开始于 20 世纪 40～50 年代，完成于 70～80 年代。在这一阶段，不仅农机具的数量增加，而且性能不断提高，设计和制造出适应精细作业要求的农业机械。如谷物联合收割机由牵引式改为自走式，在拖拉机和其他机械上采用发动机涡轮增压、液压传动、快速挂接、电子监控、自动控制等新技术。

总之，在美国农业现代化起步过程中，机械技术占了主导地位。类似美国那样地广人稀、以机械技术的推广应用为起步的农业现代化模式，还有加拿大、澳大利亚、俄罗斯等国。

14.3.1.2　日本模式

日本的资源禀赋特征与美国正好相反，1880 年每个男性农场工人的平均农业土地面积只有美国的 1/36，到 1960 年则只有美国的 1/97，可耕地是美国的 1/47。由于资源禀赋的差异，土地和劳动力的比价也与美国不同，1886 年，日本耕地价格与农场工人工资的比值是美国的 9 倍，而且上升得很快。随着农用工业的快速发展，化肥价格相对于土地价格的持续下降以及生物技术的进步，给日本农业现代化提供了契机。人口的增加需要更多的谷物，而化肥在传统作物体系下不能大幅度提高产量，化肥对土地的替代弹性很小，这就迫使日本使用先进的农业生物技术，不断改良品种，提高土地生产率。在日本，机械技术进步的意义主要在于改善农作物生长的环境条件。例如，早期的马拉犁和后来的拖拉机主要是作为深耕的工具，以便增加单位面积产量。日本和美国的农业现代化起步于完全不同的资源条件，采取不同的农业现代化模式，但在 1880—1960 年间农业生产率的提高速度是接近的。

日本的农业现代化大体上经历了 4 个时期。第一个时期是从明治维新到 1900 年，是学习西欧先进农业技术以提高农业生产力水平的时期；第二个时期是从 1900 年到第二次世界大战结束，出现了以劳动对象为中心的技术改良高潮，呈现以多施肥料为主的劳动密集型趋势；第三个时期是第二次世界大战以后到20世纪70年代初，通过农村民主化改革，促进现代农业技术的开发和推广应用，建立起农业现代化的基本框架；第四个时期是20世纪70年代以后，开发和推广应用高性能的农业机械，大量推广应用化学技术和生物技术。

总之，日本在农业现代化过程中，以生物技术为农业技术创新的重点，缓解土地资源不足，提高单产，增加农产品供给。类似日本人地紧张的荷兰，也由于采用生物技术提高单产，成为出口农产品的重要国家。

14.3.1.3 西欧模式

西欧的一些国家，既不像美国那样劳动力短缺，也不像日本那样耕地短缺，因此在农业现代化过程中机械技术与生物技术并进，把农业生产技术现代化和农业生产手段现代化放在同等重要的地位，实行“物力投资”和“智力投资”同时并举，实现农业机械化、电气化、水利化、园林化，既提高了土地生产率，也提高了劳动生产率。这类国家以英国、法国、德国、意大利等为典型。西欧国家的农业现代化程度高，产出效率高，农业生产方式卫生环保，可持续发展性强，能向消费者提供优质产品。农业为农村社区服务，反映了他们丰富多彩的传统与多样性。其功能不仅在于生产食物，而且在于保证乡村作为人们工作生活的地方而存在，保证乡村作为环境本身而存在。

美国经济学家弗农·拉坦(Vernon W. Ruttan)用实证资料证明了以上的模式划分，即劳均土地在30 hm^2 以上的国家选择机械技术型路径；劳均土地在3～30 hm^2 之间的国家，选择的是生物技术—机械技术交错型路径；而劳均土地不足3 hm^2 的国家，选择的是生物技术型路径。

但是，以上的划分仅是从农业现代化过程的起步方式上看的。实际上，农业现代化是通过多元技术变革实现的，而不是单一技术变革。工业的发展要求农业劳动力向工业部门转移，并引起城市对土地的需求增加等，这些因素改变了生产要素的价格，这是促进农业多种技术交互变革，刺激农业现代化发展的真正原因，也是二元经济结构消除的真正原因。如美国，由于耕地价格从1940年的每公顷180美元上涨为1960年的每公顷711美元，上涨了2.95倍；同期，农业工人工资由每天1.6美元上升为6.6美元，上涨了3.13倍，劳动力价格的上涨要快于耕地价格的上涨。因此，美国也开始注重改善灌溉条件，大量增加化肥的施用，大力发展生物技术现代化，以提高土地生产率。20世纪60年代开始，日本由于工业的快速发展，劳动力开始出现短缺，因此也强调提高劳动生产率，把农业机械化作为农业现代化的中心内容，到了70年代中期主要农作物水稻从种到收、到加工、运输各个环节基本上都实现了机械化。其他发达国家在实现农业现代化的后期，农业机械化、化学化和生物技术进步也都达到了空前的程度。从20世纪50年代初到80年代初，全世界拖拉机总数从580多万台增加到2 100万台，化肥消费量从1 430 t增加到1.1亿t，分别增长2.5倍和6倍，而发达国家拖拉机拥有量和化肥消费量分别占全世界的80%和70%。同时，以优化品种为主要内容的“绿色革命”也大大推进了发达国家农业现代化的进程。

14.3.2 国外农业现代化的发展趋势

到了20世纪60年代后期，石油农业导致的一系列恶果已经引起了人们的关注。许多农学家、农场管理者都在寻找新的办法来替代石油农业。在这种形势下，对于农业的发展出现了许多新的思路，使农业又一次处在了发展的转折点上。

14.3.2.1　有机农业

有机农业在美国也称为再生农业，在欧洲称为生物农业、生物有机农业、生态动力农业，在日本称为自然农业。由于它们都从总体上反对石油农业，因而又称超工业农业、超石油农业、低投入农业等。但是，有机农业由于使用有机肥料如绿肥以补充肥源，用畜力代替机械，耗费的人力比石油农业更多，使得有机农业成本高、产量低，因此在发达国家的发展很缓慢。1990 年在澳大利亚召开的有机农业国际会议上，公布了当时实行有机耕种方法进行耕种的耕地只有 115 670 hm^2。受可持续发展潮流的影响以及消费者对食品健康及安全性的日益关注，近年来，有机农业在西方发达国家发展十分迅速。截至 2017 年全球有机农业耕种面积 6 980 万 hm^2，比上年增长 20%，比 1990 年增长 300 多倍，其中澳大利亚最多，达 3 560 万 hm^2。

14.3.2.2　生态农业

简单地说，生态农业就是在良好的生态条件下所生产的农产品，达到经济效益、社会效益、生态效益的高度统一，使整个农业生产步入可持续发展的良性循环轨道。生态农业的鲜明特点是它的纯自然性。表现在：

①不使用转基因作物。

②不使用化肥和杀虫剂，不用污泥作肥料。

③不使用辐射技术。

④实行作物轮作制，饲养业必须用生态农产品作为饲料，并禁止对牲畜注射荷尔蒙和抗生素。

农业生产与自然环境存在着相互依赖的关系，农业与自然环境是同处在一个统一的大系统之中的一个整体。农业的发展依靠与自然环境保持良好的关系，也就是使农业的小生态系统与自然环境的大生态系统保持协调的关系，创造良好的生产环境，这是生态农业的基本条件。两个世界著名的环境及农业组织《世界自然保护联盟》(IUCN)与《未来收获》(Future Harvest)2001 年发表联合报告，提出如何合理使用农业用地，以防止农业发展过速而破坏环境和生态系统。需要从环境保护和生态系统角度来重新审视农业发展战略。报告提出 6 个方面的战略来保护生物多样性和生物品种。这些战略包括：在非农区建立野生生物栖息地网络，并扩大保护区域；在农业系统中加入多年生植物(如森林)来模拟自然栖息地；采用减少污染的耕作方法；提高现有耕地的生产率，减少农业用地；改进大田的资源管理以及在农业区、大农场及大渔场附近建立保护区。这些措施已经在欧洲、美洲、亚洲及拉丁美洲等一些地方采用，并取得显著成效。

14.3.2.3　现代生物技术农业

广义上讲，生物技术是利用有机体、死细胞、活细胞以及细胞内含物，采用特殊的过程生产出特殊的产品应用到农业、医药以及环境修复治理中，尤其是 20 世纪 70 年代基因工程的出现，它能改变、取代物种的基因。近年来，农业生物技术在世界范围内取得了飞速的发展，一批抗虫、抗病、耐除草剂和高产优质的农作物新品种培育成功。农作物基因工程产业化的步伐在各国政府的大力参与下正在加快，预计未来将在解决人类所面临的粮食安全、环境恶化、资源匮乏、效益衰减等问题上发挥巨大作用。农业生物技术不仅从根本上改变了传统农作物的培育和种植,也为农业生产带来了新一轮的革命。

如果说石油农业是农业现代化的一个阶段,有机农业就已经把传统农业中的合乎科学的内容综合在现代概念中,生态农业则是在更大范围内,综合前人在农业和生态科学中的合乎科学的成分,成为一个更高层次的农业。现代生物技术则是以对生命规律认识的突破作为基础来彻底改造农业,从而进一步解放了农业的生产力,使农业实现新的一轮革命。可以预见,将来的农业将是把生态系统的概念和生物技术在农业上的应用和发展进行更高层次的综合,使农业走出石油农业的困境,使农业成为高产、优质、无污染、环境优美的文明的生产产业部门,为人类提供营养全面、丰富、洁净的食品和原料。

14.4 发展我国的农业现代化

14.4.1 发展我国农业现代化的重要性

(1)农业现代化关系到整个国民经济能否可持续发展　随着城镇化进程加快,我国城市人口迅速增长,但仍有半数人口在农村。农民收入水平提高的速度直接关系到我国有效需求能否扩大,也关系到城市非农产业能否持续发展。提高农民收入,首先要提高农业劳动生产率。目前,经营规模太小,农业生产手段落后,农产品成本增加快,农产品加工增值链条短,农业劳动生产率低。我国平均每个农业劳动力经营的土地规模不足0.5 hm^2,单靠农产品价格提高,不可能使农民富裕起来。实际上,与国际市场相比,我国主要农产品的价格已经普遍较高。农业加工链条短,农产品加工增值少,也在相当程度上制约着农业对农民收入的贡献能力。尽管当前我国对农产品加工品的需求已经处于较快增长时期,但远远低于发达国家的水平。要从根本上解决这些问题,必须积极稳妥地推进农业现代化。

(2)农业现代化是农业参与国际竞争的必然要求　在经济发达国家,农业的经营手段已经实现现代化,运作方式已经企业化,家庭经营已经是规模化运作,农业已经高度商业化。随着现代生物技术的应用而开始出现农业工厂化。农业的运作方式与现代工商业已经没有根本区别,甚至农业与工商业之间的边界也已经越来越模糊,越来越淡化。农民已不是原来意义上的"农民",而是能够熟练驾驭市场农业的"企业家"。但是,我国农业的家庭经营实际上是小农经营,农户的投资能力低,农业经营规模小,经营手段和经营方式落后。农业的小规模经营面临着一系列挑战:难以充分利用农业规模经济的好处,达到降低农产品成本的目的;分散的小规模农户直接进入市场,难以回避农业交易成本高的问题,增加农业和农户所面临的市场风险;难以通过农户之间的有效联合,加强农产品品牌建设,促进农产品的加工增值,提高农产品的价格竞争力。所有这些都不利于提高农业的竞争力。随着国际竞争国内化、国内竞争国际化的迅速发展,如何提高农业的国际竞争力,将是一个迫切需要解决的问题。

(3)农业现代化也是推进城市化、转变二元经济结构的客观要求　城市化是工业化的必然结果,也是实现现代化的重要标志。城市是现代经济活动的基本环境,是建立现代生产和消费关系的基础。现代生产是以工业化的形式从农业基础上发展起来的,现代生活则是以城市化的形式从农村中分离出来的。城市化发展的普遍规律是,从工业化初期向工业化中期迈进的时期,工业化在加速,城市化的速度也加快,甚至超过工业化的速度。工业化过程、城市化过程和二元经济结构转换过程，也是农业劳动力向非农产业转移的过程，是对农产品和土地需求扩大的过程，是农业市场化和农产品商品化的过程。只有推进农业现代化，提高土地生产率和农业劳动生产率，才能在工业化过程中满足日益增长的农产品需求，才能保证有限的土地既满足非农产业和城市化的需要又支撑农业的增长，才能保证社会劳动力既满足非农产业发展的要求又支撑农业的增长。因此，可以说，农业现代化是工业化和城市化的必然结果，也是工业化和城市化的前提条件。

14.4.2 我国农业现代化的战略方针

根据我国的基本国情，参照发达国家的经验教训，在逐步推进农业现代化的过程中，必须坚持以下方针政策。

(1)必须坚持以家庭承包经营为基础、统分结合的经营制度 以家庭承包经营为基础、统分结合的双层经营体制，是 40 年农村改革最重要的成果。实践证明，它符合农业生产自身的特点，符合生产关系要适应生产力发展的规律，能够极大地调动农民的积极性，具有广泛的适应性和旺盛的生命力。国外发达国家在家庭经营基础上实现农业现代化的实践证明，家庭经营不仅适应于以人力畜力耕作为主的农业，也适应于以机械耕作为主的现代农业。因此，如何既不改变以家庭承包经营为基础、统分结合的双层经营体制，又实现农业商品化、专业化、社会化，是中国农业现代化面临的最重大的课题。在家庭承包经营的基础上实现农业现代化，必须在转移农业剩余劳动力的过程中逐步发展规模经营。

(2)必须以科技进步为农业现代化的基本动力 农业现代化说到底是农业科技化。没有现代科技成果的不断开发和应用，就谈不上农业现代化。只有靠科技才能实现高产、优质、高效，只有靠科技才能提高劳动生产率和资源利用率，只有靠科技才能提高市场竞争力。因此，要把增加对农业科研的投入作为增加农业投入的重点，要把对研究尤其是基础性研究的投入作为对农业科技投入的重点，要在继续深化政府农业推广体系改革基础上，逐步形成以企业、专业协会、专业合作社和各种产业化组织为主的多元农业科技推广体系。

(3)必须兼顾土地生产率目标和劳动生产率目标 提高农业劳动生产率，符合农业现代化的一般规律，有利于提高农业经济效益和农民收入，有利于提高农业的市场竞争能力和自我发展能力。但是，由于我国人多地少、资源短缺，增加农产品有效供给、确保国家粮食安全，是一项长期的任务。因此，在农业现代化的过程中，必须兼顾土地生产率目标和劳动生产率目标。

(4)要以加强基础设施建设和产业化组织建设为条件 加强道路、水利、农田等基础设施方面的建设，是农业现代化的硬件。产业化组织的建设是农业现代化的软件。“小生产、大市场”的矛盾在我国表现得尤为突出，因此必须通过市场组织的发育，通过产业化的链条，通过各种新型的合作社等农民自己的组织，将农户与市场更好地连接起来。

(5)必须突破就农业论农业的局限性 拓宽农业的发展领域，向产前和产后延伸，促进农产品加工增值转化，是加快农业现代化建设的有效途径。要通过发展产业化经营，把现代工业、商业乃至运输、金融、保险等产业同农业的种植业、养殖业紧密结合起来，构建利益共享、风险共担的企业共同体，使农业在家庭承包经营的基础上实现社会化、专业化和一体化，把农业的产前、产中、产后融为一体，并形成一套从生产初级产品到最终产品的销售管理体制和公平合理的利润分配制度，促进资源合理配置，有效地开拓市场空间，提高资源的利用率和产出率。

(6)必须以推进城市化为依托 在推进农业现代化过程中，随着劳动生产率的不断提高，必然有大量的人口和劳动力从农业中分离出来。这就必须推进城市化的发展。要以发展小城镇为重点，有步骤地发展中小城市，适当发展大城市。

(7)必须以可持续发展为基本准则　坚持可持续发展战略，把经济、社会、技术同农业自然资源与环境保护结合起来，全面贯彻实施《中国21世纪议程》，促进资源、环境和现代生产要素优化配置，是实现21世纪我国农业和农村经济发展目标和农业实现现代化的基本保证。我国农业环境污染日益严重，土地退化，自然灾害频繁，特别是近年来由于农产品质量问题，跟不上市场升级转型的需要，致使销售不旺、出口不畅。所以，现阶段我国农业和农村经济发展既受资源环境又受国内外市场的双重约束。因此，我国农业不能再走破坏生态环境、掠夺自然资源、追求短期效益的老路，必须树立"绿水青山就是金山银山"的理念，选择培育和保护资源、优化生态环境、提高综合生产能力的可持续发展道路。

14.4.3 我国农业现代化的道路

14.4.3.1 推进农业机械化

农业机械是发展现代农业的重要物质基础，农业机械化是农业现代化的重要标志。农业机械把大工业成果、自然科学和自然动力引入农业生产过程，必然大大提高农业劳动生产率、资源利用转化率和农产品商品率，从而提高农产品竞争力，转移出农业劳动力从事其他工作和增加农民收入，推进非农产业发展，也使现代生物技术由于有现代装备和工程技术手段支持而得以实施和进一步发展。在农业现代化的进程中，机械化是不可逾越的发展阶段。发达国家大多在20世纪40～60年代基本实现了农业机械化，70年代后先后实现现代化。也就是说，发达国家都是在农业机械化的基础上向现代化迈进的。从某种意义上说，机械化是现代化的先行因素而不是同步因素，基本实现机械化的时间比基本实现现代化一般要早20～30年，农业现代化是在机械化基础上的更高级发展阶段。

农业机械化发展过程可分为初级、中级、高级3个发展阶段。农业机械化初级阶段指农业机械已在某些农业生产环节开始应用，但总体上传统农业生产方式、人畜力作业仍占主导地位；农业机械化中级阶段指农业机械已在大多数农作物的主要生产环节中应用，农业生产方式已从传统农业向现代农业发生了较大转变，总体上机械作业在农业生产中已开始居主导地位；农业机械化高级阶段指主要农产品生产过程已经实现了机械化，总体上农业生产方式已从传统农业向现代农业发生了根本性转变，机械作业已在农业生产中处于绝对主导地位，并向更高水平、更大范围、更广领域发展。从我国实际出发，农业机械化阶段划分主要用两个指标：耕种收综合机械化水平和第一产业从业人员占全社会从业人员的比重。划分标准是：耕种收综合机械化水平小于40%为初级阶段，在40%～70%之间为中级阶段，大于70%进入高级阶段；第一产业从业人员占全社会从业人员的比重大于40%为初级阶段，在20%～40%之间为中级阶段，小于20%进入高级阶段。

当前，我国正处于从传统农业向现代农业转变的关键时期。要全面实施《中华人民共和国农业机械化促进法》，坚持走中国特色农业机械化道路，着力推进技术创新、组织创新和制度创新，着力促进农机、农艺、农业经营方式协调发展，着力加强农机社会化服务体系建设，着力提高农机工业创新能力和制造水平，进一步加大政策支持力度，促进农业机械化和农机工业又好又快发展。要坚持"因地制宜，分类指导；重点突破，全面发展；鼓励创新，完善机制；市场引导，政府扶持"的基本原则。主要任务和主攻方向如下。

(1)要把主要农产品生产过程机械化和产业化经营有机结合起来 创新农机服务形式，完善农机社会化服务机制，提高农机利用效率和效益。

(2)对农业机械化进行结构调整 当前农业机械化发展中出现了结构性矛盾，主要表现在：农机动力多，配套机具少；小型机具多，大中型农机具跟不上发展需要；小麦机械化水平较高，水稻播(插)、收获、玉米收获机械化水平低，粮食作物机械化水平较高，经济作物、养殖业、农产品加工机械化水平低等。

(3)因地制宜，有重点地推进地区农业机械化 目前，华北、东北、新疆农业机械化水平较高，南方稻麦两熟区较高，中南较低，西南最低，地区发展差距较大。要根据不同区域的自然禀赋、耕作制度和经济条件，采取相应的技术路线和政策措施，以促进农机农艺结合、实现重大装备技术突破等为重点，加快实现粮食主产区、大宗农作物、关键生产环节机械化，加大协同攻关和工作力度，带动农业机械化全面协调发展。

(4)大力促进农机技术进步 坚持自主研制开发和引进国外先进农机装备技术相结合的方针，建立健全以企业为中心、产学研联合的技术创新体系，尤其要集中力量解决紧缺农机产品的关键技术装备，加大农机装备更新改造和升级换代力度；加强农业机械技术质量监督保证工作，提高农机产品质量、性能和安全可靠性；进一步深化技术推广体制改革，加强农业机械化技术推广工作。

(5)建立与农业机械化相适应的农村经济体制 在家庭经营基础上发展农业机械化，必须以高度发达的社会化服务体系为条件。要在有条件的地区培育农村土地市场，开展土地流转，逐步发展适度规模经营，为农业机械化创造条件；要通过扶持农业服务企业、农业合作社、专业协会和社会中介组织，完善农业机械化社会化服务体系，推进农机服务的社会化、市场化进程；要逐步形成扶持农业机械化发展的财政政策、金融政策；要进一步深化农业机械化管理体制改革，转变政府职能，把政府对农业机械化的管理职能真正转变到制定和执行发展战略、发展规划、宏观调控政策，搞好农业机械化基础建设，创造良好的农业机械化发展环境上来。

14.4.3.2 发展现代生物技术

生物技术的突破是从 20 世纪 50 年代 DNA 双螺旋结构的发现开始的。从那时起，人类开始从分子水平上了解遗传发育等行为，对生命活动规律的认识也有了质的飞跃，以解决人类面临的人口、粮食、健康、环境等重大难题为目标的生物工程技术及产业也就应运而生。目前基因分离、扩增、重组以及体细胞的克隆技术都已实现，生物界正将研究重点由单个基因的测序转到有计划、大规模地对人类、水稻等重要生物体的全基因图谱进行测序和诠译。未来生物技术在农业领域将发挥极其重要的作用。

14.4.3.3 促进生态建设现代化

我国正处在由传统农业向现代农业的转型时期，传统农业由于生产力水平低下，难以承载大量增殖的人口，造成对生态环境的破坏。现代农业由于化肥、农药的残留和工农产品废弃物对环境及农产品的污染，已经成为制约农业和农村经济可持续发展的重要因素。生态农业是遏制生态环境恶化和资源退化的有效途径，是实现农业和农村经济可持续发展的必然选择。

14.4.3.4 发展农业信息化

农业是利用光热水气土等自然资源从事有生命物质生产的一种产业，因而具有分散性、区域性、时变性、经验性，以及稳定程度和可控程度低的行业弱势。信息技术将成为克服农业行业弱势的有力武器。

(1)农业专家系统(AES) 农业专家系统是把分散的、局部的单项农业技术综合集成起来，经过智能化信息处理，针对不同的土壤和气候等环境条件，给出系统性和应变性强的各类农业问题的解决方案。美国1986年首次提出著名的GOSSYM棉花专家系统；1996年，在荷兰召开的计算机农业应用国际会议上就有了上百种农业专家系统软件。一个成功的例子是美国开发的“棉花生产管理系统”(GOSSYM/COMAX)。GOSSYM是一个机理性较强的棉花生产模型，可模拟在不同气候、土壤条件下棉花的生育期和产量；COMAX是“棉花综合管理系统”，两者衔接之后，整个系统可根据模拟结果与专家经验，对棉花的长势及环境进行监测，提供棉花管理上的咨询服务，据估计每公顷棉田可增值100～300美元。我国从1992年开始组织农业专家系统地研制和应用，国家“863”计划智能计算机主题专家组与地方合作，在北京、吉林、安徽、云南建立了4个智能化农业信息技术应用示范区，“九五”期间优先选择了水稻、小麦、玉米、棉花、大豆作为主要的示范作物，并逐渐向经济作物和养殖业发展。农业专家系统可应用于农业的各个领域，如作物栽培、植物保护、配方施肥、农业经济效益分析、市场销售管理等。进一步提高农业专家系统的智能化和本土化程度，通过网络传送和PDA走到田间将成为一种趋势。如能将虚拟技术引入农业专家系统，即可以形象地描述专家的系统推理和辅助决策，进行农田作物种植和畜禽饲养的生态和生产设计，使之上升到一个新的境界和平台。

(2)网络技术 网络技术可以弥补农业分散与闭塞的弱势。据权威杂志DHM和SF的调查，1995年美国41.6%的家庭农场和46.8%的奶牛场已经使用计算机管理和进入各种专业网和因特网；荷兰稍低一些，分别为11%，35%；欧洲和日本也已进入实用阶段。我国20世纪90年代中期起步，截至2018年已有各种农业网站近万个。光纤化和宽带化的国家网络建设为农业网提供了良好的硬件条件，但农业的信息源和数据库、信息处理和服务、用户素质和培训等将是一个十分艰巨和长期的任务。

(3)精确农业(PA) 精确农业是建立在现代信息技术基础之上的新型农业，又称“3S”农业，即遥感技术(RS)、地理信息系统(GIS)、全球定位系统(GPS)在农业上的应用。RS技术可广泛应用于农业资源调查、农业生态环境评价、农作物面积估算、作物长势监测，作物产量预报和农林牧业灾害的监测等各个方面。GIS是一项关键技术，它起着纽带作用，将专家系统、作物模拟模型、RS和GPS等技术联系起来。由德国慕尼黑技术大学和美国佛罗里达大学共同开发的“农业与环境的地理信息系统”，用户可以评估不同作物生产方式与类型对气候条件和土壤资源的要求，分析环境对作物生产力的影响，最后的结果可以用图像方式表达出来或自动生成表格。全球定位系统是1992年由美国宾夕法尼亚州立大学最早在农业中应用的。近年来兴起的“精确农业”亦是以GPS和GIS集合技术为支撑点的。一种带有显示屏和数据处理器的GPS接收仪被装置在自走式的大型机械上，当机械进入地块施肥料时，根据GIS的数字化地图、GPS信号数据处理器，依据作物模型的计算结果，自动给出每个小区的肥料分配比和喷施量，并向自动喷施机下达指令。同样的方法也适用于农药的喷洒。随着3S的应用，精确农业装备和技术已成为发达国家合理利用农业资源，提高农作物产量，降低农业生产成本，改善和保护生态环境最先进的农业生产技术。在发达国家该装备和技术已应用于小麦、玉米、大豆、甜菜、花生、土豆等的生产管理。目前，我国农业领域如喷洒农药的飞机和沿海捕捞的渔船上均采用了 GPS，但在农业耕作方面的应用尚处起步阶段。

（4）设施农业　是用人工控制环境因子的方法来获得作物最佳生长条件，从而达到增加作物产量、改善品质、延长生长季节的目的。20 世纪 80 年代以来，由于全面开发温室计算机自动控制系统，代表设施栽培最新发展的现代温室正朝着自动化、智能化与网络化方向发展，最终发展成为无人化的全自动植物工厂。植物工厂通过计算机将温度、湿度、二氧化碳浓度和肥料等控制在最适合蔬菜生长发育的水平，在寒冷地带、沙漠，甚至宇宙空间，也能提供新鲜蔬菜。日本 ESE 公司还开发了采用微机和专用设施栽培控制机组成的网络系统，对于设施栽培数量多、地点分散的大农场，可以通过网络系统进行集中管理，利用电脑在外地控制设施栽培的管理系统。荷兰科学家致力于研制和开发系统模拟、控制软件，以探求和改进温室的控制环境，达到最优的控制效果。如园艺温室模拟软件 Hortisim 是一种温室作物系统模拟模型，既能模拟、预测温室气候等参数控制条件，又能模拟作物的生长周期和产量。2012 年我国设施农业在面积上就已占世界设施农业总面积的 85％以上，但设施和装备水平还处在“初级阶段”。目前设施栽培综合环境控制技术水平低，调控能力差，并且以单个环境因子的调控为主，带有综合环境自动控制的高科技温室还主要靠从外国引进。

（5）农业气象　早在 1986 年，美国环保局就开展了全球气候变化对人类环境（包括农业）的影响评价研究，1990—1994 年间组织了 27 个国家的科学家，就全球气候变化对世界粮食生产的影响进行评估，国际应用系统分析研究所与联合国环境署正携手研究全球气候变化对各国农业和陆地、海洋生态系统的影响。在上述研究中，各种大气环流模型（GCM）与不同的效应模型被有机地结合在一起。近些年来，江苏省农业科学院在这一领域取得了成果，他们将其研制的“水稻计算机模拟优化决策系统”与各种大气环流模型耦联，用来分析气候变化对中国南方水稻生产的潜在影响。辽宁省用秋温自变量建立了玉米生长动态统计模式。

14.4.3.5　推广应用适用农业技术

要突出东、中、西部不同区域重点和不同作物的技术重点，紧紧围绕敏感作物、敏感地区及优势作物，按照区域化布局、专业化生产、产业化经营的总体要求，以提高农产品品质、安全性和降低生产成本为主要目标，组织关键技术的示范和推广，进一步推进产业化经营和种植业可持续发展。

（1）要抓好农作物良种的示范推广工作　切实加强农作物新品种区域试验、审定工作，加快优质、高产、节水、专用品种的筛选推广，尤其要加强敏感作物和优势作物的品种管理和良种的推广应用，提高种子加工、包衣、包装技术的科技含量，增强我国种业实力，为提高种植业竞争力奠定基础。

（2）要抓好无公害农产品生产配套技术的示范推广工作　要从源头治理入手，狠抓农产品生产过程中的农药、化肥残留控制，推广无公害化生产配套技术，以提高农产品尤其是园艺产品的安全卫生品质，增强我国种植业的竞争力。

（3）要抓好节本增效综合栽培技术的示范推广工作　针对不同区域重点、不同作物的特点，围绕核心技术，进行种子种苗、综合防治、平衡施肥、节水灌溉等技术的集成创新，大力推广节本增效综合栽培技术。

(4)要抓好重大病虫害控制技术的示范推广工作　要采取综合防治措施,控制农作物重大病虫害,减少灾害损失,确保稳产、优质。

(5)要抓好节水农业技术的示范推广工作　我国是水资源严重匮乏的国家,干旱缺水日益成为多数地区农业发展的主要限制因素。推广节水农业技术,既是降低成本的需要,也是可持续发展的需要。建立一批节水农业示范村,推广工程、农艺、管理和化学措施的综合配套。并加强对农民的直接培训,宣传节水农业的必要性和可行性,提高农民节水意识,把节水农业技术推广落到实处。

(6)要抓好科学施肥技术的示范推广工作　农业生产中过量施用化肥,特别是过量施用氮肥和磷肥,造成施肥比例失调、土壤质量下降、土壤和地下水污染,并影响农产品安全卫生品质。

14.4.3.6　完善农业科技研究开发及推广体系

经过半个多世纪的建设,我国已拥有一支涉及农业产前、产中、产后不同学科领域,中央、省、地、县(市)、乡、集体、个人等多层次,研究、开发、应用等不同环节的较为完善的农业科学技术研究开发体系,具备了相当的基础和实力。但是,我国农业科学技术研究开发体系也存在一些问题。

(1)科研设备老化,研究手段落后　目前许多农业科研单位的设备设施还是研究传统农业时的那一套设备。

(2)科技队伍不稳,结构很不合理　由于农业科技人员常处于艰苦的第一线,收入相对偏低,不少人员转行;多数农业科研院所离退休职工较多,负担沉重,在职职工中,行政干部、工人偏多,能够从事科研工作的专业人员比例偏低,很不适应现代化农业科学研究的需要。

(3)科研成果水平下降,突破性成果少　长期以来受多种因素影响,我国农业科学基础理论研究和高新技术研究薄弱,缺乏突破性重大科技成果,新品种、新技术的更新速度减缓,农业科研成果的数量呈下降趋势,科技储备明显不足,对突发的重大病虫灾害、畜禽疫病等农业生产重大问题不能提供及时有效的防治手段。

(4)经费投入不足　这种状况与实现农业现代化目标很不适应,必须加以改变。

今后重点做好以下几方面的工作:构建新型的农业科研体系,提高科研水平;广开筹资渠道,加大对农业科技的投入;培养跨世纪的农业科技队伍;进一步改善农业科技工作条件。

14.4.3.7　发展农业生产性服务业,带动亿万农户进入现代农业发展轨道

(1)农业生产性服务业的含义　农业生产性服务业是指“贯穿农业生产作业链条,直接完成或协助完成农业产前、产中、产后各环节作业的社会化服务”。可见农业生产性服务业是农业社会化服务的组成部分,但它是“直接完成或协助完成”农业产前、产中、产后各环节的社会化服务,实际上就是直接替农民干活或帮农民干活,即农业生产性服务业是指“下地干活”那部分社会化服务。

在全国普遍确立家庭联产承包责任制确定后,中央就曾提出,“当前,各项生产的产前产后的社会化服务,诸如供销、加工、贮藏、运输、技术、信息、信贷等各方面的服务,已逐渐成为广大农业生产者的迫切需要。”本质上,农业社会化服务是相对于小农户经营提出的一个概念,凡是小农户干不了、干不好、干了无效益的事都属于社会化服务范围。因此,社会化服务和小农户

家庭经营在生产分工上是一个相互补充的关系，通过社会化服务解决小农户在发展现代农业方面的不足。而新时代农业面临的最大问题是“谁来种地”“怎样种好地”，社会化服务的发展方向就是替农民或者帮助农民种好地。现在农业社会化服务与过去不同的就是要直接进入生产环节了，也就是农业生产性服务。

(2)农业生产性服务的内容　农业生产性服务内容包括农业产前产中产后，但是重点是直接接入生产。现在农业产前产中产后的边界有时并不是很清楚，比如农资销售，过去属于产前，现在带药防控了，产前和产中融合了。再比如收割、脱粒、烘干、秸秆还田，过去分属产中、产后环节，现在收收割、脱粒、烘干、秸秆还田各环节机械作业同时完成了，产中和产后融合了。农业生产性服务需要积极拓展的 7 个领域，是生产服务业的短板，需要加快发展。这七大领域主要包括以下几方面。

①农业市场信息服务。围绕农户生产经营决策需要，提供重要农产品价格信息、国内外市场供求形势、市场运行风险等信息服务、农业信息化等。

②农资供应服务。包括提供集中育秧（苗）、供种、用种技术；兽药、农药和肥料集中配送等。

③农业绿色生产技术服务。深翻深松、秸秆还田、测土配方施肥、有机肥替代化肥，喷灌、滴灌、水肥一体化等农业节水技术，病虫害绿色防控服务；动物疫病专业化防治服务等。

④农业废弃物资源化利用服务。养殖业领域病死畜禽收集处理，畜禽养殖废弃物收集、转化、利用；种植地膜回收、秸秆收储运、循环利用。

⑤农机作业及维修服务。粮棉油糖作物、特色作物，耕种、防、收、产地烘干等农业生产全程机械化作业服务；设施农业的农机作业服务等。

⑥农产品加工、贮藏、烘干、保鲜、清选分级、包装等初加工“一条龙”服务。

⑦农产品营销服务。农产品预选分级、加工配送、包装仓储、信息服务、标准化交易、电子结算、检验检测等服务物流服务，产销对接、农产品电子商务、质量安全追溯等服务。

(3)加快发展农业生产性服务业的重要性　以小农户为主的家庭经营是我国农业经营基本面。在中国发展农业现代化，需要构建家庭经营为基础，合作联合为纽带，社会化服务为支撑的现代农业经营体系。我国农业家庭经营在实践中有两种形态，小农户和家庭农场，在农业经营主体中发挥基础作用，其中小农户 2 亿多户，家庭农场 60 万～70 万家，规模经营户 400 万左右；合作和联合主要是合作社发挥纽带作用，合作社大约 200 万个。新型经营主体主要包括家庭农场、合作社和各类龙头企业。在发展现代农业过程中，不论是小农户或是新型经营主体都面临一些困难，要靠发展社会化服务，特别是农业生产性服务，这是中国现代农业发展必由之路。

小农户在发展现代农业中面临诸多困难。截至 2017 年底，全国农户数为 2.7 亿户，其中 10 亩以下、户均耕地面积不足 5 亩的农户 2.3 亿户，占 85.2%。所以，要认清当前和今后很长一个时期，小农户家庭经营将是我国农业的主要经营方式。这是我国农业经营形态的基本国情。而小农户在发展现代农业中面临着很多困难：一是小农户不具有市场优势，对接大市场困难；二是小农户不具有技术优势，先进生产技术应用不足；三是小农户不具备资金优势，农业投入能力不足；四是小农户不具有规模经营优势，而规模经营是农业取得效益的主要方式；五是小农户种地热情和经营农业的热情减退。因为农业经营收入在农户收入中占比不断下降，2018 年农民人均可支配收入 14 617 元，其中农业收入 3 489 元，仅占可支配收入的 23%。未来不可能再通过大幅度提价实现农业增收。小农户生产和经营面临这些困境，最终形成了“谁来种地？怎么种好地?”的困局。

新型经营主体发展现代农业也同样面临困难。把小农户的土地流转过来，交给新型经营主体搞规模经营，一定程度上克服了小农户在资本、技术、人才和管理方面的劣势，但通过流转土地发展规模经营，也面临着土地流转成本高，流转期限不稳定的问题。这就对土地流转式规模经营的发展形成了限制。

通过土地流转发展规模经营，实际上排斥了农户经营。流转之后，种什么、怎么种，由新型经营主体说了算。但我们的制度是以家庭经营为基础的，目标是要带领小农户而不是代替小农户进入现代农业发展的轨道。把小农户的地都流转出来，让农民变成农业打工者，未来结果是难以想象的。

实践证明，发展生产性服务业能够成功破解小农户和新型农业经营主体面临的困境。因为农业生产性服务业集聚了资本、技术和管理等现代农业要素，是高度市场化的社会化大生产，是“专业的人做专业的事”，是农业生产专业化和分工协作的深化发展。农业生产性服务业帮助农户种地，就能够克服小农户在对接市场方面、在技术应用方面、在资金投入方面、在规模经营方面的劣势。

(4)农业生产性服务业与小农户对接　服务主体服务农户的方式就是对接农户的方式。服务方式有很多种，哪种服务方式能够更好地解决“谁来种地”“怎样种好地”这个时代的主要问题，就是政策上应当鼓励和支持的服务方式。新时代最大的问题，就是相比上一辈，新生代劳动者种地热情下降了，不适应人力、畜力时代高强度的农业生产劳动了，不愿意面朝黄土背朝天了，但依法律规定又不能把农民的地收走，怎么办？下地替农民干活——农业生产托管，这就是最具有时代意义的服务小农户的方式。

所谓农业生产托管，就是农户在不流转土地经营权的条件下，将一个或几个甚至全部农业生产环节委托给社会化服务完成的经营方式。从社会化服务组织角度看，这是服务；从农户角度看，是作业环节托管了。就是服务组织下地替农民干活，是农业生产作业环节的外包。

(5)怎样促进农业生产性服务业发展　对生产性服务业发展来说，贯彻好以下几条原则十分重要，否则容易出现偏差。

①坚持市场为导向的原则。充分发挥市场配置资源的决定性作用，推动资源要素向生产性服务业优化配置，促进服务供给与服务需求有效对接。

②坚持服务农业农民的原则。根据各地农业生产和农户需求，按照补齐现代农业建设短板和农民群众的欢迎程度，确定重点发展的农业生产服务业领域。

③坚持创新发展的原则。应针对不同产业、不同环节、不同主体的特点，因地制宜选择适合本行业、本地区的发展方式，实现业态创新、模式创新和服务内容创新。

④注重服务质量的原则。这既是对生产性服务业市场主体提出的要求，没有质量标准，就没有市场；同时也是对政府提出的市场监管责任的要求，没有质量标准的监管，就没有市场的良好运行。就是要加强农业生产性服务行业监管，这是保护小农户利益的重要途径，也是促进农业生产性服务业健康发展的保障。

14.4.4 在工业化、城镇化深入发展中同步推进农业现代化

14.4.4.1 加快推进农业现代化是中国面临的重大任务

改革开放以来，特别是进入 21 世纪以来，我国工业化、城镇化和农业现代化快速发展，取得了举世瞩目的成就，有力地推进了全面小康社会和现代化建设。2010 年我国工业增加值占 GDP 比重达 40.2%，重工业产值占工业总产值达到 70%以上，标志着我国工业化已经进入中后期阶段。全国人口普查显示，2010 年以来我国城镇化率年均提高 1.36 个百分点，城镇化正处在加快发展时期。农业机械化率和农业科技进步贡献率均达到 52%，表明我国农业现代化正处在成长阶段。

但从发展状况看，由于自然、历史、政策等方面原因，我国农业现代化明显滞后于工业化和城镇化，主要表现在以下几方面。

(1)农业就业结构演进滞后于产业结构　2010 年农业增加值占 GDP 的 10.2%，而第一产业从业人员占到全社会的 38%左右。就业结构转换明显滞后于产业结构转换，导致大量人口滞留农村，大量农业劳动力闲置，农业规模经营难以发展，在一定程度上影响了农业现代化进程。

(2)工农业劳动生产率差距扩大　2010 年第二产业劳动生产率是第一产业的 6.2 倍，比 20 世纪 90 年代初扩大 40%。工农业发展不平衡，农业比较效益低，农业劳动生产率低，影响了农业现代化的顺利发展。

(3)城乡收入差距和消费差距仍然很大　2009 年城镇居民人均可支配收入与农村居民的人均纯收入之比高达 3.33。党的十八大以来，党和政府充分发挥再分配调节功能，加大对保障和改善民生的投入，农村居民收入增速快于城镇居民，城乡居民收入差距持续缩小。2017 年，城乡居民人均可支配收入之比缩小到 2.71，但与其他国家相比我国的城乡收入差距仍然很大。从消费差距看，2010 年城乡居民人均生活消费支出比为 3.1，2017 年城乡居民人均生活消费支出比降为 2.23，农村居民消费率低，城乡消费差距大仍是我国当前扩大内需的制约。中国居民消费占 GDP 的比重低且不断降低，非常重要的原因之一就在于占总人口 50%左右的农村居民消费严重滞后。

农业现代化发展滞后于工业化、城镇化，已成为我国现代化建设的瓶颈，不仅影响农村经济社会的持续发展，还会削弱工业化、城镇化进一步发展的基础。实现现代化目标最艰巨、最繁重的任务在农业。只有着眼于国民经济社会发展全局，加快推进农业现代化，发挥工业化、城镇化对农业现代化的支持和带动作用，才能从根本上解决"三农"问题，促进中国城乡经济社会一体化发展。

14.4.4.2 加快推进农业现代化，促进"三化"同步发展的措施

加快推进农业现代化，促进工业化、城镇化和农业现代化同步发展，要坚持走中国特色农业现代化道路，大力发展高产、优质、高效、生态、安全的农业。要把保障主要农产品有效供给和促进农民增收作为主要目标。把科技进步和技术创新作为农业现代化的重要依靠力量，切实把现代农业发展转到依靠科技进步和提高劳动者素质上来。把推进农业和农村经济结构战略性调整作为农业现代化的重要着力点，优化农业产业结构和区域布局，把改革创新农业农村

经营体制机制作为促进农业现代化的强大动力，促进公共资源在城乡之间均衡分配。

未来要重点采取如下措施：

①调整国民收入分配结构，继续加大对农业农村的支持力度，缩小城乡差别。

②提高农业科技创新水平，加快转变农业发展方式。

③创新农业经营体制机制，促进农业生产经营专业化、标准化、规模化、集约化。

④加强农产品市场体系建设，增强农业防范市场风险的能力。

⑤加强农业农村基础设施建设，改善农村生产生活条件，建设好美丽乡村。

⑥发挥工业化、城镇化的支持带动作用，提升农业现代化的发展水平。

小 结

迄今为止在人类历史上，农业经历了原始农业、传统农业和现代农业 3 个发展阶段，它们之间由于生产力水平不同而具有质的区别。农业现代化实质上是由传统农业向现代农业的逐步转化过程，通过农业生产手段、农业生产技术、农业劳动力和农业组织管理的现代化达到农业现代化的目标。

在我国农业实现现代化的过程中，研究和了解国外农业现代化的不同模式和发展趋势，对于我国选择正确的、适合我国国情的农业现代化道路具有重要的借鉴和指导作用。在逐步推进农业现代化的过程中，必须坚持正确的方针政策，走符合中国特色的农业现代化道路。在中国发展农业现代化，需要构建家庭经营为基础、合作联合为纽带、社会化服务为支撑的现代农业经营体系。应通过发展农业生产性服务业，带动亿万农户进入现代农业发展轨道。要采取有效措施，在工业化、城镇化深入发展中同步推进农业现代化。

复习思考题

1. 农业经历了哪几个发展阶段？

2. 什么是农业现代化？农业现代化的内容和目标是什么？

3. 国外农业现代化的模式有哪些？

4. 我国农业现代化的道路是什么？

5. 发展农业生产性服务业的含义及主要内容是什么？

参考文献

1. 农业部、发展改革委员会、财政部. 加快发展农业生产性服务业的指导意见，2017.8.16.

2. 黄祖辉，等. 农业现代化：理论、进程与途径. 北京：中国农业出版社，2003.

3. Yujiro Hayami, vernon W. Ruttan. Agricultural Development. The Johns Hopkins University press, 1971.

4. 韩长赋. 加快推进农业现代化，努力实现“三化”同步发展. 中国农业经济学会 2011 年学术年会论文，2011，10.

第 15 章　农业可持续发展

本章学习要点

- 农业可持续发展的含义与特征
- 我国农业可持续发展面临的问题
- 我国农业可持续发展的目标
- 农业可持续发展需要遵循的基本原则
- 实现农业可持续发展的途径

15.1　农业可持续发展的内涵与特征

15.1.1　可持续发展的提出

长期以来，人类几乎都是以消耗资源来满足自身需求的方式生存与发展，并以资源消耗量的增加来提供自身的满足程度。人类的经济活动一直都在对人类赖以生存与发展的生态环境产生影响。然而，在漫长的农业社会中，由于劳动生产力低下，人口增长缓慢，人类对自然界的干预强度从总体上说，还不会对生态系统造成很大的伤害。但到了产业革命后，尤其是第二次世界大战后的几十年，科技的飞速发展，这种以增加资源耗费为代价增加经济产出基础的生产方式，以及忽视资源与环境的消费观念与资源占有不公平导致的过度消费的消费模式，使人类经济活动对自然资源的消耗大大超过生态系统的供给能力，由此导致了生态系统资源供给的有限性与人类经济需求无限性矛盾的激化，使人类经济社会陷入难以持续发展的困境。

可持续发展思想的首次提出是在 1980 年 3 月 5 日发布的由世界自然保护同盟(IUCN)受联合国环境规划署的委托起草的《世界自然保护大纲》中。1983 年联合国第 38 届大会成立了以挪威前首相布伦特兰夫人任主席的世界环境与发展委员会(WCED)，该委员会的考察报告《我们共同的未来》于 1987 年第 42 届联合国大会辩论通过。该报告全面系统地论述了世界范围的可持续发展问题，并首次给可持续发展下了准确而严格的定义："既满足当代人的需要，又不危及后代人满足其需求的发展"，这一定义得到了广泛的接受。从此，可持续发展作为重要的范畴和命题已被自然科学、生命科学和社会科学等跨学科领域共同接受，并提出"可持续发展"是 21 世纪无论发达国家，还是发展中国家正确协调人口、资源、环境与经济发展间相互关系的发展战略，使人类求得生存的唯一途径。这一战略的提出立即得到了世界各国和国际社会的重视与关注。在 1992 年巴西里约热内卢世界环境与发展大会上，《21 世纪议程》确认了"可持续发展"作为全球的发展战略。

可持续发展以经济可持续发展为前提，以谋求社会的全面进步为目标，以自然资源的可持续利用和良好的生态环境为基础。为了实现可持续发展的目标，应着重做好以下 7 个方面：一是提高经济增长速度，解决贫困问题；二是改善增长质量，改变以破坏环境和资源为代价而发展的问题；三是千方百计地满足人民对就业、粮食、能源、住房、水、卫生保健等方面的需要；四是把人口限制在可持续发展的水平；五是保护和加强资源基础；六是技术发展要与环境保护相适应；七是把环境和发展问题落实到政策、法令和政府决策中去。

15.1.2 农业可持续发展的背景

由于农业与自然界特别密切的关系，使其在人与自然协调中扮演着最重要的角色，所以农业可持续发展是人类经济社会可持续发展的基础。

人类在地球上出现以后，在两三百万年内一直过着狩猎采集生活，大约在最近 1 万年开始进入农业社会。在原始农业阶段，人类主要依靠生态系统自然生产力进行农业生产。相对于人类较少的群体数量和有限的能力，自然资源显得比较充裕，而且由于人类活动所造成的局部的环境问题，生态系统基本能够通过自身的运行加以修复。

当农业进入传统农业阶段时，由于人类对自然规律认识的提高，农业生产力有了较大幅度的提高，但伴随着人类对农产品日益增长的需求，供需矛盾趋于尖锐，从而推动农业进入了现代农业阶段。第二次世界大战以后，由于战后重建家园的强烈愿望，世界各国按照以工业化和经济增长为主要内容的传统发展观，一味追求经济的快速增长，出现了一股从未有过的增长热。这一时期的发展是以国民生产总值或国民收入的增长为重要目标，以工业化为主要内容，逐步发展了“高投入、高产出、高能耗、高污染”的经济发展模式。这种增长使社会生产力得到了极大提高，经济规模得到空前扩大，创造了前所未有的物质财富，大大推动了人类文明进程。人类的生活方式因之发生重大变化，生活水平得到极大提高。

然而，经济发展所付出的代价却是极其沉重的。由于过分分离了人与自然的关系，从而忽视了农业生产的生态本质，引发了一系列负面影响。一是由于自然资源的过度开发、消耗和污染物质的大量排放，导致全球性的资源紧缺、环境污染和生态破坏。二是人口的爆炸性增长。20 世纪全球人口翻了两番，达到 60 亿人，并且仍以每年 8 000 万人的速度在继续增长。这些问题的不断积累，加剧了人类与自然界的矛盾，一系列生态灾难的发生对社会经济的持续发展和人类自身的生存构成新的障碍。面对日趋严重的人口膨胀、环境恶化、资源耗竭，面对接踵而至的酸雨、泥石流、臭氧层耗损、厄尔尼诺现象、生物多样性锐减、土地荒漠化、大气污染、土壤污染、水污染、城市生活垃圾和工业污染、海洋污染以及森林赤字、草地破坏、水土流失、沙尘暴肆虐等问题，人们不无担忧。

20 世纪 60～80 年代，在经历了一系列全球生态环境对经济发展所带来的影响和痛苦之后，人类开始积极反思，努力寻找农业新的发展模式，开始将农业功能的思考从单纯的经济扩大到生态和社会，于是可持续发展这一新的农业发展模式应运而生。农业可持续发展的思想、理论与实践的产生是农业随经济发展进程而发展的必然产物，它也是人类在经济进步过程中对农业多方面功能认识的不断加深，对农业生态需求的不断增强，以及使农业在满足人类需求方面功能不断丰富的必然结果。

15.1.3 农业可持续发展的含义

农业可持续发展(sustainable agriculture)的概念是在 1985 年美国加利福尼亚议会通过的《可持续农业研究教育法》中正式提出的,至少包含 3 方面的含义:一是农业资源的可持续利用;二是农业经济效益的提高;三是农业生态效益的持续改善。1991 年 4 月,联合国粮食与农业组织(FAO)在荷兰召开农业与环境国际会议,发表了著名的《登博斯宣言》(Den Bosch Declaration),首次把农业可持续发展与农村发展(rural development)联系起来,提出了受到更普遍接受、更完整的 Sustainable Agriculture and Rural Development(简称 SARD)的新概念。这一概念给出的农业可持续发展的定义是:管理和保护自然资源基础,并调整技术和机构改革方向,以便确保获得和持续满足目前几代人和今后世世代代人需要。这种农业可持续发展是一种能够保持和维护土地,水和动植物遗传资源,不会造成环境退化,同时技术上适当,经济上可行,能够被社会广泛接受的发展。由农业可持续发展的这一定义可见,农业可持续发展的目标是使农民与农村的经济、生态、社会状况得到全面改善,留给子孙后代一个不断完善的资源与环境基础;途径是通过制度与技术创新,促进农民收入增加和农村的全面发展;基础是资源与环境的合理利用与有效保护。

所以,实施农业可持续发展就是在合理利用和维护资源与保护环境的同时,实行农村体制改革和技术革新,以生产足够的食物与纤维,来满足当代人类及其后代对农产品的需求,促进农业和农村的全面发展。可见,农业可持续发展是一个内涵丰富的概念,主要体现在以下 3 个方面。

(1)生产可持续性(sustainability of agricultural production) 指的是保持农产品稳定供给,以满足人类社会发展对农产品需求的能力。在自给自足原则下持续增加农作物产量,消除饥荒,保证食物安全。这一内容在发达国家已经基本得到解决,增产不再是主要目标,而多数发展中国家仍然是以农业增产为主要目标。

(2)经济可持续性(sustainability of rural economy) 指的是不断扩大农村就业机会,增加农民经济收入,改善其生活质量的能力,主要体现于农村产业结构、农村工业化程度以及农民生活水平等方面。

(3)生态可持续性(sustainability of ecology and environment) 指的是人类抵御自然灾害的能力以及开发、保护、改善资源环境的能力。这种能力是整个农业发展与经济增长的前提,没有良好的资源基础和环境条件,常规式的现代农业就会陷入不可持续的困境之中,从而不利于子孙后代生存发展的长远利益。

15.1.4 我国农业可持续发展面临的问题

中国是世界上的人口大国,面临严峻的资源和环境的挑战,具体到农业可持续发展,我国主要面临着以下几方面的问题。

15.1.4.1 农业生产可持续性方面

我国农产品供给仍处于低水平状态。虽然经过 40 年的改革发展,中国农业综合生产能力明显增强,粮食产量比 1978 年翻了一番,2015 年以来已连续 4 年达到了 6.5 亿 t,肉、蛋、菜、果、鱼产量都居于世界第一位,但人均粮食和人均肉类仅是发达国家的一半左右。农业投入水平不高,农田有 2/3 是中低产田。与此同时,我国农业生产还面临着资源和生态环境恶化的巨大压力。由于我国农业基本建设投入不足，加上盲目垦耕、滥施化肥农药，造成生态环境的恶化和自然生态的失衡，给农业生产造成了破坏性的影响，具体表现在以下几方面。

(1)导致农业资源总量的减少和质量的下降　其中，最为突出的是水土资源总量的减少和质量的破坏。大范围的植被破坏，引发了水土流失、土地沙漠化和气候恶化。再加上土地受到风蚀和水蚀，垃圾填埋占用耕地，河流改道造成耕地的坍塌等原因，使本来就很珍贵的土地每年还在大量减少。工业"三废"的排放，过量施用化肥和农药，使农业耕地发生大面积板结，理化性能变坏，地力下降。不经任何处理的污废水排放进入江河湖库水域，也渗侵地下水，对其造成污染，加剧了水资源的紧缺程度。农业资源总量的减少和质量的下降，制约了农业的持续发展，进一步增加了经济和社会发展的压力。

(2)导致自然灾害频发，农产品产量下降，直接经济损失增加　生态环境的恶化，使农业自然抗灾能力减弱，旱涝自然灾害频繁发生，使我国本已薄弱的农业基础更显脆弱。进入20世纪90年代以来，我国每年都有一些地区遭受暴雨、洪涝、台风、干旱、冰雹等自然灾害，山体滑坡、泥石流等地质灾害，以及农作物、森林、草原等的病、虫、鼠害、火灾等。1998年，长江流域发生的特大洪涝灾害，造成大量农田被淹，就是上游地区长期破坏森林植被和陡坡垦种的结果。农业生产除了具有经济职能和社会职能外，还具有生态职能，即净化空气、水，防风固沙，保持土壤和动植物种群平衡等职能。通过这些职能的发挥，给人们带来一个良好的生产和生活环境。一旦生态环境遭到破坏，生态环境系统失去平衡，就会影响到农业生产和人们的正常生活，导致经济损失。

(3)导致农产品品质下降，不利于人们生活质量水平的提高　自然灾害频频发生，不仅直接减少了农产品的产量，还会降低品质。一旦受灾，各种农产品从外形到内部物质积累，都会发生不理想的变化，大大降低了农产品质量等级。更为严重的是，大量施用化学物质，造成土壤成分的改变和化肥、农药在产品中的大量残留，污染了农产品，严重地影响到人们的身心健康，与人们不断提高生活质量的要求相背离，走向了持续发展的反面。

可见，不科学的农业生产方式对自然资源的掠夺开发，使农业生产所依赖的生态环境日趋恶化，从根本上制约了农业生产的持续和稳定发展。

15.1.4.2　农村经济可持续性方面

农民收入及农民生活水平是综合反映农村经济发展持续性的最重要也是最直接的指标，近年来我国农民收入增长迅速，但城乡收入差距依然较大。如表15.1所示，农村居民家庭人均纯收入从1978年的133.6元增加到2018年的14 617元，40年间增长108倍；农村居民消费支出水平由1978年的116元增加到2018年的12 124元，40年间增长103倍。由此可见，我国改革开放40年来，农民收入与生活消费支出都有了较快的增长，尽管期间有所波动。

表15.1　全国农民人均纯收入与生活消费支出演变情况

年份	农民人均纯收入/元	比上年增长/%	农民生活消费支出/元	比上年增长/%
1978	133.6		116.0	
1988	544.9	17.7	476.7	19.7
1998	2 162.0	3.4	1 590.3	−1.7
2008	4 760.6	8.0	3 660.7	13.6
2018	14 617.0	8.8	12 124.0	10.7

资料来源：历年《中国统计年鉴》、2019年中国统计公报。

然而，长期以来我国城乡居民收入差距一直较大。如表 15.2 所示，1978—2018 年农村家庭人均纯收入增长了 108 倍，而同期城镇居民家庭人均可支配收入增长了 113 倍，超过农村家庭人均纯收入增长速度。改革开放前的 1978 年，城乡居民恩格尔系数相差 10.2 个百分点，20 世纪 80 年代逐渐缩小，1985 年降至 4.5 个百分点，而进入 90 年代又呈扩大趋势，1999 年增至 10.5 个百分点，超过了 1978 年城乡居民家庭恩格尔系数之差。而且我国农民纯收入中相当部分要用于扩大再生产，而城镇居民基本没有生产性开支，还享受多种社会福利补贴。因此，城乡居民的实际收入差距要比上述比率还要大。不过，进入 21 世纪以后，城乡恩格尔系数之差又呈明显下降的趋势。

国际经验表明，在人均 GDP 达到 800～1 000 美元时，城乡居民收入的正常差距为 1.5～2 倍。2001 年我国人均 GDP 已超过了 1 000 美元，而城乡居民收入差距却远远超过 2 倍，明显超过了国际经验标准。虽然近几年由于国家政策的倾斜使得农村居民收入增长速度超过了城镇居民收入增长速度，但 2018 年城乡居民收入差距仍然达到 2.69 倍。

表 15.2　城乡居民收入差距分析

年份	农村居民家庭人均纯收入/元	恩格尔系数/%	城镇居民家庭人均可支配收入/元	恩格尔系数/%	城乡人均收入比	城乡恩格尔系数之差
1978	133.6	67.7	343.4	57.5	2.57	10.2
1985	397.6	57.8	739.1	53.3	1.86	4.5
1990	686.3	58.8	1 510.2	54.2	2.20	4.6
1995	1 577.7	58.6	4 283.0	50.1	2.71	8.5
2000	2 253.4	49.1	6 280.0	39.4	2.79	9.7
2005	3 254.9	45.5	10 493.0	36.7	3.22	8.8
2010	6 977.6	41.1	21 810.8	35.7	3.31	4.4
2018	14 617.0	30.1	39 251.0	27.7	2.69	2.4

资料来源：历年《中国统计年鉴》、2019 年中国统计公报。

根据宏观消费函数，收入水平及其增长率是决定消费水平及其增长率的最主要的因素。由历年《中国统计年鉴》相关的数据资料可知：1985 年，城镇居民家庭平均每人全年消费性支出为 673.20 元，农村居民家庭人均消费支出为 317.42 元，二者之比是 2.12∶1；1990 年为 2.19∶1；1997 年扩大到 2.59∶1；2003 年二者之比竟达到 3.35∶1，2009 年这一比例下降为 3.07∶1。1985—2009 年农村居民消费水平增长 8.25 倍，城镇居民消费水平增长 17.22 倍，远远高出了农民人均消费的增长水平。2010 年以来城乡居民消费差距和恩格尔系数差距都在逐渐缩小，但城乡差距问题仍不容忽视。这不仅表现在收入方面，还包括城乡教育差距，大量的优质教育资源几乎都被城市垄断，农村学校、教师、教室软、硬件条件差距很大；城乡基础建设差距，城市交通便利，服务业高度发达，一些地方农村交通十分不便，有的地区孩子上学要跋山涉水才能到达学校；医疗差距，优质的医疗资源集中在大城市，很多农民看病难甚至看不起病；就业差距明显，城市就业机会繁多，农村很多人为了生活不得不背井离乡去城市打工，也造成如今留守儿童的问题。

15.1.4.3　人口和资源环境可持续性方面

我国人多地少、人均资源不足。了解人口、资源与环境对我国农业和农村经济的制约作用，对于正确地选择我国农业可持续发展的道路，实现人口、资源与环境和农业经济、农村社会的协调发展意义重大。

(1)我国农村人力资源众多，但存在着素质较低和劳动力过剩问题　全民族的科学文化素质和农业劳动力素质明显偏低的状况，是严重制约农业劳动生产率的提高和农业科技转化为现实生产力的重要因素。按 2019 年中国统计公报数据，2018 年末我国总人口为 139 538 万人，常住人口城镇化率为 59.58%，乡村常住人口 56 401 万人。据 2010 年对农村 6.8 万户农户的抽样调查，高中及以上文化程度的人口仅占 15.8%。近年来农民平均文化水平有所提高，但与城镇人口相比仍然明显偏低。农村劳动力不仅文化程度低，而且多数农民缺乏现代化知识与技术以及商品市场观念，严重影响了农村劳动力的转移和农业现代化进程，阻碍了农民收入和生活水平的提高，已经成为钳制我国农业经济发展乃至整个国民经济发展的“瓶颈”。

(2)自然资源短缺、分布不均衡而且质量恶化　就可持续发展能力而言，我国是一个人口密度高，人均资源十分贫乏的国家。

①我国人均农业资源十分贫乏。我国陆地面积排全世界第 3 位，其中，耕地面积占世界的 8.6%，但人均耕地面积仅占世界人均的 1/3。我国森林覆盖率只达到世界平均水平的 67%，人均森林面积仅为世界人均水平的 1/6 多一点。我国人均水资源量仅为世界人均占有量的 1/3，被列为世界 13 个贫水国家之一。水资源短缺已经成为经济社会发展的主要制约因素。

②我国资源分别存在着严重的区域分布不均衡现象。如北方耕地占全国的 64.1%，而水资源仅占全国的 19%；南方水资源占全国的 81%，但耕地却仅占全国的 35.9%。占全国耕地 1/4 的晋冀鲁豫四省地下水仅占 10%。有限的森林资源主要集中在东北、西南等地区，华北、中原地区及黄河下游地区和西北地区，森林资源则少得可怜。资源的这种分布不均衡现象，使得本来就十分有限的自然资源难以得到充分的利用，更加剧了我国资源短缺的矛盾。

③在可利用的自然资源中，又存在严重的质量恶化和环境污染问题。由于过度开发和不适当的利用以及只顾眼前和局部利益，使整体环境恶化的形势得不到遏制，紧缺的资源还面临着水土流失、土地沙化、草原退化、耕地非农化和环境污染等问题的困扰。水利部 2010—2012 年开展的第一次全国水利普查显示，我国水土流失面积 294.91 万 km^2，占国土总面积的 30.72%，是世界上水土流失最严重的国家之一。因水土流失，全国年均损失耕地 100 万亩，黄土高原严重区每年流失表土 1 cm 以上，东北黑土地变薄，一些地方的黑土层流失殆尽。尤其是我国工业污染物的排放，使农业生态环境日益恶化。水环境恶化已成为不容忽视的重要问题。在农区，一些平原灌区地下水位下降，水污染严重。地下水超采使得部分地区出现地面沉降，海水入侵等问题，北方一些地区“有河皆干、有水皆污”，南方许多重要河流、湖泊严重污染。

④生物多样性受到威胁。我国幅员辽阔，拥有丰富而又独具特色的生物多样性，在全球居第 8 位，北半球居第一位。据统计，我国拥有高等植物 383.28 万种，动物种类约 10.45 万种，并保存下许多古老原属种。中国又是世界八大栽培植物起源中心之一，拥有大量栽培植物的野生近缘种，常见栽培作物有 60 多种，果树品种上万个，畜禽 400 多种。但是由于环境污染造成生态失衡，现有物种已经有 15%～20%受到威胁，并有 156 个物种濒临灭绝，几乎占世界 640 个濒危物种的 1/4。自然界中众多的生物物种相互依存，如果因为某些关键物种缺失和数量锐减，截断生物链，就会有更多的物种消失，造成整个生态系统崩溃的可能。加强对生物资源的保护，注重农业生物重要种质资源的发掘和重要性状的遗传改良，已不容忽视。

人口、经济的增长导致对现有自然资源消耗巨大并将形成更大的压力，这已经成为制约中国农业持续发展和农业综合生产力提高的重要因素。

15.1.5　农业可持续发展的特征

人们对农业可持续发展的提法很多，但是都具有以下几个共同特征。

（1）协调性　即农业发展与资源、环境的协调性。农业可持续发展追求农业生态系统的平衡协调，坚持农业、资源和环境之间的协调发展，强调农业的发展要以自然资源的永续利用，生态环境的不断改善为前提。人是自然界的一部分，人们的生产经营活动和生活要以人与自然和谐共存为最高准则。农业发展应使现在和未来农业经济和农村社会具有持续增长和发展的能力；农业生产率的提高，必须遵循自然生态规律，在开发、利用、保护和重新培植资源与环境的动态平衡过程中实现。

（2）可持续性　即农业发展的持续永久性。农业可持续发展是既满足当代人的需要，又不危及后代人满足其需求的发展。这里包含两层意思：

①强调发展，发展是农业可持续发展的核心，主张退回到贫穷落后的原始农业或者传统农业以阻止资源的枯竭，不是我们倡导的农业可持续发展。

②农业可持续发展并不是单纯追求短期的经济增长，必须具有长远观点，不以牺牲后代人的利益为代价来满足当代人的利益。可再生的自然资源，其利用损耗率应低于或者等于其更新率。生产一定量的农产品所消耗的资源必须与再生的资源达到动态平衡，实现资源的合理配置；不可再生的耕地等农业自然资源总量应保持在一个相对稳定的水平，并不断提高其质量和利用率。

（3）人口规模的适度性　人既是生产者，又是消费者。作为生产者，是重要的经济资源；作为消费者又给农业资源、环境带来巨大压力，因此必须控制人口过快增长，保持农村人口规模适度，并努力提高人口素质，增加人力资本存量。

（4）农业发展的高效性　农业可持续发展要强调以现代高新技术为基础，追求高产、优质、高效、低耗，促进各种农业资源在时间、空间上的科学合理利用，实现农业集约化发展，达成农业经济、生态和社会效益的统一。

（5）公平性　包括农业发展的“代际平等”和“代内平等”。“代际平等”主要是把自然资源存量保持在一定的水平上，可以实现既满足当代人需求，又不会危及后代人的发展。“代内平等”指的是要使世界范围内发达国家和发展中国家在资源利用和经济发展中享有平等的权利，获得平等发展的机会和地位。

15.2　农业可持续发展的目标、原则与内容

15.2.1　农业可持续发展的目标

农业是国民经济的基础产业，任何国家和地区的经济社会发展都有赖于农业的发展。农业经济再生产和自然再生产相互交织的特点，决定了农业对自然资源和环境的依赖性。因此，作为可持续发展的一个子系统，农业可持续发展受到更多的关注。从总体看，农业可持续发展的目标是追求公平，追求和谐，追求效益，实现持久永续的世世代代发展。具体来讲，农业可持续发展的基本目标应包括：

(1)生态可持续发展　合理、永续地利用现有的自然资源,特别是生物资源和可再生资源,保护生产生活环境,改善生产条件。

(2)经济可持续发展　农、林、牧、渔各产业协调发展,长期保持较高的农业产出水平,提高食物生产和保障食物安全,以满足逐年增长的国民经济发展和人民生活需要,并着眼于未来的生产率使得农业生产能够满足后代人的需求。

(3)社会可持续发展　农业能够满足人类衣、食、住、行等基本需求,逐渐改善社会环境,实现社会公平,提高农村及落后地区人民的生活水平等。

由于各国的具体国情不同,对农业可持续发展就有不同的理解,从而在制订农业可持续发展战略目标时就会有不同的侧重。发达国家已经完成了对传统农业的改造并全面实现了农业现代化,农业占国内生产总值的比重已经下降为不足2%,农业劳动力占全社会劳动力的比重下降为2%~7%,每个劳动力生产的粮食是2万~10万kg。但是有三大问题制约了发达国家农业的可持续发展,即农产品总体过剩,农业财政负担过重,农业资源环境问题日益突出。在这种背景下,其农业发展不仅仅是为了满足生存的需要,更为重视的是资源环境的改善和美化,降低投入以及食物生产的营养和安全等方面;对于发展中国家来说,还处于传统农业阶段或者向现代农业转化的阶段,农业投入水平较低,生产力水平还有待于进一步提高。农业劳动生产率只有发达国家的1/5,人均占有粮食是发达国家的1/3,人均农业总产值占1/4。由于农业生产从数量和质量上都还不能完全满足人民的需要,发展中国家对农业可持续发展中的经济可持续目标更加看重,同时强调3个持续性的协调统一,中国也不例外。我国的具体国情是人口众多,人均资源占有量不够丰富。要在坚持独立自主,自力更生的基本原则下,以有限的耕地、淡水等资源满足人们对农产品日益增长的需求,任务十分艰巨。树立农业可持续发展的观念,制定农业可持续发展的战略目标,对于我国来讲具有非凡的意义。

15.2.2 农业可持续发展的原则

中国农业如何持续发展,已经成为我国经济社会发展的突出问题。在从我国实际国情出发制定我国农业可持续发展战略的过程中,必须坚持一些重要的原则。主要包括:

(1)农业可持续发展必须以发展为前提　发展是人类活动的主旋律,不单要注重当代人的发展,而且要为后代人的发展打下良好的资源环境基础。作为一个发展中国家,中国始终把发展经济、摆脱贫困、走向富裕作为可持续发展的核心目标,努力寻求一条经济、社会、环境和资源相互协调,兼顾当代人和子孙后代利益的发展道路。中国《21世纪议程》关于人口、环境与发展问题的白皮书中明确地将发展摆在首位。因为要满足全体人民的基本生活需求和日益增长的物质文化生活需要,必须保持较快的经济增长速度,这是我国当前和将来满足人民需要和增强综合国力的一个主要途径。只有当经济增长率达到和保持一定的水平,才有可能不断消除贫困,人民的生活水平才会逐步提高,也才能够提供必要的能力和条件支持可持续发展,并做到经济快速发展,资源开发利用和环境保护相协调,从而逐步走上可持续发展的轨道。农业是国民经济和整个社会发展的基础,它不仅为社会提供生活资料和工业原材料,而且作为一种源头产业,能够延伸繁衍出一个庞大的经济体系。农业的最终消费功能能够形成国民经济发展中的“乘数效应”,维系国民经济整体的不断增长。没有稳固发达的现代农业作为依托,国民经济的起飞与现代化的实现就是不可想象的。然而中国农业与农村发展仍然存在种种问题,包括农户经营规模小,农村市场发育不完全,农村产业结构和就业结构有待于进一步改善,农产品的科技含量较低，而且地区间差距较大，农村改革和农业科技缺乏重大突破等。因此，要建立可持续农业，首先要把发展放在第一位，根据我国农业的历史与现状改变农业的弱势地位。

(2)必须把握资源节约的原则　我国人均资源占有量少，利用不合理而且后备资源数量少、质量差，这一客观条件决定了我国农业的发展必须要改变高投入、高消耗、低产出的粗放经营方式，走节约资源、保护环境的持续发展道路。我国单位 GDP 的能耗是日本的 6 倍，美国的 3 倍；化肥利用率只有 30%，比发达国家要低一半；灌溉用水的利用率只有 40%。正是因为人均资源的短缺，所以农业要持续发展，必须注意经济合理地利用淡水、耕地和能源，减少资源的浪费，改善农业生产环境，从而提高农业产出和农业经济效益，争取以最小的资源消耗获得最大的经济产出，实现农业可持续发展。

(3)实现生产、经济、生态 3 个持续性相结合的原则　农业生产系统是一种在自然系统基础上的人工生态系统。人类通过对原有农田环境的改良，良种、化肥、灌溉、机械、农药等的外部投入，才能大大提高系统的生产力及其持续性，也同时可以增加经济效益。农业系统不是纯自然的，各地自然环境对农业发展也不是完美无缺的。只有通过人为的努力，科学的增加外部投入才能实现农业系统的改善，推进农业持续发展。同时，要注意贯彻生产、经济、生态 3 个持续性相结合的原则。没有生产持续性，农业系统就会萎缩；没有经济持续性，农民就没有积极性；没有生态持续性，资源环境就会遭到破坏，后代人持续发展的权利就被剥夺，失去了农业增长和经济发展的机会。可见，三者是相互联系，相辅相成的。

(4)必须坚持把农业科技作为推动力的原则　我国农业科技和生产力还较为落后，土地生产率和劳动生产率都比较低。农业科技贡献率比发达国家要低 20%～30%。要使我国农业高速、高效和持续发展，就要坚定不移地实施“科教兴农”的战略方针，培养和稳定农业科技队伍，加大农业科技投入的力度，提高农业科技水平，与此同时，要大力发展农业教育事业和科技推广事业，提高广大农民的文化素质和科技素质，通过农业科技的跨越性发展实现农业现代化，进而实现农业可持续发展。

(5)必须把握区域协调发展原则　在开放的市场经济社会，受自然资源和经济资源比较优势规律的支配，农业商品化程度越高，其专业化、规模化生产需求越大，就会加快农业生产的区域化进程。我国东部已经出现了以生物技术和信息技术为代表的现代农业的生产力，然而广大西部和中部的一些地区依然停留在自给自足和半自给自足的自然经济状态。为了适应国家总体区域经济的战略转变，在农业上要加快东中西部协调发展。我国当前的农业生产力结构是传统生产力和现代生产力并存，在实施可持续农业发展战略时，必须从我国的这种生产力结构出发，因地制宜，把握生产力布局、发展目标及发展重点的地域性特征。

15.2.3　农业可持续发展的内容

农业可持续发展的内容涉及整个农业生产系统，主要包括农业自然资源的可持续发展，农业再生产过程的可持续发展，农村人口的可持续发展和农业生态系统的可持续发展等。我国地域辽阔，各地的资源环境情况各异，应因地制宜制定农业可持续发展的战略措施。尽管我国各地情况千差万别，但大体上可以分为东部、中部、西部和东北地区四大经济地带，各经济地带在资源环境、社会经济和技术条件等方面具有一定的共性，所以农业可持续发展的战略可以分区域选择。

15.2.3.1 东部地区农业可持续发展

东部地区处于我国经济最发达地带，实施农业可持续发展，要遵循市场经济规律，政策上重点考虑农村土地、农村户籍、农村金融以及城乡一体化等方面。具体而言，农业可持续发展的战略重点如下：

(1)通过增加改善、恢复和保护自然资源方面的投资，减轻对自然资源的压力，以便能充分安全地利用自然资源。在发展种植业和养殖业的同时重视提高有机肥利用水平，鼓励采用能够保护人的健康和环境质量的农业生产和加工方法，逐步控制化学物质的污染；充分利用水资源丰富的优势，建设沿海和江河沿岸及农田防护林体系。

(2)加快推进向技术和资金集约型的转变，大力发展高产优质高效农业和外向型农业，大幅度提高农民的收入水平和生活水平。

(3)加快农业产业化进程，建立完善的肉、蛋、奶、鱼、果、菜等农产品生产基地；发展设施农业，搞好沿海大中城市城郊"菜篮子"工程；重视饲料工业和食品工业的发展，但要注意防止规模化畜禽养殖业对饮用水源地和江河、湖泊的污染。

(4)加快工业化进程，加强乡镇工业的结构调整、合理布局和防治工业污染工作，注重农村环境的治理和保护。

(5)通过成立专业合作社等农民组织，举办提高农民生产技能的各种教育培训，拓宽农产品销售渠道，提高专业化生产能力，研究和开展农业综合管理方法，增强农民的市场竞争力，扩大农民获得其他生计的机会，提高农民的组织化程度。

15.2.3.2 中部地区农业可持续发展

从农业产业布局来看，我国中部地区为全国提供了70%以上的大宗农产品，国家农产品商品基地的绝大部分就分布在该地区，所以中部地区是我国食物安全，尤其是粮食安全的基本依靠，要高度重视对中部地区的政策保护。近年来，随着城市化带来的污染以及资源危机的加重，已经阻碍了中部地区农业的稳定和发展。所以，中部地区实施农业可持续发展的战略重点如下：

(1)加快粮、棉、油和畜禽等主要农产品基地的现代化建设，在粮食产区加快由传统的粮食作物和经济作物构成的二元结构向粮食、饲料和经济作物构成的三元结构转变，实现农牧业的相互促进，并合理利用土地等农业资源。

(2)加快食品和农产品加工业的发展，延长农业生产链条，增加农产品附加值。充分利用丰富的淡水资源和集约养殖技术，发展淡水水产养殖业。

(3)实行农林牧渔综合经营，因地制宜发展林业生产，在促进经济增长的同时发挥大农业的生态外部性；在半农半牧区，宜农则农，宜牧则牧，注重资源环境的合理利用和保护。

(4)对中部地区的乡镇企业和小城镇建设，进行合理规划，避免因规划不合理而带来的资源浪费和环境污染。

15.2.3.3 西部地区农业可持续发展

西部地区的农业可持续发展战略要遵循自然与经济规律，在实现生物与环境相互适应协调的基础上，获得较高收益水平。西部地区的农业可持续发展尤其要注意生态环境的保护。

其战略重点如下：

(1)在西部生态环境建设方面，要制定不同区域的发展规划。大西北是干旱半干旱地区，属于草原和荒漠草原地带，绝大部分地区不适合高大乔木的生长，而是适宜于草和灌木的生长。因此，在生态环境建设过程中，要实行"草灌乔结合，以草为主"的退耕政策。不仅要退耕还草，还要退牧养草，严禁过度放牧的行为。同时，增加对水热资源相对充足的草地和草场再生能力的建设。

(2)采取有效措施保护和建设西部地区有限的基本农田，加强优质棉花和名优特产以及果蔬基地的建设。

(3)推广先进的畜牧业养殖技术，逐步提高牧区畜牧业集约生产和畜产品加工水平。

(4)由国家和地方共同投资，建设西北防护林体系，以加强长江、黄河上游的生态环境恢复和保护。

(5)科学合理地开发西部地区丰富的自然资源，尤其是可再生资源的综合开发利用。

15.2.3.4　东北部地区农业可持续发展

东北地区农业发展具有明显的资源优势，东北大平原约占全国平原面积的 1/3，成为全国粮食商品率最高的地区。然而，东北农业生态环境恶化问题仍然十分突出。东北北部农业生产水平高的粮食产区，水土流失严重，且土地"三化"问题突出，农业生态恶化严重；东北南部粮食产量低的产区，受工业发展影响，农业环境污染较重。因此，东北部地区的农业可持续发展战略重点如下：

(1)确定国家专用商品粮基地和优势特色农产品基地　为进一步巩固和保持国家优质商品粮生产储备基地的重要地位，充分发挥国家粮食安全"稳压器"的作用，要因地制宜发挥区域优势，确定国家专用商品粮基地和其优势特色农产品生产基地，使粮食等农产品生产与区域资源及环境相协调。

(2)加快农业基础设施等工程建设　例如，要实现农业可持续发展，需要加快东北地区的农田水利建设，以扩大水田、旱涝保收田面积。具体包括三江平原大中型灌区工程、西部地区旱涝保收田和以大型喷灌设施为主的旱田节水灌溉工程、三江平原综合治理工程等一系列水利工程。

(3)推进土地的适度规模化经营　主要通过推动农业剩余劳动力向非农产业转移来实现土地的规模经营。结合东北地区的实际情况，可以通过加快城市化进程，如加大中小城市的改建、扩建力度；新建中、小城镇和城市等途径，实现农业劳动力的充分就业；进一步提升农业机械化水平；特别是通过实施新修订的土地承包法，推进"三权分置"改革，建立有效的土地规模经营保障体系。

15.3　农业可持续发展的模式与路径

15.3.1　农业可持续发展战略的模式

我国人口众多、人均资源短缺。借鉴国外经验，针对我国国情，农业可持续发展应采取的模式主要有以下 3 种：

(1)生态农业模式　是一种在农业生产实践中形成的兼顾农业的经济效益、社会效益和生态效益,结构和功能优化了的农业生态系统。运用生态经济原理指导和组织农业生产,把人类的生产活动纳入自然环境的生态循环链内,参与生态系统的生物共生、轮流交换和物质循环,充分利用土地、空间、日光、时间,以相对较低的投入,获取多目标的高产出效益。生态农业的模式可以分为3个层次,即区域与景观布局模式、生态系统循环模式和生物多样性利用模式。

(2)高技术农业模式　是以可持续发展为目标,以生态农业为基础,以生物技术、信息技术等高新技术为手段的产业化的农业。高技术农业利用遗传技术,设计和培育适于水地、盐碱地、荒漠以及生态敏感区域耕作的作物品种,扩大耕地面积,弥补耕地不足;设计和培育具有优良性状,可以抗病虫害的农作物品种,以提高农产品产量和品质。发展高技术农业,必须注意保护生物多样性,包括保护物种资源、基因资源、生态系统资源,这对农业可持续发展的作用重大。

(3)集约型可持续农业模式　主要依靠农业科技含量和科技附加值的提高,是内含投入的增加,是技术密集型、知识化和可持续发展的农业,追求的是土地产出率、劳动生产率和资金收益率,是农产品品质、市场价值和经济效益。运用现代科学技术,结合传统的有效经验;增加智力投入,提高劳动者素质;促进农村综合发展,开展多种经营,持续提高农业总产值和农民收入;合理利用、开发和改善农业资源,改善农业基础条件,创造良好的生态环境,以利于后代人的生存和发展。集约型可持续农业模式适合于人多地少、资源短缺的发展中国家,尤其适于在我国推广。所以这种模式成为我国实施农业可持续发展战略的重要模式之一。

15.3.2 我国实施农业可持续发展战略的路径

实施农业可持续发展需要转变经济增长方式,就是从粗放型向集约型的转变。现代集约持续农业是我国农业可持续发展的必由之路,其核心内容是:以当代科学技术为基础,以持续增长的生产率、持续提高的土壤肥力、持续改善的农村生态环境,以及持续利用与保护的农业自然资源为目标,以“高产、优质、高效、低耗”为宗旨,利用现代科学技术和现代工业来武装农业,利用现代经营方法来管理农业的一种经济增长方式。为此,要提高农业经济整体素质和生产要素的配置效率,挖掘资源的生产潜力,不断提高资源的综合生产力,实现低投入、高效益。具体体现在以下几个方面。

15.3.2.1 依靠科技进步促进农业可持续发展

(1)发展科学技术和知识经济　首先,应继承和发展我国传统农业技术的精华,如多熟种植、有机肥料、豆科作物、生物防治、中兽医技术、用养结合等。在此基础上注意与现代高新技术相互结合、相互补充,通过研究与推广高产品种、化肥、农药、灌溉、机械化技术等现代科学技术,以及举办对农民的技术技能培训,提高农业劳动者的整体素质,逐步树立起科技、推广、生产、消费环环相扣的良性运行机制。

在农业科研领域,将跨学科研究和系统方法作为解决重大关键问题的首选项。从农业系统的要素构成、互作机理和耦合作用来探索问题解决的途径。山水林田湖草是一个生命共同体,农业科学研究必须突破单要素思维,从资源利用、运作效率、系统弹性和可持续性的整体维度进行思考。我国农业生态效率不高、竞争力不强、生态不可持续的问题主要是在土地资源的利用方式上。因此，农业领域的科技突破需要从土地资源的治理、修复、提升入手。

(2)促进各种技术的有序组合和综合配套　如有机的技术和无机的技术、生物技术与非生物技术、常规技术与高新技术等的综合利用，形成各种物质投入和土、水、光、气、热等资源的科学配置、高效利用的集约生产系统，达到持续增长的目的。首先，农林牧渔各业都要研究推广以提高土地生产率为目的技术体系，以节约资源、持续增产和有效供给；其次，研究推广可以实现农业高产高效的技术体系，大幅度提高农业经济效益和农民收入；第三，研究推广保护与改善资源环境技术，强化农业可持续发展的资源环境基础。

(3)瞄准世界农业科技前沿，突破战略性关键核心技术　未来 10 年，美国将围绕系统认知分析、精准动态感知、数据科学、基因编辑、微生物组五大关键技术寻求农业领域的科技突破。这同样是未来我国农业领域必须努力、不可或缺的关键核心技术。同时，立足我国地薄质劣的资源国情，我国科学家还需要在几个颠覆现在、引领未来、开创时代的重要领域，在山水林田湖草生命共同体重大科学问题、土地资源安全与管控现代工程技术难题上取得突破。聚焦精准调查、精细感知、精明治理的科学技术体系，在一些关键核心技术上取得突破进展，比如耕地质量大数据、耕地健康诊断技术、生态良田构建技术、土壤生物多样性保护和耕地养护技术、耕地系统演化模拟仿真技术；对一些重点区域进行修复治理，比如黑土地整体保护、黄河流域系统修复、盐碱地沙土地综合治理；在国家发展的重大需求方面全力以赴，比如全球变化与低碳耕作制度研究、耕地资源智慧监测等。新一轮科技革命和产业正在重构全球创新版图，需要规划好未来技术发展的路线图，明确创新主攻方向，确定耕地资源是不可或缺的一环。

15.3.2.2　提高农业劳动者素质，为农业可持续发展提供智力保障

(1)提高农业劳动者和农村人口素质，是农业可持续发展的保证　转变农业发展方式，实现可持续发展，要靠科技创新，靠人才驱动，给农业插上科技的翅膀，但归根结底还是要提高农业劳动者素质。提高农业劳动生产率、资源利用率、农业竞争力和可持续发展能力，迫切需要一大批高素质的劳动者来生产经营。

(2)我国农业劳动者素质现状难以适应农业可持续发展需要　我国农业劳动者整体文化素质不高，初中及以下文化程度的占绝大多数，参加过专门职业技能培训的比例很低。长期以来的农业低效益，种地不如外出打工，普遍出现“70 后”不愿种地，“80 后”不会种地，“90 后”不谈种地的现象。具有一定专业技能和经营管理能力的复合型、创业型人才严重缺乏。为实现农业可持续发展目标，消除“谁来种地”“如何种好地”的担忧，需要全面提升农业劳动者素质，全力打造一支有文化、懂技术、会经营的新农民队伍。可以说，提升农业劳动者素质是形成自觉保护农业资源环境的前提，是农脉所在，更是百年大计，既要谋长远，更要抓当下，既要政府给力，也需社会支持。

(3)提高农业劳动者素质，先从内部着手　要加强农民教育培训，做到“教育先行、培训常在”。教育培训是提升农民素质的核心内容和重要手段。要加强对专业大户、家庭农场经营者、农民合作社带头人、农业企业经营管理人员等培训，提升其科学文化素养和示范带动能力。在提升途径上，由学校教育向成人职业教育和实用技能培训相结合转变；在提升目标上，由单一技术向经营管理、文化素质等综合能力转变。通过多种途径，建立与农民自身发展和农业产业发展需要相适应的农民终身教育体系，探索适合成人学习特点和农业生产规律的“分段式、重实训、参与式”的教育培训模式，提高农业劳动者运用先进科学技术和经营理念改造传统农

业的能力。

(4)提高农业劳动者素质,也要从外部着眼 鼓励外出的高素质人才回流务农,推动农民由身份向职业转变;吸引高素质人才从城市流向乡村,可以迅速提高农业劳动者素质。在"大众创业、万众创新"的政策激励下,一些有文化、有技术的大学毕业生和有志青年投身到农业、农村的广袤热土。这些新鲜血液不仅充实了新农民大军,也改变着人们对农民的传统、刻板印象。比如利用自身一技之长,在农业社会化服务组织里提供植保、农机等服务的蓝领农民(农业工人);利用先进的农业生产设备和新技术,在科技园区、在控制室里"遥控"农业生产的白领农民(技术农民);把农业和市场紧密结合创业致富的金领农民。可以说,这些新农民的出现,既是农民由身份向职业转变的过程,更是农业劳动者素质提升的过程。

(5)提高农业劳动者素质,让新农民成为令人羡慕的职业 用好政策激励"指挥棒",引导更多有识之士和有志青年务农兴农、创业创新。着力推出一批新农民创业致富先进典型,树立以农为业、以农创业、务农光荣、务农富裕的社会风向。积极开展优秀新农民评选表彰活动,对作出突出贡献的新农民给予物质和精神奖励,不断提高他们的社会地位,宣传推广各种可复制、可推广的新农民培养模式。

充分发挥人的主体作用,提升农业劳动者素质,是一项意义重大的战略任务。作为实施农业可持续发展的推动者和受益者,新农民必将为我国现代农业发展注入新活力。为此,要加强农村可持续发展的教育、培训、推广,严格执行义务教育法,通过发展文化科技教育事业,提高农村人口素质,为农业可持续发展提供智力保障。

15.3.2.3 合理利用自然资源,保护生态环境,提高资源利用效率

农业可持续发展的关键在于保护农业自然资源和生态环境。农业可持续发展就是要把农业发展、农业资源合理开发利用和资源环境保护结合起来,开发与节约并重,尽可能减少农业发展对农业资源环境的破坏和污染,置农业发展于农业资源的良性循环之中。

(1)加强耕地资源的保护 各项建设都应坚持少占或者不占优良耕地;坚持占一补一,占补平衡;尽可能利用各种空闲地,减少占地损失;同时有计划地开垦边远地区的宜农荒地。

(2)加强林业资源保护 林业资源具有涵养水分、保持水土、调节气候、净化空气、防风固沙、防旱防涝等重要功能,在保护自然生态平衡中具有极为重要的作用。依法有效地遏制住因人为破坏、乱砍滥伐、滥垦荒地造成的水土流失和土壤荒漠化势头。要通过植树造林、恢复植被,完成生态重建,大力提高森林覆盖率,使我国能顺应绿色文明的新趋势,走向可持续发展的新时代。

(3)加强淡水资源保护 一方面,控制农业自身的污染源,即减少化学农药的使用量,尤其是高残毒农药的使用,防止过量使用氮素化肥,避免农用水体富营养化等。另一方面,重视农业淡水资源的高效利用,开发、研制和推广节水装置;同时注意引进、吸收发达国家有关水资源节约利用和循环利用的先进技术和农业设施。

(4)加强特有种质资源保护 做好对特有种质资源的收集、鉴别与利用工作,主要有:我国特有种质资源,特别是超高产、优质、抗病虫害与抗逆境特性的种质资源的收集和持久保存等新技术的研究;对收集种质的重要性状的鉴定研究并在基因组水平上利用 DNA 标记技术对种质的遗传多样性进行分析,制定种质资源保护和遗传多样性的综合评定标准,探索在现代品种改良中充分利用我国特有遗传资源的理论与方法。

(5)大力改善农村生态环境　改善生态环境是农业发展的高层次目标,一方面是治理污染,另一方面是避免污染。要严格控制工业企业的污染源,防止工业"三废"直接排入农业环境而造成危害。通过加强对水资源的保护和污水处理,保护并扩大植被资源,以生物资源的合理利用,支持物种保护和区域生态环境质量改善,减少自然灾害。总之,农业生态系统,从植物群落、动物群落、陆生生物群落到水生生物群落,以至整个生态系统整体,都必须在现代科学技术的催化中,走向综合化,从而协调生物与环境、人类与环境以及生物之间的关系,建立起可持续的资源再循环系统,达到农村资源环境与农业生产的整体良性循环。

15.3.2.4　加强农业可持续发展的法制建设和资源环境管理

法律法规是资源环境管理的基础和依据,依法管理应成为强化资源环境管理的主要手段。随着对农业资源系统认识的深化和实践的需要,应全面整理中国现行有关农业资源的法律、法规和管理体系,提出修订和补充措施,并制定相应的法律实施细则、条例和管理办法,把法律规定的原则具体化,增强其可操作性,为农业可持续发展提供法律保障。

(1)建立并完善农业资源产权制度　调整并划分清楚各类农业资源的产权关系,从法律上支持、监督产权所有者对农业资源保护的稳定性和持久性,并以法律形式强化农业资源管理的协调机制。

(2)制定农业资源综合管理法律　对各种农业自然资源,包括土地、水源、大气、野生动植物以及地理和气候条件等,都要加强管理。但是在目前现有的农业资源的各种基本法规中,一般都是就某种资源论资源管理,较少涉及一种资源和其他资源作为农业资源整体的关系和综合管理的规定。因此,要树立农业自然资源整体化观念和农业资源立法的前瞻性,强化综合管理意识,确立农业资源综合管理法律的地位,建立系统的农业资源综合管理法律体系,并严格执法,实现其对农业资源综合管理的功能。

由于中国人均资源贫乏,尤其是近年来农业资源问题日益尖锐化,中国农业可持续发展受到极大的制约。但是只要正视面临的困难,积极采取解决措施,选择正确的路径,就可以实现中国农业的可持续发展。

15.4　我国农业可持续发展的规划

《全国农业可持续发展规划(2015—2030 年)》于 2015 年 5 月 27 日正式发布,其中制定了到 2030 年我国农业可持续发展的战略目标:农业可持续发展取得显著成效;供给保障有力、资源利用高效、产地环境良好、生态系统稳定、农民生活富裕、田园风光优美的农业可持续发展新格局基本确立。为实现这一目标,规划提出了未来一段时间的重点任务、区域布局和保障措施。

15.4.1　农业可持续发展的重点任务

15.4.1.1　优化发展布局,稳定提升农业产能

(1)优化农业生产布局　按照"谷物基本自给、口粮绝对安全"的要求,坚持因地制宜,宜农则农、宜牧则牧、宜林则林,逐步建立起农业生产力与资源环境承载力相匹配的农业生产新格

局。在农业生产与水土资源匹配较好地区，稳定发展有比较优势、区域性特色农业；在资源过度利用和环境问题突出地区，适度休养，调整结构，治理污染；在生态脆弱区，实施退耕、退牧还林还草等措施，加大农业生态建设力度，修复农业生态系统功能。

（2）加强农业生产能力建设　力争在种业和资源高效利用等技术领域率先突破，大力推广良种良法，到2020年农业科技进步贡献率达到60%以上。大力发展农机装备，推进农机农艺融合，到2020年主要农作物耕种收综合机械化水平达到68%以上。着力加强农业基础设施建设，提高农业抗御自然灾害的能力。加强粮食仓储和转运设施建设，改善粮食仓储条件。发展多种形式的适度规模经营，加强农业社会化服务，提高规模经营产出水平。

（3）推进生态循环农业发展　优化调整种养业结构，促进种养循环、农牧结合、农林结合。支持粮食主产区发展畜牧业，推进"过腹还田"。积极发展草牧业，支持苜蓿和青贮玉米等饲草料种植，开展粮改饲和种养结合型循环农业试点。因地制宜推广节约型农业技术，以及生态循环农业模式。到2020年国家现代农业示范区和粮食主产县基本实现区域内农业资源循环利用，到2030年全国基本实现农业废弃物趋零排放。

15.4.1.2 保护耕地资源，促进农田永续利用

（1）稳定耕地面积　严控新增建设占用耕地，确保耕地保有量在18亿亩以上，确保基本农田不低于15.6亿亩。按照保护优先的原则，将城镇周边、交通沿线、粮棉油生产基地的优质耕地优先划为永久基本农田，实行永久保护。

（2）提升耕地质量　采取深耕深松、保护性耕作、秸秆还田、增施有机肥、种植绿肥等土壤改良方式，增加土壤有机质，提升土壤肥力。恢复和培育土壤微生物群落，构建养分健康循环通道，促进农业废弃物和环境有机物分解。到2020年建成集中连片、旱涝保收的8亿亩高标准农田。建立农产品产地土壤分级管理利用制度。

（3）适度退减耕地　实施退耕还林还草，宜乔则乔、宜灌则灌、宜草则草，有条件的地方实行林草结合，增加植被盖度。

15.4.1.3 节约高效用水，保障农业用水安全

（1）实施水资源红线管理　确立水资源开发利用控制红线，到2020年和2030年全国农业灌溉用水量分别保持在3 720亿 m^3 和3 730亿 m^3。确立用水效率控制红线，到2020年和2030年农田灌溉水有效利用系数分别达到0.55和0.6以上。

（2）推广节水灌溉　加快农业高效节水体系建设，到2020年和2030年，农田有效灌溉率分别达到55%和57%，节水灌溉率分别达到64%和75%。

（3）发展雨养农业　在半干旱、半湿润偏旱区建设农田集雨、集雨窖等设施，推广地膜覆盖技术，开展粮草轮作、带状种植，推进种养结合。优化农作物种植结构，改良耕作制度，扩大优质耐旱高产品种种植面积，严格限制高耗水农作物种植面积，鼓励种植耗水少、附加值高的农作物。

15.4.1.4 治理环境污染，改善农业农村环境

（1）防治农田污染　全面加强农业面源污染防控，科学合理使用农业投入品，提高使用效率，减少农业内源性污染。鼓励使用有机肥、生物肥料和绿肥种植，到2020年全国测土配方施

肥技术推广覆盖率达到 90%以上,化肥利用率提高到 40%,努力实现化肥施用量零增长。推广高效、低毒、低残留农药、生物农药和先进施药机械,推进病虫害统防统治和绿色防控,努力实现农药施用量零增长。综合治理地膜污染。

(2)综合治理养殖污染　支持规模化畜禽养殖场开展标准化改造和建设,提高畜禽粪污收集和处理机械化水平,控制畜禽养殖污染排放。到 2020 年和 2030 年,养殖废弃物综合利用率分别达到 75%和 90%以上,规模化养殖场畜禽粪污基本资源化利用,实现生态消纳或达标排放。在饮用水水源保护区、风景名胜区等区域划定禁养区、限养区。严格规范兽药、饲料添加剂生产和使用。严格控制水域养殖容量和养殖密度,推广高效安全复合饲料。

(3)改善农村环境　科学编制村庄整治规划,加强生活污水、垃圾处理,加快构建农村清洁能源体系。到 2030 年农业主产区农作物秸秆得到全面利用。开展生态村镇、美丽乡村创建,保护和修复自然景观和田园景观。注重农耕文化、民俗风情的挖掘展示和传承保护,推进休闲农业持续健康发展。

15.4.1.5　修复农业生态,提升生态功能

(1)增强林业生态功能　加快西部防沙治沙步伐,扩展东部林业发展的空间和内涵,开展北方天然林休养生息,提高南方林业质量和效益,全面提升林业综合生产能力和生态功能,到 2020 年森林覆盖率达到 23%以上。到 2020 年和 2030 年,全国农田林网控制率分别达到 90%和 95%以上。

(2)保护草原生态　全面落实草原生态保护补助奖励机制,推进退牧还草、京津风沙源治理和草原防灾减灾。坚持基本草原保护制度,开展禁牧休牧、划区轮牧,推进草原改良和人工种草,促进草畜平衡,推动牧区草原畜牧业由传统的游牧向现代畜牧业转变。到 2020 年和 2030 年,全国草原综合植被盖度分别达到 56%和 60%。

(3)恢复水生生态系统　采取流域内节水、适度引水和调水、利用再生水等措施,增加重要湿地和河湖生态水量,实现河湖生态修复与综合治理。加强水生生物自然保护区和水产种质资源保护区建设,推进水产养殖生态系统修复。加大海洋渔业生态保护力度,严格控制捕捞强度。加强自然海岸线保护,重要渔业海域禁止实施围填海。

(4)保护生物多样性　加强畜禽遗传资源和农业野生植物资源保护,加大野生动植物自然保护区建设力度,开展濒危动植物物种专项救护,完善野生动植物资源监测预警体系,遏制生物多样性减退速度。建立农业外来入侵生物监测预警体系、风险性分析和远程诊断系统,严格防范外来物种入侵。构建国家边境动植物检验检疫安全屏障。

15.4.2　实施农业可持续发展的区域布局

针对各地农业可持续发展面临的问题,综合考虑各地农业资源承载力、环境容量、生态类型和发展基础等因素,将全国划分为优化发展区、适度发展区和保护发展区。按照因地制宜、分类施策的原则,确定不同区域的农业可持续发展方向和重点。

15.4.2.1　优化发展区

包括东北区、黄淮海区、长江中下游区和华南区,是我国大宗农产品主产区,农业生产条件好、潜力大,但也存在水土资源过度消耗、环境污染、农业投入品过量使用、资源循环利用程度

不高等问题。要坚持生产优先、兼顾生态、种养结合，在确保粮食等主要农产品综合生产能力稳步提高的前提下，保护好农业资源和生态环境，实现生产稳定发展、资源永续利用、生态环境友好。

(1)东北区　以保护黑土地、综合利用水资源、推进农牧结合为重点，建设资源永续利用、种养产业融合、生态系统良性循环的现代粮畜产品生产基地。

(2)黄淮海区　以治理地下水超采、控肥控药和废弃物资源化利用为重点，构建与资源环境承载力相适应、粮食和"菜篮子"产品稳定发展的现代农业生产体系。全面加强区域高标准农田建设，改造中低产田和盐碱地，配套完善农田林网。

(3)长江中下游区　以治理农业面源污染和耕地重金属污染为重点，建立水稻、生猪、水产健康安全生产模式，确保农产品质量，巩固农产品主产区供给地位，改善农业农村环境。推进畜禽养殖适度规模化，加快畜禽粪污资源化利用和无害化处理，推进农村垃圾和污水治理。从源头上控制水体污染，确保农业用水水质。加强耕地重金属污染治理，污染对农业生产的影响。

(4)华南区　以减量施肥用药、红壤改良、水土流失治理为重点，发展生态农业、特色农业和高效农业，构建优质安全的热带亚热带农产品生产体系。

15.4.2.2　适度发展区

包括西北及长城沿线区、西南区，农业生产特色鲜明，但生态脆弱，水土配置错位，资源性和工程性缺水严重，资源环境承载力有限，农业基础设施相对薄弱。要坚持保护与发展并重，立足资源环境禀赋，扬长避短，适度挖掘潜力、集约节约、有序利用，提高资源利用率。

(1)西北及长城沿线区　以水资源高效利用、草畜平衡为核心，突出生态屏障、特色产区、稳农增收三大功能，大力发展旱作节水农业、草食畜牧业、循环农业和生态农业，加强中低产田改造和盐碱地治理，实现生产、生活、生态互利共赢。

(2)西南区　突出小流域综合治理、草地资源开发利用和解决工程性缺水，在生态保护中发展特色农业，实现生态效益和经济效益相统一。

15.4.2.3　保护发展区

包括青藏区和海洋渔业区，在生态保护与建设方面具有特殊重要的战略地位。

(1)青藏区　突出三江源头自然保护区和三江并流区的生态保护，实现草原生态整体好转，构建稳固的国家生态安全屏障。保护基本口粮田，稳定青稞等高原特色粮油作物种植面积，确保区域口粮安全，适度发展马铃薯、油菜、设施蔬菜等产品生产。继续实施退牧还草工程，保护天然草场，积极推行舍饲半舍饲养殖，遏制草原退化趋势。

(2)海洋渔业区　严格控制海洋渔业捕捞强度，限制海洋捕捞机动渔船数量和功率，加强禁渔期监管。稳定海水养殖面积，改善近海水域生态质量。积极发展海洋牧场，保护海洋渔业生态。

15.4.3　实施农业可持续发展的重大工程

围绕重点建设任务，以最急需、最关键、最薄弱的环节和领域为重点，统筹安排中央预算内投资和财政资金，调整盘活财政支农存量资金，安排增量资金，积极引导带动地方和社会投入，组织实施一批重大工程，全面夯实农业可持续发展的物质基础。

15.4.3.1　水土资源保护工程

(1)高标准农田建设项目　以粮食主产区、非主产区产粮大县为重点，兼顾棉花、油料、糖料等重要农产品优势产区，开展土地平整，建设田间灌排沟渠及机井、节水灌溉、小型集雨蓄水、积肥设施等基础设施，修建农田道路、农田防护林、输配电设施，推广应用先进适用耕作技术。

(2)耕地质量保护与提升项目　在全国范围内分区开展土壤改良、地力培肥和养分平衡，防止耕地退化，提高耕地基础地力和产出能力。

(3)耕地重金属污染治理项目　在南方水稻产区等重金属污染突出区域，改造现有灌溉沟渠，修建植物隔离带或人工湿地缓冲带，减低灌溉水源中重金属含量；在轻中度污染区实施以农艺技术为主的修复治理，在重度污染区改种非食用作物或高富集树种；完善土壤改良配套设施，配备重度污染区农作物秸秆综合利用设施设备。

(4)水土保持与坡耕地改造项目　以小流域为单元，以水源保护为中心，配套修建塘坝窖池，配合实施沟道整治和小型蓄水保土工程，加强生态清洁小流域建设。在水土流失严重、人口密度大、坡耕地集中的关中盆地、四川盆地以及南方部分地区，建设坡改梯及其配套工程。

(5)高效节水项目　加强大、中型灌区续建配套节水改造建设，改善灌溉条件。

(6)地表水过度开发和地下水超采区治理项目　在地表水源有保障、基础条件较好地区积极发展水肥一体化等高效节水灌溉。在具备条件的地区适度采取地表水替代地下水灌溉。

(7)农业资源监测项目　建设和完善遥感、固定观测和移动监测等一体化的农业资源监测体系，建立耕地质量和土壤墒情、重金属污染、农业面源污染、土壤环境监测网点，建立土壤样品库、信息中心和耕地质量数据平台，健全农业灌溉用水、地表水和地下水监测监管体系，建设农业资源环境大数据中心，推动农业资源数据共建共享。

15.4.3.2　农业农村环境治理工程

(1)畜禽粪污综合治理项目　在污染严重的规模化生猪、奶牛、肉牛养殖场和养殖密集区，按照干湿分离、雨污分流、种养结合的思路，建设一批畜禽粪污原地收集储存转运、固体粪便集中堆肥或能源化利用、污水高效生物处理等设施和有机肥加工厂。

(2)化肥农药氮磷控源治理项目　在典型流域，推广测土配方施肥技术，增施有机肥，推广高效肥和化肥深施、种肥同播等技术；实施平缓型农田氮磷净化；实施坡耕地氮磷拦截再利用，建设坡耕地生物拦截带和径流集蓄再利用设施。实施农药减量控害，推进病虫害专业化统防统治和绿色防控，推广高效低毒农药和高效植保机械。

(3)农膜和农药包装物回收利用项目　在农膜覆盖量大、残膜问题突出的地区，加快推广使用加厚地膜和可降解农膜，集成示范推广农田残膜捡拾、回收相关技术，建设废旧地膜回收网点和再利用加工厂。建立农药包装废弃物处置和危害管理平台。

(4)秸秆综合利用项目　实施秸秆机械还田、青黄贮饲料化利用，实施秸秆气化集中供气、供电和秸秆固化成型燃料供热、材料化致密成型等项目。配置秸秆还田深翻、秸秆粉碎、捡拾、打包等机械，建立健全秸秆收储运体系。

(5)农村环境综合整治项目　采取连片整治的推进方式，综合治理农村环境，建立村庄保洁制度，建设生活污水、垃圾、粪便等处理和利用设施设备，保护农村饮用水水源地。实施沼气集中供气，推进农村省柴节煤炉灶炕升级换代，推广清洁炉灶、可再生能源和产品。

15.4.3.3 农业生态保护修复工程

(1)新一轮退耕还林还草项目　在符合条件的25°以上坡耕地、严重沙化耕地和重要水源地15°～25°坡耕地，实施新一轮退耕还林还草，在农民自愿的前提下植树种草。按照适地适树的原则，积极发展木本粮油。

(2)草原保护与建设项目　继续实施天然草原退牧还草、京津风沙源草地治理、三江源生态保护与建设等工程，开展草原自然保护区建设和南方草地综合治理，建设草原灾害监测预警、防灾物资保障及指挥体系等基础设施。在农牧交错带开展已垦草原治理，平整弃耕地，建设旱作优质饲草基地，恢复草原植被。开展防沙治沙建设，保护现有植被，合理调配生态用水，固定流动和半流动沙丘。

(3)石漠化治理项目　在西南地区，重点开展封山育林育草、人工造林和草地建设，建设和改造坡耕地，配套相应水利水保设施。在石漠化严重地区，开展农村能源建设和易地扶贫搬迁，控制人为因素产生新的石漠化现象。

(4)湿地保护项目　继续强化湿地保护与管理，建设国际重要湿地、国家重要湿地、湿地自然保护区、湿地公园以及湿地多用途管理区。通过退耕还湿、湿地植被恢复、栖息地修复、生态补水等措施，对已垦湿地以及周边退化湿地进行治理。

(5)水域生态修复项目　在淡水渔业区，推进水产养殖污染减排，升级改造养殖池塘，对湖泊水库的规模化网箱养殖配备环保网箱、养殖废水废物收集处理设施。在海洋渔业区，配置海洋渔业资源调查船，建设人工鱼礁、海藻场、海草床等基础设施，发展深水网箱养殖。在水源涵养区，综合运用截污治污、河湖清淤、生物控制等，整治生态河道和农村沟塘，改造渠化河道，推进水生态修复。开展水生生物资源环境调查监测和增殖放流。

(6)农业生物资源保护项目　建设一批农业野生植物原生境保护区、国家级畜禽种质资源保护区、水产种质资源保护区、水生生物自然保护区和外来入侵物种综合防控区，建立农业野生生物资源监测预警中心、基因资源鉴定评价中心和外来入侵物种监测网点，强化农业野生生物资源保护。

15.4.3.4 试验示范工程

选择农业发展基础、资源禀赋、环境承载能力不同的区域，建设东北黑土地保护、西北旱作区农牧业可持续发展、黄淮海地下水超采综合治理、长江中下游耕地重金属污染综合治理、西南华南石漠化治理、西北农牧交错带草食畜牧业发展、青藏高原草地生态畜牧业发展、水产养殖区渔业资源生态修复、畜禽污染治理、农业废弃物循环利用等10个类型的农业可持续发展试验示范区。通过集成示范农业资源高效利用、环境综合治理、生态有效保护等领域先进适用技术，探索适合不同区域的农业可持续发展管理与运行机制，形成可复制、可推广的农业可持续发展典型模式，打造可持续发展农业的样板。

15.4.4 保障措施

15.4.4.1 强化法律法规

(1)完善相关法律法规和标准　研究制修订土壤污染防治法以及耕地质量保护、黑土地保护、农药管理、肥料管理、基本草原保护、农业环境监测、农田废旧地膜综合治理、农产品产地安全管理、农业野生植物保护等法规规章,强化法制保障。完善农业和农村节能减排法规体系,健全农业各产业节能规范、节能减排标准体系。修订耕地质量、土壤环境质量、农用地膜、饲料添加剂重金属含量等标准。

(2)加大执法与监督力度　健全执法队伍,整合执法力量,改善执法条件。落实农业资源保护、环境治理和生态保护等各类法律法规,加强跨行政区资源环境合作和部门联动执法,依法严惩农业资源环境违法行为。开展相关法律法规执行效果的监测与督察,健全重大环境事件和污染事故责任追究制度及损害赔偿制度。

15.4.4.2 完善扶持政策

(1)加大投入力度　健全农业可持续发展投入保障体系,推动投资方向由生产领域向生产与生态并重转变,投资重点向保障国家粮食安全和主要农产品供给、推进农业可持续发展倾斜。充分发挥市场配置资源的决定性作用,鼓励引导金融资本、社会资本投向农业资源利用、环境治理和生态保护等领域,构建多元化投入机制。

(2)健全完善扶持政策　完善草原生态保护补助奖励、测土配方施肥、耕地质量保护与提升、农作物病虫害专业化统防统治和绿色防控补贴、动物疫病防控、病死畜禽无害化处理补助等政策。完善森林、湿地、水土保持等生态补偿制度。建立健全江河源头区、重要水源地、重要水生态修复治理区和蓄滞洪区生态补偿机制。

15.4.4.3 强化科技和人才支撑

(1)加强科技体制机制创新　在种业创新、耕地地力提升、化学肥料农药减施、高效节水、农田生态、农业废弃物资源化利用、环境治理、气候变化、草原生态保护、渔业水域生态环境修复等方面推动协同攻关。创新农业科研组织方式,建立全国农业科技协同创新联盟,整合科研院所、高校、企业的资源和力量。吸引社会资本、资源参与农业可持续发展科技创新。

(2)促进成果转化　建立科技成果转化交易平台,按照利益共享、风险共担的原则,积极探索"项目+基地+企业""科研院所+高校+生产单位+龙头企业"等现代农业技术集成与示范转化模式。对于在农业可持续发展领域有突出贡献的技术人才给予奖励。

(3)强化人才培养　依托农业科研、推广项目和人才培训工程,加强资源环境保护领域农业科技人才队伍建设。培养农村环境监测、生态修复等方面的技能型人才。在新型职业农民培育培训中,强化农业可持续发展的理念和实用技术培训,为农业可持续发展提供坚实的人才保障。

(4)加强国际技术交流与合作　加强国内农业资源环境与生态等方面的农业科技交流合作,加大国外先进环境治理技术的引进、消化、吸收和再创新力度。

15.4.4.4 深化改革创新

(1)推进农业适度规模经营　坚持和完善农村基本经营制度,坚持农民家庭经营主体地位,引导土地经营权规范有序流转,支持种养大户、家庭农场、农民合作社、产业化龙头企业等新型经营主体发展,推进多种形式适度规模经营。

(2)健全市场化资源配置机制　建立健全农业资源有偿使用和生态补偿机制。推进农业水价改革,引导节约用水。建立农业碳汇交易制度,促进低碳发展。培育从事农业废弃物资源化利用和污染治理的专业化企业和组织,实现市场化有偿服务。

(3)树立节能减排理念　引导全社会树立勤俭节约、保护生态环境的观念,改变不合理的消费和生活方式。倡导科学健康的膳食结构,减少食物浪费。鼓励企业和农户增强节能减排意识,降低能源消耗,减少污染排放,充分利用农业废弃物,自觉履行建设节约型社会的责任。

(4)建立社会监督机制　发挥新闻媒体的宣传和监督作用,保障对农业生态环境的知情权、参与权和监督权,广泛动员公众、非政府组织参与保护与监督。逐步推行农业生态环境公告制度,健全农业环境污染举报制度,广泛接受社会公众的监督。

15.4.4.5 用好国际市场和资源

(1)合理利用国际市场　依据国内资源环境承载力、生产潜能和农产品需求,确定合理的自给率目标和农产品进口优先顺序,合理安排进口品种和数量,把握好进口节奏,保持国内市场稳定,缓解国内资源环境压力。加强进口农产品检验检疫和质量监督管理。

(2)提升对外开放质量　引导企业投资境外农业,提高国际影响力。培育具有国际竞争力的粮棉油等大型企业,支持到境外特别是与周边国家开展互利共赢的农业生产和贸易合作。

15.4.4.6 加强组织领导

(1)建立部门协调机制　加强组织领导和沟通协调,明确工作职责和任务分工,形成部门合力。省级人民政府要围绕规划目标任务,统筹谋划,强化配合,抓紧制定地方农业可持续发展规划,积极推动重大政策和重点工程项目的实施,确保规划落到实处。

(2)完善政绩考核评价体系　创建农业可持续发展的评价指标体系,将耕地红线、资源利用与节约、环境治理、生态保护纳入地方各级政府绩效考核范围。建立生态破坏和环境污染责任终身追究制度和目标责任制,为农业可持续发展提供保障。

小　结

随着经济的发展和全球生态环境的恶化,农业可持续发展理论应运而生,并在实践中不断成熟、完善。农业可持续发展具有生产可持续性、经济可持续性、生态可持续性等丰富的内涵;表现出了协调性、可持续性、人口规模的适度性、农业发展的高效性和公平性等鲜明的特征。在我国,农业可持续发展面临着农业生产可持续性、农村经济可持续性和资源环境可持续性等方面的问题,针对这些问题,提出了我国农业可持续发展的战略目标、基本原则和主要内容。为了实现农业可持续发展,不同的国家采取了不同的战略模式,我国在实施农业可持续发展战略的过程中,结合国情,走出自己的道路。依靠科技进步促进农业可持续发展;提高农业劳动者素质，为农业可持续发展提供智力保障；合理利用自然资源，保护生态环境，提高资源利用效率；加强农业可持续发展的法制建设和资源环境管理。为了更好地实施农业可持续发展战略，国家组织编制了 2015—2030 年的《全国农业可持续发展规划》，提出了未来一段时间农业可持续发展的目标、重点任务、区域布局和保障措施。

复习思考题

1. 农业可持续发展的含义是什么？
2. 我国的农业可持续发展面临着哪些问题？
3. 农业可持续发展有哪些特征？
4. 我国实行农业可持续发展的目标是什么？需要遵循哪些基本原则？
5. 我国实施农业可持续发展的途径有哪些？
6. 全国农业可持续发展规划的重点任务是什么？

参考文献

1. 汤怀志. 美国科学家预测未来农业发展的五大方向. 中国科学报，2019.04.30.
2. 李周. 21 世纪的中国农村可持续发展. 北京：社会科学文献出版社，2000.
3. 陈文林. 农村可持续发展战略. 北京：中国农业出版社，2000.
4. 杜鹰. 农业现代化与可持续发展. 北京：中国农业出版社，2001.
5.《全国农业可持续发展规划（2015—2030 年）》，2015.05.27.